Fr. Ant. Wilhelm Schreiber

Geschichte des bayerischen Herzogs Wilhelm v. des Frommen

nach Quellen und Urkunden dargestellt

Fr. Ant. Wilhelm Schreiber

Geschichte des bayerischen Herzogs Wilhelm v. des Frommen nach Quellen und Urkunden dargestellt

ISBN/EAN: 9783742894922

Manufactured in Europe, USA, Canada, Australia, Japa

Cover: Foto ©ninafisch / pixelio.de

Manufactured and distributed by brebook publishing software (www.brebook.com)

Fr. Ant. Wilhelm Schreiber

Geschichte des bayerischen Herzogs Wilhelm v. des Frommen

nach Quellen und Urkunden dargestellt

Geschichte

des bayerischen

Herzogs Wilhelm V.

des Frommen

nach

Quellen und Urkunden dargestellt.

Ein Beitrag zur vaterländischen Geschichte

von

Dr. Fr. Ant. Wilhelm Schreiber.

München, 1860.
Verlag der J. J. Lentner'schen Buchhandlung.
(E. Stahl.)

Vorrede.

Da es mir gegönnt ist, meine Zeit den Wissenschaften an einem Orte umfangreicher, bibliothekarischer Schätze zu widmen, so entschloß ich mich, meiner vorwiegenden Neigung zum Geschichtsstudium folgend, als Bayer einen Stoff aus der vaterländischen Geschichte zu nehmen. Ich wählte die Regirungsperiode des bayerischen Herzogs Wilhelm V., theils weil derselbe unverdient noch keinen Geschichtsschreiber gefunden hat, theils weil in mehreren öffentlichen Blättern der Wunsch nach einer historischen Darstellung dieses Wittelsbachers, dem man mit Recht in den „Fürstenbildern" einen gebührenden Platz einräumte, ausgesprochen war. Die Ursache, daß dieser edle und liebenswürdige Regent so lange unberücksichtigt blieb, möchte wohl sein, weil der Geschichtsforscher zu wenig dankbares Material zu finden glaubte, da die Zeit seiner Regirung keine Epoche machenden Ereignisse, mit Ausnahme des Kölner-Streites, weder in Bayern noch in Deutschland aufzuweisen hat, und weil dieser Herzog manchem Historiographen zu fromm und vom kirchlichen Einflusse zu sehr bevormundet erscheinen mochte. Allein solche Vorurtheile können nur da Platz greifen, wo Mangel an Kenntniß ist. Ich habe mit grosser und freudiger Befriedigung das vielfach zerstreute Material, nicht ohne großen Zeitaufwand, gesammelt und ich fühlte mich am Schlusse meines Werkes für meine Mühe belohnt. In Wilhelm V., dessen Geist und Herz mit den schönsten Eigenschaften bevorzugt war, trat mir einer der anziehendsten Fürstencharaktere entgegen. Mit stolzem Patriotismus forschte ich in der Periode Albrechts V. und Wilhelms V.; denn in dieser Zeit überragte Bayern in der Pflege der Künste und Wissenschaften das ganze Deutschland. Mit tiefster Empörung mußte ich daher zur Zeit, als ich diese Monographie niederzuschreiben begann, aus dem Munde eines Bayers die Schmähworte vernehmen, daß Bayern einst ein in wissenschaftlicher Beziehung verkommenes und „mit einer chinesischen Mauer umgebenes Land" gewesen sei. So kann zur größten Beleidigung des bayerischen Volkes nur ein Mann sprechen, der von unserer vaterländischen Geschichte keine Kenntniß besitzt. Es würde mir daher zum großen Lohne und Freude gereichen, wenn ich durch dieses Werk in dem Leser das patriotische Gefühl, welches durch solche entehrende Rede niedergedrückt wird, heben könnte.

Ich war mir bei der Fassung desselben jedoch wohl bewußt, daß man die Darstellung mancher Episode auf die Rechnung meiner Vaterlandsliebe setzen werde; deßhalb suchte ich so viel als möglich einer objectiv wahren Darstellung treu zu bleiben. Dennoch wird der Leser nicht unschwer mein Vaterland erkennen, da dieß bei keiner Historiographie ganz vermieden werden kann, und jeder Geschichtsforscher bei der Ausführung seines Werkes oft seine individuelle Lieblingsfarbe mit größerer oder geringerer Intensität hineinfließen läßt. Ich folgte bei der Monographie Wilhelms V. der Anweisung dieses Fürsten selbst, welcher einst an eine zur Reform der Wissenschaften in Bayern zusammengesetzte Commission schrieb: „Was die bayerische Geschichtsschreibung betrifft, so ist von allen daraufzusehen, ob sie mehr zu unserm Ruhme und Verherrlichung als zur Verkleinerung und andern Inconvenienzen dienen und nützen werde. Und da liegt halt alles an dem, der sie macht und wie er affectionirt ist."

München im Januar 1860.

Der Verfasser.

Literatur,
Quellen und Geschichtswerke:

Monumenta boica.
Adelzreiter, annales boicae.
Mausoleum virtutis et honoris Guilielmi V.
Mederer, annales.
Historia Provinciae societatis Jesu Germaniae superioris aut. Fransc. Kropf.
Codex bavar. Manuscript.
Melchior ab Isselt, historia bell. colon.
Meichelbeck, historia Frising.
Raderus, Bavaria sancta, beata et pia.
Geöffnetes Archiv.
Oberbayrisches Archiv.
Reichsarchiv von Lünig.
Dimmer, Briefwechsel des Cardinals Otto mit Albrecht V.
Hans Wagner, Vermählungsfeier Wilhelms V.
Massimo di Trajano   „   „   „ von Würthmann.
v. Westenrieder: a) Beiträge zur vaterländischen Historie.
                b) Historischer Kalender.
                c) Jahrbuch der Menschengeschichte in Bayern.
v. Freiberg: a) Pragmatische Geschichte der bayer. Gesetzgebung u. Staatsverwaltg.
            b) Geschichte der bayerischen Landstände.
            c) Sammlung historischer Schriften und Urkunden.
v. Aretin: a) Bayerns auswärtige Angelegenheiten.
         b) Kurfürst Maximilian I.

Günther, Geschichte der literar. Anstalten in Bayern.
Kobolt, Bayerisches Gelehrten-Lexikon.
Lipowsky, Bayerisches Künstler-Lexikon.
Deutsches Staatsrecht von Moser.
Nagler, Allgemeines Künstler-Lexikon.
Koch-Sternfeld, Beiträge zur deutschen Länder-, Völker-, Sitten- und Staatenkunde.
Universallexikon von Zedler.

ꝛc. ꝛc.

Inhalt.

Erstes Kapitel.
Bayern unter Albrecht V. (1550—1579) — Wilhelms V. Vermählungsfeier 1568.

Seite

Albrechts katholische und deutsche Regirung in Bayern. Sein religiöser und politischer Einfluß im Auslande. Blüthe der Kunst und Wissenschaft in Bayern. Wilhelms Jugendjahre, dessen Brautbewerbung. Ankunft der fremden Fürsten und Gesandten zur Hochzeitfeier. Einzug der Braut in München. Feste zur Verherrlichung der Vermählung 1

Zweites Kapitel.
Wilhelms V. Regirungsantritt (1579) — Finanznoth.

Wilhelms Hofhaltung in Landshut. Geburt des Prinzen Maximilian. Albrechts letzte Regirungsjahre und dessen Tod. Wilhelm V. Regent in Bayern. Landtage in den Jahren 1579, 83 und 88. Steuerlast 27

Drittes Kapitel.
Wilhelms Eifer für den katholischen Glauben in Deutschland — Kölner-Streit.

Wilhelms fester Entschluß zur Aufrechthaltung der katholischen Religion. Sein Eifer für den Katholicismus in Oesterreich. Förderung der katholischen Literatur. Der geistliche Vorbehalt. Beginn

des Kölnerstreites.

Wahl des Truchsesses Gebhard v. Waldburg zum Erzbischof und Kurfürsten von Köln. Seine Liebe zur Gräfin Agnes von Mansfeld. Dessen Rüstung zum Kriege. Päpstliche Untersuchung. Das Domkapitel und die

VIII

Landstände Kurkölns gegen Gebhard. Verhalten der protestantischen Fürsten gegen den Truchseß. Gebhards Vermählung. Werbung des Herzogs Wilhelm um den Kurhut Kölns für seinen Bruder Ernest. Beginn und Fortsetzung des Krieges. Herzog Ferdinand von Bayern Obergeneral. Belagerung und Einnahme der Stadt Bonn. Erstürmung von Godesberg durch die Bayern. Congreß in Rottenburg. Wiederholte Unruhen im kölner Kurfürstenthum. 47

Viertes Kapitel.
Die Grafen von Wartenberg — die Ferdinandische Linie der Wittelsbacher.

Herzogs Ferdinands Ankunft in München. Charakterbild desselben. Seine Reise nach Italien. Dessen Gesandtschaften. Liebe zur Marie v. Pettenbeck. Deren wahre Abstammung und Stand. Genealogie und Geschichte der Herren v. Pettenbeck. Georg v. Pettenbeck, Vater Mariens. Successionsvertrag von 1588 zwischen Herzog Wilhelm V. und Ferdinand I. Politik der Habsburger bei Bestätigung dieses Contractes. Genealogie und Geschichte der Grafen von Wartenberg — der Ferdinandinischen Linie. Hofhaltung Ferdinands mit Marie v. Pettenbeck in München. Aussterben der Grafen v. Wartenberg. Politische Folgen desselben für Bayern. Die Besitzungen der Grafen v. Wartenberg. Genealogische Tabellen 101

Fünftes Kapitel.
Wilhelms innere Verwaltung des Landes.

a) Lehrfach und Unterrichtswesen: Förderung des Jesuitenordens. Die Universität Ingolstadt; die Besetzung der Professuren mit Jesuiten; neue Statute. Berühmte Professoren der Hochschule. Priesterseminar in Ingolstadt. Blüthe der Universität. Die Jesuiten in München. Bau der St. Michaelskirche und des Jesuitencollegiums. Die Lehranstalten in München. Die gelehrten Jesuiten daselbst. Jesuitencollegien in Bayern. Einfluß der Jesuiten auf den Hof. Der Volksunterricht. Gedeihen der Wissenschaften in den Klöstern.
b) Stand der kirchlichen Verhältnisse in Bayern: Project zur Errichtung eines Bisthums in München. Reliquien des hl. Benno. Frohnleichnamsprocession. Die Zünfte in München. Concordat von 1583. Einführung des neuen Kalenders. Aufstand in Augsburg.
c) Künste und Wissenschaften: Die Hofbibliothek. Die Gelehrten in München, Straubing, Andechs, Altötting. Hofkapelle: Orlando di Lasso. Die bildenden Künste: Malerei, Kupferstecherei, Bildhauerkunst und Erzgießerei.
d) Landwirthschaft, Gewerbe und Handel: Die socialen Verhältnisse. Umfang und Eintheilung Bayerns. Die Viehzucht. Waldkultur. Salzregal. Getreidehandel. Gewerbe. Münzwesen.

e) Wehrkraft und Sittlichkeit des Volkes. (Eintheilung der bayerischen Nationalmiliz. Stärke derselben. Neue Militärfahne. Polizeiverordnungen gegen die Vaganten, Hexen, Zauberer, Wunderdoctoren. Galeerenstrafe. Bordelle in München. Ausrotten der Häretiker. Büchercensur. ... 131

Sechstes Kapitel.
Der Landtag zu Landshut (1593) — Wilhelms Abdankung 1598.

Eröffnung des Landtages, Verhandlungen, eventuelle Erbhuldigung des Prinzen Maximilian. Rangstreitigkeiten zwischen dem bayerischen Herzoge und den Erzherzogen. Eröffnung des regensburger Reichstages 1594; Verhandlungen daselbst. Maximilian Mitregent. Eröffnung einer Commission zur Reform der Landesverwaltung. Wilhelms Gegenerklärung und Abdication. ... 237

Siebentes Kapitel.
Wilhelm V. als Familienvater — als Privatmann.

Erziehung seiner beiden ältesten Söhne Maximilian und Philipp. Generalinstruction für deren Hofmeister und Lehrer. Memoriale an Maximilians Hofmeister in Ingolstadt. Die Prinzen Philipp und Ferdinand in Rom und Ingolstadt. Maximilian in Rom. Philipp Bischof und Cardinal in Regensburg. Dessen früher und erbaulicher Tod in Dachau. Prinz Ferdinand Propst von Berchtesgaden und Coadjutor von Köln. Prinz Albrecht an der Universität Ingolstadt. Die Prinzessinnen Maria Anna und Magdalena. Vermählung Maximilians. Wilhelms V. Wallfahrten. Seine Residenz in der Maxburg. Renatas frommes Leben und Tod 1602. Werke der Wohlthätigkeit und Nächstenliebe, Frömmigkeit, Ascese, Tod Wilhelms V, des Frommen 1626. 283

Erstes Kapitel.

Bayern unter Albrecht V. (1550 — 1579) — Wilhelms V. Vermählungsfeier (1568)

Wilhelms des Frommen Vater, Albrecht V., der gebildetste und gelehrteste Regent seiner Zeit, stand auf dem herzoglichen Throne Bayerns, als der religiöse Zwist das deutsche Reich zu trennen begonnen, dessen Kaiser einst die Suprematie über ganz Europa übten. Das sonst so gefühlreiche und für das Ideale so hochbegeisterte Deutschland vergaß, daß der Katholicismus es geeint und über alle europäischen Staaten groß gemacht hatte. An die Stelle der einigenden Religionsidee trat auflösender Particularismus; Deutschland wurde seinem tausendjährigen Glauben ungetreu und spaltete sich in viele, nach außen machtlose und nach innen stets eifersüchtige Staaten. Den positiven Glauben an die Autorität hat die negirende Reformation untergraben und mit ihm die Machtstellung des römisch-deutschen Kaisers; wer damals ein römisch-katholisches Herz besaß, in dessen Adern floß noch deutsches Blut. Denn Katholicismus und römisch-deutsches Kaiserthum waren unzertrennlich; wer mit jenem gebrochen hatte, sah in diesem seinen natürlichen Feind; wer sich aber zum Gegner des Kaisers aufwarf, machte sich zum Verräther des deutschen Vaterlandes, dem er die Einheit, die Grundbedingung deutscher Macht, mit räuberischem Egoismus entriß.

Als der gereizte Reformator Wittenbergs den entscheidenden Kampf gegen die Autorität des Papstthumes eröffnete und das geistliche Reich des römischen Bischofes, welches sich seit einem Jahrtausend durch religiöse und politische Elemente gebildet hatte, in seinen Grundfesten angriff, fand Kaiser Karl V. auf dem Reichstage zu Worms (1521) bei den meisten deutschen Fürsten, die mit lüsternem Auge die neue Lehre vernahmen, eine kalte Aufnahme, als er den Antrag stellte, die frühere Herrlichkeit des römisch-deutschen Reiches durch Aufbietung gemeinsamer Kräfte wieder herzustellen. Nachdem das demokratische Element, welches Luthers Lehre von der evangelischen Freiheit im deutschen Bauern-Volke hervorrief, unterdrückt worden war, erhob sich auf den veränderten Theorien des Reformators der Monarchismus der Fürsten und der Aristokratismus der Stadtmagistrate. Als der Hochmeister des deutschen Ritterordens in Preußen zur Reformation übertrat und das ganze Land für ein erbliches Besitzthum erklärte, wurde zwar von katholischer Seite gegen dieses widerrechtliche Verfahren Einsprache erhoben und vom Kaiser die Acht über den abtrünnigen Fürsten ausgesprochen; allein dieselbe wurde nicht vollzogen, weil er sich mit den protestantischen Fürsten und dem fremden Polenkönig verbunden hatte. Der abenteuerliche Herzog Ulrich von Würtemberg, welcher in der Reformationsperiode eine der hervorragendsten Stellungen unter den deutschen Fürsten einnimmt, war schon frühzeitig in seinem vielbewegten Leben auf die Vergrößerung seiner Hausmacht, sowie auf die Erweiterung seiner Souverainitätsrechte auf Kosten des Kaisers und Reiches bedacht. Als Feind des schwäbischen Bundes, welcher der zu großen Machtentfaltung einzelner Fürstenhäuser entgegentrat, suchte er in der Annahme der neuen Lehre ein erwünschtes Mittel zur Erreichung seiner Zwecke zu finden. Er unterlag in seinen Kämpfen gegen den übermächtigen Bund, und als er zu Colmar, wohin ihn der Kaiser zur rechtlichen Verantwortung über seine verheerenden Kriegszüge vorlud, nicht erschienen und in die Acht erklärt worden war, verband er sich mit dem eifrig protestantisch gesinnten Philipp von Hessen und mit dem französischen König Franz I. gegen Kaiser und Reich. Der Landgraf und Ulrich brachen mit einem nicht unbeträchtlichen Heere von Kassel auf, und eroberten nach der siegreichen Schlacht bei Laufen ganz Würtemberg, das vorher im Besitze der Oesterreicher war. Die Soldaten hatte man im protestantischen Sinne begeistert, und ihre Fahnen mit protestantischen Sinnsprüchen versehen; es war dieß, wie Ranke richtig bemerkt, „das erste Heer religiös-politischer, europäisch-teutscher Opposition gegen das Haus Oesterreich, das im Felde erschien." Karl V., welcher während der deutschen reformatorischen Bewegungen in Italien verweilte, hielt dieses religiöse Treiben für eine theologische Streitsüchtelei. Allein er mußte sich nach seiner Rückkehr auf und vorzüglich nach dem Reichstage zu Augsburg überzeugen, daß jene Worte, womit Papst Clemens VII. bei seiner Zusammenkunft in Bologna seine Ansicht über die damaligen Zustände Deutschlands äußerte, in wahrer Voraussicht gesprochen waren: „Den der Neuerung zugethanenen Fürsten und Großen liege nicht die Religion am Herzen, sondern die Kirchengüter, welche sie an sich zu reißen wünschten, und die Erhöhung der eigenen Gewalt durch Verminderung der Macht des Kaisers, die sich hauptsächlich auf die geistlichen Fürstenthümer stütze." Bereits hatten die protestantischen Fürsten und mehrere Reichsstädte den schmalkaldischen Bund gegen den katholischen Glauben und die Abhängigkeit vom Kaiser geschlossen. Um das erwünschte Ziel zu erreichen, verweigerten sie dem Kaiser und dem Könige Ferdinand die verlangte Beihilfe zum Türkenkriege und beauftragten ihre Bundeshäupter, mit den Königen von Frankreich und England Unterhandlungen gegen das römisch-deutsche Kaiserthum eifrigst zu betreiben. Der Kaiser, welcher die politische Macht der Protestanten zu seinem Verderben nicht ohne große Besorgniß heranwachsen sah, fand an den katholischen Reichsfürsten, die sich zu Nürnberg (1538) als „christliche Einung" um sein Banner schaarten, eine feste Stütze. Die bayerischen Herzoge, welche schon früher zu Regensburg (1524) für die Aufrechthaltung des alten Glaubens mit dem Erzherzog von Oesterreich und mehreren Bischöfen einen Bund geschlossen hatten, stellten sich an die Spitze. Karl, welcher bei der protestirenden und eigenmächtigen Handlungsweise der Schmalkaldener die prophetische Wahrheit der Worte Clemens erkannte, erklärte den Lutheranern, daß es sich nicht so fast um „Abänderung der Religion" als vielmehr um die Unterdrückung „seiner kaiserlichen Hoheit und Obrigkeit" und der Stände durch die Tyrannei des protestantischen Bundes handle. Zu dem bayerischen Abgeordneten Buonocorsi sagte er (1543) zu Pavia: „Er sehe wohl ein, daß es den deutschen Fürsten nicht sowohl um die Lutherei zu thun sei, sondern allein darum, daß man die Libertät zu hoch und zu fast suchen und darnach rechten wolle."

Da der Kaiser das immer klarer hervortretende Streben der Protestanten durchschaute, so wäre es bei der siegreichen Stellung, welche er vor und unmittelbar nach dem schmalkalder Kriege in Europa einnahm, seine Aufgabe gewesen, auf dem Wege der Energie und Versöhnung den alten Glauben und mit demselben die Einheit Deutschlands wieder herzustellen. Allein er lebte, wiewohl selbst sehr fromm und tief religiös, in dem unglücklichen Wahne, daß sich seine Politik in einem Geleise bewegen dürfe, das von seinem persönlichen Glauben ganz unabhängig sei. Es lag ihm die Ausbreitung seiner Macht, die Erhöhung und Vergrößerung seines Hauses stets mehr am Herzen als das Heil der Kirche und das Wohl des Reiches. Er stieg von der idealen Höhe, auf welche ihn die

Vorsehung in dieser, die Existenz des römisch-deutschen Reiches entscheidenden Epoche gestellt hatte, herab in das niedrige Thal der materiellen Interessen. Die gerechte Nemesis stürzte deshalb den Bau seiner egoistischen Pläne zusammen und bedeckte ihn und seine Epigonen mit den angefaulten Trümmern desselben. Karls V. Kaiserkrönung durch den Papst auf italienischem Boden war die letzte; mit ihm ist der Glanz der Kaiserkrone, seit siebenhundert Jahren das höchste Ziel des Ehrgeizes, erloschen, und die Krönung, der höchste Moment irdischer Herrlichkeit, ist für die nachfolgenden Generationen nur mehr ein Traum einstiger Größe. Als er seinen längst gehegten Plan, die deutsche Krone in seinem Hause erblich zu machen, auszuführen begann, erhob sich ganz Deutschland gegen ihn; seine protestantischen Bundesgenossen verriethen ihn, der treulose Kurfürst Moritz überfiel ihn, und die katholischen Fürsten entzogen ihm ihre Hilfe. Da sah sich der damals mächtigste Monarch, über dessen Länder niemals die Sonne unterging, den Angriffen seiner Feinde wehrlos preisgegeben und mußte sich wie ein Geächteter in die tyroler Berge flüchten.

Der damals in Bayern regirende Herzog Albrecht V., aus Ueberzeugung und mit ganzem Herzen der katholischen Religion zugethan, bewahrte mit unerschütterlicher Kraft das Kleinod des von seinen Ahnen ererbten Glaubens und mit demselben die opferwillige Treue gegen das deutsche Vaterland. Als Moriz von Sachsen an die deutsche Nation jenes brandmarkende Manifest zur Befreiung von der Tyrannei des Papstes und Kaisers erließ, wies der bayerische Herzog mit edlem Stolze jeden Antrag zurück, wiewohl die Aussicht auf Gebietserweiterung für ihn so lockend war, wie für die protestantischen Fürsten. Er war es allein, welcher der bittenden Stimme Karls sein Ohr nicht verschloß und ihm Hülfe versprach. Um den Verwüstungen des Bürgerkrieges Schranken zu setzen, suchte er zu Linz einen Präliminarvertrag zu Stande zu bringen.

Ebenso eifrig trat er beim Passauervertrag als Vermittler auf, vertheidigte aber auf dem Reichstage zu Augsburg (1555) gegenüber den Forderungen der Protestanten die Hoheitsrechte eines katholischen Fürsten mit aller Energie, indem er erklärte: Niemand könne ihm zumuthen, seinen Unterthanen eine Religion zu gestatten, von deren Falschheit er die festeste Ueberzeugung habe. Albrecht war jedoch dem allgemeinen Rufe nach einer nothwendigen und zeitgemäßen Reform nicht abgeneigt; auf dem Reichstage zu Regensburg, wo er im Namen des Königs Ferdinand residirte, suchte er den Wünschen der Katholiken und Protestanten Süddeutschlands möglichst nachzukommen. Die in Landshut und München versammelten Landstände forderten die Ausspendung des Abendmahles unter beiden Gestalten, den Genuß der Fleischspeisen an Fasttagen und die Einführung der Priesterehe. Der Herzog versprach für die Durchführung dieser Anträge Sorge zu tragen und unterhandelte mit den bayerischen Bischöfen; allein diese erklärten, eine Abänderung der Kirchengebote stehe nicht in ihrer Gewalt sondern sei Sache des Papstes und Concils. Albrecht fügte sich der kirchlichen Autorität und bestrebte sich, wenigstens ein der Landschaft gegebenes Versprechen zu erfüllen, nämlich für Verbesserung des Clerus zu sorgen. Er ließ eine Commission von herzoglichen und bischöflichen Mitgliedern zusammensetzen, um den sittlichen Zustand der Geistlichen in Bayern zu untersuchen. Derselbe wurde leider nicht besser als im übrigen Deutschland gefunden; die Entsittlichung und Unwissenheit des Klerus war damals so groß, daß selbst die bestgesinnten Katholiken glaubten, dem Uebel könne nur durch Aufhebung des Cölibates und durch Ordination verheiratheter Männer Einhalt gethan werden. Der Herzog ernannte deßhalb einen geistlichen Rath zur Besorgung der Religionsangelegenheiten und rief, dem Beispiele seines Vaters folgend, noch mehr Jesuiten nach Bayern, um diesen die Erziehung der jungen Geistlichkeit anzuvertrauen. In einem Briefe an den General Lainez hebt er voll glühenden Eifers für die Wissenschaft und Bildung seines Volkes mit vielem Lobe die Gelehrsamkeit und Moralität der Jesuiten hervor. Mit grossem Rufe betraten sie die Catheder der Universität Ingolstadt, des Lyceums und der Lateinschule in München und wußten sich durch ihre feine Bildung und geschmeidiges Benehmen bald den Zutritt zu den höchsten Ständen zu öffnen.

Mit hoffnungsvoller Freude begrüßte Albrecht V., welcher in seinem Bayern die katholische Religion allmählig wieder neu aufleben sah, die Wiedereröffnung des tridentiner Concils. Als Papst Pius IV. Nuntien nicht nur an alle katholischen sondern auch protestantischen Fürsten Deutschlands schickte und zur Theilnahme an der Kirchenversammlung einlud, verweigerten die protestantischen und selbst viele katholische Fürsten und Bischöfe das Erscheinen, nur Herzog Albrecht und der Kaiser hatten Gesandte geschickt. Die bayerischen und österreichischen Deputirten stellten an die Synode dieselben Forderungen, welche einst die Landstände zu Landshut und München bezüglich des Abendmahles und der Priesterehe machten. Das Concil gab ihnen zur Antwort, daß man auf eine Abänderung der bisherigen katholischen Lehre nicht eingehen könne. Dieser Bescheid machte auf die eben in Ingolstadt tagende Landschaft einen sehr ungünstigen

Eindruck, und sie wiederholte dieselben Anträge und Klagen; allein der glaubenstreue Herzog erklärte den Landständen, sich stützend auf die Bestimmungen des augsburger Religionsfriedens, daß er auf ihre Forderungen nach Religionsneuerung nicht eingehen könne, da dieß nur dem Papste und Concil zustehe, und er in seinem Lande keine andere Religion dulde, als die katholische. Mit derselben consequenten Strenge verfuhr er gegen den protestantisch gesinnten und nach Vergrößerung des Gebietes lüsternen Abel seines Landes, an dessen Spitze sich der hochmüthige Graf von Ortenburg stellte. Drei und vierzig Herren vom Adelstande waren der augsburger Confession zugethan und bildeten unter dem Namen „Auserwählte Kinder Gottes" eine enggeschlossene Fraction auf dem Landtage zu Ingolstadt; mehrere Schreier derselben riefen in die Versammlung, man solle dem Herzog keinen Heller bewilligen, wenn er nicht die Religion freigebe. Die Leidenschaft, womit die protestantischen Fürsten auf Kosten des deutschen Kaisers und Reiches sich zu Souverainen emporzuschwingen suchten, steckte epidemisch auch den niedern Abel an. Albrecht, welcher nicht blos um die Aufrechthaltung seiner Hoheitsrechte, sondern auch um die Landesintegrität besorgt war, unterdrückte mit kräftiger Hand diese adeligen Bestrebungen, bewies sich aber wie ein Vater, der Milde und Gerechtigkeit schwesterlich zu einen weiß und dem Flehenden edelherzig die Rechte zur Versöhnung reicht. Damit der ererbte Glaube seiner Ahnen tief wurzeln könne und keine verderblichen Auswüchse hervorbringe, ließ er das Religions- und Erziehungswesen ganz nach den Bestimmungen des Tridentinums einrichten und bediente sich hiezu der Jesuiten, welchen er die Verwaltung beider Zweige übertrug. Es erschienen neue Universitäts-Statuten, und alle Professoren und Docenten mußten gemäß der Bulle Pius V. das katholische Glaubensbekenntniß ablegen und eidlich beschwören; wer sich weigerte, mußte das Land verlassen. Auch die andern Staatsdiener mußten das katholische Glaubensbekenntniß ablegen und mit einem Eide bezeugen. Jedem Staatsbürger wurde der Besuch protestantischer Schulen verboten, und alle Professuren und Beamtenstellen wurden nur mit Männern von entschieden katholischer Gesinnung besetzt. Um die protestantischen Einflüsse von außen abzuhalten, wurde die akatholische Presse streng überwacht. Durch Generalvisitationen wurde der bayerische Clerus von allen unkirchlichen Elementen befreit, verheirathete und reformatorisch gesinnte Geistliche verjagt und ihre Stellen mit rechtgläubigen Priestern besetzt.

So suchte der Herzog sein Land von jeder protestantischen Anpflanzung zu reinigen und er that dieß auf großmüthige und ächt reformatorische Weise ohne jene harten Mittel zu gebrauchen, deren sich sein Vorfahrer Wilhelm IV. bediente, so daß hierin der Sohn höher steht als der Vater. Seine Verdienste um den Katholicismus in Bayern treten noch größer hervor, wenn man erwägt, daß es dem Herzoge eine leichte Aufgabe gewesen wäre, bei der protestantischen Stimmung des bayerischen Adels und des bemittelten Bürgerstandes die Bisthümer seines Landes zu säcularisiren und dieselben den Prinzen seines Hauses zu verleihen, welche seit der Einführung der Primogenitur in den Privatstand zurückgesetzt wurden. Albrecht V. machte sich nicht allein um den katholischen Glauben in Bayern verdient, sondern in ganz Deutschland. Als der Kaiser Maximilian II., der mehr aus Politik als aus innerer Ueberzeugung Katholik war, den Ständen der Herren und Ritterschaft des Erzherzogthums die Bewilligung ertheilte, in ihren Besitzungen und Patronaten die neue Lehre einführen zu dürfen, die katholischen Beamten entfernte und protestantische dafür anstellte, so wendete sich Papst Pius V., durch diese Nachricht höchst bestürzt, an den Bayernherzog Albrecht, dessen katholische Gesinnung und Einfluß am Wienerhof ihm bekannt war. Dieser folgte dem päpstlichen Wunsche und vertrat in Oesterreich die katholische Sache mit solcher Festigkeit, daß Pius mit Freudenthränen ausrief: „Ich kann Gott nicht genug danken, daß in diesen verzweiflungsvollen Zeiten in Deutschland noch ein so beständiger und vernünftiger katholischer Fürst ist." Da bisher alle polemischen Schriften gegen die Protestanten in lateinischer Sprache verfaßt waren und deßhalb auf das niedere Volk keine unmittelbare Wirkung hervorbringen konnten, so ertheilte der Herzog dem Hofrath Georg Eder aus Freising den Auftrag, eine Schrift für die katholische Wahrheit in populärer Sprache zu verfassen. Es erschien seine Arbeit im Jahre 1573 unter dem Titel: „Evangelische Inquisition Wahrer und falscher Religion wider das gemein unchristliche Claggeschray, daß schier niemands mehr wissen künde, wie oder was er glauben solle." Dieses Buch war in einem schonungslosen Tone abgefaßt, welcher der damals allgemeinen Erbitterung der Religionspartheien entsprach und ungeheures Aufsehen erregte, da in demselben die zahlreichen Blößen der Protestanten und ihrer Freunde ohne Rücksicht aufgedeckt wurden. Scharf wird der Indifferentismus, welcher am Hofe Maximilians in Wien herrschte, gegeißelt, und den Lutheranern der Vorwurf gemacht, daß sie in allen ihren Bestrebungen nur „die Freiheit des Fleisches im Auge haben, welches sie zu emancipiren suchen." Der Kaiser und seine Umgebung fühlten sich durch diese

Schrift so empfindlich betroffen, daß dem Dr. Eber mit einem derben Verweis der Friedensstörung befohlen wurde, sich künftig in seiner literarischen Thätigkeit jeder religiösen Polemik zu enthalten.

Herzog Albrecht, welcher sah, in wie grosser Gefahr die katholische Religion unter Maximilian in Deutschland schwebte, setzte sein ganzes Ansehen ein, den Kaiser, welchem die Protestanten die Türkenhilfe nur unter der Bedingung zusagen wollten, daß er den Artikel des Religionsfriedens über den geistlichen Vorbehalt streiche, von dieser Concession abzubringen. Er reiste deßhalb selbst zum protestantischen Kurfürsten August von Sachsen, mit dem er über die Herstellung der Ruhe und des Friedens in Deutschland in vertrautem Briefwechsel stand, und brachte diesen dahin, daß er unbedingt die Türkenhilfe zusagte. Hätte Maximilian II., durch Finanznoth gezwungen, diesen Artikel aufgehoben, so wäre nur mehr Bayern in Deutschland katholisch geblieben. Mit gleicher Thatkraft ließ er seinen Mündel und Neffen, den minderjährigen Markgrafen Philibert von Baden katholisch erziehen und dessen Erbe gemäß dem Religionsfrieden katholisiren. Ebenso lag Albrecht die katholische Sache auch im Auslande am Herzen; er stand mit dem Herzog Alba in den Niederlanden in brieflicher Correspondenz. Alba schickte ihm die genauesten Berichte über den Verlauf des niederländischen Krieges und dieser empfing dagegen vom Herzoge von Bayern Nachrichten über die deutschen Angelegenheiten. König Karl IX. von Frankreich knüpfte mit Albrecht ein Bündniß an und versprach ihm seine Hilfe, wenn er die Sympathien und Unterstützungen verhindere, welche die Hugenotten in Deutschland anstreben. Der Herzog versprach ihm die Theilnahme für die Aufrechthaltung der katholischen Religion in Frankreich. Sein Einfluß reichte sogar bis nach Schweden, wo König Johann III. nach seiner Thronbesteigung Neigung zum Katholicismus zeigte. Albrecht suchte auch dieses nordische Land theils durch Briefe theils durch Sendung gelehrter Männer für die katholische Religion zu erhalten. — So sehen wir, daß damals in ganz Deutschland der Herzog Bayerns der einzige Fürst war, welcher das Princip des Katholicismus nicht blos im eigenen Lande, sondern weit über die engen Grenzen desselben verfocht. Feinde wie Freunde der katholischen Religion richteten ihr Auge auf Albrecht, und nach wenigen Jahren machte sich allgemein die Ansicht geltend, daß nicht der Kaiser, sondern der Herzog von Bayern an die Spitze des katholischen Deutschlands sich gestellt habe. Dadurch erhielten Albrecht und seine unmittelbaren Nachfolger in politischen und religiösen Dingen Ansehen und Einfluß, der weit über Deutschlands Grenze ging.

Die Größe Albrechts V. tritt uns in ihrer Vollendung entgegen, wenn wir ihn als hochherzigen Gönner der schönen Künste und Wissenschaften betrachten. Außer den gelehrten Jesuiten Peltanus, Carillon, Torres und Gregor von Valentia berief er auch andere Celebritäten damaliger Zeit an die Universität Ingolstadt wie den Historiker Staphylus, den Rechtsgelehrten Eisengrein, den größten Mediciner seiner Zeit Agricola. Die Hohschule in Bayern stand damals in ihrer höchsten Blüthe, keine andere Universität konnte sich in Deutschland mit ihr messen, und die Zahl der Studenten übertraf alle norddeutschen Hochschulen. Außer den genannten Gelehrten docirte in Ingolstadt der als Staatsmann und Geschichtsforscher gleich berühmte Wiguläus Hundt, der gelehrte Mediciner Wimpinäus, die durch ihre juridischen Kenntnisse bekannten Braun und Perneder, der durch die Geschichtsschreibung des österreichischen Fürstenhauses ausgezeichnete Jacob Fugger ꝛc. Die Hofbibliothek mit den werthvollsten Büchern und Handschriften,*) das Antiquarium, die Bildergallerie und Kunstkammer mit ihren kostbaren Schätzen, das adelige Institut zu St. Michael, das Collegium Gregorianum waren seine Schöpfung. Selbst ein gebildeter Kenner der Kunst und Wissenschaft verweilte er in den Mussestunden am liebsten im Kreise von Gelehrten und Künstlern. Seine Hofkapelle war damals die vorzüglichste von ganz Deutschland; an der Spitze derselben stand der Meister der nordischen Musik, Orlando di Lasso, dessen klassische Compositionen zu der Sage veranlaßten, daß so oft sein Motett: Gustate et videte etc. bei der Frohnleichnamsfeier in München angestimmt wurde, der Himmel auch bei stürmischem Wetter sich aufgehellt habe, und die Sonne hervorgebrochen sei. Dem ganzen Europa war Albrechts Hof bekannt durch seine glanzvollen Feste, stattlichen Turniere und durch den im reichsten Stoff gekleideten Adel und Dienerschaft. Dichter, Künstler, Gelehrte, Schauspieler, Goldarbeiter, Juweliere ꝛc. fanden hier ein willkommenes Asyl, so daß ihn Doctor Menzel die Goldquelle nennt, welche alle Gebiete der Kunst und Wissenschaft befruchtend überströmt. An keinem deutschen Hofe geschah in jener Zeit auch nur die Hälfte soviel für die Pflege der Wissenschaften und Künste als an dem bayerischen. Während rings um Bayern Geist und Gemüth von einem Chaos religiöser Irrthümer und Absurditäten umfangen war,

---

*) Albrecht V. bestimmte in seinem Testamente, daß die Hofbibliothek als unveräußerliches Fideicommißgut des regierenden Hauses zu betrachten sei.

genoß dieses katholische Land, wo sich die theologischen Streitfragen nur auf den Catheder beschränkten, einen Frieden, welcher fruchtreich die schönen Künste pflegte. Allerdings war der Aufwand, den Albrecht V. an seinem Hof machte, im Verhältniß zum Lande nicht unbedeutend; allein die meisten Summen, welche ihm die Landstände nach manchem harten Kampfe bewilligten, diente demselben zum Nutzen, und mit stolzer Bewunderung sieht der Bayer in jene trübe, destruirende Zeit der Reformation zurück, wo in seinem Vaterlande Kunst und Wissenschaft so schöne Früchte trugen. Während der Regirungsperiode Albrechts war der bayerische Hof gewiß der prachtvollste in ganz Deutschland; er war aber auch zugleich der gebildetste und gesittetste. Während die protestantischen Fürsten sich durch Maitressenregiment und Trinkgelage auszeichneten, war Albrecht V. über jeden Verdacht erhaben und tadelte den Kaiser Maximilian II., als dieser einst als Erzherzog in München einen Besuch machte und durch sein starkes Trinken die Aufmerksamkeit aller erregte.

In demselben Geiste, womit der Herzog für die Wohlfahrt seines Landes besorgt war, ist er an der Seite seiner theuern Gemahlin Anna, einer Tochter des Kaisers Ferdinand I., für die Erziehung seiner Kinder bedacht gewesen. Er war der glückliche Vater von drei hoffnungsvollen Söhnen und zwei geliebten Töchtern; sein erst- und viertgeborner Sohn starben in dem Jahre ihrer Geburt. Wilhelm, geboren zu Landshut am Michaelistage 1548 und getauft von dem Erzbischof Johann Jacob von Salzburg, trat nach dem frühen Tode seines ältern Bruders Carl in die Rechte des Erstgebornen ein; er war ein gemüthsreicher, mit schönen Leibesgaben ausgestatteter, in ritterlichen Uebungen gewandter und frommer Prinz. Sein Vater ließ ihn nicht blos im klassischen Studium und in den neueren Sprachen unterrichten, sondern suchte ihn auch für deutsche Gesinnung zu bilden, und diesen Patriotismus für Deutschland sprach auch Wilhelm später in einem Briefe an seinen Vater aus, worin er sagt: „Ich habe wahrlich ungern gehört, daß der Franzose König in Polen geworden ist; ich hätte es dem guten Erzherzog Ernest gegönnt, Gott gebe es, daß wir in Deutschland Frieden haben möchten." Im Jahre 1563 ging Wilhelm, fünfzehn Jahre alt, mit seinen beiden Brüdern Ferdinand und Ernest an die Universität Ingolstadt, um daselbst die öffentlichen Vorlesungen zu besuchen; da jedoch bald nach ihrer Ankunft in der Stadt eine pestartige Krankheit ausbrach, so wurden sie noch vor Ablauf des Semesters nach München zurückberufen. Als Wilhelm das siebenzehnte Lebensjahr zählte, war sein Vater schon auf dessen Vermählung bedacht und zog hierüber seinen Schwager, den Kaiser Maximilian II. zu Rathe. Dieser schlug eine Verbindung mit dem verwandten Hause Lothringen vor. Der Herzog Franz I. von Lothringen war bereits im Jahre 1545 gestorben und hinterließ die Wittwe Christine, eine Tochter des unglücklichen Königs Christiern II. von Dänemark, und die zwei Töchter Renata und Dorothea, von denen jene im Jahre 1543 und diese im Jahre 1545 geboren war. Die Herzogin wünschte, daß man in Bayern Dorothea wählen möchte, weil Renata um fünf Jahre älter wäre als der Erbprinz, und sie sprach auch ihren Wunsch in den Briefen an Kaiser Maximilian unverholen aus. Herzog Albrecht aber hatte sich aus Gründen für die ältere entschieden und schrieb dem Kaiser, daß er die Renata gewählt habe und auch seine Gemahlin damit übereinstimme, „da Fräulein Dorothea einen Mangel am Fuße habe." Wiewohl ihm Maximilian antwortete, daß der lothringische Gesandte, Herr von Stüllers, ihm in Wien versichert habe, die Prinzessin Dorothea sei viel schöner als ihre Schwester, besitze mehr deutsche Gemüthsart und habe auch um hunderttausend Gulden mehr Heirathgut, so blieb Albrecht doch bei dem einmal gefaßten Entschlusse stehen und schickte im Monat Mai 1567 den Grafen von Schwarzenberg, den Hofmeister Wilhelm von Lösch und Dr. Perbinger als bayerische Bevollmächtigte nach Wien, wo der im Namen des Kaisers Maximilian ausgefertigte Heirathsvertrag abgeschlossen wurde. Die Bedingungen waren, daß Renata außer fürstlicher Ausstattung eine Mitgift von 100,000 Kronen erhalte, dagegen aber zu Gunsten ihres Bruders, des regirenden Herzogs Carl, auf die gesammte väterliche und mütterliche Erbschaft resignire; von bayerischer Seite wurde das Heirathgut mit einer gleichen Summe widerlegt und die Mitgift und Widerlage auf den Aemtern Aichach, Schrobenhausen, Rhain und Wembing versichert. Im September reiste Wilhelm mit seiner Mutter nach Lothringen und auf dem Schlosse zu Blamont wurde das Gelöbniß vom Bischof von Toul feierlichst vollzogen, und die Vermählung auf den Februar des folgenden Jahres 1568 anberaumt. Dorothea vermählte sich später mit dem Herzog Erich II. von Braunschweig und blieb kinderlos.

Albrecht, welcher dem Charakter seiner Zeit gemäß die Entfaltung äußerer Pracht bei festlichen Ereignissen für ein wesentliches Attribut fürstlicher Hoheit hielt, begann sogleich die nothwendigen Vorbereitungen zur Vermählungsfeier seines Erbprinzen zu treffen und schickte an alle befreundeten Höfe Gesandte, um die Fürsten zur Hochzeit zu laden. Auch

hatte Albrecht alle seine Räthe und Pfleger und überhaupt den gesammten
Adel des Landes nach München berufen und sandte, als die Zeit der Vermählung herannahte, die Herren **Wolf Wilhelm von Maxlrain**, Freiherrn zu **Waldeck** und den Ritter **Hans Georg von Preysing**
nach Nancy, um die fürstliche Braut aus Lothringen nach Bayern zu
geleiten. Am 15. Februar gelangte Renata in Ingolstadt an, wohin
einige Tage vorher ihre Mutter und Schwester vorausgereist waren. Hier
wurden die fürstlichen Personen, denen die Bewohner der Stadt, die Professoren und Studenten der Universität hohe Ehren erwiesen, vom Herzog
Ferdinand, dem drittgebornen Sohne Albrechts, empfangen. Der
21. Februar wurde für den Tag des feierlichen Einzuges bestimmt; bis
dorthin verweilten sie auf dem herzoglichen Schlosse zu Dachau. Unterdessen zogen die Fürsten und Gesandten in der Residenzstadt München ein;
zuerst kam der Erzherzog Ferdinand von Oesterreich aus seiner
treuen Stadt Innsbruck mit mehr als siebenhundert Pferden*) welche
mit schwarzen und carmesinfarbigen Sammt, reich mit Gold und Seide
gestickt, bedeckt waren. In schönster Ordnung zog die stattlich costümirte
Reiterschaar, welche zu Ehren der hohen Braut ihre Hüte mit den lothringischen Landesfarben, mit gelben, weißen und rothen Federn schmückten,
unter Trompetenschall in die Stadt, wo alles über den Glanz und die
Hoheit der Oesterreicher erstaunt war. Zur linken Seite des Erzherzogs
ritt Herzog Albrecht, der zu seinem Empfange ihm einige Stunden ent-
gegengekommen war. Der höchste Adel Oesterreichs schloß sich ihnen an.
Am 17. Februar langte der **Cardinal und Bischof von Augsburg, Otto Truchseß von Waldburg** als Gesandter des Papstes mit
hundert fünfundzwanzig Pferden aus Rom an; dreißig Herren und Vasallen waren mit den lothringischen Farben geschmückt. Herzog Wilhelm
ritt ihm entgegen und begrüßte ihn mit dem Ausdrucke der freundschaft-
lichsten Gesinnung. Ihn hatte Albrecht erkoren, den Trauungsakt vorzunehmen, um ihm einen Beweis seiner Liebe und Achtung zu geben, welche
er aus dem seit mehreren Jahren mit ihm geführten Briefwechsel gegen
diesen gelehrten und thätigen Kirchenfürsten gewonnen hatte. Am folgenden Tag erfolgte die Ankunft des Erzherzogs Carl von Oesterreich
mit achthundert Pferden; ihn begleiteten hundert sechzig Reiter in weißer
Rüstung, ihre Helme schmückten sechs Federn von den erwähnten Farben.

---

*) Das Aufführen zahlreicher Pferde bei festlichen Gelegenheiten war damals aus-
schließliches Vorrecht der Fürsten.

Unter dem zahlreichen Abel zogen besonders Baron Kaspar von Feld, berühmt durch die Belagerung von Siena und als Oberanführer bei Siget in Ungarn und der Feldhauptmann Baron Georg von Khevenhiller die Aufmerksamkeit der Münchner auf sich. An demselben Tage kamen der Großmeister des deutschen Ordens aus Wien als Abgesandter des Kaisers Marimilian, und die Pfalzgräfin Dorothea, eine Tochter des Königs von Dänemark, die Tante der erlauchten Braut, eine Dame von hoher Würde und strenger Sitte, umgeben von einem großen Gefolge von Reitern und Adeligen. Sie blieb nach dem Tode ihres Gemahls, des Pfalzgrafen Friedrich unverheirathet. Am 20. Februar traf der Erbprinz Eberhard von Würtemberg mit einer großen Menge von Pferden ein; Herzog Ferdinand zog ihm entgegen. Am nämlichen Tage kamen der Erzbischof und päpstliche Legat Johann Jakob Khuen von Salzburg mit großem Reitergefolge und die Königstochter Christine von Dänemark in einer mit schwarzem Sammt geschmückten Sänfte mit zahlreichen Rittern. Sie war eine Schwester der Pfalzgräfin Dorothea und die Gemahlin des mailändischen Herzogs Franzesco Sforza, nach dessen Tode sie als kinderlose Wittwe den Herzog Franz von Lothringen heirathete, den Vater der Renata. Sie wurde an den Stufen des herzoglichen Palastes von Albrechts Mutter, der Herzogin Jacoba, von der Herzogin Anna und den beiden anmuthigen Prinzessinen Maria und Marimiliana empfangen. Nach damaliger Sitte umarmte sie Herzog Albrecht und küßte öfters mit innigster Freude deren Stirne. Außer diesen fürstlichen Personen erschienen noch viele Gesandte verschiedener Länder.

Der festliche Morgen des 21. Februar brach an; ein rauher Nordwind umhüllte die ganze Umgegend in eine dichte Schneedecke, in allen Straßen riefen die Trommeln und Trompeten, sich zum Festzug zu bereiten und die neue Herzogin von Bayern zu empfangen. Die beiden Erzherzoge in Begleitung der fremden Fürsten und Gesandten ritten nach Dachau, wo die erlauchte Braut mit ihrem Oheime, dem Herzoge von Vaudemont, ihrer Schwester Dorothea und ihrem Gefolge verweilte. Die Bürger und Handwerker in deutscher Kleidung mit gelb-roth-weißen Schärfen von Seide zogen zu Pferd aus; die Schützen mit sechs Trompetern und Fahnenträger eröffneten den Zug, der breitausend fünfhundert Mann zählte. Auf diese folgten die Gesandten von Nürnberg, Augsburg und der übrigen freien Reichsstädte, die Pferde und Reiter des Gesandten des Pfalzgrafen bei Rhein, des Herzogs Eberhard von Würtemberg, die Gesandten der Königin von Polen und des Königs von Spanien. Nach diesen folgten die Ritter aus Oesterreich und hundert fünfzig Edelknechte der Herzoge Oesterreichs und Bayerns in schwarzen Sammt und goldner Halskette; die einen trugen mit Federn gezierte Helme und Lanzen, die andern Federhüte und Flinten. Sodann kam der niedere und hohe Adel von Bayern, von denen besonders der durch Tugend und Weisheit ausgezeichnete Johann Jakob Fugger, Herr zu Kirchberg und Weissenhorn und Carl von Frauenberg, herzoglicher Marschall zu nennen sind. Hierauf folgten die Gesandten und Fürsten, der Herzog von Würtemberg mit Herzog Ferdinand von Bayern, der Graf Carl von Zollern mit Baron von Losenstein, jener von Spanien dieser von Polen abgeordnet. Diesen folgte Herzog Albrecht und der Großmeister des deutschen Ordens, in ihrer Mitte Herzog Wilhelm, in einem prächtigen scharlachrothen, mit Gold verbrämten Mantel; Beinkleid und Wamms waren so reich mit Gold gestickt, daß die Farbe des Stoffes nicht zu erkennen war, auf seinem kostbaren, mit Gold und Diamanten eingefaßten Hute schimmerte unter den Federn eine glänzende Medaille. Eine große Anzahl Diener und Knechte folgte zu Fuß in schwarzsammtnen Röcken; ihre Beinkleider waren von rothen, gelben und weißen Sammt, die Kopfbedeckung schwarz und mit Federn der lothringischen Farben geschmückt. Auf beiden Seiten derselben gingen noch über hundert Trabanten in neuer deutscher Kleidung von schwarzem Tuche und mit einem seidenen Barette mit den genannten Farben.

Dieser seltene Festzug bewegte sich bis nach Neuhausen, einem ungefähr eine Stunde von München entfernten Dorfe, wo zwei große Gezelte für die Gesandten und die Braut aufgeschlagen waren. Nach kurzer Zeit erschien nun mit glänzendem Gefolge die sehnlichst erwartete Braut in einer prächtigen mit rother Seide ausgeschlagenen Sänfte, welche von zwei schönen, muthigen Maulthieren getragen wurde. Das Kleid der Braut war nach spanischer Art lang von carmesinrother Seide mit goldenen und silbernen Figuren durchwebt und mit großen Perlen und Rubinen besetzt; auf dem Haupte trug sie künstlich gearbeitete Blonden mit Perlen und Rubinen, die schöne Stirne zierte eine Perlenkrone; eine goldene Kette mit Diamanten schmückte die keusche Brust. Nach ihrer Ankunft begab sich die Braut mit ihrem Oheime und ihrer Schwester in das für sie bestimmte Gezelt. Herzog Albrecht und der erlauchte Bräutigam gingen ihr entgegen; mit anmuthsvoller Ehrerbietung reichte die hohe Braut dem geliebten Bräutigam und dem erhabenen Schwiegervater die Hand; sodann trat der Gesandte Spaniens hervor und hielt im Namen des Bräutigams in französischer Sprache eine Anrede, worin er die Freude aller Herzen nicht blos der Bayern, sondern aller Deutschen und anwesenden Fürsten und Gesandten aussprach und mit einem Danke gegen Gott, welcher die Braut so glücklich nach Bayern geführt hatte, schloß. Der Herzog von Vaudemont, der Oheim der Braut, antwortete im Namen der Braut. Nach beendigter Rede umarmten gemäß der damals üblichen deutschen Sitte die Fürsten und Gesandten die Braut, während dessen neunzig Donnerbüchsen zweimal mit solcher Erschütterung abgefeuert wurden, „daß wohl Jupiter, wie Massimo di Trajano, der gleichzeitige Beschreiber dieser Feier sagt, mit aller Macht seines Donners kein solches Zittern der Erde würde hervorgebracht haben." Das düstere Schneegewölk zertheilte sich und aus dem freundlichen Blau des Himmels sandte die Sonne ihre goldenen Strahlen auf das glückliche Brautpaar nieder. Nachdem diese Empfangsceremonie vorüber war, bestieg **Renata** den vergoldeten, mit vier Löwen gezierten Brautwagen, von sechs stattlichen Schimmeln bespannt; neben ihr nahmen ihre Schwester Dorothea, ihre Cousine Louise von Vaudemont und die Gräfin von Salm im Wagen Platz; zu gleicher Zeit setzten sich alle Fürsten und Herren zu Pferde und es begann der Zug nach der Stadt. Die Zahl der Reiter war so groß, daß, als die ersten beim Stadtthor ankamen, die Braut noch am Gezelte war; es waren ihrer fünftausend sechshundert und vierzig. Beim Einzug donnerten zweimal fünf und siebenzig Kanonen, mehrere hundert Trompeter und Trommelschläger erschütterten die Luft. Der Zug nahm seine Richtung nach der Kirche zu U. L. Frau; die Straßen waren in München noch nie mit so viel Menschen gefüllt; mit endlosem Jubel rief alles: „**Es lebe Wilhelm und die schöne Renata!**" Herzog Wilhelm trat hierauf mit seiner geliebten Braut in die Kirche, wo ihn sein Bruder Herzog Ernst, Bischof von Freising, der Erzbischof von Salzburg, der Cardinal Otto, die Domherren von Freising und Augsburg, der ganze Clerus der Stadt, und die fürstlichen Frauen und Prinzessinen unter Glockengeläut, Trompeten- und Paukenschall empfingen. Der Cardinal ertheilte dem hohen Brautpaar seinen Segen und reichte demselben ein goldenes Kreuz zum Kusse. Hierauf begab man sich nach dem Chor. Wilhelm und Renata traten bis an die Stufen des Hochaltars, wo sie auf ihre Kniee niedersanken und ein kurzes Gebet verrichteten. Sodann stimmte der Cardinal das To Deum laudamus an, welches nach der meisterhaften Composition des Orlando di Lasso von der Hof-Kapelle ausgeführt wurde. Nachdem der Kardinal seine Oration gebetet und allen Anwesenden seinen Segen gegeben hatte, verließ man die Kirche und begab sich in die herzogliche Residenz, wo die Damen und Herren ihre bestimmten Gemächer bezogen.

Der 22. Februar war als der Tag der Vermählung bestimmt; der Himmel war wolkenlos und heiter, und die Sonne erleuchtete mit sanften Strahlen den folgereichen, segensvollen Tag. Die Bürger erschienen mit glänzenden Waffen als Ehrenwache an den Thoren der Kathedrale. Unter dem Geläute aller Glocken und dem Schalle zahlloser Trompeten und Pauken bewegte sich der Festzug durch dichte Volksmassen in die Kirche. Die Barone, Grafen und hohen Herren von Bayern, die meisten Gesandten, Herzog Ferdinand von Bayern mit dem Herzog von Würtemberg, der Erzherzog Carl, der polnische und spanische Gesandte gingen an der Spitze des Zuges; ihnen folgten die vier Marschälle, Graf Heinrich von Schwarzenberg, Graf Friedrich von Oetting, Graf Ulrich von Montfort und Graf Arco mit silbernen Stäben, Herzog Albrecht und der kaiserliche Gesandte, in ihrer Mitte Wilhelm und sodann Renata, begleitet von ihren Brautführern, dem Erzherzog Ferdinand und dem Herzog von Vaudemont. Diesen schlossen sich die Herzoginen Anna, Dorothea, die Markgräfin von Baden, die Prinzessinen und die übrigen hohen Damen an. Als das fürstliche Brautpaar am Trauungsaltar angekommen war, sprach der Cardinal die vorgeschriebenen Gebete, nahm aus der Hand des Bräutigams einen kostbaren Ring und aus den Händen der holden Braut einen Kranz, aus zahlreichen seidenen und mit Edelsteinen geschmückten Blumen und Blättern kunstvoll geflochten, legte beide auf einen goldenen Teller und segnete sie. Hierauf richtete er an den herzoglichen Bräutigam in lateinischer Sprache die Frage, ob er die anwesende Renata als seine rechtmäßige Braut heimführen wolle. Wilhelm bejahte mit fester Stimme die Frage. Der Cardinal sprach hernach zur Braut dieselben Worte, und als er sie fragte, ob sie Herzog Wilhelm als ihren inniggeliebten, einzigen Bräutigam wolle, erröthete ihr holdes Angesicht, und sie wandte sich mit lieblicher Anmuth zu ihrer erlauchten Mutter Christine und bat sie, sich verbeugend, um die Erlaubniß zum Jaworte. Die hohe Frau erhob sich freudenvoll von ihrem Sitze, nahm die gehorsame und geliebte Tochter bei der Hand und gab ihr die Einwilligung zu einer so glücklichen Vermählung. Hierauf nahm der Cardinal des Bräutigams und der Braut rechte Hand, steckte unter einem heiligen Gebete an den Finger der Braut den Ring und legte auf das Haupt des Bräutigams den Kranz. Der ehrwürdige Bischof sprach noch einige Gebete, und die Sänger beschlossen mit einer Vesper der allerheiligsten Dreieinigkeit und einem zu Ehren der makellosen Jungfrau von Ludovico d'Asero componirten, zwölfstimmigen Chor die Trauungsceremonie. Die hohen Fürsten und Frauen, welchen der Cardinal noch seinen Segen gab, verließen die Kathedrale in derselben Ordnung. Unter tausendstimmigem, nie enden wollendem Rufe: „Es lebe Wilhelm und die schöne Renata!" zogen die Neuvermählten in die herzogliche Burg, wo im großen brillant decorirten Saale das Hochzeitsmahl genommen wurde. Nachdem die Fürsten und hohen Damen nach ihrem Range an der mit silbernen und goldenen Gefäßen beladenen Tafel Platz genommen hatten, wurden mehrere Concerte, darunter eine vom Organisten Annibale componirte Schlachtsymphonie aufgeführt. Unter dem Schalle der Trompeten und Pauken traten die Marschälle und Edelknaben ein und trugen das erste Gericht der Speisen auf die fürstliche Tafel. So oft ein neues Gericht aufgetragen wurde, führte die Hofkapelle unter der trefflichen Leitung des Orlando di Lasso ein neues Concert auf. Bei jedem Gerichte wiederholte sich der Trompeten- und Paukenschall und immer waren damit bildliche Darstellungen aus dem alten und neuen Testamente und aus der Mythologie verbunden, z. B. Josua mit den Hebräern, Judith mit dem Haupte des Holofernes, Christus mit dem Weibe aus Canna an dem Brunnen. Mit den Früchten wurden drei Gärten aufgetragen mit verschiedenen Bäumen und Blumen; im ersten saß die Göttin Pomona auf einem abgehauenen Stamme, im zweiten lehrte die Ceres das Volk die Erde bebauen und im dritten badet sich Diana und begießt den unglücklichen Aktäon. Große Bewunderung erregte bei den fürstlichen Personen die verschiedene Darstellung der Automaten; den größten Effekt aber machte eine colossale Pastete, aus welcher, als sie geöffnet war, ein kleiner Zwerg im blanken Küraß und mit der Rennfahne in der Hand heraussprang und die hohen Gäste mit sittsamer Reverenz begrüßte. Ein Harlequin verschaffte ihnen die angenehmste Unterhaltung. Nachdem wohlriechendes Wasser zur Händewaschung dargereicht worden war, erhoben sich die fürstlichen Personen, und es begann der Ball, welchen das hohe Brautpaar eröffnete; die Herzoge von Würtemberg und Ferdinand von Bayern gingen mit brennenden Wachskerzen gemäß der damals üblichen Sitte Deutschlands voran zu Ehren der Neuvermählten. Der Ball wurde geschlossen mit dem fröhlichen Ringeltanz, wo jeder Tänzer nach Belieben seine Dame wählen durfte. Unter Trompetenschall wünschten sich die hohen Gäste gegenseitig gute Nacht.

Am andern Tag hatten sich Morgens die Fürsten, Gesandten und hohen Damen im Salon der Mutter Renatas versammelt, wo sie dem erlauchten Brautpaare ihren Morgengruß sagten. Hierauf zogen alle Anwesenden in die Kirche zu U. L. Frau, wo der Cardinal ein feierliches Hochamt celebrirte. Er stimmte das Introibo ad altare Dei an, worauf die Sänger eine sechsstimmige Messe von der Composition des Orlando durchführten. Nachdem das Evangelium abgesungen war, trug es der Subdiakon mit sechs Wachskerzenträgern unter Begleitung von vier Marschällen dem Brautpaare hin, und der Bräutigam und die Braut küßten es nach uralter Sitte zum Zeichen, daß sie nach der Wahrheit der christlichen Lehre leben wollen. Als der Cardinal das Pax tecum angestimmt hatte, segnete und küßte er das Kelchschüsselchen, und mit feierlicher Ceremonie trug man es unter Vorantritt der Marschälle zum herzoglichen Brautpaare und beide empfingen den Frieden. Nach Vollendung der Messe traten Wilhelm und Renata an die oberste Stufe des Altares, wo ihnen der Cardinal seinen feierlichen Segen ertheilte. Von der Kirche begab man sich in die herzogliche Residenz, wo das schon bereite Mahl eingenommen wurde, und von da auf das Rathhaus, wo im großen Saal bis am Abend getanzt wurde. Am andern Tage veranstaltete Erzherzog Ferdinand ein festliches Ringrennen, wobei jeder Ritter maskirt erscheinen mußte, was den zuschauenden Damen angenehme Unterhaltung gewährte; die Preise bestanden aus silbernen und goldenen Bechern, Halsketten und Gürteln. Ferdinand, welcher wegen seines ritterlichen Charakters und seiner freundlichen Geselligkeit unter allen fremden Fürsten der beliebteste war, gewann im Ringrennen die meisten Preise. Mit edlem Stolz und freudigem Blick nahm er sie in Empfang; allein ein Zug tiefer Wehmuth verbarg sich in seinen fröhlichen Mienen. Sein Theuerstes, die treue und schöne Philippine Welser konnte nicht Zeuge seiner stolzen Freude sein; es durfte die an Tugendadel reiche Gattin nicht im Kreise des Geburtsadels erscheinen; der fürstliche Gatte mußte sie auf dem Schlosse Ambras zurücklassen. Der Gedanke, das, was er als das edelste hienieden hielt, vom Herkommen zurückgesetzt zu seyn, trübte sein heiteres Auge. Am folgenden Tag war in der herzoglichen Burg Hochamt, wo die Hofkapelle eine von Orlando zu diesem Feste componirte Choralmesse aufführte, und nach derselben im großen Saal feierliche Ueberreichung der Brautgeschenke, wozu Jedermann freien Eintritt hatte. Dieselben wurden von den Fürsten und Gesandten gemäß ihres Ranges der Reihe nach übergeben und bestanden aus goldenen und und silbernen Bechern, mit kostbaren Edelsteinen und Diamanten besetzten

Halsketten, Gürteln, Medaillen im Werthe von 200,000 Gulden damaliger Währung; Graf von Schwarzenberg überreichte im Namen des Landes Bayern zwei silberne und vergoldete Trinkgefäße, welche mit 6000 neugeprägten Dukaten gefüllt waren und auf deren einen Seite die Worte: „Pro felici auspicio matrimoniali" und auf der andern: „Statuum Bavariae munus" standen. Von ihrer Mutter erhielt Renata außer kostbaren Juwelen eine große Anzahl von Blumen-Kränzchen, mit Perlen, Smaragden, Rubinen und Diamanten besetzt, welche die Braut nach damaliger französischer und deutscher Sitte am Morgen des Brauttages vor dem Gange zur Kirche an den Bräutigam und allen übrigen Hochzeitsgästen vertheilte; diese trugen ihr Kränzchen an diesem Tage auf dem Barett.

In jener festlichen Zeit war in München die Blüthe des Adels von ganz Süddeutschland versammelt; seine liebste Beschäftigung waren noch immer die ritterlichen Uebungen; denn durch die Erfindung der Schießgewehre wurde das alte Kriegswesen nur allmählig umgewandelt. Die mittelalterlichen Kampfspiele bildeten noch immer den wesentlichsten und interessantesten Theil jener fröhlichen Vergnügungen, welche zur Hochzeitsfeier veranstaltet wurden. Zum Turnierplatz wurde der Schrannenplatz*) der Residenzstadt bestimmt, mit Sand überschüttet und mit Schranken umfaßt; an den beiden Enden führten hohe antike Triumphbögen, mit dem Bilde der Siegesgöttin, der Fortuna, der Amazonenkönigin und mehreren andern Gemälden und mit den Fahnen von Bayern, Oesterreich und Lothringen geziert, in das Innere der Schranken. Das erste Turnier zu Fuß begann am 25. Februar. Die fürstliche Braut und die übrigen Damen begaben sich in das Landschaftshaus, um von dessen Fenstern dem Festspiele zuzusehen; alle Dächer, Zimmer, Erker und Fenster waren von Schaulustigen angefüllt. Oberster Kampfritter war der Erzherzog Ferdinand von Oesterreich. Sämmtliche Fürsten und Adelige erschienen in glänzender Waffenrüstung, die Gewandung war bei allen roth, weiß und gelb, nur der hohe Bräutigam mit seinen begleitenden Rittern war in rothem, mit Gold und Silber durchwebten Atlas gekleidet. Auf seinem Schilde befand sich eine Darstellung des Cupido, welcher aus lichten Wolken vom Himmel niederschwebte mit Pfeil und Bogen, den Merkurstab in der Rechten und das Füllhorn in der Linken, ohne Augenbinde, darunter als Motto die Worte: „Ab aeterno" (Vom

---

*) Die Mariensäule wurde erst bekanntlich vom Kurfürsten Maximilian zur Erinnerung an die Schlacht am weißen Berge errichtet und 1638 eingeweiht.

Ewigen) als Sinnbild des Schöpfers des Weltalls, des Stifters dieser Ehe und eines friedlichen, kinderreichen Ehestandes. Auf den Schall der Trompeten begann der Kampf, Ritter gegen Ritter, und nachdem diese ihre Tapferkeit erprobt hatten, theilten sie sich in zwei Partheien, und als die Kriegstrompeter das Zeichen zum gemeinsamen Kampfe gaben, schwangen die muthigen Streiter gegeneinander drohend ihre Lanzen und begannen die Schlacht, während die Schützen des Erzherzogs Carl ihre Gewehre abfeuerten, „so daß, wie Massimo schreibt, ob dem Gekrache dieser Geschütze und der gebrochenen Lanzen Himmel und Erde einzustürzen schienen." Nachdem die Ritter ihre Lanzen zerbrochen hatten, entblößten sie ihr Schwert und fochten mit solcher Tapferkeit, daß die Helme Funken sprühten; erschöpft zogen sie sich vom Kampfplatz zurück und legten Waffen und Rüstung ab. Die fürstlichen Damen begaben sich in die herzogliche Residenz, wo nach genommenem Mahle die Turnierpreise vertheilt wurden. Die Kampfrichter begaben sich zur anmuthigen Prinzessin Maximiliana und luden sie ein, dem Erzherzog Carl den ersten Kampfpreis zu überreichen. Unter dem Schalle der Trompeten wurde der Name des Erzherzogs dreimal genannt, und die Prinzessin übergab ihm, nachdem sie voll Wonne eine liebliche Anrede gehalten, einen prachtvollen, mit Blumen von Seide, Gold und Juwelen geflochtenen Kranz, welchen sie küßte. Der erlauchte Fürst nahm hierauf ihre schöne Hand, zwei der vornehmsten Grafen begleiteten sie mit brennenden Wachskerzen zum Balle, und die hohen Gäste tanzten nach deutscher Sitte drei Tänze. Hernach wurden die übrigen vier Preise von den Damen an die Kampfritter vertheilt.

Donnerstag den 26. Februar wurde in der herzoglichen Kapelle während des Hochamtes eine achtstimmige Messe und nach Beendigung desselben während des Frühmahles eine Composition mit vier und zwanzig Instrumenten (acht Violen di Gamba, acht Violinen, einem Fagot, einer Sackpfeife, einer schwachtönenden, einer hohen und tiefen krummen Zinke, einer Querpfeife, einer Dolzaine und Posaune) von dem bewährten Meister Orlando aufgeführt. Nach aufgehobenem Mahle begaben sich die Herren und Damen nach dem Schrannenplatz zu einem neuen Turniere, dem sogenannten Rennen über die Planken oder Palien, bei welchem der Erzherzog Carl von Oesterreich aus der Hand der schönen Prinzessin Marie von Bayern den ersten Preis erhielt. Den Preis, welcher im Cartell für jenen Ritter bestimmt war, „wölcher am zierlichsten und baß putzestzten auff die Pan kompt," empfing der Herzog Ferdinand von Bayern, „der schönste aller Ritter," von der Freifrau von Plankenburg. Derselbe wurde ihm von den drei hiezu beauftragten Damen, der Gräfin von Salm, der Gräfin von Oetting und Anna Maria Eisenreich, Kammerfräulein der Mutter des Herzogs Albrecht zuerkannt. Von der reizenden Anmuth und Schönheit dieser Damen sagt der italienische Beschreiber dieses Festes, daß Paris, wenn er ins Leben zurückkehren und mit dem Apfel ein zweites Urtheil fällen könnte, von den schimmernden Strahlen ihrer schönen Augen geblendet, in größter Verlegenheit kaum einen Ausspruch wagen würde. Der Kampfpreis für die zierlichste Führung der Lanze wurde dem polnischen Ritter Johann Malavuiz zuerkannt. Der folgende Tag war Freitag, wo es nach christlichem Gebrauche nicht erlaubt war, ein Turnier zu halten; dagegen wurde nach geendigtem Hochamte im Hofe der herzoglichen Burg von den Jesuiten eine fünfactige Tragödie: „Der starke Simson" aufgeführt. Dasselbe war von dem herzoglichen Rathe Andreas Fabricius, später Propst zu Altötting, dem Autor mehrer Tragödien, verfaßt. Die Moral, welche die Väter der Gesellschaft Jesu in diesem Trauerspiele niederzulegen suchten, war: dem Zuschauer vorzuführen, wie der Schöpfer des Weltalls jene schützt, segnet und liebt, welche durch das heilige Band der von ihm eingesetzten Ehe eine Zierde der Menschheit sind, dagegen sittenlose Menschen, welche von den bösen Gelüsten dahingerissen werden, von sich stößt, straft und verflucht. Die Zwischenakte wurden nicht mit Musikpiecen sondern mit kleinen Spielen ausgefüllt, welche den Refrain des vorausgegangenen Aktes bildeten. Daher betrat nach dem ersten Acte ein greiser Landmann die Bühne, welcher den Simson ein trauervolles Ende prophezeit, wenn er nicht die Wege des göttlichen Gesetzes wandelt und seine Geliebte nicht ehelicht, und nach dem zweiten ein Herkules als Symbol der simsonischen Stärke, kämpfend mit einem grimmigen Löwen, den er durch Kraft und Klugheit besiegt. Nach dem dritten Acte erschien zur Darstellung der gefährlichen Liebe der schön gekleidete Apollo mit den neun Musen, welche ihren Instrumenten die reizendsten Töne entlockten; dadurch wurde sinnbildlich angezeigt, daß, wie die süße Harmonie der Töne das Gemüth des Menschen beherrscht, so die zarten Worte und die zitternde Thräne schöner Mädchen auch einen klugen und starkmüthigen Mann zu besiegen vermögen. Bei dem vierten Acte traten mehre Kinder auf, welche naturgetreu verschiedene Nachtvögel darstellten; während sie auf der Bühne herumflatterten und tanzten, kam ein Landmann herbei, der über den Anblick dieser bei Tage herumschwärmenden Vögel ganz erstaunt war. Er fragte einen Greis, der mit weißem Lockenhaar und

herabfließendem Barte auf einen dürren Stab gestützt von der anderen
Seite eben hereintrat, um die Ursache dieser Erscheinung. Im propheti=
schen Geiste erwidert er mit tiefer Stimme, daß dieß den Sturz und
das Ende des mühseligen Lebens des armen Simson bedeute. Bei dem
letzten Acte erschienen zwölf anmuthsvolle Nymphen, welche zierliche Blu=
menkränze wanden und ihre fröhlichen Gesänge mit der Laute begleiteten;
während sie sich so heiter vergnügten, sprangen zwölf listige Satyre
herbei und verfolgten die fliehenden Nymphen mit ihren boshaften Sprün=
gen. Diese Scene deutete die kurze Freude und das traurige Ende der
Philister an. Der Abend dieses Tages schloß mit einem großen **Feuer=
werk**, welches in der Form einer umfangreichen Burg mit solcher Feuer=
masse losgebrannt wurde, daß man glaubte, „der erzürnte Jupiter gieße
ein Feuermeer vom Himmel herab," und die Erde von dem Donner der
vielen tausend Raketen erzitterte. Am darauffolgenden Samstag wurde
ein komisches **Turnier**, das sogenannte **Kübelstechen**, veranstaltet,
wo die mit Heu dick angeschoppten Ritter, in weißer Rüstung, auf ihrem
Haupte statt des Helmes einen großen hölzernen Kübel trugen und sich
gegenseitig auf ungesattelten Pferden mit Lanzen bekämpften, welche vorne
mit einer Scheibe versehen waren. Im Kampfe fielen die Ritter wie Bal=
lons auf die Erde, was den Zuschauern große Erheiterung verschaffte.
Nach diesem scherzhaften Ritterspiele unterhielt Orlando di Lasso die
hohen Gäste mit seiner trefflichen Kapelle und führte unter andern eine
fünfstimmige Motette auf, welche von der berühmten **Magdalena Casu=
lana** zu Ehren des erlauchten Brautpaares componirt war, und ein von
der kunstreichen **Katharina Willärt** in Musik gesetztes Lobgedicht auf
die Herzogin Anna von Bayern.

An den letzten Tagen der Vermählungsfeier wurde ein **Frei=Turnier**
auf dem festlich decorirten Schrannenplatze abgehalten; Herzog Wilhelm
trat selbst als Mantenador auf. Obgleich in jener Zeit die Ausdrucks=
weise sehr schwülstig war, so tritt uns doch in seinem Cartell die Sprache
der alten Ritterromane entgegen. Dasselbe beginnt: „Es ist einem Jeden,
der mit menschlicher Vernunft und Gemüth begabt ist, kund und offen=
bar, daß die edle, holde Liebe jene Kraft und Eigenschaft habe, daß sie
im Herzen allein nicht verschlossen bleiben kann, sondern dasselbe durch=
dringt und sich öffentlich aussprechen muß, was zu allen Zeiten vornehm=
lich an allen adeligen Rittern und männlichen Helden genugsam erschienen
ist, sonderlich bei denen, welche eine ehrliche und beständige Liebe gegen
ihre geliebten Jungfrauen getragen, so daß sie dieß mit allerlei redlichen

und lobenswürdigen Thaten im Werk bezeugt haben, und ihnen keinerlei Mühe, Arbeit und Gefahr weder zu groß noch zu schwer war. Demnach ist jetzt ein edler, ehrlicher Ritter vorhanden, der gegen seine allergeliebteste, durchlauchtige, hochadliche, ehr- und tugendreiche Dame mit solch inbrünstiger recht treuherziger Liebe entzündet ist, daß er diese starke Flamme in seinem innerlichen Gemüth nicht verborgen halten kann, sondern dieselbe an den Tag zu legen gezwungen wird. Ja er ist auch bereit, wenn es die Noth erfordert, für jede hochgeehrte Jungfrau, um ihrer Liebe und Ehre willen, sein eigenes Leben daranzusetzen." ec. Der erste Kampfpreis wurde dem Herrn von Rennsberg zuerkannt, auch die bayerischen Herzoge erhielten ehrenvolle Preise. Nach diesem Turniere wurde des andern Tages das sogenannte Scharfrennen und Krönleinstechen gehalten; es waren bloß die fürchterlichsten Turnierarten. Der Ritter erscheint in schwerster Rüstung auf einem Pferde, das einen starken Harnisch hat, und dessen Hals und Kopf mit festem Stahl bedeckt sind, so daß das Thier gleichsam blind ist und unsichern Trittes einherläuft; die Lanze ist von colossaler Schwere. In dieser Rüstung erschienen zwölf bayerische Ritter mit blauweißer Schärpe, welche ihrem Herzog bezeugen wollten, daß sie bereit seien, ihr Leben für ihn hinzugeben; sie umritten mit ihren Knappen voll Würde zweimal die Bahn. Hierauf erschienen sechs Ritter in lothringischen Landesfarben; die bayerischen Ritter ritten ihnen entgegen und forderten sie zum Zweikampf auf. Nachdem die Herausforderung angenommen war, nahmen sie einander bei der Hand und sagten sich wechselseitige Verzeihung zu, wenn etwa einer der Helden getödtet werden sollte. In diesen gewaltigen Kämpfen wurden zwar einige verwundet, aber keiner getödtet. Im Krönleinstechen, wobei sich mehrere Ritter betheiligten, theilten sich die Kämpfenden in zwei Hälften, und auf das Signal der Trompete stürzten sie gegen einander; beim Zusammenstoß fielen alle zu gleicher Zeit mit großem Getöse und emporragenden Füßen auf die Erde, nur ein einziger Ritter von seltener Kraft konnte nicht aus dem Sattel gehoben werden. Dieser wollte nun absichtlich seine Lanze brechen; deßhalb rannte er mit losgelassenem Zügel mit solcher Kraft und Tapferkeit gegen den Triumphbogen, das die Lanze drei Spannen lang durch ein dickes Brett drang. Die beiden Preise trugen bayerische Ritter davon, Sigmund Eisenreich im Scharfrennen und Kaspar Rothaft im Krönleinstechen, zwei Ritter von gigantischer Kraft. Am dritten März wurde die Hochzeitsfeier mit einem Hochamte in der Residenzkapelle und mit einem Frühmahle begonnen, wozu alle Gäste eingelaben waren; nach demselben war große Jagd auf Hochwild in einem nahen Wäldchen bei München.

An einem der folgenden Tage wurde nach dem Wunsche des Herzogs Wilhelm ein italienisches Lustspiel aufgeführt, welches Massimo di Trajano verfaßte. Dasselbe wurde mit einem Prolog und fünfstimmigem Madrigale des Orlando eingeleitet. Im ersten Acte tritt ein reicher Italiener, Poliboro, auf und pries der Liebe Glück, welches er mit ungetrübter Zufriedenheit genoß; während dessen kam der Diener seines Bruders und übergab ihm einen Brief, welcher schlimme Nachrichten enthielt. Poliboro las ihn mit tiefbewegter Stimme und rief wehklagend seine Geliebte Camilla (diese Rolle übernahm der Marchese di Malaspina), welcher er die Nothwendigkeit seiner Abreise erklärte und sich mit einem Abschiedskuß entfernte. Auf der anderen Seite erschien ein vornehmer venetianischer Herr, Pantalon di Bisognosi (diese Rolle hatte Orlando di Lasso) mit einer Laute und sang einige Mal: „Glücklich, wer diese Straße ohne Seufzer wandelt." Er legte die Laute nieder und klagte in einem langen Monolog die Liebe an, indem er mit den Worten begann: „O armer Pantalon, der du nie mehr diese Straße ohne Seufzer und Thränen betrittst.... Während er so für sich und dann mit Camilla über die Liebe klagte, kam Arlequin, welcher seinen Herrn viele Jahre nicht mehr gesehen hatte und ihn deßhalb auch nicht kannte. Er ging unachtsam umher und stieß heftig an Pantalon, wodurch sich zwischen ihnen ein Streit entspann, in dem sich beide wieder erkannten. Arlequin nahm in seiner übergroßen Freude seinen wieder gefundenen Herrn auf die Schulter, drehte ihn nach Art eines Mühlrades und trug ihn auf der Bühne herum; das nämliche that auch Pantalon mit Arlequin, bis beide auf den Boden fielen. Nachdem sie sich wieder erhoben hatten, sprachen sie über die alten Zeiten, und Arlequin fragte unter andern auch seinen Herrn nach dem Befinden seiner Gattin. Pantalon sagte ihm, daß sie todt sei, worauf beide wie Wölfe heulten und der Diener bittere Thränen weinte, da er sich an die köstlichen Maccaroni und Raffioli (Klößchen aus Mehl, Kräutern, Käse und Eiern) erinnerte, welche sie ihm einst zu essen gab. Doch beide vergaßen bald den Schmerz dieser Trauer und Pantalon gab Arlequin den Auftrag, seiner geliebten Camilla einige Hühner zum Geschenke zu bringen. Dieser versprach es und Pantalon trat ab. Allein Arlequin that das Gegentheil, begab sich schüchtern an ihr Haus und wußte durch eine schmeichelhafte Rede ihr Herz zu gewinnen; Camilla verliebt hieß ihn eintreten. Hiebei bemerkt der Autor, daß dieser Liebeswechsel nicht wunderbar sei, „da oft unsere Schönen das Schlechtere dem Besseren vorziehen." Hierauf begann eine sehr angenehme Musik mit Streichinstrumenten und Singstimmen. — Im zweiten Act erschien Pantalon und wundert sich, daß Arlequin noch keine Antwort brachte; dieser kam jedoch bald mit einem Brief von Camilla, worin sie verlangt, daß wenn er das Glück ihrer Liebe genießen wolle, so müsse er sich verkleiden, wie es ihm Arlequin angäbe. Voll Freude hierüber entfernten sich beide. Nach ihnen trat ein Spanier, Don Diego de Mendoza (Massimo Trajano) auf die Bühne mit seinem Diener, dem er seine ritterlichen Abenteuer erzählte und wie viel Hunderte sein Degen in den Rachen des Charon gesendet habe. Die Schönheit der Camilla aber, wiewohl sie von geringem Stande war, hatte sein tapferes Herz besiegt; er konnte der Gewalt der Liebe nicht mehr widerstehen und bat Camilla ihn in ihre Wohnung eintreten zu lassen. Um seine Absicht eher zu erreichen, machte er ihr eine goldene Kette zum Geschenke; zum Danke versprach ihm Camilla mit schmeichlerischer Rede, ihm in der nächsten Nacht ihr Haus zu öffnen, worauf der Spanier mit zufriedenem Herzen abtrat. Hierauf kamen Pantalon und Arlequin mit verwechselten Kleidern und beriethen sich, auf welche Art seinem Herrn der Eintritt zur geliebten Camilla möglich werden könnte; um jeder langen Berathung vorzubeugen, gingen sie beide hinein, worauf eine unterhaltende Musik aufgeführt wurde. Im dritten und letzten Acte kam Poliboro von seiner Reise zurück und traf im Hause der Camilla den verkleideten Pantalon. Er fragte sie, wer dieser Mensch wäre, und erhielt zur Antwort, es sei ein Packträger, welcher einen Bündel Kleider in das Kloster San Cataldo zu tragen habe. Poliboro gab ihm einige Dukaten und befahl ihm, sogleich den Bündel fortzutragen; allein der unglückliche Pantalon, welcher solche Lasten zu tragen nicht gewohnt war, sträubte sich und erklärte, er wolle den Bündel nicht tragen, da er so gut wie Poliboro ein Edelmann sei. Dieser ergriff nun erzürnt einen Stock und prügelte den Pantalon erbärmlich durch, welcher mit einer Tracht Schläge entfloh, während Arlequin, als er die Prügelei hörte, sich in einem Sacke verbarg, den er zufällig fand; die Dienerin Camillas band ihn zu und legte ihn mitten auf die Bühne. Da erschien der Spanier zu der ihm von Camilla bestimmten Stunde und pochte an die Thüre, erfuhr aber durch die Dienerin, daß Poliboro bereits zurückgekehrt sei. Erzürnt ging er zurück und als er mit einem tiefen Seufzer ausrief: „Weh mir Armen!" stolperte er mit seinem Diener am Sacke und beide fielen nieder. Wüthend öffneten sie den Sack und jagten den Arlequin heraus, welcher sich mit einem Stocke vertheidigend entfloh; der Spanier und sein Diener verfolgten ihn. Auf diesen Lärmen hin traten Polidoro und Camilla aus dem Hause; jenem erschien dieses Zusammenkommen von Männern vor ihrer Wohnung verdächtig und er erklärte seiner Geliebten, daß sie einen andern heirathen soll. Unterdessen erschienen Pantalon und sein Diener Arlequin vom Fuß bis zum Kopf mit Flinten, Säbeln, Degen und Dolchen bewaffnet, um sich an ihren Gegnern zu rächen. Zur Vorübung machten sie einige Lufthiebe, allein keiner wagte aus Furcht den ersten Angriff. Polidoro, welcher ihre Feigheit bemerkte, rief endlich: „Signor Pantalon!" Aus Ehrgefühl griffen sie nun zu den Waffen, Arlequin aber wußte nicht, welche er zuerst nehmen solle. Camilla aber stellte den Frieden wieder her, indem sie erklärte, daß sie den Arlequin heirathe, worauf dann ein italienischer Tanz aufgeführt wurde. — Der Stoff dieses Lustspiels ist sehr einfach, noch einfacher aber die Composition; allein man muß bedenken, daß der Regisseur, welcher ein talentvoller Musiker aber kein Dichter war, nur einen halben Tag zur Ausarbeitung hatte. Es kam nämlich dem Herzog Wilhelm Vormittags in den Sinn, einmal ein italienisches Lustspiel zu sehen und theilte seinen Wunsch dem Kapellmeister Orlando mit, welcher dem Hofmusiker Massimo Trajano diesen Auftrag übergab. Die Comödie erreichte aber ihren Zweck, da sie den hohen Gästen, welche damals mit den theatralischen Produkten genügsamer waren als heutzutage, einen sehr heiteren Abend verschaffte.

Mit diesem Lustspiel endete das vierzehntägige Vermählungsfest; von den Fürsten und Gesandten waren die einen schon in ihre Heimath abgereist, die andern nahmen einige Tage später Abschied von Herzog Albrecht, dem alle den herzlichsten Dank aussprachen für die ehrenvolle Aufnahme und für die einzig in ihrer Art prachtvolle Feier. Allerdings beliefen sich die Kosten auf die damals hohe Summe von 194,000 fl.; allein Albrecht hat seinen schönen Zweck erreicht, seinem Bayern auch im Ausland einen grossen Ruf zu verschaffen. Der Glanz, den die Fürsten und Gesandten in München entfalteten, die Tapferkeit, welche der bayerische Adel im Turnier dem staunenden Zuschauer bewies; die Liebe, wodurch die Bayern für ihre Regenten in diesen festlichen Tagen begeistert waren, und die hochherzige Pflege, welche Kunst und Wissenschaft in München damals fanden, rief bei jedem Fremden einen Eindruck hervor, der für lange Zeit unvergeßlich blieb und dem Bayerlande eine Berühmtheit verlieh, welche weit über die Grenzen Deutschlands ging. Es mußte aber auch in Albrecht das Bewußtsein seiner hohen Herrscherwürde bei dieser Vermählungsfeier seines Sohnes und Nachfolgers gehoben worden sein, wenn er sah, daß nicht blos die Fürsten von ganz Süddeutschland, sondern auch von Frankreich, Spanien, Italien und Polen seiner Einladung freudig Folge leisteten und das schöne Fest durch ihre Anwesenheit zu verherrlichen suchten. Unter den hohen Gästen nahm die alte Herzogin=Mutter von Lothringen den schwersten Abschied von München; mit heißen Thränen schied sie von ihrer geliebten Renata. Der Schmerz der Trennung wurde jedoch durch den Gedanken gemildert, daß sie ihre Tochter bei einer fürstlichen Familie zurückließ, welche sie während eines kurzen Aufenthaltes wegen ihrer gemüthsreichen und wohlgesitteten Eigenschaften sehr lieb gewann. Besonders erfreuten sich die beiden anmuthigen Prinzessinen Maria und Maximiliana ihrer bevorzugenden Liebe. Als sie in ihrer Heimath wieder angekommen war, machte sie es zu einer ihrer eifrigsten Sorgen, eine derselben an den jungen König Carl IX. von Frankreich zu verheirathen, da die herzogliche Familie von Lothringen stets mit dem französischen Hofe in naher Verbindung stand. Allein ihre Bemühungen scheiterten, da der Franzose eine Habsburgerin heirathete, und Maria die Gemahlin des Erzherzogs Carl von Steiermark und die Mutter des im dreißigjährigen Krieg berühmten Kaisers Ferdinand II. wurde. Die Maximiliana suchte Albrecht V. mit dem Herzog von Ferrara zu vermählen; allein er erreichte seinen Zweck nicht, und sie starb ehelos am 11. Juli 1614. Dieselbe Sorge hatte er für seinen jüngsten Sohn Ernest, dem er nicht blos die Infel von Freising zubrachte, sondern auch den Kurhut von Köln verschaffen wollte, und deßwegen mit dem obenerwähnten Cardinal Otto in Rom einen eifrigen Briefwechsel führte. Er erlebte die Frucht seiner Bemühung nicht mehr, da Ernest erst vier Jahre nach seines Vaters Tode den erzbischöflichen Stuhl bestieg. Sein zweitgeborner Sohn Ferdinand, welcher durch das Schiedsgericht der Damen als der schönste Ritter anerkannt wurde, fand seine Lieblingsbeschäftigung in Krieg, Turnier und Damencirkel.

Zweites Kapitel.
Wilhelms Regirungsantritt — Finanznoth.

Dem neuvermählten Erbprinzen Wilhelm wurde von seinem Vater Landshut als Residenz bestimmt, wo er ihm eine eigene Hofhaltung eingerichtet und für die weltlichen und geistlichen Bedürfnisse mit grossem Eifer gesorgt hatte. Den Dr. Paul Hoffäus, von dem Albrecht in einem Briefe an den General der Gesellschaft Jesu, Franz Borgias, schreibt, daß er ein tüchtiger und sittenreiner Gelehrter sei, ernannte er zum Hofprediger und den Dominicus Mengin, den Rector des münchener Collegiums, zum Beichtvater der Erbprinzessin, weil er unbescholtnen Charakters, ein geborner Lothringer und der französischen Sprache mächtig war. Dieser war ein feiner Hofmann und sehr angenehmer Gesellschafter, so daß ihn Wilhelm sehr lieb gewann. Diese Hinneigung benützte Mengin und machte sich den Herzog so abhängig, daß sich dieser von ihm wie ein Sohn leiten ließ und auch als Regent in Kirchen- und Staatsangelegenheiten seinem Einflusse willige Folge leistete. Besonders suchte Mengin auf sein gefühlreiches Herz einzuwirken, welches er so zur Andacht und Frömmigkeit zu stimmen wußte, daß Wilhelm am Ende seines Lebens eine strenge Ascese übte und jedem Kirchenfürsten in damaliger Zeit zum schönsten Muster hätte dienen können. Diese Frömmigkeit bildete das Band, welches die schöne Harmonie der beiden Ehegatten niemals trübte, so daß ungeachtet des Mißverhältnisses der Jahre die Ehe des Herzogs Wilhelm eine stets glückliche zu nennen ist, und die Zeitgenossen von der Eintracht zwischen den beiden hohen Gatten schreiben: „Es war zwischen ihr und dem Gemahl ein Herz und eine Seele." Renata stand in religiöser Beziehung ihrem Gatten nicht nach; sie war nicht blos für ihre nächste Umgebung, sondern für die Bewohner von ganz Landshut ein schönes Muster liebevoller Sanftmuth und treuer Gottergebenheit. Die größte Wonne war es für sie, Werke der Barmherzigkeit auszuüben; nicht achtend auf ihre hohe Stellung besuchte sie die ärmste Hütte; wer Hilfe brauchte, ging zur „guten Herzogin", die mütterlich jede Thräne auf der bleichen Wange zu trocknen suchte. Sie verwendete daher fast ihr ganzes Einkommen auf Almosen und wohlthätige Stiftungen. Wiewohl sie in Lothringen an französische Sitte und grossen Luxus gewöhnt war, so fiel es ihr nicht schwer, der einfacheren Lebensweise der deutschen Höfe sich zu fügen. Auch die deutsche Sprache machte sie sich bald eigen, und schrieb schon nach vier Monaten ihrer Ankunft in Bayern (den 6. Juli 1568) an ihren Schwiegervater Albrecht nach München einen Brief, worin allerdings noch eine geringe Fertigkeit in den Schriftzügen und im Ausdruck zu finden ist. Sie schreibt, daß ihr sowohl die Landesart als auch die Stadt, „darin wir schon oft spazieren gereist", sehr gut gefalle, und daß sie sich sehr oft an jene Worte erinnere, welche Albrecht in München zu ihr so wohlmeinend gesprochen habe.

Diese glückliche Ehe war auch von Gott mit vielen Kindern gesegnet; allein die meisten starben schon in ihrer Kindheit. Das erste, welches in der Taufe den Namen Christoph erhalten hatte, gebar Renata in Friedberg. Die alte Herzogin von Lothringen, welche die Liebe zu ihrer Tochter bald wieder nach Bayern führte, hat sich das Schloß Friedberg zu ihrem Aufenthalt gewählt, und auch ihre Tochter wohnte zur Zeit der Entbindung bei ihr, welche so schwer vor sich ging, daß die Herzogin dem Tode nahe gewesen ist, und das Kind gleich nach der Geburt starb. Der nächste Sprößling war eine Tochter, welche bei der Taufe den Namen der Großmutter Christiana erhielt und im neunten Jahre starb. Es war ein sehr liebenswerthes Mädchen, dessen Tod den Vater tief schmerzte, da es schon in ihrer Kindheit durch schöne Tugenden sich auszeichnete. Wiewohl Wilhelm mit ganzem Herzen an diesem allgemein geliebten Kinde hing und „der lieben seligen Tochter, wie er selbst sagte, gar nicht vergessen könne", so tröstete er sich doch damit, „daß sie jetzt im unvergänglichen ewigen Reiche mit himmlischen sichern Freuden wohl und seliglich versehen ist." „Um die Ehre Gottes der Tochter wegen hier auf Erden zu mehren, dergestalt wie ihr seliger Geist dem Schöpfer oben unaufhörlich dient," faßte der Herzog den Entschluß, in München eine Erziehungs-Anstalt für junge Mädchen zu errichten, welche sich später dem Nonnenleben weihen wollen. Wiewohl man gewöhnlich für Verstorbene Jahrtage stiftet, so meinte Wilhelm doch, daß seine Tochter grosser Fürbitte und Gnade nicht bedürfen werde, „da die liebe Seele diese schnöde sündliche Welt noch in aller Unschuld und Reinheit verlassen habe." Am 17. April 1573 wurde ihm abermals ein Sohn geboren, welcher nach seinem Taufpathen und Großonkel, dem damals regirenden Kaiser, den Namen Maximilian erhielt und vom Fürsten und Erzbischofe zu Salzburg, Johann Jakob Khuen, welcher auch bei der Vermählungsfeier zugegen war, getauft wurde. Die Geburtsstadt dieses Prinzen, welcher mit Recht der Grosse genannt zu werden verdient, war die Hauptstadt München, wohin immer die Herzogin Renata bei ihren Entbindungen (mit Ausnahme der ersten) wegen der bessern ärztlichen Pflege reiste. Ebenso sind Maria Anna (den 8. Dezember 1574), Philipp (den 22. September 1576), Ferdinand (den 6. October 1577) und Eleonora Magdalena (den 7. Oktober 1578), welche nur sechs Monate alt wurde, in München geboren, obwohl der Herzog seine Hofhaltung in Landshut hatte. Dieselbe führte er in dem Wohlthätigkeitssinn, mit welchem er sie begonnen hatte; seine Freigebigkeit und sein mitfühlendes Herz gegen die Armen wurden sprichwörtlich; in Landshut funbirte er eine Armenstiftung. Dabei aber liebte er jenen Glanz, an den er in München gewöhnt war, wodurch die Ausgaben in jedem Jahre so hoch stiegen, daß die jährliche Apanage von 30,000 fl. bei weitem nicht ausreichte. Wilhelm sah sich genöthigt, Darlehen zu machen, welche sich bis zu seinem Abgange von Landshut auf 300,000 fl. beliefen, und von den geistlichen Landständen, z. B. vom Abt Ludwig von Benedictbeuern und vom Propst Aram zu Raußhofen eine Aussteuer sich zu erbitten; mehre derselben sandten ihm auch Geld, Wein, Vieh, Schmalz ꝛc. Als aber der Vater diese entehrende Bettelei erfuhr, obwohl der Erbprinz die Prälaten bat, die Sache geheim zu halten, so war er so entrüstet, daß er an die betreffenden Prälaten ein Mandat schickte, worin er ihnen die Absetzung androhte, wenn sie nochmals seinem Sohne ein Geschenk oder ein Anlehen geben würden.

Herzog Albrecht leitete nach der Vermählung seines Erbprinzen die Regirung unverändert nach denselben Marimen, welche wir eben kennen gelernt hatten; besonders richtete er seine Aufmerksamkeit nach Oesterreich, als Kaiser Marimilian starb. Papst Gregor XIII. wünschte, daß sein Nachfolger Kaiser Rudolph, ein junger und mit der Führung des Staatsruders unerfahrner Monarch, den klugen Bayernherzog zu seinem Rathgeber wähle und schrieb Albrecht selbst, daß er dem jungen Kaiser mit seinem Rathe beistehen möchte; „denn die Gegner der katholischen Religion würden um so mehr ihren Einfluß geltend zu machen suchen, je mehr sie das Uebergewicht derselben zu befürchten hätten." Rudolph selbst schickte nach dem Tode seines Vaters an Albrecht einen Brief mit der Bitte, daß er zu ihm nach Regensburg kommen möchte. Dieser entsprach sogleich seinem Wunsche, sah sich jedoch in seinen Erwartungen sehr getäuscht; denn die alten Geheimräthe des verstorbenen Kaisers, welche größtentheils den Religionsneuerungen zugethan waren, wußten Rudolph dem Einflusse Albrechts zu entziehen, so daß dieser mißvergnügt nach 8 Tagen Regensburg verließ und voll Unmuth an den Erzherzog Ferdinand einen Brief schrieb, worin er sich äußert, daß der Kaiser allerdings einen guten Willen habe, aber ganz von den geheimen Räthen abhängig sei, „und hätte ich gewußt, daß ich keine andere Autorität haben sollte, als wie ich's erfahren habe, sie sollten mich nicht mit hundert Rossen hinübergezogen haben." Zugleich benachrichtigte Albrecht den Erzherzog, daß er seinem Sohne den Auftrag gegeben habe, mit ihm bezüglich des landsberger Bundes zu unterhandeln, welchen er im Jahre 1556 nach Auflösung des heidelberger Fürstenvereins mit dem König Ferdinand, den süddeutschen und fränkischen Bischöfen zur Aufrechthaltung des Landfriedens geschlossen hatte, und in welchem er fortwährend das Amt eines obersten Bundes-Hauptmannes bekleidete. Die Räthe wußten in Regensburg dem Kaiser diesen Bund als einen „Papisten- oder Pfaffenverein" darzustellen, welcher die Unterdrückung der augsburger Confession bezwecke und auch auf österreicher Seite in politischer Hinsicht mit Mißtrauen betrachtet werden müsse. Diese Anschauungsweise über den landsberger Bund, gegen welche sich Albrecht schon in einem früheren Briefe an seinen Schwager Ferdinand verwahrte, fand bei dem leichtgläubigen Rudolph Eingang, und dieser erklärte dem bayerischen Herzog, daß er sich bezüglich dieses Vereines nicht mit ihm, sondern den Erzherzogen Ferdinand und Carl berathschlagen möchte. Albrecht, welcher diese diplomatische Ausweichung durchschaute, schrieb hierüber jenem: „Sie sollen es machen wie sie wollen, es gilt mir gleich; treffen sie es wohl, so haben sie es wohl; verschneiden sie aber die Kappe, so sollen sie wohl sicher sein, daß ich sie ihnen nicht flicken werde." Der Einfluß, den die Religionsneuerer auf Rudolph ausübten, trug bald seine Früchte; denn diese waren nicht zufrieden mit der hartnäckig angestrebten Toleranz, sondern man fing bald in Wien an, öffentlich „gegen die Gräuel des Papstthums" zu predigen, und veranlaßte im Jahre 1578 bei der Frohnleichnamsprozession, welcher der Kaiser und die Prinzen beiwohnten, einen solchen Volksauflauf, daß die Ceremonie nicht mehr fortgesetzt werden konnte. Es wurden zwar einige Mandate zum Schutze des katholischen Gottesdienstes erlassen, allein der reformatorische, renitente Geist griff immer mehr um sich und tauchte auch im politischen Gebiet in sehr drohender Gestalt auf. Im folgenden Jahre verweigerten die Stände den kaiserlichen Befehlen geradezu den Gehorsam; Rudolph besaß weder Kraft noch Kenntniß, diesem Uebel vorzubeugen. Man suchte nun wieder beim bayerischen Herzog Rath und Gutachten; allein man ließ seine richtigen Vorschläge unberücksichtigt und würdigte ihn nicht einmal einer Antwort, worüber er sich in einem zweiten Briefe an Ferdinand bitter beklagte.

Albrecht V. war in den eilf Jahren nach dem Hochzeitsfeste seines Sohnes stets bestrebt, mit seiner Autorität überall einzugreifen, wo es der katholischen Sache und dem deutschen Wohle galt; zum letzten Male vertrat er seine Herrscherrechte auf dem Reichstage zu Augsburg im Jahre 1579. Nach seiner Rückkehr fühlte er sich unwohl und zog seine Aerzte zu Rathe, wie es mit seinem Leben stehe; da ihm diese die Wahrheit verheimlichten, so verlangte er sie von seinem Leibarzt Menzel zu hören, welcher ihm unverhohlen erklärte, daß das Ende seines Lebens nahe. Unerschrocken vernahm der Herzog die Todeskunde; sitzend in einem Lehnsessel, zu seinen Füssen einen gezähmten Löwen, das Symbol seiner Regirung, der beständige Begleiter seines Lebens und der treueste Wächter seines Ruhebettes,*) beschied er seine Familie zu sich und empfahl besonders seinem Nachfolger die treueste Sorge für das Landeswohl und die wärmste Liebe für die katholische Religion. Nachdem er die hl. Sakramente empfangen, schied sein grosser Geist ruhig und sanft von dieser Welt, betrauert vom ganzen Bayerland, das er mit seltener Charakterstärke, mit tief religiösem Bewußtsein und mit opferwilligem Kunstsinn regirte. Albrecht V. war eine imponirende Persönlichkeit; Hoheit und Liebe thronten auf seiner Stirne; mit kräftiger Hand führte er das Scepter; er war stets seiner hohen Herrscherwürde bewußt, vergaß aber nie seine Regentenpflicht. Die Geschichte nennt ihn daher mit Recht den Großmüthigen. Ein fremder Gesandte zeigte einst eine Medaille, worauf sein Bild geprägt war, dem Großsultan von Constantinopel; voll Bewunderung rief dieser aus: „Dieser Fürst muß der Kaiser sein; denn so kann nur ein Kaiser aussehen."

Wilhelm V., 31 Jahre alt, ein Mann von schöner Gestalt, voll hohen Wesens, von kluger und ernster Geistesruhe und gemessener Rede, trat am 24. Oktober 1579 die Regirung in München an. Bayern war damals unter den 10 Kreisen, in welche Kaiser Maximilian (1512) Deutschland theilte, der größte; denn es bestand aus Ober- und Niederbayern, dem Erzbisthume Salzburg, den Bisthümern Freising, Regensburg und Passau, den Reichsabteien St. Emmeram, Ober- und Niedermünster in Regensburg, der Propstei Berchtesgaden, dem Herzogthum Neuburg, der Landgrafschaft Leuchtenberg, den Graffschaften Sternstein, Haag und Ortenburg, den Reichsherrschaften Ehrenfels, Hohenwaldeck, Breiteneck und Wolfstein. Das Land war in vier Provinzen, Rentämter, getheilt: München, Landshut, Straubing und Burghausen, und jedes Rentamt zerfiel wieder in Land-, Pfleg-, Stadt- und Marktgerichte. Oberste Landesbehörde war der geheime Rath, an dessen Spitze der Herzog oder in seinem Namen der Oberhofmeister stand; derselbe wurde vom Herzog aus allen Beamten-

---

*) Der Herzog konnte den Löwen mit freier Hand nach Belieben streichen und mit ihm spielen; er warf sich auf den Wink seines Herrn zu dessen Füßen nieder, zum Zeichen, daß Albrechts Heldengeist auch den Hochmuth des Löwen zu bezwingen mußte. Einst kam ein Gesandter nach München, und als er in den Audienzsaal trat und den Herzog mit dem Löwen sah, erschrack er so, daß er kein Wort sagen konnte und unverrichteter Sache wegging.

branchen gebildet, Jesuiten und andere berühmte Männer des Auslandes waren öfters Mitglieder desselben. Zur Leitung der Kirchen- und Schul-Angelegenheiten bestand der von Albrecht V. eingesetzte **geistliche Rath** und zur Verwaltung der Finanzen die **Hofkammer.** Seit Albrecht V. war in München auch ein **Hofrath**, welcher für die privilegirten Bewohner des Landes, deren erste Instanz die vier Regirungen (Rentämter) waren, das Appellationsgericht bildete. Das Volk war durch die **Landschaft** vertreten, welche aus dem Prälatenstand, dem Adel und Bürgerstand zusammengesetzt war; die Bauern als hörige oder eigene Leute, welche weder ritterbürtig, noch Bürger, noch städtische Beisassen waren, blieben von dieser Volksvertretung ausgeschlossen. Jedes Mitglied hatte auf den Landtagen das Recht, Sitz und Stimme zu führen. Präsident der Landschaft war der **Landmarschall**, dessen Amt erblich war; außer demselben wählte die Landschaft aus ihrer Mitte als Vicepräsidenten den Unterlandmarschall, den Kanzler, Kassier, Zinszahlmeister ꝛc. Die Sitzungen wurden vom Herzog in Person feierlich eröffnet oder im Verhinderungsfalle durch einen Delegirten. Auf den bestimmten Tag wurden alle Stände oder deren Abgeordneten in die herzogliche Burg oder Residenz berufen, um von dort aus den Fürsten zum Gottesdienste in die Frauenkirche und dann in den Saal des städtischen Rathhauses zu geleiten. Hier angekommen setzte sich der Herzog unter einem Thronhimmel, sprach einige bezügliche Worte und ließ sodann die Proposition verlesen. Dieselbe wurde dem Landmarschall übergeben und vom Landschaftskanzler durch eine Dankrede erwidert. Hierauf verließ der Herzog den Saal, und die Stände blieben, um den großen Ausschuß zu wählen. Die gewöhnlichen Ausschußsitzungen wurden in der zweiten Hälfte des 16. Jahrhunderts im Landschaftshaus (jetzt Regirungsgebäude) gehalten. Hundert Mann Bürger in Waffenrüstung bildeten Spalier. War der Ausschuß gebildet, so wurden die Referate berathen und darüber abgestimmt. Die Beschlüsse wurden dem Landesherrn übergeben, welcher dieselben entweder bestätigte oder verwarf. Gegenstand der Berathung waren damals nur die landesherrlichen Geldpostulate und die Beschwerden; die Legislatur war ausschließliches Hoheitsrecht des Herzogs. Die Ständeversammlung wurde vom Herzog oder dessen Stellvertreter mit dem sogenannten „**Abtank**" (Abschied) geschlossen, welchen er mündlich sprach. Vor ihrer Abreise erhielten die Stände einen Schadloshaltungsbrief und wurden bei Hof ausgespeist.

Als **Wilhelm V.** das herzogliche Scepter ergriffen hatte, sandte er an alle Landstände ein Mandat, worin er ihnen seine Thronbesteigung anzeigte und sie nach München „zur Erbhuldigung und Berathung über des Landes Wohlfahrt" berief. Am 4. Dezember 1579 ließ er die Landschaft, welche damals den Stephan Gumppenberg zum Landmarschall und J. Pronner zum Landschaftskanzler hatte, durch seinen Kammersekretär Winkelmaier eröffnen, welcher die Proposition verlas mit dem Inhalte: Der Herzog fordere die Huldigung mit der Zusage, daß er die Freiheiten und alten Rechte bestätige, welche den Ständen gebühren. Diese erwiderten aber in einer vom grossen Ausschuß verfaßten Abresse mit vielem Freimuthe, Seine Fürstlichen Gnaden möchten sich erinnern, daß vor allem die Bestätigung der Freiheiten geschehen müsse, und so lange der Herzog dieß nicht thue, verweigern sie ihm die Huldigung; denn es seien nicht nur von den früher angebrachten Beschwerden noch viele unerledigt, sondern auch noch neue hinzugekommen, um deren Abstellung man während dieses Landtages bitte. Am 7. Dezember Morgens 7 Uhr erschienen Graf Schweickart von Helfenstein und der Kanzler Elsenhammer und überreichten die Urkunde der Freiheitsbestätigung mit der Eröffnung, daß der Herzog um 8 Uhr ausziehen werde, um die Huldigung in der neuen Veste entgegenzunehmen. Als dieser Act vollzogen war, wurde die zweite Proposition verlesen, worin der Herzog erklärt, daß er gehofft hatte, sein Land schuldenfrei übernehmen zu können; allein dieß sei nicht der Fall, und obgleich er sich entschlossen habe, seinen Hofstaat so sehr als möglich einzuschränken, so könne er doch weder die Zinsen noch die Hauptsumme entrichten. Er sähe sich daher genöthigt, an die Ständeversammlung sich zu wenden mit dem Verlangen, daß dieselbe die neue Schuld sammt Zinsen auf sich nehmen möchte; dagegen würde er zur Erleichterung der Stände die auf den letzten Landtagen bewilligten Kammergutsbesserungen ganz anheimgeben. Da aber Wilhelm gemäß dem Testamente seines Vaters der Herzogin-Mutter 15,000 fl., dem Herzog Ferdinand 35,000 fl. und dem Herzog Ernest 12,000 fl. jährliche Apanage zahlen mußte, so konnte er die Kammergutsbesserung den Ständen nur unter der Bedingung überlassen, daß sie die bezeichneten Apanagen auf zehn Jahre übernehmen, nach deren Ablauf ihm die im Jahre 1568 aus dem Aufschlag bewilligte Besserung von 40,000 fl. ungeschmälert bleiben soll. Zugleich machte der Herzog die Stände auf die am Rhein drohenden Kriegsereignisse aufmerksam, um im Falle der Noth gerüstet zu sein. Die Landschaft erwiderte auf diese Proposition, Niemand solle bezweifeln, daß die Stände nicht ihre Pflicht kennen, für ihren Landesfürsten Gut und Blut zu opfern. Allein ein ernster Blick auf die Regirungsperiode Albrechts V. sage ihnen, daß die Finanzen des Landes, welches durch die zwölfpfündige Steuer und den vierfachen Aufschlag überlastet sei, so erschöpft seien, daß die Tilgung der Hauptschuld in weiter Ferne liege. Bezüglich der 40,000 fl. Aufschlagsbesserung möchte der Herzog bedenken, daß dieselben nicht für die Nachfolger Albrechts bewilligt, sondern zur Tilgung der Schuld bestimmt seien, und er möchte das Land so lange mit neuen Steuern verschonen, bis es wieder zu Kräften komme. Der Herzog, den allerdings die grosse Besteuerung des Landes schmerzlich berührte, replicirte dagegen, daß mit diesen kleinmüthigen Klagen die Schulden nicht bezahlt werden; er sei bereit die Ausgaben zu beschränken; allein ein Blick in den Stand der Sachen überzeuge, daß durch dieses Mittel der Last nicht gesteuert werde. Mit grossem Befremden hörte Wilhelm, daß die im Jahre 68 bewilligte Kammergutsbesserung nicht auf die Erben übergehen sollte, da sie doch ausdrücklich gegeben sei, solange der Aufschlag dauern werde. Der Vorbehalt, daß der Aufschlag zur Schuldentilgung verwendet werden solle, beziehe sich nur auf die später geschehenen Bewilligungen. Deßhalb müsse er das in der Proposition gemachte Begehren wiederholen.

Die Stände erwiderten in ihrer Duplik: Sie seien zwar überzeugt, daß der Herzog in der Beschränkung der Ausgaben sein Möglichstes thun werde, allein sie erlauben sich folgende Bemerkungen auszusprechen: „obwohl die Cantorey zur Ehre Gottes und zur Ergötzung nicht abzustellen, so seien doch übermässige Besoldungen fremder Personen zu viel; so sei auch der Garden eine zu grosse Anzahl, das Gejagd sei auch mit überflüssigen Personen besetzt, die Leute würden oft mit 200 Pferden auf einmal aufgeboten, und stecke schier in jeder Hecke ein Ueberreiter; die Schneiderei (des Hofes) sei durch die leidige Hoffart zum höchsten Ueberfluß gestiegen, wodurch Silber und Gold aus dem Lande und dafür unnütze Seide und Sammt in das Land kommt; Lust- und andere unnöthige Gebäu hätten gewaltig überhand genommen; über das seien verderbliche Schankungen besonders gegen Ausländer in Schwung gekommen, durch welche auch allerlei verderbliche Käufe seltsamer aber unnützer Dinge veranlaßt worden; die Justiz sei sonst durch einen Hofrath verwaltet worden; jetzt aber gebe es wieder viele Räthe, deren sich einige Austraferäthe nennen und alle Erkenntnisse wieder verkehren. Dieses alles, bitte man, wolle der Herzog bedenken, denn wenn solche überflüssige Ausgaben nicht abgestellt würden, sei alle Hilfe fruchtlos. Ueber die Frage wegen der Bewilligung der Kammergutsbesserung stehe die Auslegung dieser Bewilligung ausschließlich nur den Ständen zu, welche wiederholt erklären, daß die im

Jahre 68 bewilligten 40,000 fl. nicht auf die Erben gemeint gewesen und daß die später bewilligten 40,000 fl. nach Absterben des Herzogs zur Abtragung der Schulden bestimmt worden; um jedoch ihre Willfährigkeit zu beweisen und unter der Bedingung, daß die ständischen Beschwerden gewendet werden, wolle die Landschaft 1) zur Besserung des Kammergutes die Anno 68 bewilligten 40,000 fl. auf fernere 4 Jahre vorstrecken, 2) und 400,000 fl. Schulden auf 4 Jahre zu verzinsen übernehmen, 3) endlich 50,000 fl. baar zur Disposition des Herzogs stellen."

Zwei Tage nach diesem Landtagsbeschluß reichten Wilhelm von Freyberg und Christian von Layming bei der Landschaft eine Beschwerdeschrift ein, mit dem Inhalte, daß eine von einem gewissen Joannes a Via verfaßte Broschüre im Lande cursire, worin Herzog Albrecht einige Adelige, welche sich des Hochverrathes schuldig gemacht hätten, begnadigt habe. Da dieß auf Unwahrheit beruhe, und dadurch der bayerische Adel compromittirt sei, so stellten sie an den grossen Ausschuß die Bitte, die Stände möchten beim Herzog das Bittgesuch einreichen, daß er diese Schrift confiscire und den Verfasser zur Strafe ziehe. Zu gleicher Zeit überbrachten die Räthe die Triplik des Herzogs, worin er den Ständen erklärt, daß die Interpretation der Kammergutsbesserung eine angemaßte und mit der Uebernahme der blossen Verzinsung von 400,000 fl. ihm wenig in der Sache geholfen sei; denn die ganze neue Schuld betrage 616,000 fl., und von dieser Summe fordere der Herzog, daß sie die Landschaft übernehmen soll. Die Ständeversammlung gerieth über diese Gegenschrift Wilhelms in Staunen, welches sich steigerte, als an demselben Tage Herzog Ernst von der Landschaft eine Absindungssumme mit 150,000 fl. in Rücksicht seines geringen Deputates und Herzog Ferdinand die Uebernahme seiner Schulden von 200,000 fl. und eine stattliche Baarschaft auf die Hand begehrte. Die Stände ließen sich in ihrer Quadruplik zur Prorogirung der Besserung des Kammergutes auf vier Jahre und zu einem jährlichen Zuschuß mit 12,000 fl. herbei, verwahrten sich aber gegen die Uebernahme der Hauptschuld; man solle im Falle der Noth die überflüssigen Edelsteine und Kostbarkeiten veräußern. Damit war der Herzog nicht zufrieden, denn die Summe, welche ihm die Landschaft anbiete, betrage nur 178,000 fl.; deßhalb verlangte er, daß die Besserung des Kammergutes um noch 10,000 fl. erhöht werde und nicht auf vier, sondern sechs Jahre. Bei der blossen Verzinsung der 400,000 fl. ließ es der Herzog beruhen, in der Hoffnung, „daß, wenn der Schuldenrest von 216,000 fl. nicht getilgt werden könne, die Landschaft ihren Fürsten nicht ohne Hilfe

laſſen werde." Die Stände bewilligten einen Zuſchuß von 8000 fl. mit
der Erklärung, daß ſie bis zur Abhilfe ihrer Beſchwerden bleiben werden. Dieſelben waren viel und groß, und mancher Edelmann führte eine
heftige Sprache, beſonders Hans Friedrich v. Pinzenau und Heinrich v. Freyberg, und unter den Städten überbrachten München, Ingolſtadt, Waſſerburg, Landsberg, Roſenheim ꝛc. beſondere Beſchwerden,
Schärding und Burghauſen gegen einander und die Städte gegen den
Adel. Sie klagten, daß die Gewiſſensfreiheit eingeſchränkt, die Dienſtbo-
ten wegen ihres Glaubens aus dem Lande gejagt, und daß man in
Streitſachen mit der herzoglichen Kammer keine Hilfe oder ſtatt derſelben
ungerechte Gewalt zu erwarten habe. Einzelne Stände beſchwerten ſich
über Kabinetsjuſtiz, Willkühr der Beamten und vornehmlich über den
ungeheuren Schaden, den das Wild und die Jagden verurſachen. Die
Städte klagten, daß ihre Freiheiten, einſt das Vehikel ihres Reichthumes
und Macht, untergraben, und eine ihrer Hauptnahrungsquellen, der Salz-
handel durch die Monopoliſirung des Landesfürſten verſchloſſen werde;
auch wurden mehre Beſchwerden über das Auswanderungsverbot eingebracht, indem daſſelbe die menſchliche Freiheit beeinträchtige. Herzog Wilhelm, dem das Wohl ſeines Landes am Herzen lag, unterhandelte mit den
einzelnen Ständen, von denen jeder mehrere Beſchwerdeſchriften in der
Kammer niederlegte; nur der Prälatenſtand hatte keine Klage vorzubrin-
gen. Er erwiderte auf jede Beſchwerde mit einer gnädigen Antwort und
verſprach eine ſtrenge Unterſuchung und möglichſte Abhilfe, fügte aber
die Forderung hinzu, daß die Landſchaft noch einen weitern Zuſchuß von
2000 fl. bewilligen ſoll, „da er ſich ſonſt deßhalb allerlei Gedanken machen müſſe;" den Antrag auf Gewiſſensfreiheit wies er ab. Zugleich beſchloß er die von Freyberg und Layming beantragte Conſiskation der oben
erwähnten Broſchüre. Die Ständeverſammlung bewilligte nun dieſe weitere Forderung und beſchloß jedem der beiden Brüder des Herzogs nach
ihrem Verlangen eine „Verehrung" von 20,000 fl. zu machen. Der Herzog ſchloß hierauf die Sitzungen in herkömmlicher Weiſe mit der ausdrücklichen Proteſtation, daß er ſich bezüglich der 1568 bewilligten 40,000 fl.
nach Umfluß der vier Jahre ſeine Rechte vorbehalte.

Da die landſtändiſchen Bewilligungen nicht nach der Größe der Ausgaben und Schulden und nur auf vier Jahre gemacht worden waren, ſo
konnte man leicht vorausſehen, daß der Herzog bald wieder neue Poſtu-
late an die Stände bringen werde. Als die vierjährige Friſt abgelaufen
war, berief er die Landſchaft nach München am 27. November 1583.

Es erschienen 33 Prälaten, 127 vom Ritter- und 67 vom Bürgerstande; 19 Deputirte der Prälaten, 75 des Adels und 25 von Städten und Märkten. Der Herzog ließ ihnen bei der Eröffnung folgende Propositionen vorlesen.

I. Die 4 Jahre der Bewilligungen seien abgelaufen, die Umstände aber noch dieselben und daher die Nothwendigkeit des Begehrens, daß die Landschaft die Schulden auf sich nehmen und die Kammergutsbesserung prolongiren möge. Die Beschränkung des Hofstaates sei strengstens vollzogen worden, das Uebel liege aber darin, daß die beständigen Unruhen im Reiche große Ausgaben verursachen, daß ferner der Preis der Viktualien sehr hoch gestiegen sei — es kostete z. B. der Eimer Märzenbier damals im Hofbräuhaus 1 fl, und allseits wurde über den hohen Bierpreis geklagt —, und daß die Gewerbe und Handthierungen darniederliegen. Aus diesen und andern Gründen seien die Ausgaben gestiegen und die Einnahmen gefallen.

II. Der Herzog gesinne, daß die Landschaft die Bezahlung der nunmehr fälligen und schon im Jahre 1565 übernommenen Kapitalien seiner Frau Mutter per 84,000 fl. und der Universität per 47,000 fl. auf sich nehme.

III. Durch den Regirungsantritt und die damit verbundenen Förmlichkeiten und Gesandtschaften 2c. durch die Wahl seines Bruders Ernst zum Erzbischof von Köln, welche sich auf 200,000 fl. belief, und durch andere außerordentliche Ausgaben sei der Herzog in neue Schulden gerathen, von denen er fordere, daß die Landschaft sie auf sich nehme.

IV. Da der Herzog mit seinem Ordinari-Intrad unmöglich auslangen könne, so begehre er eine Prolongation der Kammergutsbesserung.

V. Ebenso müsse er auf Bewilligung einer Baarschaft zur Erkaufung von Vorräthen beharren. Endlich müsse Seine Fürstl. Gnaden die Landschaft aufmerksam machen, daß die bedenkliche Gährung im Reiche die Bedachtnahme auf einen ansehnlichen Vorrath zur Sicherung des Landes erheische.

Die Landschaft erwiderte auf diese Proposition mit einer kläglichen Schilderung über die Aussaugung der Stände, da dieselben ohnedieß eine Schuldenlast von 2,336,400 fl. von früherer Zeit auf sich genommen und eine jährliche Summe von 19,280 fl. zur Türkenhilfe leisten. Aus den vorgelegten Verzeichnissen des Hofstaates ersehen sie zwar, daß der Herzog denselben in mancher Beziehung eingeschränkt habe, allein es zeige sich doch noch großer Ueberfluß besonders in geistlichen Sachen und Gebäuden und sonderlich darin, daß „Sr. Gnaden gegen fremde Leute die milde Hand zu weit aufthue." Wenn jedoch der Herzog die Beschwerden, welche ihm in den nächsten Tagen übergeben werden, hebe, so erklären sich die Stände bereit, für die kommenden vier Jahre 62,000 fl. als Kammergutsbesserung zu bewilligen, die Verzinsung der 400,000 fl. nebst den 84,000 fl. der Herzogin Mutter und den 47,000 fl. der Universität auf weitere vier Jahre auf sich zu nehmen. Wilhelm ließ den Ständen antworten, daß ihm eine Bewilligung, welche ihm alle Schulden auf dem Hals lasse, nichts helfe, und daß er in der Weigerung der Landschaft, überhaupt etwas von den Schulden zu übernehmen, ein unverdientes Mißtrauen finde. An Ausgaben und in der Hofhaltung sei durchaus kein Ueberfluß mehr, eine Privatperson möge wohl ihre Ausgaben nach dem Einkommen berechnen; allein die Obrigkeit, welche von Gott zur Regirung der Unterthanen, zur Erhaltung des Friedens und eines guten Wesens erschaffen sei, müßte erfüllen, was ihres Amtes sei, ohne die Kosten zu diesem Zwecke zu schonen. Da unter seinem Vater viel Höheres geleistet worden sei, werde doch auch jetzt etwas geschehen können, wenn anders die landschaftlichen Gefälle fleißig eingebracht und zusammengehalten, und nichts unterschlagen werde. Ueberflüssiger Gebäude wisse sich der Herzog nicht zu entsinnen, denn daß er sich in der neuen Veste etwas Bequemlichkeit und Ergötzlichkeit zurichten lasse, wie jeder in seinem Hause thue, werde ihm hoffentlich Niemand verargen. Daß er für die Väter der Gesellschaft Jesu eine neue Kirche zu bauen sich vorgenommen, sei nicht ohne; geschehe aber, da Herzog Albrecht zu Erhaltung der katholischen Religion und Verbesserung der Schulen ein eigenes Collegium fundirt, dessen Väter noch gar keine eigene Kirche hätten. Solche Stiftungen dürften auch wohl nöthig seyn, um in dieser sündigen Zeit den Zorn Gottes zu stillen. Deßhalb begehre der Herzog wiederholt, daß die Landschaft die alte Schuld Herzog Albrechts per 600,000 fl. mit der neuhinzugekommenen übernehme, das Kammergut verbessere und eine Baarschaft bewillige.

Die Ständeversammlung, welche diese Erwiderung des Herzogs weder mit ihrer patriotischen Gesinnung noch mit dem Rechte ihrer verbrieften Freiheiten vereinbar fand, erklärte in ihrer Replik, daß sie eine Verpflichtung zur Steuererhöhung nicht kenne, und der Fürst nur bittweise eine solche fordern könne. Entschieden wiesen die Deputirten die Beschuldigung zurück, daß sie dem Herzog in den bisherigen Verhandlungen ein unverdientes Mißtrauen bewiesen hätten; der Regent möge erwägen, daß man dem Herzog Albrecht in den letzten 20 Jahren an Steuern allein über 4,300,000 fl. bewilligt habe und nun erschöpft sei. Auch ein Fürst sei verpflichtet, wie eine Privatperson die Ausgaben mit den Einnahmen ins Gleichgewicht zu bringen, da jedem Regenten vor seinem Regirungs-antritte das ordentliche Einkommen an Gülten, Renten, Zöllen ec. bestimmt sei. In Betreff der Wohnung wolle man dem Herzog kein Maß vorschreiben, sondern spreche nur von Nebengebäuden, die Niemanden Nutzen bringen als nur jenen, welche sie bewohnen. Die Kapelle in der Neuveste und die Kirche der Gesellschaft Jesu hätten auf gelegenere Zeit verschoben werden können. Ungeachtet dieser Gegengründe beschlossen die Stände 200,000 fl. der Schuld auf sich zu nehmen, wenn die Beschwerden gewendet werden. Nach der Uebergabe dieser Replik empfing der Ausschuß auch ein Schreiben vom Herzog Ferdinand mit ausführlicher Darstellung seiner Lage, und wie er eine Schuld von 90,000 fl. contrahiren mußte. Bei der Bildung seines Hofstaates habe er keinen Pfennig Vorrath besessen, und obwohl ihm sein Bruder Wilhelm das Fuggerische Haus eingeräumt, so habe er doch noch Häuser und einen Garten dazu kaufen und zu Niederkofen und Haag sich Wohnungen einrichten lassen müssen; die Reisekosten nach Lüttich und Mantua beliefen sich auf 47,000 fl.; daher bitte der Herzog um Uebernahme seiner Schulden und Besserung seines Deputates.

Herzog Wilhelm ließ an die Ständeversammlung die Triplik mit dem Inhalte übergeben: „Er. Gnaden hielten dafür, daß es wohl andere Mittel gäbe, des Landes Nothdurft an ihn zu bringen, als die gehässigen und anzüglichen Aeußerungen, die sich die Stände erlaubt, daher man sich künftig des gebührenden Respektes versehe. Den Freiheiten trete die Fürstliche Proposition keineswegs entgegen, denn es sei ein Unterschied zwischen dem, was man von Rechtswegen oder allein aus natürlicher Schuldigkeit und Billigkeit begehre. Der Herzog wolle es übrigens bei der Uebernahme der Verzinsung jener 400,000 fl. und der Hoffnung bewenden lassen, die Stände würden sich künftig auch auf die Hauptsumme einlassen, und sei auch der Meinung, die Einkünfte der Landschaft seien allerdings erklecklich auch die Verzinsung der neuen Schuld zu erleiden. Uebrigens komme das Unglück nicht alles von den Steuern, sondern sei als eine Strafe Gottes für die sündhafte Zeit zu betrachten; auch sei zu bedenken, daß die ordinären Einkünfte auf keinen Fall sich mit extraordinären Ausgaben in Einklang bringen lassen, und daß die Ausgaben der jetzigen Zeiten mit jenen der frühern außer aller Vergleichung stehen. Die gemachte Bewilligung werde übrigens mit Dank angenommen und das weitere Begehren gestellt: noch weitere 200,000 fl. zur Verzinsung zu übernehmen und das Kammergut mit 18,000 fl. zu bessern." Die Stände übernahmen die begehrte Verzinsung, bewilligten aber nur 8,000 fl. Kammergutsbesserung, zu dessen Zweck sie den Aufschlag auf ein Jahr prorogirten und eine Laubsteuer anticipirten. Herzog Wilhelm war mit diesen Beschlüssen der Ständeversammlung zufrieden, bat aber um ihre Zustimmung, ihm zur Bestreitung gewisser Zahlungen jenes Gold zu überlassen, welches sie ihm zu seiner Hochzeitfeier in einem Betrage von 30,000 fl. zugedacht habe; ferner möchte sie auch zum Bau der Jesuitenkirche etwas contribuiren. Auch lud er die Landschaft ein, einen Ausschuß zur Berathung über den im Lande herrschenden Lurus zu bilden. Der Stände Antwort war, daß sie bereit seien, einen Ausschuß zur Berathung über Abstellung der Ueppigkeit zu ernennen; die Bewilligung zur freien Verfügung über das Hochzeitsgeld gaben sie nur unter der Bedingung, daß diese Summe von der Kammergutsbesserung abgezogen werde; den Beitrag zum Bau der Jesuitenkirche verweigerten sie. Außerdem überreichten sie ihm ihre Beschwerden, von denen die meisten die alten waren und darunter auch die, daß man die freie Verheirathung der Töchter hindere und den Vätern verbiete, ihre Söhne zur weiteren Ausbildung ins Ausland zu schicken. Da die Stände dieselben Klagen wiederholten, so versprach der Herzog eine strenge Untersuchung und kräftige Abhilfe, und schloß die Sitzungen am 20. December 1583 mit einer Conclusionsschrift folgenden Inhaltes: „Sr. Gnaden nehmen noch immer die Bewilligungen der Stände dankbar und in der Hoffnung an, dieselben werden sich seiner Zeit auch mit Uebernahme von Hauptsummen gutherzig beweisen. Das Begehren um Ueberlassung des Goldes werde wiederholt, da die Abrechnung dieser Summe an der Besserung dem Herzog keine Hilfe gäbe. Was den Kirchenbau betreffe, hätte man sich der Weigerung nicht versehen sollen; die Societät müsse eine Kirche und Convent haben, da die Augustiner, wo sie jetzt untergebracht, ihre Gebäude nicht länger entbehren können. Auch verdiene sie alle Förderung wegen des Nutzens, den sie dem Gottesdienste und der Erziehung gewähren, ganz gewiß. Zudem sei der Herzog durch seines Vaters Testament verpflichtet, die Collegien dieser Societät zu München und Ingolstadt bei Würden und Kräften zu erhalten." Nachdem die Stände den Herzog nochmals gebeten hatten, er möchte wegen des Goldes nicht weiter in sie bringen, dem Herzog Ferdinand eine Schuld von 31,000 fl.

abgenommen und gegen den Bau und das Lob der Gesellschaft Jesu nichts mehr zu erinnern hatten, verließen sie nach abgehaltenem Gottesdienste die Residenzstadt München.

Wiewohl Wilhelm V. den wiederholten Wünschen und Anträgen der Ständeversammlung nach Kräften zu entsprechen suchte, so war es ihm doch unmöglich, bei der vom Vater überkommenen Schuldenmasse, bei der Unterhaltung der Religions- und Unterrichtsanstalten und bei der kostspieligen Fortführung alter und neuer Bauten die Ausgaben mit den Einnahmen ins Gleichgewicht zu bringen; denn die von den Ständen gemachten Verwilligungen bezogen sich mehr auf die Verzinsung der Schulden als auf deren völlige Ablösung. Deßhalb sah sich der Herzog genöthigt, nach Verlauf von vier Jahren die Stände neuerdings in München am 10. Januar 1588 zu versammeln. Er eröffnete die Sitzungen mit einem Vortrage über die Einschränkungen des Hofstaates: Wenige Personen seien jetzt da noch zu finden, wo sonst Fürsten, Grafen und Herren geglänzt; Küche und Keller seien unköstlich; der sonst mit stattlichen Pferden angefüllte Stall sei gering und werde nur aus den Gestütten versehen; in der Schneiderei sei nur wenig Seide und Silber zu sehen; das Jagdpersonal sei verringert und die Falkerei ganz abgeschafft; in der Cantorei versehe jetzt ein Musiker den früheren Dienst von zwoien, und die Einkäufe von Kostbarkeiten seien eingestellt worden. Trotz dieser Einschränkungen konnte Wilhelm neuen Schulden nicht vorbeugen, denn die Ausgaben zur Erhaltung des fürstlichen Ansehens, die Theuerung der Lebensmittel, der Festungsbau in Ingolstadt und die Garnison daselbst, die Zeughäuser, Besoldungen, die Land- und Wasserbauten, Bewirthung vornehmer Gäste, kaiserliche Commissionen, Badekuren, Gesandtschaften, Leibgedinge ꝛc. überstiegen die Einnahmen. Dazu kommen noch die extraordinären Ausgaben: die Unterstützung des Erzbischofs zu Köln, Rüstungen gegen Ueberfälle, Bezahlung der 84,000 fl. der Herzogin-Mutter, Unterstützung der Söhne, Bau des Collegiums und der Residenz, von denen jener zur Vollziehung der väterlichen Stiftung und zum Beßten der Religion, dieser zur Unterbringung der Kinder und hoher Gäste geschehen mußte. Der Herzog erklärte nach der Darstellung dieser Sachlage, daß er die außerordentlichen Ausgaben fernerhin mit neuen Anleihen nicht decken könne, weil zuletzt alle Einnahmen durch die Zinsen verschlungen würden, was zum größten Verderben führen könnte; dieß möge die Landschaft wohl erwägen und bewilligen: 1) die Uebernahme der sämmtlichen Schulden sowie auch 2) der an die herzogliche Mutter und Bruder zu zahlenden Deputate, 3) eine austrägliche Besserung des Kammergutes und 4) eine stattliche Bereitschaft. Die Stände schritten zur Wahl des grossen Ausschusses, der so genannten „Vier und sechzig", und darnach erschien der herzogliche Rath Gailkircher mit dem Antrag: da die Landschaftsbücher nicht geheim gehalten und auf dem Tändelmarkt vertrödelt werden, so sollen künftig deren nur mehr fünf herausgegeben werden, von denen eines dem Herzog, drei den Ständen und eines dem Kanzler zugestellt werden solle.

Die Antwort der Landschaft war: Auf vielen Landtagen sei bereits die Unmöglichkeit dem Lande neue Lasten und Schulden aufzulegen und die Nothwendigkeit die Ausgaben nach dem Einkommen zu reguliren dargethan worden. Solche Postulate seien bis jetzt noch von keinem Fürsten gemacht worden. Aus der Eröffnungsrede des Herzogs sei zu ersehen, daß man auch in der Zukunft keine Minderung der Ausgaben zu erwarten hätte, deren Zahlung dem Lande unmöglich sei; das einzige Mittel diese enormen Summen zu decken, wären neue Auflagen, welche den Ruin des Volkes herbeiführen würden. Wüßte der Regent eine Hilfe in Antrag zu bringen, so sei man bereit, solches ohne Aufschub in Berathung zu ziehen. Bezüglich der Landschaftsbücher beschlossen die Stände, daß es bei dem alten Herkommen zu verbleiben habe und jedem Mitglied ein Exemplar gegen Bezahlung verabfolgt werden soll. Herzog Wilhelm replicirte ihnen, daß die Verkürzung der Einnahmen und die Zinsen der ewigen Schuld Ursache seien, daß man schon seit vielen Jahren „den Stein des Sisyphus wälze." Gerne hätte er dießmal die Stände mit seinem Begehren verschont, wenn nicht jedes Zögern wegen Anwachsens der Schulden die Gefahr vergrößern würde. „Statt Hand und Fuß fallen zu lassen", müsse zum Äußersten geschritten werden; das einzige Mittel läge in der genauen Einbringung der 1577 bewilligten Auflagen, in der Perpetuirung des Weinaufschlages, in der Erhöhung des Bieraufschlages und in einem Aufschlag auf andere Waaren. Mit Schmerz, erwiderte in der Duplik die Ständeversammlung, müsse man vernehmen, daß der Herzog die Schuldenlast dem geringen Einkommen zuschreibe, da man doch dasselbe an jedem Landtage aufgebessert und die Ueberzeugung habe, daß die Noth nur von der Vergrößerung der Ausgaben herrühre. Obwohl die Stände glaubten, daß die vorgeschlagenen Mittel des Regenten das Wohl des Landes gefährden, beschlossen sie doch, zu bewilligen: 1) den vierfachen Weinaufschlag bestehen und die Steuern und Anlagen auf 6 Jahre dauern zu lassen, so daß 4 Landsteuern und 2 Ständeanlagen erhoben würden; 2) den Aufschlag auf Meth und Branntwein zu erhöhen und 3) eine strenge

Polizei zu halten. Daran fügten sie die Bitte, der Herzog möchte es in Betreff der Landschaftsbücher beim Alten lassen.

In der Triplik entgegnete Wilhelm, daß er mit Gefallen diese Anträge vernommen habe, den Aufschlag auf Meth und Branntwein als schädliche Getränke solle man verdoppeln und auch Gold, Sammt und Seide schon wegen des Luxus mit Aufschlag belegen; allein auch dieß reiche nicht hin, man müsse auf ergiebigere Mittel sinnen, denn die Schuldenlast betrüge 1,900,000 fl. Die Landschaftsbücher betreffend, von denen er wünschte, daß sie geheim gehalten werden, gab er zu, daß nur jedem Ausschußmitglied ein Exemplar gegen das Versprechen der Verschwiegenheit übergeben werden soll. Die Stände staunten über die hohe Summe der Schulden und richteten an den Landesfürsten eine Quadruplik mit dem Inhalte, daß sie sich gegen den Grundsatz verwahren, die Landschaft sei schuldig, jederzeit die Schulden, die der Fürst contrahirte, zu übernehmen; sie hätten bis jetzt alles mögliche gethan; nun sei es Zeit, daß der Herzog in Rücksicht seines Landes Einhalt thue. Da sie während ihren Sitzungen erfuhren, daß Wilhelm eine Getraidsperre beabsichtige, so bemerkten sie, daß diese den Freiheiten zuwiderlaufende Maßregel das Uebel nur vergrößere, und baten ihn, er möchte einmal auf den rechten Weg zurückkommen und die Ausgaben nach den Einnahmen reguliren. Was den Hauptpunkt, die Schuld, betreffe, so sei dieselbe so unermeßlich, daß alle erdenklichen Mittel umsonst seien. Dennoch beschloß die Landschaft, die Schuld von 1,900,000 fl. auf sich zu nehmen, wenn keine weitern Forderungen mehr an sie gemacht, die eingereichten Beschwerden berücksichtigt und für Hebung des Handels und der Industrie eine Commission gebildet werde; ebenso möchte es bei dem früheren Herkommen der Landschaftsbücher bleiben, da eine Beschränkung derselben sehr kränkend wäre. Der Herzog vernahm die Uebernahme der Schuld mit großem Dank in der Hoffnung, daß die Stände die restirenden 92,700 fl. gleichfalls dazu nehmen werden; von einer Regulirung der Ausgaben nach den Einnahmen könne keine Rede sein, so lange diese jenen nicht gleichkommen; deßhalb forderte er eine zweite Aufbesserung von 100,000 fl. Sein Bruder Ferdinand selbst erschien in der Ständeversammlung und überreichte eine schriftliche Darstellung der Ursachen neuer Schulden. Die Landschaft erwiderte: Das Unmögliche lasse sich nicht möglich machen; der Herzog scheine von den Einkünften der Landschaft gar keine Kenntniß zu haben, da er eine Kammergutsbesserung von 200,000 fl. in Anspruch nehme, während ihr Einkommen jährlich kaum 300,000 fl. be=

trage, womit alle Zinsen und Kapitale gedeckt werden müssen; wenn sich in 6 Jahren die finanziellen Verhältnisse des Landes gebessert haben, wolle man auch noch den Rest der Schuld hinzunehmen. Ohne Besserung des Kammergutes, war des Herzogs Antwort, sei bei den vielen ordentlichen und außerordentlichen Ausgaben die Nothwendigkeit neuer Schulden unvermeidlich; er sei überzeugt, daß mit den jetzigen Mitteln der Landschaft innerhalb 6 Jahre dem Uebel nicht abzuhelfen sei, daher müsse auf neue, durchgreifende Wege gedacht werden. Um seinerseits mitzuwirken, wolle sich der Herzog mit einer Besserung von 150,000 fl. begnügen.

Die Landschaft sandte hierauf ihre siebente Schrift an den Herzog, worin sie ihn bittet zu bedenken, daß außer der Hauptsumme, welche 4,300,000 fl. betrage und jahrweise abgezahlt werden soll, viele hunderttausend Gulden jährliche Zinsen geleistet werden müssen; im ganzen Land sei nicht so viel Gold und Silber. „Und doch empfinge man statt Dank und Trost für das, was man gleichwohl gethan, nur Vorwürfe, weil man nicht gebe, wo man doch nicht geben kann. Die verlangte Besserung des Kammergutes, die als alleiniges Mittel behauptet wird, könnte ja doch immer nur vom gemeinen Mann genommen werden, und da der Fürst darauf bestehe und mit neuen Schulden drohe, so bleibe nichts übrig, als mit äußerlichen und innerlichen Augen des Herzens zu weinen. — Uebrigens bleibe man der Landschaftsbücher wegen auf dem Herkommen bestehen." Der Herzog, der sich in seiner Herrscherwürde durch den freimüthigen Ton der Gegenschrift verletzt glaubte, ließ den Ständen erklären, daß sie mit diesen Drohungen und Vorwürfen inne halten sollen; die Bewilligungen der Stände würden zu einem höheren Dank verpflichten, „wenn sie nicht ihre gute Speise durch beschwerliche Conditionen stets wieder versalzten." Bezüglich der Beschwerden sollten die Stände billig unterscheiden zwischen den allgemeinen Anliegen des Landes und den bloßen Privatsachen. Ebenso hoffe er, daß man ihn mit einer ähnlichen, in der letzten Schrift ausgesprochenen Protestation künftig verschonen und „ihn mehr respectiren werde." Bezüglich der Kammergutsbesserung fragte Wilhelm die Stände, warum sie seinem Vater eine jährliche Erhöhung von 150,000 fl. bewilligt haben, ohne daß sie nicht mit ihren Einkünften ausgekommen wären; warum sollte dieß nicht ferner möglich sein, da seine Kammereinkünfte dadurch, daß er 71,000 fl. als Deputate hinauszahlen müsse, um 221,000 fl. geringer seien, als unter Herzog Albrecht? Da er bei seinen Ständen eine gleiche Liebe und Treue als gegen seinen Vater voraussetze, so wiederhole er sein Begehren, ihm wenn nicht 150,000 doch wenigstens 100,000 fl. zu bewilligen. Hinsichtlich der Landschaftsbücher behalte er sich eine weitere Berathung bevor. Die Stände baten in ihrer Antwort, der Herzog möge die Landesfreiheiten und die Unmöglichkeit weiterer Leistungen berücksichtigen; sie würden sich schämen, wegen der Kammergutsbesserung ihn zehn Wochen lang hinzuhalten, wenn sie möglich wäre; „da man nun aber ein für allemal nicht gegen den Strom schwimmen könne, müsse man auf der gemachten Ablehnung beharren; denn die Staatsschuld sei um 1,400,000 fl. größer geworden, als unter Herzog Albrecht, und wäre auch unter diesem Fürsten nicht in die Länge zu erschwingen gewesen, um so viel weniger jetzt." Die Landschaft bewilligte nur noch einen Vorrath von 50,000 fl. und ließ sich wegen der Landschaftsbücher in keine weitern Verhandlungen mehr ein. Schließlich bat sie den Herzog, daß er ihre Privilegien nicht verletzen wolle. Nachdem die Stände dem Herzog Ferdinand 40,000 fl. baar und 30,000 fl. als zu übernehmende Schuld bewilligt hatten, entließ sie Wilhelm mit der Erinnerung, daß er nicht durch die Gnade des Volkes sondern Gottes Regent von Bayern sei, und es überflüssig wäre zu disputiren, wem das Dispositionsrecht über einen Vorrath zustehe. Am 6. April erfolgte der Abdank der Ständeversammlung, eine der heftigsten, die bis jetzt in München getagt hatte. Nach dreimonatlichen Verhandlungen ließen sich die Stände herbei, die ganze Schuldenlast des Herzogs zu übernehmen und außer der Baarschaft des Ferdinand noch 100,000 fl. zu bewilligen. Der Landesfürst gab ihnen den Schabloshaltungsbrief und versprach ihnen die verlangte Hebung der eingebrachten Beschwerden, unter denen die Klage über Landesverweisung des Glaubens wegen und über Unterdrückung der Religionsfreiheit oben anstand. Zugleich beschwerten sich die Stände, daß mehre Landtage nacheinander in München gehalten und der gesetzliche Umwechsel nicht beobachtet werde; auch möchte der Herzog strenge gegen mehre Landschaftsmitglieder verfahren, welche, obwohl sie zum Landtage geladen worden seien, „häufig ausbleiben oder kaum angekommen wieder heimreiten." Viele Landstände, welche aus den früheren Landtagsverhandlungen sahen, daß es sich nur um Steuererhöhung handle, und dieselbe am Schlusse trotz der heftigen Gegengründe immer bewilligt wurde, fanden es besser zu Hause zu bleiben, um nicht außer der unvermeidlichen Steuer auch noch den Zeitverlust und die Unannehmlichkeit der Reise übernehmen zu müssen.

Drittes Kapitel.
Wilhelms Eifer für den katholischen Glauben — Kölner Streit.

Die vielen Beschwerden, welche die Stände in diesen drei Landtagen an den herzoglichen Thron brachten, ließ Wilhelm V. von einer eigenen Commission untersuchen; dagegen die Klagen über Unterdrückung der Religionsfreiheit wies er unberücksichtigt zurück. Diese strenge Abweisung war es besonders, weßhalb die Landschaft, welche in ihrer Mitte manche Freunde der Reformation zählte, seine Postulate nach hartnäckigen Debatten mit geringeren Summen bewilligte; denn hätte der Herzog die Religion freigegeben, so würde sie gewiß in der Concession höherer Summen nachgiebiger gewesen sein. Allein Wilhelm faßte gleich beim Antritte seiner Regierung den festen Entschluß, auf dem Wege, welchen ihm sein Vater für die Wiederherstellung und Aufrechthaltung der katholischen Religion in seinem Testamente vorgezeichnet hatte, unabweichbar zu bleiben. Sein frommes katholisches Herz mochte nicht ohne Grund die Sorge beunruhigt haben, daß einige reformatorisch gesinnte Mitglieder der Landschaft nach dem Tode seines Vaters, dessen energische Strenge gefürchtet war, die frühern Religionsunruhen erneuern werden. Allein die Stände kamen ihm fügsamer entgegen als er hoffte, wie er dieß in einem Briefe an seinen Onkel, den Erzherzog Ferdinand in Innsbruck, ausspricht. Die Stände, schreibt er, haben ihm nach altem Herkommen gehuldigt und sich in Religionsangelegenheiten geschmeidiger gezeigt, als er erwartet hätte; nur in einigen geringen Punkten seien zwischen ihm und der Ständeversammlung eine Differenz eingetreten, welche er bald zu heben hoffe: „denn in diesen Fällen würde ich den Kopf strecken und eben nichts thun, es gehe darob wie es wolle." Der Erzherzog schickt ihm in seiner Antwort ein großes Lob wegen seines Religionseifers und ermunterte ihn, daß er in seiner Regirungsweise auf den Schutz Gottes vertrauen könne, wenn ihm auch Hindernisse entgegentreten.

Dem Regime seines Vaters getreu suchte er jedes reformatorische Element zu verdrängen. Als er am Schlusse des letzten Landtages erfuhr, daß die Stände in den Beschwerdeausschuß zwei Mitglieder wählten, welche Anhänger der Augsburger Confession waren, so ruhte er nicht eher als bis sie diese Stellen mit zwei Katholiken besetzt hatten. Er schrieb hierüber dem Erzherzog Ferdinand, daß eine solche Handlungsweise, welche ihn selbst sehr unlieb berühre, streng erscheinen möchte; allein der Stand der religiösen Verhältnisse gebiete ihm ein solches Verfahren, und er hoffe, daß ihm einst alle deßwegen Dank wissen werden. Ferdinand spricht in seinem Antwortsschreiben den Wunsch aus, auch der Kaiser und der Erzherzog Carl möchten es gethan haben, weil dann die Reformation in Oesterreich nicht soweit um sich gegriffen hätte.

Wie die Lehre Luthers in ganz Deutschland eine willkommene Aufnahme fand, so verbreitete sich dieselbe auch in den österreichischen Landen mit raschen Schritten. Die Schriften des Reformators wurden wenige Jahre nach dessen öffentlichem Auftreten in Wien eifrig gelesen und fanden unter dem Adel und Beamtenstande so viele Bewunderer und Anhänger, daß sich bei einer schon im Jahre 1528 angestellten Visitation ergab, mehr als die Hälfte derselben sei lutherisch gesinnt. Auch auf dem Lande konnte das Lutherthum ungehindert Fortschritte machen, da die abeligen Gutsherren, welche ihre Studien in Wittenberg machten, protestantische Theologen als Hofmeister auf ihre Schlösser beriefen und diese später als Prediger anstellten. Durch die Türkenkriege lagen mehre hundert Kirchen in Trümmern, und viele Klöster besonders Mendicantenklöster, von eidbrüchigen Mönchen verlassen, standen entvölkert und leer, so daß die Landleute, welche auf diese Weise einer eigenen Seelsorge entbehrten, dem Gottesdienste der auf den abeligen Schlössern unterhaltenen lutherischen Prädicanten anwohnen mußten. Die Reformation erhielt daher in den österreichischen Erblanden nach zwei Decennien eine solche Ausdehnung, daß die protestantischen Landstände von Oesterreich, Kärnthen, Krain und Steyermark durch eine Gesandtschaft auf dem Reichstage zu Augsburg (1548) eine gemeinsame Eingabe wegen Gewährung freier Religionsübung einreichten. Sie wurden jedoch vom König Ferdinand I., welcher erklärte, stets bereit zu sein, für die katholische Religion Gut und Blut zu opfern, auf das allgemeine Concil und das Interim beschieden.

Die protestantische Partei gewann in kurzer Zeit in Wien die Oberhand, so daß sie die Universität bald gänzlich lutherisirten und auf dem gemeinsamen Landtag für Nieder- Ober- und Inneröstereich (1556) die Subsidien für den Türkenkrieg nur unter der Bedingung gewähren wollten, daß ihnen Religionsfreiheit zugestanden werde. Ferdinand, welcher allmählig von dem protestantischen Uebergewicht beeinflußt wurde, erklärte, daß er sie nach dem Religionsfrieden zur Annahme seiner Religion zwingen könne; er wolle jedoch dieß nicht thun, sondern erlaube ihnen, wenn sie den katholischen Glauben beibehielten, den Gebrauch des Kelches. Zu gleicher Zeit setzte er alle Verbote und Strafgesetze gegen die Religionsneuerer außer Wirksamkeit. Die nächste Folge war, daß man in Steyermark den katholischen Gottesdienst ganz abschaffte, wegen des Fanatismus der Lutheraner die Frohnleichnamsprocession im Jahre 1557 einstellen und die theophorischen Umgänge und Provisuren gegen Sicherung von Insulten unter militärischer Bedeckung halten mußte. Das einzige Mittel, welches Ferdinand gegen die weitere Verbreitung des Protestantismus ergriff, war die Einführung der Jesuiten, welche im Predigeramte und Lehrfache erfolgreich wirkten.

Nach dem Tode Ferdinands I. (1564) theilten sich die drei Söhne gemäß der letzten Willenserklärung des Vaters in das Reich, so daß Maximilian Ober- und Unterösterreich, Böhmen und Mähren nebst Schlesien, Lausitz und Ungarn, Karl Innerösterreich (Steyermark, Kärnthen und Krain), Ferdinand Tyrol und Oberösterreich erhielt. Bei dem Ableben Ferdinands bildeten die Protestanten in den einen dieser Länder bereits die Mehrzahl der Bevölkerung, in den andern lag das politische Uebergewicht in ihrer entscheidenden Hand. Als Maximilian II. den kaiserlichen Thron bestieg, wurde fast ganz Oesterreich lutherisch; denn dieser Kaiser war gegen die traditionelle Anhänglichkeit seines Oheims Karl V. und seines Vaters Ferdinand I. an den alten Glauben und das alte Recht für die Reformation so günstig gesinnt, daß die Protestanten beim Antritte seiner Regierung glaubten, er werde sich an ihre Spitze stellen. Den lutherischen Ständen wurde in einer feierlichen Urkunde, der sogenannten Concessions-Assecuration die längst angestrebte Religionsfreiheit gewährt. Die Promoventen und Professoren durften bei ihrer Eidesleistung, daß sie der römisch-katholischen Kirche angehören, nur mehr schwören, daß sie katholisch seien, wodurch den Protestanten der Zutritt zu allen Lehrstellen geöffnet war, da sie ihren Glauben für den ächt katholischen hielten. Eine große Anzahl von Prälaten und Pröpsten hatte sich das Stiftungsvermögen angeeignet, sich verehelicht und das Gleiche ihren untergebenen Geistlichen gestattet. Wer der alten Religion treu blieb, wurde von den adeligen Gutsherren und den Bürgern der Städte vertrieben, die Klöster wurden geplündert, den Pfarrern ihre Einkünfte und Güter geraubt und viele Jahr unbesetzt gelassen oder lutherischen Prädikanten verliehen. Maximilian gestattete den Protestanten, daß sie im Landhause zu Wien öffentlichen Gottesdienst halten durften, und bewilligte den Aristokraten, zur Leitung ihrer kirchlichen Angelegenheiten Deputirte und einen Superintendenten zu ernennen. Da der Kaiser diese Kirchenbehörde nicht in seinem Namen und unter seiner Autorität ins Leben treten und walten ließ, so blieb sie von der Regirung unabhängig, wodurch das Ansehen der protestantischen Herren und Ritter beim Volke sehr erhöht wurde. Die lutherischen Stadträthe wagten es nun, das augsburger Glaubensbekenntniß als Bedingung zur Erwerbung des Bürgerrechtes aufzustellen, und die katholischen Stände mußten ohne ihr Wissen zur Unterhaltung des protestantischen Religions- und Kirchenwesens dreifache Beiträge leisten. Wer Katholik war, konnte das Amt eines ständischen Deputirten nicht mehr erlangen. Die katholische Kirche in Oesterreich sank auf diese Weise so tief herab, daß sie dem Aussterben nahe war.*)

Der Erzherzog Karl, welcher mit einer Schwester Wilhelms V. vermählt war, wurde auf dem Landtage, den er (1578) zu Bruck an der Muhr abhielt, von den mächtigen Protestanten so sehr bedrängt, daß er nicht nur den Adeligen, sondern auch den Städten in ihren Gebieten freie Religionsübung bewilligte. Wie in Wien und Linz errangen die Reformatoren auch hier einen so überwiegenden Einfluß, daß fast alle Administrationszweige mit Beamten ihrer Confession besetzt und die katholischen verdrängt wurden. Der Erzherzog hatte den festen Willen, in seinem Lande die alte Religion zu erhalten und bat seinen Schwiegervater Albrecht V., daß er ihm katholische Männer schicken möchte, welche in der Theologie und Jurisprudenz sich auszeichnen. Der Herzog kam bereitwilligst seiner Bitte nach und rieth ihm, in Zukunft die Aemter nur mit Katholiken zu besetzen und auf den Landtagen die Stände als geschlossene Körperschaft von einander abzusondern, um mit den Einzelnen leichteres Spiel zu haben. Karl vertrieb zwar aus mehreren Orten die lutherischen Prediger und widersetzte sich der Forderung der protestantischen Stände, die Religionsfreiheit auch auf die kleineren Städte und Märkte auszudehnen; allein der Adel hatte fast im ganzen Lande die katholische Religion beseitigt, und selbst die Mehrzahl der Hofbeamten waren Lutheraner. Herzog Wilhelm, für den Katholicismus im Auslande ebenso warm fühlend wie in seinem Bayern, reiste selbst nach Graz und ermahnte seinen Schwager und seine Schwester, vor allem die protestantischen Beamten vom Hofe zu entfernen. Er erklärte ihnen, daß es in ihrem Lande in Religionssachen sehr schlimm stehe, und wenn sie hierin nicht strengere Maßregeln ergreifen, sie ein großes Unheil zu erwarten hätten, da die

---

*) Raupach, das evangelische Oesterreich, II. und III. Bd.
Mailath, Geschichte des österreichischen Kaiserstaates II. und III. Band.

Lutheraner unter dem Vorwande der Religion ihre Neuerungen auch auf das Gebiet der Politik hinüberpflanzen. „Ich hätte, schreibt er an den Erzherzog Ferdinand, für diese Leute keinen Kopf!" Als Wilhelm wieder nach München zurückgekehrt war, suchte er die Gesinnungen, welche er während seiner Anwesenheit in Graz für die Katholisirung des Landes in seinem Schwager und seiner Schwester hervorgerufen hatte, durch ununterbrochenen Briefwechsel nicht nur mit diesen, sondern auch mit deren Beichtvater P. Johannes, dem Hofmarschall v. Thun und Vicekanzler Dr. Schranz wach zu halten. Besonders ermahnte er den letzten, den Protestanten durch lange Toleranz und Nachgiebigkeit keine Veranlassung zu dem Gedanken zu geben, als ob ihnen ihr Landesfürst aus Schwäche übergroßer Milde und aus Furcht vor ihrer Ueberzahl das Feld zu ihren religiösen Umtrieben geräumt hätte; in diesem Falle wäre kein Zurückgeben der Lutheraner zu hoffen, weil sie von ihren Predigern beständig aufgereizt auf dem Wege der angestrebten Freiheit vorwärts gehen; wenn man hingegen ihrem Umsichgreifen feste Schranken zu setzen beginne, eine Concession um die andere ihnen entziehe und sie an die strenge Pflicht des schuldigen Gehorsams erinnere, würde der Protestantismus in Innerösterreich bald verschwinden. Dem Erzherzog gab er den Rath, seine Residenz zu Graz besonders zur Zeit der Einberufung der Stände mit einigen hundert treuen und katholischen Soldaten zu besetzen, ein Mittel, welches auch sein Vater Albrecht als das Wirksamste vorgeschlagen hatte, da eine bewaffnete Macht am sichersten die Neuerer in nöthigem Respekt erhalte.

Wilhelms Sorge für die katholische Sache in dieser österreichischen Provinz blieb nicht fruchtlos; denn Erzherzog Karl traf Anstalten, nach den Vorschlägen seines Schwagers zuerst die Residenzstadt zum alten Glauben zurückzuführen. Es wurde das ganze protestantische Hofgesinde entlassen, und da bei der Besetzung der Aemter Mangel an tauglichen Katholiken war, so wandte sich die Erzherzogin an ihren Bruder, welcher ihr sogleich katholische Leibärzte, Apotheker, Barbiere, Silberkämmerer, Kellermeister, Mundköche, Hofbäcker und selbst Thürhüter und Ofenheizer schickte und ihr schrieb: „Ich will mit solchen Leuten helfen so stark ich bin; schickt nur die Lutherischen flugs weg! Wollte Gott, ich könnte euch das ganze Land mit Katholischen ausstaffiren; wie gerne wollte ich es thun! . . . . Es ist Gott billig zu danken, daß es mit dem katholischen Glauben so wohl von Statten geht und sonderlich dein Gemahl sich so beharrlich und eifrig zeigt. Der Allmächtige möge euch beiden seine göttliche Gnade ver-

leihen, damit man so tapfer fortfahre. Ich schreib deinem Gemahl auch
in dieser Sache, bitte dich aber, wenn du vernehmest, daß ich ihm zu viel
thät oder unbescheidentlich handle, du möchtest mich es wissen lassen. Gegen
dich, hoffe ich, könnte ich nicht leicht Unrecht thun. Darum bitte ich dich,
du wollest mir ein neues Jahr schenken, deinen Gemahl treulich zu mahnen und zu treiben, daß man das lutherische Hofgesind mustere.... So
würde der Türk viel weniger einen Einfall thun; sollte es aber geschehen, so
schicke man ihm die Lutherischen als die ersten entgegen, damit sie das
Evangelium mit der Faust vertheidigen; so kommt man ihrer
mit Ehren weg." Als im Jahre 1582 der Erzherzog den Reichstag eröffnete, so erhoben die protestantischen Landstände, welche sahen, daß die bisher getroffenen Maßregeln auf die allmählige Ausrottung ihres Glaubens
abzielten, bittere Klagen über Verletzung der Religionsfreiheit. Sie wendeten sich an die Kurfürstin von Sachsen, damit sie auf die Erzherzogin
Marie einwirke, in welcher man als Schwester des katholischen Wilhelm
eine Hauptgegnerin des Lutherthums zu finden glaubte. Die Kurfürstin
nahm sich bereitwilligst ihrer Religionsgenossen an und schrieb der Erzherzogin unter Hinweisung auf die Satzungen des augsburger Religionsfriedens, daß man in Innerösterreich gegen die Protestanten toleranter
sein möge. Marie setzte sogleich ihren Bruder hierüber in Kenntniß,
welcher diese Nachricht voll Unwillen aufnahm und sogleich das Antwortschreiben an die Kurfürstin selbst entwarf. Der Inhalt desselben war,
daß kein einziger lutherischer Fürst den katholischen Unterthanen seines
Landes gestatte, die heil. Messe lesen zu lassen oder irgend einen katholischen Gottesdienst zu halten; es sei höchst gefährlich, jedem zu gestatten,
daß er glauben könne, was er wolle, da mit Luther verschiedene Glau-
bensprediger aufgetreten seien, so daß es so viele Glauben gebe als
Prädikanten. Die Kurfürstin möge bedenken, daß die Verbreitung des
Calvinismus in ihrem eigenen Lande ihrem Gemahl viele Sorge verur-
sache. Hievon schickte Wilhelm seiner Schwester eine Abschrift, welcher er
folgenden Brief beilegte: "So schick ich eine Copie von dem, was ich
der Kurfürstin schrieb, wenn ich an deiner Statt wäre. Wann sie mir
aber so schrieb, wollte ich ihr noch eine bessere Antwort geben, daß sie
mit ihrer langen Nase nun wohl darin herumgrüble, ob ein katholischer
Geruch in sie ginge. Man sieht wohl, was man erhält, wenn man den
elenden Leuten zusieht; sie können bei keinem beständigen Wesen bleiben,
würden zuletzt deinen Gemahl und auch dich lehren, was ihr glauben
sollet und wo ihr das Licht auf dem Tisch oder auf der Bank oder im

Badschaffl suchen sollet. Sehen sie doch selbst nichts bei ihrem Licht, was soll es denn uns leuchten."

Der Herzog hatte in dem Briefe an die Kurfürstin mit kluger Berechnung das Verhältniß hervorgehoben, in welchem der sächsische Hof mit den sogenannten Kryptocalvinisten stand, gegen welche jene eine unversöhnliche Feindin blieb. In Rom hoffte man deßhalb schon unter der Regirung des Herzogs Albrecht, daß der Kurfürst in Folge der Abneigung gegen den Calvinismus zur katholischen Kirche zurückkehren könnte. Albrecht, welchem die päpstliche Curie die große Aufgabe der Conversion übertragen hatte, eröffnete mit ihm einen vertrauten Briefwechsel, erreichte jedoch seinen Zweck nicht, da er an der Kurfürstin einen zu harten Widerstand fand. Die Correspondenz zwischen dem bayerischen und sächsischen Hof wurde durch Albrechts Tod nicht unterbrochen. Dem Kurfürsten bot sich gleich nach dem Regirungsantritte Wilhelms eine erwünschte Gelegenheit dar, den Briefwechsel mit dem bayerischen Herzog fortzusetzen. In Sachsen streuten die Protestanten das Gerücht aus, bei der Leichenöffnung Albrechts, welcher an heftigen Steinschmerzen gelitten, habe man einen großen Blasenstein gefunden, auf dem sich ein Jesuitenkopf abgebildet habe; man verfertigte hievon eine Zeichnung und ließ dieselbe in und außerhalb Sachsen cursiren. Der Kurfürst, der sich hierüber Gewißheit verschaffen wollte, sandte an Wilhelm einen Brief und legte eine solche Zeichnung bei. Dieser aber schickte ihm eine wahre Abbildung des Steines und erbot sich gelegentlich den Stein selbst zu übersenden mit dem Beifügen, daß es ihn gar nicht wundere, wenn die Feinde der katholischen Religion solche Lügen verbreiten. Eine ähnliche Ursache zu einem Brief an den Kurfürsten fand bald darauf der bayerische Herzog. Es entstand nämlich im Herbst 1580 das Gerücht, daß in Sachsen ein Prediger, ein heimlicher Calvinist, den Kurfürsten vergiften wollte; diese Nachricht hätte ihn so erschüttert, daß er sich entschlossen, katholisch zu werden. Wilhelm beeilte sich, ihn um die Wahrheit der Sache zu befragen und fügte bei, daß er sich höchlich freuen würde, wenn der Kurfürst so unverhofft zum Katholicismus überträte. Wiewohl sich hierauf kein Antwortschreiben vorfindet, so scheint Wilhelm doch eine seinem Wunsche angemessene Nachricht erhalten zu haben, da er niemals die Hoffnung aufgab, Kursachsen für den alten Glauben gewinnen zu können, besonders als die Kurfürstin Anna im Jahre 1585 starb. Die eifrig geführten Unterhandlungen ließen auch auf einen erwünschten Erfolg schließen; allein im folgenden Jahre ging auch der sächsische Fürst mit dem Tode ab, wodurch die gehoffte Freude des Herzogs vernichtet ward.

Am Wiener-Hofe hatten die protestantischen Geheimräthe das Uebergewicht, welches sie sich unter der Regirung Maximilians II. errungen hatten, über die orthodoxen Gesinnungen des jungen Kaisers Rudolph II. behauptet, und hegten den Plan, die Religionsfreiheit völlig zur Durchführung zu bringen. Der uns aus der Regirungszeit Albrechts bekannte Hofrath Dr. Eber glaubte, daß für eine zweite polemische Schrift ein günstigerer Zeitpunkt eingetreten sei, und gab zu Ingolstadt 1580 eine Schrift unter dem Titel heraus: „Eine christliche, gutherzige und nothwendige Warnungsschrift an den vierten Stand der löblichen Städt und Märkt einer ehrsamen Landschaft in Oesterreich unter und ob der Ens: daß man Gott in Religions- und Glaubenssachen mehr gehorsamen soll als den Menschen, und was Inhalt des Spruchs von dem Gehorsam der augsburger Confession zu halten seie." Dieses Buch, dessen Tendenz vornehmlich auf die kirchlichen Verhältnisse in Oesterreich gerichtet war, enthält in wohlgeordneter Kürze den Hauptinhalt des katholischen und lutherischen Glaubens, ist aber in so leichtfaßlicher Gedankenreihe und überzeugender Schärfe niedergeschrieben, daß es für jeden Ungelehrten verständlich war, und unter den Anhängern des Protestantismus eine Bewegung hervorrief, welche viele derselben zur alten Kirche zurückführte. Gleichzeitig mit Eber sah sich in Folge der vielseitig aufgeworfenen Frage über die Religionsfreiheit der kaiserliche Sekretär Andreas Erstenberger zu einer ausführlichen Abhandlung veranlaßt; er hielt aber dieselbe möglichst geheim und weihte nur die Gleichgesinnten ein. Zu diesen gehörte auch der bayerische Gesandte in Wien, Ludwig Haberstock, welcher sogleich den großen Werth der erstenberger'schen Arbeit wegen ihrer erschöpfenden Untersuchung und historischen und juridischen Begründung einer Religionsfreiheit erkannte. Haberstock schrieb hierüber seinem Herzog; dieser sandte sogleich dem Sekretär ein eigenhändiges Schreiben mit dem Inhalte: „Dieweil ich erfahren, daß ihr ein Werk unter Handen, worin die hochschädliche und unthunliche Freistellung, auf welche so viele der widerwärtigen Stände bringen, auch ihr Ursprung und was daraus folgen möchte, genugsamlich declarirt und angezeigt wird, so wollt mir solches mit sonderem Vertrauen mit ehestem zukommen lassen, indem ich gänzlich verhoffe, es solle nicht übel angelegt sein, wie ihr künftig spüren werdet. Auch soll es dermaßen bei mir im Geheimen bleiben, daß ihr euch deßhalb zum wenigsten nichts zu befahren habt." Erstenberger, welcher befürchtete, er würde, wenn die Autorschaft dieser Schrift bekannt werde, sich und seiner Familie schaden, übergab das Manuscript erst nach bringenden Vorstellungen des bayerischen Gesandten

unter der Bedingung, daß sein Name strengstens verschwiegen bleibt. Wil=
helm ließ die Arbeit den drei höchsten Beamten Bayerns, dem Landhof=
meister Grafen von Schwarzenberg, dem Hofrathpräsidenten Wiguläus
Hundt und dem Hofkanzler Christoph Elsenheimer zur Recension zu=
stellen, und da sich diese über die Schrift sehr günstig aussprachen, wünschte
der Herzog, daß dieses Werk sobald als möglich veröffentlicht werde. Ha=
berstock wurde beauftragt, mit Erstenberger hierüber zu unterhandeln; allein
dieser zögerte mit seiner Einwilligung, da er die nicht unbegründete Furcht
hatte, daß er von den Reichsständen, welche aus mehreren Stellen des
Buches auf ihn als Autor schließen könnten, seines Amtes mit Infamie
entsetzt werden würde. Erst im Jahre 1586 willigte er in die Publika=
tion der Schrift, welche in München unter dem Titel: „De Autonomia,
das ist von Freistellung mehrerlei Religion und Glauben" erschien. Um
selbst den Verdacht der Autorschaft von Erstenberger zu entfernen trug das
Titelblatt den Namen des berühmten Juristen Franz Burkhard, welcher
vor zwei Jahren zu Bonn als kurkölnischer Geheimrath gestorben war.
Das Buch machte in ganz Deutschland ungeheures Aufsehen, was der be=
scheidene Sekretär nicht ahnte und schrieb hierüber an Herzog Wilhelm:
„Es ist allenthalben ein groß Geschrei von demselben Buch.... Multi
multa de hac re loquuntur (Alles spricht viel von dieser Sache), und
mir will man den Burkhardum viel zu hoch loben, dem ich nicht kann
beifallen." Jeder Deutsche, der in dieser Zeit religiöser Zerfahrenheit und
Uneinigkeit das Bedürfniß innerer Beruhigung in sich fühlte, griff nach
diesem Buch, in welchem der Verfasser die religiösen Gedanken und Ge=
fühle aus dem dunklen unbewußten Schachte des Herzens aushob und mit
seltener Klarheit und Vollständigkeit an das Tageslicht förderte. Die
deutschen Katholiken, welche in ihren konfessionellen Hoffnungen in dem
Grade entmutigt wurden, als die Zahl der Protestanten zunahm, erfrisch=
ten sich an der gesunden Quelle, welche aus dem reichen Inhalte dieses
Werkes floß und schauten mit dankbarem Auge auf den bayerischen Her=
zog, der hierin unbestreitbar das größte Verdienst sich erwarb, da ohne
seine Bemühung die geist= und mühevolle Arbeit Erstenbergers wohl nie
veröffentlicht worden wäre. Wilhelm hat dadurch das Selbstvertrauen der
Katholiken Deutschlands gehoben, welche mit bangem Herzen der zweiten
Hälfte des sechzehnten Jahrhunderts entgegensahen, da die Lockerung aller
socialen und politischen Bande durch die confessionelle Differenz und die
allgemeine, durch die Religionsstreitigkeiten hervorgerufene Spannung der
deutschen Gemüther auf einen grossen Ausbruch schließen ließ.

Die Mehrzahl in Deutschland hoffte zwar, daß durch den Religionsfrieden die Ruhe für immer gesichert sei; allein der erste Keim unvermeidlicher Zwietracht, welcher in diesem Frieden schlummerte, lag in dem Reformationsrechte, wornach den Unterthanen, welche sich den Kirchengesetzen ihrer Obrigkeit nicht unterwerfen wollten, nur die Freiheit der Auswanderung eingeräumt war. Die meisten katholischen Fürsten Deutschlands mit Ausnahme des rechtgläubigen Herzogs von Bayern machten von diesem Reformationsrechte keinen Gebrauch, sondern duldeten in ihren Landen ungestört den lutherischen Gottesdienst, während sämmtliche protestantische Reichsfürsten den Katholiken jede Toleranz entzogen. Als aber nach dem Schlusse des tridentiner Concils einige katholische Stände anfingen, dieses Recht auszuüben, erhoben sich die protestantischen Inwohner und beriefen sich auf eine vom König Ferdinand vor dem Religionsfriedensschlusse ausgestellte Nebendeklaration, wornach sie „bis zur christlichen Vergleichung der Religion" von der Obrigkeit in ihrer Confession nicht bedrängt werden sollten. Wiewohl diese Deklaration keine Rechtskraft hatte, da sie in den Religionsfrieden nicht aufgenommen worden war, so wurde sie doch zur Reichssache gemacht und auf dem Kurfürstentag zu Regensburg (1575) in eine sehr heftige Debatte gezogen.

Die zweite Streitfrage bildete der geistliche Vorbehalt, wornach jeder geistliche Reichsstand, der zur augsburger Confession überträte, auf seine bis dahin bekleideten Aemter und Pfründen verzichten müsse. „Wo ein Erzbischof, Bischof, Prälat oder ein anderer geistlichen Standes von unsrer alten Religion abtreten würde, so solle derselbige sein Erzbisthum, Bisthum, Prälatur und andere Beneficia auch damit alle Frucht und Einkommen, so er davon gehabt, alsbald ohne einiger Verwiderung und Verzug, jedoch seinen Ehren ohnnachtheilig, verlassen" (Pax relig. ao. 1555 §. 18.) Da diese Clausel die Abtrennung der katholischen Kirchengüter und dadurch unmittelbar den Abfall geistlicher Reichsstände für die Zukunft verhindern sollte, so erhoben die Protestanten den heftigsten Widerspruch und verlangten auf allen folgenden Reichstagen dringend die Aufhebung derselben, indem sie erklärten: dieser Artikel erschwere den Religionswechsel und gefährde somit die Freiheit des Gewissens und der religiösen Ueberzeugung. Die Hochstifte seien Anstalten, welche von den alten Kaisern, Königen, Fürsten und Herren vorzüglich zur Unterhaltung der hohen Geschlechter gestiftet worden seien; durch den geistlichen Vorbehalt sei den Fürsten der augsburger Confession alle Gelegenheit entzogen, ihre Kinder in die Stifter zu bringen, wodurch die Fürstenthümer durch Theilungen geschwächt und die grossen Häuser in Verfall gerathen würden. Was die Protestanten durch diese mündlichen Erklärungen forderten, mußten sie durch eigenmächtige Handlungsweise zu erreichen. Die Erzbischöfe und Bischöfe von Magdeburg, Bremen, Osnabrück, Halberstadt, Minden, Schwerin, Ratzeburg, Verden 2c. traten zum Protestantismus über und behielten, nachdem mehre von ihnen noch eine Frau genommen hatten, das katholische Kirchengut für sich und ihre Nachkommen in Besitz gegen den ausdrücklichen Wortlaut jenes Religionsfriedensartikels. Die päpstliche Curie und die katholischen Stände, welche diese Rechtsverletzung vor ihren Augen geschehen sahen, schwiegen. Der bayerische Herzog allein stellte sich zur Aufgabe, das Gesetz des geistlichen Vorbehalts strenge zu überwachen, wozu ihn nicht nur der Eifer für den Katholicismus, sondern auch ein politisches Interesse bewegte. Denn die treue Anhänglichkeit an den alten Glauben bewirkte dem bayerischen Hofe in Rom gegenüber dem Hause Habsburg eine überwiegende Begünstigung, so daß den bayerischen Prinzen die Aussicht auf die ersten und reichsten Stifter Deutschlands offen stand. Albrechts V. jüngster Sohn, Ernest, erhielt die Bisthümer Freising und Hildesheim, ehe er das zwanzigste Jahr erreicht hatte. Er wurde zwar von keinem kirchlichen Würdenträger darum beneidet, da das Hochstift Freising eine ungeheure Schuldenlast hatte, und Hildesheim größtentheils seiner besten Besitzungen durch die Herzoge von Braunschweig beraubt war, so daß die Einkünfte beider Bisthümer die Ausgaben nicht deckten, und Ernst sich öfters genöthigt sah, bei der bayerischen Ständeversammlung um Aufbesserung seiner Appanage nachzusuchen. Dem bayerischen Herzog lag bei der Erwerbung einer Infel für seinen Sohn nicht an dem materiellen Besitz, sondern daran, daß bei Reichsversammlungen die Stimmen der katholischen Stände, welche sich immer mehr verminderten, für die Wahrung des alten Glaubens sich vermehrten.

Kaiser Maximilian II., welcher als Freund der Reformation die Sympathien der Protestanten auf dem politischen Gebiete sich zu erhalten suchte, wünschte allen streitigen Verhandlungen über den geistlichen Vorbehalt auszuweichen und eine allmählige Befestigung der confessionellen Verhältnisse auf der Grundlage des Religionsfriedens zu erzielen. In dieser Absicht vermied er bei der Ausschreibung und Eröffnung des Reichstages zu Regensburg (1576) jede Erwähnung eines Religionspunktes. Die Propositionen betrafen außer des Polizei-, Kriegs- und Münzwesens vornehmlich die Bewilligung einer Reichshilfe gegen die Türken. Allein der pfälzische Kurfürst, welcher an die Spitze der protestantischen Reichsstände trat, machte den Vorschlag, dem Kaiser nur unter der Bedingung die Türkensteuer zu bewilligen, daß er die ferdinandinische Neben-Deklaration in den Religionsfrieden aufnehme und die Clausel über den geistlichen Vorbehalt aus demselben streiche. Zum letzteren Punkte fügten die lutherischen Grafen und Herren noch das Gesuch, daß sie durch den Zutritt zu den Blsthümern und Prälaturen auch der „Reichsergötzlichkeiten" theilhaftig gemacht würden, da sie wie die katholischen Stände alle „Reichsanlagen" mittragen müßten. Der auf den Pfälzer eifersüchtige Kurfürst von Sachsen setzte jedoch durch, daß dieser Antrag dem Kaiser zur Entscheidung vorgelegt werde; allein Marimilian, dem dieselbe nach der Reichsverfassung nicht zustand, erwiderte dem Kurfürsten von der Pfalz, der auf seinem Antrag verharrte: Er müsse es bei dem Religionsfrieden bewenden lassen und erwarte, daß die Protestanten nichts Ungebührliches von ihm fordern werden.

Marimilian starb unerwartet noch in demselben Jahre; sein Sohn und Nachfolger Rudolph II., welcher schon bei Lebzeiten des Vaters zum deutschen König gewählt worden war, trat die Regirung zu einer Zeit an, wo die confessionelle Zwietracht immer tiefer in die Lebens- und Culturverhältnisse des deutschen Volkes drang, und die protestantischen Fürsten durch die reformatorischen Grundsätze sich zu einer stets wachsenden Unumschränktheit emporschwangen. Das heilige römische Reich, dessen Namen die Reformation in Schlummer gewiegt, war durch den Egoismus der inneren Feinde und durch die Eroberungssucht der auswärtigen Gegner tief erschüttert; das Wohl desselben erheischte einen kraft- und geistvollen Kaiser. Allein zum Unglücke des Reiches kam das Scepter in die schwachen Hände Rudolphs, dem die Astrologie, Alchymie und Marstall höher standen, als die Interessen des Reiches. Auf dem ersten Reichstag, welchen er zu Augsburg (1582) hielt, und auf dem viele protestantische Fürsten in Person erschienen waren, hatte man die Religionsangelegenheit nach dem Grundsatz, den Marimilian auf dem letzten Reichstag befolgte, ganz übergangen. Die Propositionen, welche der kaiserliche Hofsekretär der Reichsversammlung vorlas, betrafen wie gewöhnlich in erster Linie die Türkensteuer, die Wiedererlangung der von den Polen eroberten Provinz Liefland, die niederländische Empörung und den gregorianischen Kalender. Der Antrag bezüglich der Wiedereroberung Lieflands wurde ohne weitere Discussion zurückgewiesen, da man erklärte, daß hierin nichts geschehen könne. Die niederländische Angelegenheit wurde mit völliger Gleichgiltigkeit behandelt, obwohl dieselbe für das Reich von hohem Interesse war, da die Niederländer seit der Befreiung von der spanischen Herrschaft den Rhein sperrten und dadurch den deutschen Handel hemmten. Diesen Gewaltstreich konnte damals ein schwaches, erst in seiner Entwicklung begriffenes Völklein gegen das große Deutschland wagen, dessen kaiserliches Scepter einst über ganz Europa herrschte. Der Religionsstreit und die Vergrößerungssucht der Einzelnen hat die nationale Begeisterung der Gesammtheit erstickt. Die Reichsversammlung faßte den schmählichen Entschluß, die rheinischen Fürsten, als die zunächst betheiligten, sollen die Holländer um die Aufhebung der Sperre gehorsamst bitten. Eine lebhafte Debatte hingegen entspann sich über die kirchlichen Verhältnisse. Der Kurfürst Ludwig VI. von der Pfalz, ein eifriger Lutheraner, trat als Leiter und Wortführer der protestantischen Reichsstände den kaiserlichen Propositionen mit der Erklärung entgegen: Die erste Bedingung jeder Berathung von ihrer Seite sei, daß den protestantischen Einwohnern in katholischen Reichsstädten und den protestantischen Unterthanen geistlicher Reichsstände Religionsfreiheit eingeräumt, die ferdinandinische Nebendeklaration bestätigt und der geistliche Vorbehalt aufgehoben werde. Der Herzog Ludwig von Würtemberg, ein Gegner des Calvinismus, bemerkte, man müsse vorher sorgfältig untersuchen, ob die von den Katholiken Bedrängten der calvinischen oder der augsburger Confession angehören, da er nur die letztern zu vertreten gesonnen sei. Der Kurfürst August von Sachsen, das angesehenste Mitglied der protestantischen Parthei, konnte bei dem guten Verhältniß zum kaiserlichen Hofe die Ueberreste der katholischen Kirchengüter noch vollends zu erlangen hoffen; deßhalb erklärte er, daß die Bestätigung der Nebendeklaration und die Aufhebung des Vorbehaltes nicht in der Macht des Kaisers stehe und es unverantwortlich sei, demselben unmögliche Dinge zuzumuthen.*) Da die von dem kurpfälzischen Fürsten gestellten Anträge bei den einflußreichsten Häuptern der protestantischen Parthei keine Unterstützung fanden, blieben sie ohne Erfolg, so daß die deutschen Reichsfürsten Augsburg verließen, ohne über irgend eine der kaiserlichen Propositionen außer der vom Kurfürsten August durchgesetzten Türkenhilfe einen Beschluß gefaßt zu haben.

Kaiser Rudolph, welcher mit dem undeutschen Erfolge des augsburger Reichstages vollkommen zufrieden war, glaubte von dem lästigen Religionsstreite der Protestanten verschont zu sein, als er nach wenigen Monaten plötzlich in seiner sorglosen Ruhe durch den Ausbruch des

---

*) Häberlin, deutsche Reichsgeschichte XI. u. XII. Bd.

Kölner-Streites

unerwartet gestört wurde. Im Jahre 1577 hatte Kurfürst Valentin aus dem alten und berühmten Grafengeschlechte Isenburg auf den Kurhut Köln resignirt. Der Stamm der Isenburg schien zu erlöschen, da außer ihm kein männlicher Sprosse mehr lebte; deßhalb beschloß er sich zu verehelichen. Er hatte mit lobenswerthem Eifer besonders in finanzieller Beziehung die Diöcese zehn Jahre hindurch verwaltet, ohne zum Priester geweiht gewesen zu sein. Er übergab mit Dispensation des Papstes das Kurfürstenthum mit allen Rechten und Privilegien dem Domkapitel und hinterließ bei Clerikern und Laien eine bleibende Erinnerung seiner sorgsamen Regirung. Das Kapitel, welches das Recht hatte den Erzbischof zu wählen, schritt nach dreimonatlicher Berathung zur Wahl. Als Bewerber traten auf der bayerische Herzog Ernest, Bischof von Freising und Lüttich und Canonicus von Köln, und Graf Gebhard, Truchseß von Waldburg. Ernest war vom Papste und Kaiser begünstiget, Gebhard, welcher eifrigst nach dieser Würde strebte, suchte durch Umtriebe und Versprechungen die Stimmen jener Wähler zu erhalten, von denen er wußte, daß sie sich zum Lutherthum hinneigten. Sein Hauptgönner war der Graf Herrmann von Nuenar, welcher den religiösen Eifer und die Macht der bayerischen Herzoge fürchtete. Als dieser sah, daß die meisten Kapitularen Ernesten geneigt seien, gab er sich alle mögliche Mühe, durch seine Ueberredungsgabe und Gewandtheit des Benehmens für den Truchseß Freunde zu gewinnen, was ihm auch in der Art gelang, daß Gebhard bei der Wahl um eine Stimme mehr bekam. Es entstand dadurch zwischen den wählenden Partheien eine nicht geringe Aufregung, und Ernest appellirte an den römischen Hof. Gebhard dagegen bestieg in einem Alter von 30 Jahren den erzbischöflichen Stuhl, leistete den canonischen Eid und wurde vom Papste Gregor XIII. präcanonisirt, weil er ein Neffe des berühmten Cardinals Otto, Truchsesses von Walsburg war, der unter allen katholischen geistlichen und weltlichen Reichsfürsten allein den Muth hatte, auf dem augsburger Reichstage (1555) gegen den Religionsfrieden zu protestiren; derselbe stand wegen seiner Treue und Festigkeit für den katholischen Glauben bei Gregor in hohem Ansehen. Auch Kaiser Rudolph II. bestätigte die Wahl Gebhards, da er von ihm eine hohe Meinung hatte.

Graf Gebhard, auf Waldburg in Schwaben geboren, bewies als Jüngling einen grossen Eifer für die schönen Künste und besuchte zur weitern Ausbildung mehre Universitäten. Er reiste auch nach Rom, wo er längere Zeit verweilte und durch seinen Onkel, den Cardinal Otto, mit dem Papste und den höchsten Würdenträgern in Berührung kam. Nach Deutschland zurückgekehrt, wurde er auf Betrieb seines Onkels in den Clerikalstand aufgenommen, zum Dompropst von Augsburg erhoben, in Straßburg zum Dombekan und in Köln zum Canonicus ernannt, wo ihm durch die letzte Wahl der Kurhut übergeben wurde. Die Hoffnung Gregors XIII., der junge Graf werde sich das Beispiel seines der Kirche so ergebenen und für die Erhaltung ihrer Disciplinen so eifrigen Oheims zum Muster nehmen, ging jedoch nicht in Erfüllung; denn er fröhnte ohne Rücksicht auf seinen hohen Stand der Schwelgerei und Sinneslust, wodurch er die Finanzen erschöpfte und seine Gegner sich noch abgeneigter machte. Seine Freunde suchten ihn von diesem sittenlosen Leben abzubringen, indem sie ihn auf das böse Gerücht aufmerksam machten, welches über seine Unmoralität im ganzen Kurfürstenthum verbreitet war. Um seinen früheren guten Ruf wieder herzustellen, umhüllte er sich mit dem Mantel der Heuchelei und ließ sich zum Priester ordiniren; allein die Weihe hielt ihn von seiner verbotenen Lebensweise nicht ab, sondern er gerieth bald darauf in einen ärgerlichen Liebeshandel, der ihm Ehre und Glück raubte. Im zweiten Jahre seiner Regirung erblickte er bei einer feierlichen Prozession die schöne und junge Gräfin Agnes von Mansfeld, die Tochter des mit Luther befreundeten Hauses zu Eisleben, welche bei der Verarmung ihrer Familie zu Girresheim die Stelle eines protestantischen Stiftsfräuleins (Canonissin) erhalten hatte. Sie war auf Besuch in Köln bei ihrer Schwester Marie, welche sich mit dem Freiherrn Peter Ernest v. Kriechingen zum zweiten Male vermählt hatte. Die reizende Gestalt der Gräfin entzündete sein lüsternes Herz mit unreiner Liebe. Kurze Zeit vorher kam der berühmte Schwarzkünstler Scotus aus Italien, welcher alle deutschen Höfe besuchte, auch nach Köln; er fand beim Kurfürsten die freundlichste Aufnahme, weil dieser an den magischen Künsten sein größtes Vergnügen fand. Schon damals soll ihm Scotus in einem Zauberspiegel das Bild der Agnes gezeigt haben, deren Liebe er stets in seinem Herzen bewahrt hätte. Seitdem er sie gesehen, war sein einziges Streben mit ihr zusammenzukommen, wozu sich bald eine günstige Gelegenheit darbot. Gebhard erfuhr nämlich, daß Freiherr v. Kriechingen im Herbste mit seiner Gemahlin eine Reise nach Thüringen zur Begrüssung seiner neuen Schwäger machen und die Route über Brül nehmen werde, wohin sich auch Agnes begab, um ihnen eine glückliche Reise zu wünschen. Der Kurfürst, welcher in dem eine Meile von Köln entfernten Brül ein Schloß hatte, lud sie alle zu sich; es wurde getafelt und getanzt bis spät in die Nacht. Der vom Weine erhitzte Kurfürst erklärte seine Liebe der leichtfertigen Gräfin, welche sogleich seinem wollüstigen Verlangen Folge leistete. Mehre Wochen hielt sich hier der schwelgerische und sittenlose Truchseß auf, bis v. Kriechingen nach Thüringen abreiste; die Gräfin Agnes ließ er nach Kaiserswerth bringen, wo er mit ihr bis zur Rückkehr ihres Schwagers heimlich lebte. Diesem wies er die kurfürstliche Kanzlei in Bonn zu seinem Aufenthalte an, wo auch Agnes Wohnung nahm, während er in dem nahe gelegenen Poppelsdorf residirte; hier besuchte er öfters die Gräfin und wurde von ihr wieder besucht. So lebten beide bis zum Jahre 1582, als das Gerücht dieses verbotenen Verhältnisses auch zu den Ohren der gräflichen Brüder kam. Der Aelteste gerieth durch diese Nachricht in eine solche Aufregung, daß er drohte, seine Schwester, welche durch diesen Umgang mit Gebhard ihr altes und rühmliches Grafenhaus mit einer unauslöschlichen Schande befleckt habe, sammt ihrem Buhler zu erdolchen. Sein jüngerer Bruder Ernest reiste sogleich nach Bonn und forderte den Kurfürsten auf, die ihrem Hause zugefügte Schmach dadurch zu heben, daß er die Infel ablege und seine Schwester durch Heirath wieder zu Ehren bringe. Anfangs war Gebhard zur Abdication entschlossen; allein der Gedanke, daß es ihm an einem standesmäßigen Auskommen fehle, hielt ihn davon ab. Seine Freunde besonders die reformirten Grafen von Nuenar und Solm riethen ihm, von seinem katholischen Glauben abzufallen, die Gräfin Agnes zu heirathen und die kurfürstliche und erzbischöfliche Würde beizubehalten. Diesen Rath unterstützte Agnes durch ihre Schmeicheleien, so daß Gebhard endlich einwilligte.

Im Jahre 1582 wurde der Reichstag in Augsburg abgehalten, wo man den Kurfürsten von Köln um so gewisser erwartete, als für ihn schon das Quartier bestellt war, und die vorausgeschickten Gesandten seine Ankunft versicherten; allein er konnte sich von Agnes nicht trennen, und sie mit nach Augsburg zu nehmen, wagte er doch nicht. Gegen das Ende des Reichstages sendete er den Grafen Adolph von Solm und Dr. Schwarz nach Augsburg, um den Antrag durchzusetzen, daß ein von der katholischen Religion abgefallener Kirchenfürst sein Beneficium nicht verlieren sollte. Die katholischen Reichsstände vornehmlich der Herzog von Bayern und der Chorbischof des kölner Domkapitels, Friedrich von Sachsen-Lauenburg traten ihnen mit aller Energie entgegen. Ebenso fruchtlos blieben die Bemühungen, womit die protestantische Bürgerschaft von Köln Religions- und Gewissensfreiheit erlangen wollte, wiewohl sie von auswärtigen Lutheranern eifrigst unterstützt wurde. Nach Beendigung des Reichstages vereinigte sich dieselbe auf Betrieb des Grafen von Nuenar mit der ganzen lutherischen Ritterschaft und Städten des Kurfürstenthums. Eine Deputation von Landsassen, Bürgern und Unterthanen des Erzstiftes überreichte im September 1582 Gebhard eine Bittschrift um Gewährung ihrer Religionsübung, welche in Kurköln unterdrückt worden sei, seitdem der Erzbischof Herrmann in Durchführung der begonnenen christlichen Reformation verhindert worden wäre. Der Kurfürst verweilte damals auf Arensberg in Westphalen, wo er mit der Entfaltung seiner geheimen Pläne begann. Er ließ nämlich im Stillen Truppen werben, und um den westphälischen Ständen jeden Verdacht zu nehmen, gab er vor, er müsse sich zum Kriege rüsten, weil die Niederländer ihm zwei Orte entrissen, nicht nur seinem Lande, sondern auch seiner Person nachgestellt werde, und einige Domherren sogar sich gegen ihn aufgelehnt hätten. Unter diesem Vorwande ließ er mit den Werbungen fleißig fortfahren und als er eine nicht unbedeutende Kriegsmacht gesammelt hatte, befestigte er die strategisch wichtigsten Punkte seines Erzstiftes, vorzüglich Bonn, Godesberg, Poppelsdorf, Ditkirchen, Hornburg, Lechonich ꝛc. Bezüglich dieser Rüstungen kam nach den Niederlanden das Gerücht, der Kurfürst von Köln habe sich heimlich mit dem Prinzen von Oranien und dem Herzog von Alençon verbunden; der Herzog von Parma schrieb einen Beschwerdebrief nach Bonn an Gebhard, welcher ihm antwortete, daß dieses Gerücht falsch sei.

In Bonn setzte der Erzbischof seine entehrende Lebensweise fort, verschwendete seine Einkünfte durch reichbesetzte Tafeln, ließ sich öffentlich an Freitagen Fleischspeisen zubreiten und schmähte mit gemeinen Schimpfworten auf den Papst. In einer zahlreichen Gesellschaft ergriff er eines Tages mit der rechten Hand das Evangelienbuch und mit der linken ein Schwert mit der Erklärung, daß er der augsburger Confession huldige; er fragte auch die anwesenden Gäste, ob sie dieser Religion zustimmen wollen, was alle bis auf den Amtmann von Kaiserswerth bejahten. Zugleich rühmte er sich, daß ihm ein protestantischer Fürst ein zahlreiches Hilfsheer und eine Summe von 60,000 Kronen versprochen habe. Diese Reden fanden bald aus der kurfürstlichen Residenz einen Weg zum Domkapitel in Köln, welches durch Deputirte bei ihm anfragen ließ, was an der allgemeinen Sage über seinen Religionswechsel und seine Verheirathung wahres sei. Gebhard fand es noch nicht für rathsam, mit seinem Entschlusse hervorzutreten, sondern behielt die Gesandten mehre Tage und entließ sie mit einer zweifelhaften dunklen Antwort, womit er Klagen und Verweise über das Benehmen einiger Domkapitularen verband. Ehe die Deputation abreiste, schrieb der Kurfürst an den Magistrat der Stadt Köln, daß er erfahren habe, der dortige Rath treffe Kriegsrüstungen, um sich gegen einen Ueberfall von seiner Seite zu schützen. Er versicherte in diesem Schreiben die Bürgerschaft, daß er, obgleich die feindselige Handlungsweise des Bürgermeisters öfters in ihm einen gerechten Unwillen erregt habe, den Bürgern im Allgemeinen stets in Gnaden gewogen sein und nie ihre Gewerbe oder ihren Handel im ganzen Erzstifte hindern werde. Daß er einige Truppen habe anwerben lassen, sei nur geschehen, um gegen allenfallsige Ueberfälle sicher zu sein und um den Bewohnern Kölns den Frieden zu erhalten; es wäre deßhalb eine Verschwendung des Geldes und der Zeit, sich unter solchen Umständen zu rüsten. Der Magistrat erwiderte, daß er nicht im Mindesten daran gedacht habe, die Hoheitsrechte des Kurfürsten zu schmälern; die Ursache der Truppenwerbung sei keine andere als die bewegten Zeiten, welche zur Kriegsrüstung mahnen, und hiezu sei er nach den deutschen Reichsconstitutionen berechtigt. Der Erzbischof habe daher keinen Grund, gegen den Rath Klage zu führen, wenn er die von den Ahnen ererbten Freiheitsrechte zu erhalten suche; dagegen sehe er sich veranlaßt gegen den Kurfürsten sich zu beschweren, daß er die alten Privilegien der Stadt Köln beeinträchtige und unerschwingliche Steuern fordere. Es scheine, als wolle der Erzbischof durch sein letztes Schreiben die Bürger gegen den Rath aufreizen, was eine Verletzung des Landfriedens wäre und ihn zu einer Anklage beim Kaiser veranlassen könnte.

Unterdessen verbreitete sich die Sage von Gebhards Vorhaben und Unternehmungen nicht blos in Deutschland, sondern auch außerhalb dessen Grenzen; nirgends aber verfolgte man den Verlauf dieser Ereignisse mit gespannterer Aufmerksamkeit als am Münchener Hofe, wo man sich durch die Nichtwahl des Herzogs Ernst um so tiefer verletzt fühlte, als der hierüber in Rom eingeleitete Proceß aus Rücksicht gegen den Cardinal Otto unbeachtet blieb. Die Besetzung des erzbischöflichen Stuhles in Köln durch Ernst mußte für Herzog Wilhelm V. von um so größerer Wichtigkeit sein, als jener seit 1580 auch Bischof von Lüttich war, wodurch Bayern nicht nur in confessioneller, sondern auch in politischer Beziehung in Deutschland großes Uebergewicht erlangen würde. Als die Nachricht dieser kölnerischen Vorgänge auch nach Rom kam, zweifelte Anfangs der Papst, welcher eine zu gute Meinung von Gebhard besaß, an der Wahrheit derselben; wiederholte Briefe jedoch mit demselben Inhalte bewegten ihn, eine Commission von Cardinälen zu ernennen, um diese Angelegenheit zu untersuchen. Nach kurzer Berathung riethen sie dem Papst, eine vertraute Person nach Deutschland zu schicken, um hierüber gründliche Erkundigung einzuziehen. Hiezu wurde der Secretär des Cardinals Madruzzi, Minutius von Minucci beauftragt. Vor dessen Abreise setzte der Cardinal, damit das Eintreffen seines Secretärs nicht unerwartet erschiene, durch einen Brief seine Freunde zu Köln in Kenntniß, daß man in Rom von der Kriegsrüstung und der beschlossenen Verheirathung des Kurfürsten bereits wisse. Dieß errege bei der päpstlichen Curie um so größeres Aufsehen, als man einen solchen Schritt mit der stets bewiesenen Glaubenstreue der Truchsesse von Waldburg nicht vereinbaren könne; Minutius habe deßhalb die Weisung mit den Kurfürsten von Trier und Mainz die Sache zu untersuchen. Bald hernach sandte Gregor XIII. ein Breve an Gebhard, worin er ihn an seine edlen katholischen Ahnen, an seinen ehrenwerthen Onkel und an die väterliche Liebe erinnerte, die er ihm während seines Aufenthaltes in Rom und bei der Bestätigung seiner Wahl bewies, „obgleich dieselbe mit den größten Schwierigkeiten verbunden und auf das heftigste bekämpft wurde." Mit Schmerz aber müsse er erfahren, daß er in der von ihm gehegten Hoffnung bitter getäuscht sei, da er seit seiner Thronbesteigung ein Leben geführt haben soll, welches seiner hohen Würde zur Unehre und der katholischen Christenheit zum Aergerniß gereiche. Er ermahne ihn väterlich, diesen Weg des Verderbens zu verlassen, da er dieß Gott, seiner Religion, seinem Vaterlande und sich selbst schuldig sei. Sollte diese seine Ermahnung im Vergleiche zu seinen Fehltritten etwa zu scharf sein, so möchte er bedenken, daß sie aus seinem liebenden Herzen geflossen seien, welches nichts sehnlicher wünsche, als daß die schlimmen Gerüchte von ihm übertrieben wären. Er hoffe, daß er gegen diese väterlichen Worte nicht undankbar sein, sondern sie so beherzigen werde, daß er ihn bald wieder seinen geliebtesten Sohn nennen könne. Gebhard durchlas diesen mit so vieler väterlicher Liebe geschriebenen Brief — und blieb kalt. Denselben Eindruck hatten die Vorstellungen, welche ihm der Kaiser durch seinen Abgeordneten Dr. Gail bezüglich der schweren und unglücklichen Folgen seiner beabsichtigten Pläne machen ließ. Allein der Kurfürst war schon zu weit gegangen, es gab für ihn keinen Rückzug mehr.

Am 17. Dezember 1582 erwiderte er auf das päpstliche Breve:

Durch eigenes Nachdenken und nach genauer Prüfung habe er sich überzeugt, daß die römische Kirche von der Reinheit der apostolischen Lehre abgekommen sei; dieß habe ihn bewogen, dem Worte Gottes zu folgen und mit Verlassung der früheren Irrthümer zur reinen Lehre überzutreten. Sein einst dem Papste geleisteter Eid sei recht- und kraftlos, da er seinem Taufbund und den guten Sitten widerstreite, und ein solcher Eid sei selbst nach dem kanonischen Rechte ungültig. Der Papst möge das Verderben, welches in die römische Kirche gedrungen, wohl erwägen und durch Einführung der seit langer Zeit gewünschten Reformation die frühere Würde und den Glanz derselben wiederherstellen. Die Bibel und die Schriften der Kirchenväter hätten ihn zu der Ueberzeugung gebracht, daß der Cölibat für ihn keine bindende Kraft habe. Hierauf veröffentlichte er ein Edict mit dem Inhalte, daß er Gott danke, „von der Finsterniß des Papstthums" befreit zu sein, daß es jedem Unterthanen seines Kurfürstenthumes freistehe, sich zur katholischen oder lutherischen Lehre zu bekennen, und daß Jedermann von den ihm zustehenden Freiheiten vollen Gebrauch machen solle; für sich selbst forderte er nichts, als daß man ihn in seinem Berufe und Stande ungehindert leben lasse. Auf dieses Edict hin begannen die protestantischen Fürsten Westdeutschlands sich innig an ihn anzuschließen und bewegten ihn, die katholische Bürgerschaft Kölns aufzufordern, den unterdrückten Lutheranern gleiche Bürgerrechte einzuräumen. Während dieser Unterhandlungen trafen die Kurfürsten von Mainz und Trier in Bonn ein, wohin sich auch drei Domkapitularen begaben; allein ihre Vorstellungen blieben bei Gebhard fruchtlos. Deßhalb berief das Domkapitel die Landstände des Erzstiftes nach Köln, um über diese wichtige Angelegenheit zu berathen. Als dieß der Kurfürst erfuhr, schickte er an die Ritterschaft ein Schreiben, worin er sie von unbedachten Handlungen abmahnte und an den ihm geleisteten Eid erinnerte. Die damals in Bonn anwesenden lutherischen Fürsten, welche dem Kurfürsten riethen, bei seinem Religionswechsel bedächtig und langsam vorwärts zu gehen, suchten zwischen ihm und dem Domkapitel zu vermitteln. Dieses und die Stände erklärten aber, daß sie sich auf der gesetzlichen Grundlage des Religionsfriedens bewegen und jede fremde Beeinflussung zurückweisen werden.

Nach wenigen Tagen kam es deßhalb zwischen dem Domkapitel und dem Kurfürsten zum offenen Bruch. Der junge und heftige Chorbischof Friedrich von Sachsen-Lauenburg, welcher dem Truchsessen von Waldburg nie gewogen war, sammelte eine kleine Anzahl Reiter und Fußvolk und überfiel plötzlich die Stadt Berg, wo er die dem Kurfürsten gehörigen Zollgelder in einer beträchtlichen Summe wegführte. Auf seinem Zuge eiferte er die Bewohner von Berg und Neuß zum treuen Festhalten an den alten Glauben an und nahm auf dem Rhein ein mit Gütern und Proviant schwer beladenes Schiff des Gebhard weg, wodurch dieser einen empfindlichen Verlust erlitt. Da nahmen sich die drei protestantischen Kurfürsten von der Pfalz, Sachsen und Brandenburg der Sache Gebhards an und berichteten dem Kaiser, daß der zwischen dem Kurfürsten und Domkapitel entstandene Zwiespalt nicht blos für das Erzstift, sondern auch für die ganze Rheingegend Gefahr bringend sei. Er solle daher die Kölner zum Gehorsam gegen ihren Landesfürsten und zur freien Ausübung der Religion auffordern, widrigenfalls würden die protestantischen Fürsten die ihm am letzten Reichstage bewilligte Türkensteuer verweigern; Gebhard verdiene bei seinen Ständen kein solches Mißtrauen, da es erdichtet sei, daß er das Papstthum in seinem Lande abschaffen wolle. Allein Kurfürst Gebhard gab gleich darauf seine Absichten offener durch ein Manifest zu erkennen, worin er nicht nur die Gewissensfreiheit sanctionirte, sondern beschloß, daß jeder, der seine Religion ändere, nicht das Geringste an seinen bürgerlichen Rechten verlieren solle. Die Geistlichen sollen unbeschadet ihrer Pfründen convertiren, ebenso die Herren und Städte unbeschadet ihrer Privilegien; demnach aber hoffe er, daß es ihm Niemand zum Vorwurfe machen werde, wenn er sich ebenfalls zur Verehelichung entschließen würde; denn er denke nicht daran, das Kurfürstenthum auf seine Erben zu bringen, sondern nach seinem Absterben soll dem Domkapitel das Wahlrecht ungeschmälert bleiben. Zwei Tage nach der Publication dieses Edictes begann Gebhard unverhüllt mit seinem Entschlusse herauszutreten, indem er an die Bewohner Bonns folgenden Aufruf ergehen ließ: Alle Stadtthore bis auf zwei müssen vermauert werden; alle nichtkurfürstlichen Personen haben binnen zwölf Stunden bei Leibesstrafe die Stadt zu verlassen; jeder Fremde sei beim Amtmann schriftlich anzuzeigen; die Bürger haben sich auf ein Jahr mit dem nothwendigen Proviant zu versehen und die Stadtmauern und Thürme zu befestigen.

Kaiser Rudolph II., welcher mit der unbestimmten Antwort, die ihm sein Gesandter Dr. Gail von Gebhard überbrachte, nicht zufrieden war, sandte den Hofrath Jakob Kurz von Senftenau ab mit dem Befehle vom Kurfürsten eine „kathegorische Antwort" zu fordern, da seine erste Erwiderung mit der Sage von seinem Vorhaben und seinen Kriegsrüstungen nicht im Einklang stände. Gebhard erwiderte dem zweiten Gesandten,

daß er nach Gottes Ordnung und Ruf sein erzbischöfliches Amt verwalte
und sich mit einer größeren Anzahl von Soldaten umgebe, weil sich der
Chorbischof Friedrich schon einige ungerechte Angriffe auf sein Eigenthum
erlaubt habe. Diese Antwort war dem kaiserlichen Gesandten nicht genü-
gend, sondern stellte die Frage, wie es mit der allgemein besprochenen
Veränderung seines Standes und seiner Religion stehe, worauf Gebhard
äußerte, hierüber werde er auf dem nächsten Reichstage zur Rede stehen.
Der kaiserliche Hofrath erklärte ihm, daß er, wenn er auf rechtlicher Ba-
sis gehandelt habe, der Unterstützung Rudolphs versichert sein dürfe; seine
Pflicht sei es, von ihm eine Verantwortung über die letzthin erlassenen
Edicte zu fordern. Der Kurfürst erklärte ihm in seiner Replik, er sei
zu dieser Deklaration deßhalb veranlaßt worden, weil er theils aus Mangel theologischen Wissens theils aus blindem Zelotismus der päpstlichen
Lehre gehuldigt habe; seitdem er aber dem Grunde der Religionsneuerung
nachgeforscht und die Ungerechtigkeit eines Religionszwanges erkannt habe,
könne er es mit seinem Gewissen nicht mehr vereinigen, seinen Unterthanen
die reine und unverfälschte Lehre vorzuenthalten. Daß er hierin nach Recht
und Gottes Befehl gehandelt habe, mache man ihm zum Vorwurfe; dieß
habe auf ihn einen so betrübenden Eindruck gemacht, daß er sich entschlossen, abzudanken; seine Freunde hätten ihn aus Rücksicht für das Wohl
des Kurfürstenthums von diesem entscheidenden Schritte abgehalten. Grund-
los sei die Sage, daß er in den weltlichen Stand zurücktreten wolle, wiewohl ihm nach Anordnung Gottes erlaubt sei, sich gelegentlich zu verehelichen, da der Cölibat für ihn nicht rechtskräftig sei; denn dieser sei
nur ein Ausfluß päpstlicher Willkür. Man solle aus seiner allenfallsigen
Vermählung nicht den übereilten Schluß ziehen, daß dadurch dem Erzstifte
ein Nachtheil erwachse; denn er würde nach der Verheirathung dasselbe
dem Charakter der Truchsesse von Waldburg gemäß in der Art verwalten,
daß er von Niemanden getadelt werden könnte; außerdem müsse Jedermann einen christlichen Ehestand einem ärgerlichen Concubinat vorziehen.
Schließlich möge der Gesandte seinem Kaiser sagen, daß er an Gebhard,
wenn er sich auch verehelichen würde, seinen treuesten Vasallen finden werde.

Wenige Tage nach diesen Verhandlungen schrieb das kölnische Domkapitel einen Landtag auf den 27. Januar 1583 aus. Als dieß die
Kurfürsten von Sachsen und Brandenburg erfuhren, sandten sie an dasselbe wie an die Landstände ein Schreiben, worin sie diese warnten, sich
mit keinem auswärtigen Fürsten zu verbinden und gegen Gebhard keinen
Aufstand zu bewirken, weil er sich öffentlich zur augsburger Confession

bekannt habe; sonst sähen sich die protestantischen Fürsten Deutschlands genöthigt, die Sache des Kurfürsten zu der ihrigen zu machen. Die Schuld unabsehbarer Folgen trügen dann nur das Domkapitel und die Stände; „denn wenn die Deutschen der Religion wegen in einen blutigen Bürgerkrieg sich verwickeln, so sei den Türken und andern ausländischen Potentaten die Gelegenheit gegeben, ein Stück nach dem andern von dem Heiligen Römischen Reiche unter ihre Gewalt zu bringen, was denen, die dazu Ursache gegeben, bei Gott verantwortlich und bei den Nachkommen schimpflich sein würde." — Diese Prophezeiung ist auch in der That zur Schande der Deutschen nach fünfzig Jahren in Erfüllung gegangen. — Das Domkapitel, an dessen Spitze der jugendliche und feurige Chorbischof Friedrich stand, achtete auf diese Erklärung der lutherischen Kurfürsten nicht, da es bei seinem Vorhaben nur das Recht zu wahren suchte. Der Herzog von Jülich und der kaiserliche Gesandte forderte es auf, sich den Neuerungen Gebhards nach Kräften zu widersetzen und keine seiner Handlungen zu dulden, welche der Observanz, den alten Rechtsconstitutionen oder dem Religionsfrieden zuwiderlaufen. Nun begannen die beiden Partheien, die Katholiken und die Anhänger Gebhards sich immer mehr abzusondern und zu concentriren. Ehe die Ständeversammlung eröffnet wurde, ließ er seinen Freunden in Köln ein Schreiben zustellen, worin er gegen die Einberufung der Landstände protestirte, da dieß nur eine Prärogative des Kurfürsten und auf Anstiften aufrührerischer Kapitularen geschehen sei; ferner beschwerte er sich über das rechtswidrige Verfahren des Chorbischofs, welcher sein Eigenthum angegriffen und die Stadt und Burg Zons ohne landesfürstliche Erlaubniß mit Kriegsvolk besetzt habe; auch hätte er erfahren, daß man mit dem Anschlag umgehe, ihn seiner Würde zu entheben. Dadurch habe er sich veranlaßt gesehen, sich in außergewöhnlichen Vertheidigungszustand zu versetzen. Hinsichtlich seines Religionswechsels und seiner künftigen Verheirathung fügte er dieselben Gründe bei, welche er gegen den Gesandten des Kaisers vorbrachte. Wenige Tage hernach trafen alle benachbarten, protestantischen Kurfürsten, Fürsten und Grafen in Köln ein und überreichten dem Domkaptel eine Deklaration, worin sie dasselbe zur friedlichen Vereinigung mit dem Kurfürsten ermahnten, widrigenfalls möchte es bedenken, daß sie bereit seien, mit bewaffneter Macht Gebhard zu unterstützen.

Der Tag zur Eröffnung der Ständeversammlung erschien; die westphälischen Deputirten sandten ein Schreiben ein mit der Erklärung, daß sie persönlich nicht erscheinen könnten, da sie besorgten, der Kurfürst könnte während ihrer Anwesenheit in Köln sich ihrer Schlösser und Städte mit List bemächtigen; sie stellten aber den Antrag, daß die bisherigen Landesverhältnisse unverrückt bleiben sollen. Sämmtliche Domherren versammelten sich im Kapitelsaale und beriethen die Landtagspropositionen; es entstand aber sogleich zwischen den Anhängern Gebhards und den Conservativen ein heftiger Streit über die Absetzung des Kurfürsten. Die Gebhardiner verließen den Saal und reichten beim Kapitel eine schriftliche Protestation gegen die Proposition über die Absetzung ein. Allein die Stände nahmen hierauf keine Rücksicht, sondern eröffneten die Sitzungen mit folgenden Anklagepunkten gegen Gebhard: 1) Habe derselbe eine grosse Anzahl Truppen geworben und mit diesen viele Städte und Burgen des Erzstiftes besetzt, 2) alle Zollerträgnisse für sich in Anspruch genommen, wodurch dem Lande eine grosse Schuldenlast erwachse, 3) durch Edicte veröffentlicht, daß er sich zur augsburger Confession bekenne und sich zu verehelichen gesonnen sei, 4) solle er mit auswärtigen Fürsten ein Bündniß geschlossen haben, 5) umgebe er sich mit einem Rathe von Fremden statt von einheimischen Geistlichen und Beamten, 6) von den fremden Söldlingen sei zu fürchten, daß sie, wenn sie vom Kurfürsten ihren Sold nicht mehr bekommen, das ganze Land berauben und plündern; dieß sei gegen alle Beschlüsse der Reichstage. Nach dem Landrechte habe das Domkapitel an den Kurfürsten das Ansuchen gestellt, diese gesetzwidrigen Neuerungen abzustellen; da er aber dieß nicht gethan, so seien das Kapitel und die Landstände gemäß der bestehenden Verfassung und ihrem Eide verpflichtet, für des Landes Wohl zu sorgen und diesen Uebergriffen des Erzbischofes vorzubeugen. Das Domkapitel habe deßhalb aus Vorsorge einige Schlösser des Erzstiftes besetzt, weil Gebhard vor seiner Abreise nach Bonn das erzbischöfliche Archiv geöffnet, werthvolle Urkunden, Gold- und Silbergeräthe weggenommen habe. Da unter den obschwebenden Verhältnissen die Ständeversammlung voraussah, daß ein Zusammenstoß der Waffen unvermeidlich, ihre Truppenanzahl aber gegenüber der Armee Gebhards und seiner Verbündeten viel zu gering sei, so richtete sie an den anwesenden kaiserlichen Gesandten die Bitte, den Kaiser und Papst hierüber in Kenntniß zu setzen und sie in ihrer gerechten Sache zu beschützen. Derselbe erwiderte, daß er Rudolph die wahre Sachlage berichten werde; die Anklagepunkte erkenne er für begründet und ertheile dem Domkapitel den beßten Rath, sogleich zur Wahl eines neuen Erzbischofes zu schreiten, alle freien Städte und Schlösser zu besetzen und die Zölle einzunehmen.

Am nämlichen Tage erschien der Pfalzgraf von Zweibrücken mit mehreren anderen protestantischen Fürsten in der Ständeversammlung und hielt an dieselbe eine Rede, worin er sie zu einem einheitlichen Vorgehen mit dem Kurfürsten ermahnte, da dieser nach den Gesetzen des Rechtes und der Billigkeit handle. Gegen ihn ergriff der Herzog von Jülich das Wort und feuerte in begeisterter Rede die Stände an, treu bei ihrem alten Glauben und ihren ererbten Rechten auszuharren; er werde sie bis auf den letzten Mann vertheidigen helfen. Der vom Herzog von Parma abgeschickte Graf von Arenberg versicherte sie, daß sie sich auf die spanische Hilfe verlassen können, weßhalb der Graf von Nuenar, der eifrigste Gebhardiner, mit ihm in einen heftigen Wortwechsel gerieth.

Am 10. Februar 1583 wurde der Landtag geschlossen und die Stände faßten folgenden Beschluß: Sie könnten nicht anders finden, als daß die vorgenommenen Neuerungen und das übrige Unternehmen ihres Kurfürsten der Erblandesvereinigung des Erzstiftes nicht gemäß und deßwegen das Domkapitel wohl befugt gewesen sei, diesen gemeinen Landtag auszuschreiben. Die weltlichen Stände des Erzstiftes erklären kraft dieses Abschiedes, daß sie in allen und jedem Punkte bei der Erblandesvereinigung stehen und bleiben, auch derselben in allem, was sie mit sich bringe, ein Genüge leisten und nicht zulassen wollten, daß solche auf irgend eine Art verletzt würde. Die Gebhardiner reichten beim Domkapitel eine schriftliche Protestation gegen diese Landtagsbeschlüsse ein und verließen Köln.

Kurfürst Gebhard hielt sich unterdessen in Bonn auf, wo er Anfangs Februar vom Pfalzgrafen Johann Casimir einen Brief erhielt, worin dieser ihn mahnte, dasjenige schleunigst auszuführen, worüber sie sich früher berathschlagt hätten. Am 2. Februar, am Mariälichtmeßtag, ließ sich Gebhard mit der Gräfin Agnes durch den reformirten Superintendenten Pantaleon Candidus aus der Rheinpfalz im sogenannten Rosenthale trauen und seine Vermählung dem Volke öffentlich bekannt geben. Hierauf verließ er die Stadt Bonn, wo er sich nicht sicher genug glaubte und übergab sie seinem Bruder Carl Truchseß von Waldburg. Er reiste nach Arensberg um mit den westphälischen Landständen, welche aus den obenerwähnten Gründen in Köln nicht erschienen waren, einen Landtag zu halten und sich mit ihnen zu verbinden. Der kriegerische Chorbischof Friedrich hingegen brach mit einer kleinen aber tapfern Truppenzahl von Köln auf, besetzte mehre Städte und Schlösser und eroberte die Burg Brül. In Westphalen reichte Gebhard an die versammelten Stände eine ausführliche Declaration ein, worin er sich über seine bisherige Amtsführung rechtfertigte und von seiner Verehelichung sagte, daß er hierin ganz nach dem Worte der hl. Schrift gehandelt habe, daß der Bischof eines Weibes Mann sein solle.*) Die Landtagsdeputirten erwiderten in ihrer Replik, daß sie seine billige und weise Anordnung über freie Religionsübung mit großem Danke anerkennen und ihm treuen Gehorsam geloben; was aber die vom Domkapitel angeregten Streitpunkte betreffe, so halten sie sich zu einem endgiltigen Beschlusse nicht für competent, sondern seien der Ansicht, daß die ganze Angelegenheit an den Kaiser oder einen Reichstag gebracht werden solle.

Während Gebhard mit den westphälischen Ständen unterhandelte, suchte sich der Chorbischof zu verstärken; er wendete sich an den früheren Erzbischof von Köln, den Grafen von Jsenburg, welcher ihm ein kleines Hilfskorps sandte. Mit diesem begann er seine Eroberungen und bemächtigte sich des festen Schlosses Hulkrab. Carl Truchseß blieb indessen nicht unthätig; er ließ das in der Nähe von Bonn gelegene Schloß Alfter ausplündern und das Nonnenkloster in Dietkirchen gänzlich zerstören. Den Grafen Werner von Reifferscheid, welcher die in der Vorstadt Bonn angelegte Pulvermühle in Brand steckte, ließ er in der Nacht überfallen, wodurch jener viele Soldaten, Fahnen und Bagage verlor. Im Süden des Kurfürstenthums hauste der gebhardinische Graf von Nuenar, welcher das flache Land plünderte und die katholischen Kirchen und Geistlichen ausraubte. Ein gleiches Schicksal erfuhren von den Gebhardinern die Katholiken in Westphalen.

Gebhard, welcher sich in einem weitläufigen Schreiben beim Kaiser zu verantworten suchte, wendete sich auch mit einer Klage gegen das Domkapitel an das kaiserliche Kammergericht; dieses aber erklärte, daß die Sache an den Kaiser zu verweisen sei. Dadurch bekam das Domkapitel Muth, welcher noch mehr gesteigert wurde, als am 10. März der bayerische Herzog Ernest, Bischof von Freising, Lüttich und Administrator des Hochstiftes Hildesheim in Köln erschien, um als Mitglied des Domkapitels den Sitzungen beizuwohnen. Als dieß der Pfalzgraf Casimir erfuhr, schrieb er dem Herzog: er habe erfahren, daß er die Absicht hege,

---

*) Dieß war und ist für die protestantische Geistlichkeit der beliebte Bibeltext, womit sie ihre Verehelichung rechtfertigen, ohne dem unwissenden Volke zu erklären, daß in den ersten christlichen Jahrhunderten, wo es keine Studienanstalten gab, der Bischof nur einmal verheirathet sein und nach der Uebernahme der Infel seine Frau entlassen mußte.

Kurfürst von Köln werden und auf sein Bisthum Lüttich resigniren zu wollen; ebenso wisse er, daß er hierüber mit dem Papste und Kaiser schon Verhandlungen gepflogen hätte. Wiewohl er als sein Vetter aus demselben Stamme von Herzen wünsche, daß er zu hohen Würden und Ansehen gelange, so könne er doch den Weg nicht billigen, den er sich dazu ausgewählt habe. Er könne ihm nicht verhehlen, daß der Kurfürst Gebhard nicht im Mindesten gesonnen sei, abzudanken, sondern sich entschlossen habe, sein bestrittenes Recht mit den Waffen zu vertheidigen. Er setzte ihn in Kenntniß, daß die Kurfürsten von der Pfalz, Sachsen und Brandenburg sich verbunden haben, den neuzuwählenden Kurfürsten nicht als ihren Bruder anzuerkennen und nie neben ihm Sitz zu nehmen; wenn Ernest für den Kurhut von Köln die Imfel von Lüttich fallen lasse, so möge er sich hüten, daß es ihm nicht ergehe, wie dem Hunde in der äsoptischen Fabel, der ein besseres Stück zu erhaschen meinte, dadurch aber beide Stücke verlor. Zudem möge er bedenken, ob er zur Ausführung seines Unternehmens die nothwendigen Kräfte besitze, damit er nicht einen für Bayern und ganz Deutschland unheilvollen Krieg heraufbeschwöre. Er hätte ihm dieß wegen der nahen Verwandtschaft schon früher geschrieben, wenn er gewußt hätte, wo er anzutreffen gewesen wäre. Wie sich der reformirte Pfalzgraf der Sache Gebhards annahm, so die beiden protestantischen Kurfürsten von Sachsen und Brandenburg; sie beschlossen eine eigene Gesandtschaft an den Kaiser zu schicken mit der Instruction, demselben die verderblichen Folgen auseinander zu legen, daß bereits Truppen des Herzogs von Parma auf deutschem Boden stehen, in das Erzstift Köln eingerückt seien und die Stadt Bonn bedrohen. Dadurch sehen sie sich zur Gegenwehr genöthigt, um das deutsche Vaterland vom Untergange zu retten, welches bei solchen Ereignissen im Westen sehr leicht von den benachbarten Feinden und im Osten von den Türken angegriffen werden könnte. Der Kaiser möge in Rücksicht seiner eigenen Autorität und des Wohles Deutschlands befehlen, daß die fremden Truppen den deutschen Boden verlassen, beide Partheien im Erzstifte die Waffen niederlegen, und der Kurfürst Gebhard in seine vollen Rechte wieder eingesetzt werde. Die protestantischen Fürsten erkannten die Wichtigkeit der bevorstehenden Katastrophe und beschlossen ihre Räthe zu Erfurt zu versammeln, um die Art und Weise der zu ergreifenden Maßregel zu berathen. Der Kurfürst von Sachsen, welcher ursprünglich dem Apostaten Gebhard nicht sehr gewogen war, da er sich nicht zum Lutherthum sondern zum Calvinismus bekannte, schien unterdessen die Sachlage auf Grund des Religionsfriedens richtiger auf=

gefaßt zu haben und ließ durch seine Räthe auf dem Congreß erklären, seine Ansicht wäre, daß man besonnen zu Werke gehen und die Angelegenheit auf gütlichem Wege zu entscheiden suche, woran er um so weniger zweifle, als er von den friedlichen und nachgiebigen Gesinnungen des Kaisers überzeugt sei. Zugleich trug er seinem Abgeordneten auf, die Frage in Berathung zu ziehen, ob man Dänemark und England zu Hilfe rufen soll.

Während dieser Vorgänge in dem Kurfürstenthume griff Papst Gregor XIII. mit kräftiger Hand in die Entwicklung des kölnischen Streites. Als er die Apostasie Gebhards erfuhr, war er vor allem auf die Wahl eines neuen Erzbischofes bedacht. Er richtete sein Augenmerk sogleich auf die bayerische Regentenfamilie und erließ an den Herzog Wilhelm ein Breve, worin er ihn ermahnt, als frommer und treuer Verfechter der katholischen Sache alle Kräfte aufzubieten, um Kurköln für den Katholicismus zu erhalten. Zu gleicher Zeit schickte er den Cardinal und Markgrafen von Malaspina als Nuntius nach Köln. Als dieser auf seiner Reise in die Pfalz kam, ließ der Pfalzgraf Johann Casimir alle Wege mit Soldaten besetzen und zwang ihn zur Rückkehr. Der Papst sandte den Bischof Franz von Vercelli als legatus a latere nach Köln, wo dieser auch glücklich auf Umwegen über Lothringen und den Niederlanden anlangte.

Wilhelm V. beantwortete sogleich das Schreiben des Papstes und versprach ihm, seinen Wünschen mit größtem Interesse nachzukommen, verhehlte aber nicht, daß er auf große Schwierigkeiten stoßen werde; deßhalb empfahl er ihm, keine Zeit für die zu ergreifenden Mitteln zu versäumen. Der Herzog fürchtete nämlich, die protestantischen Fürsten in Nord- und Westdeutschland möchten sich vereinigen und mit einer großen Armee die Sache Gebhards unterstützen; allein diese allgemeine Einigung kam nicht zu Stande, da man nach den Congreßverhandlungen von Erfurt mit ziemlicher Sicherheit berechnen konnte, daß der Kurfürst August von Sachsen dem Apostaten keine thätige Hilfe leisten werde. Desto eifriger traten die Fürsten des pfälzischen Hauses, besonders der calvinistische Pfalzgraf Casimir für Gebhard in die Schranken. Auf katholischer Seite sah Herzog Wilhelm wenig Aussicht auf ein erfolgreiches Zusammenwirken. Die meisten geistlichen Fürsten, selbst die an Köln grenzenden Erzbischöfe von Trier und Mainz blieben in egoistischer Ruhe unthätig; manche unter ihnen mochten sogar den stillen Wunsch gehegt haben, das anlockende und romantische Beispiel Gebhards nachzuahmen. Der Kaiser besaß zwar guten

Willen; die Schwäche seines Charakters aber ließ es zu keiner Entschiedenheit kommen. Der Landsberger-Verein, dessen Vorstandschaft Wilhelm von seinem Vater ererbt hatte, nahte sich der Auflösung; denn einige Mitglieder waren bereits ausgetreten und andere wie der Erzherzog Ferdinand und Nürnberg kündigten ihren Austritt an, so daß nur mehr Augsburg und wenige Bischöfe dem Bunde angehörten.

Die vielfachen Schwierigkeiten, welche sich mit der Besetzung des erzbischöflichen Stuhles verbanden, erkannte auch Wilhelms Bruder, Ernest, welcher zu einem so zweifelhaften Unternehmen wenig Lust zeigte und sich dazu nur auf das eindringliche Zureden seiner Geschwister und besonders seiner Mutter, welche diese Sache mit größtem Eifer betrieb, und auf die Aufforderung des Papstes und des Kaisers entschloß; „denn ich sehe vorher, schreibt er an seinen Bruder Wilhelm, was es für Difficultät mir und unserem Hause bringen werde, wenn die neue Wahl auf mich kommen sollte; nur auf das heftige Zusetzen und Urgiren von Dir, meiner geliebten Mutter und Geschwister, und auf das ernstliche Begehren und Befehl der päpstlichen Heiligkeit und der kaiserlichen Majestät allein aus Gehorsam habe ich mich letztlich darein gegeben." Ernest selbst besaß wenig Unternehmungsgeist und seine sittlichen Verirrungen verursachten dem glaubenseifrigen und sittenstrengen Bruder manche Sorge, worüber er sich in einem Briefe an seine Schwester Marie beklagte, daß er sich vergeblich Mühe gegeben, ihn zu bewegen, eine Reise nach Köln zu machen, wiewohl er dort Domherr wäre; „es kann ihn Niemand hinabbringen, denn er hat zu Freising seine Althanisten und wie man vermuthet auch sonst noch etwas, aber nichts Gutes, das ihn aufhält; du verstehst mich wohl." Herzog Wilhelm ließ sich jedoch durch alle diese Hindernisse von dem einmal gefaßten Entschlusse nicht abschrecken, seinem Bruder den Kurhut von Köln zu verschaffen. Mit Scharfsinn gab er seinen Gesandten in Rom und Wien die Weisung, den beiden Höfen zu eröffnen, daß er als wirksamstes Mittel erkenne, entweder solle der Papst den abtrünnigen Erzbischof mit dem Bann belegen, oder der Kaiser ihm sein Lehen nehmen und die Unterthanen an das Kapitel weisen. Er halte es jedoch nicht für rathsam, gleich die Exekution auszuführen, weil dieß die Protestanten erbittern und sie veranlassen könnte, sich des Truchsesses desto mehr anzunehmen. Das Beßte wäre, wenn das Domkapitel dem Kaiser anzeigen würde, daß der Erzbischof nach dem Religionsfrieden durch seinen Religionswechsel die kurfürstliche Würde verloren habe, und ihn bäte einen Commissär zur Neuwahl abzuschicken.

In den kurkölnischen Landen war während dessen die Spannung gestiegen. Gebhard setzte seine Kriegsrüstungen fort, das Domkapitel hielt mit dem kürzlich angekommenen päpstlichen Legaten Sitzungen, und die protestantischen Kurfürsten erwarteten die Rückkehr ihrer an den Kaiser abgeschickten Gesandten. Da traf am 1. April die Bannbulle des Papstes „Humani generis conditor et redemptor etc." ein, wodurch Gebhard als Ketzer, der sich mit Lastern befleckt und als Priester verehelicht habe, des Erzbisthums entsetzt, und das Kapitel beauftragt wurde, einen neuen Erzbischof zu wählen. Von dieser Bannbulle erhielt der Kaiser am 11. April Nachricht, an dem nämlichen Tag, an dem er die kurfürstlichen Gesandten empfing. Diesen erklärte er, daß er die streitigen Partheien zu einem gütlichen Vergleich ermahne und ihnen befehle, beiderseitig ihre Heere zu entlassen; was die vom Papste so eben geschehene Absetzung des Erzbischofes betreffe, so könne er ihnen hierüber keinen Bescheid ertheilen, da diese nicht in den Bereich seiner kaiserlichen Hoheit gehöre. Die Kurfürsten waren mit dieser Entschließung des Kaisers nur in so ferne zufrieden, als er auch den Katholiken befohlen, daß sie ihre Truppen entlassen sollten; sie fanden es aber unerklärlich, daß der Papst durch eine solche Bulle den Kurfürsten absetzen könne, ohne vorher hievon den Kaiser in Kenntniß gesetzt zu haben. Erbittert über diese päpstliche Machtvollkommenheit schickten sie neuerdings Gesandte an Rudolph, um ihm zu hinterbringen, daß sie sich nicht dazu verstehen könnten, den Truchseß Gebhard von Waldburg durch eine eigenmächtige Handlung des Papstes aus ihrem kurfürstlichen Collegium zu schließen, und würden deßhalb einem neuen Erzbischof ihre Anerkennung versagen. Ueberhaupt erscheine es ihnen sonderbar, daß man die kölnische Kurwürde von der Person des Erzbischofes nicht trenne; daher würden sie den Kaiser bitten, Gebhard in seine Würde wieder einzusetzen und dem Domkapitel die Neuwahl zu verbieten; thue er dieses, so würden sie willigst die Türkensteuer erlegen. Auf diese Replik der kurfürstlichen Gesandten erließ Rudolph von Preßburg aus die Resolution, daß er zur Lösung der kölnischen Streitigkeiten keine besseren Mittel wisse als die, welche er ihnen früher angegeben; seine Pflicht sei es, den Frieden und die Ruhe im deutschen Reiche aufrecht zu halten, weßhalb er sich bereit erkläre, diese Angelegenheit auf einem allgemeinen Reichstage zu verhandeln, da er auch den Rechtsansprüchen der katholischen Kurfürsten Rechnung tragen müsse. Die protestantischen Kurfürsten, welche aus den bisher gepflogenen Verhandlungen erkannten, daß der Kaiser keine Energie besitze, und sie ihn durch die Türkensteuer großentheils von sich abhängig gemacht hatten, suchten durch wiederholte Briefe seinen Ehrgeiz zu erregen, indem sie ihn unter andern fragten, wie ein Papst einen deutschen Stand geschweige einen Kurfürsten aus eigener Macht ohne Zustimmung des Kaisers absetzen könne, ob er sich nicht der früheren blutigen Folgen päpstlicher Einmischung in die deutschen Reichsangelegenheiten erinnere und ob er ein **Spielball des päpstlichen Stuhles** sei? Besonders heftig drückt sich das Schreiben des pfälzischen Kurfürsten Ludwig VI. über das päpstliche Verfahren aus: „Der Papst kann solches von Rom aus nicht allein gerne sehen, sondern mag auch noch darüber, je ärger es zugeht, Freudenfeuer machen und das Te deum laudamus zu singen anstellen, wie mit dem pariser Blutbad geschehen."

Als der König Heinrich von Navarra, das Haupt der französischen Reformirten, über die Vorgänge am Rhein benachrichtigt wurde, suchte er die Sache Gebhards, welcher Calvins Lehre dem Lutherthume vorzug, bei den protestantischen Kurfürsten zu empfehlen, und schickte durch ganz Deutschland einen Gesandten, um alle Lutheraner zu einem Proteste gegen das Verfahren des Papstes zu vereinigen, indem er erklärte: ganz Deutschland und ein großer Theil Europas richte sein Auge auf diese Angelegenheit; wenn man Gebhard fallen und die Kurfürstenwürde vom Papste mit Füßen treten lasse, so würden alle redlichen Herzen den Muth verlieren und andere Fürsten von jedem ähnlichen Unternehmen abgeschreckt werden. Nie mehr werde eine so günstige Gelegenheit sich darbieten, die wahre Religion zu sichern und die Kunstgriffe, Pläne und Macht des Papstes vom Rechtsboden zu verdrängen. Wäre Heinrich von Navarra nicht ein Anhänger des verhaßten Calvinismus gewesen, so wären die Bemühungen seines Gesandten bei den protestantischen Fürsten Deutschlands mit einem entscheidenden Erfolge begleitet gewesen, was für Gebhards Sache um so nothwendiger erschien, als dieselbe seit der Publication der Bannbulle sich zu verschlimmern anfing. Deßhalb übertrug er dem Pfalzgrafen Casimir, welcher sein eifrigster Anhänger war, den Oberbefehl über seine Truppen, verpfändete ihm das ganze Kurfürstenthum und schloß mit ihm den Vertrag, daß er mit seinen Feinden ohne seine Zustimmung sich in keine Friedensunterhandlung einlassen werde. Casimir versprach ihm seine thätigste Hilfe; allein das Domkapitel fing an, die päpstliche Bannbulle gegen ihn in Wirkung zu setzen. Zuerst warf man die in der Kathedrale aufgehängten Stäbe, auf welchen die Jahre des regierenden Erzbischofs verzeichnet waren, herunter und ließ nur einen für den neuzuwählenden hängen, um dadurch die Sedisvacanz des Erzstiftes anzuzeigen. Hierauf wurde der Chorbischof Friedrich nach Köln zurückgerufen, und das Domkapitel eröffnete die Sitzungen, um sich über die Wahl zu berathen. Man bestimmte als Wahltag den Donnerstag nach Pfingsten und stellte an den Magistrat das Ansuchen, an diesem Tage eine beträchtliche Anzahl bewaffneter Bürger zum Schutze der Wähler in die Domkirche zu schicken, was der Bürgerrath sogleich bewilligte. Durch öffentliche Anschläge wurden alle Wahlberechtigten zur Wahl eingeladen, und wiewohl Gebhard und die benachbarten protestantischen Fürsten gegen eine Neuwahl protestirten, so versammelten sich doch die Wähler im Dom, vertheidigt von 2000 bewaffneten Bürgern und Soldaten. Die Wählenden konnten über die Person nicht lange in Zweifel sein; denn nur ein Prinz aus einem mächtigen Hause konnte im Kampfe dem gut gerüsteten und vielseitig unterstützten Gebhard gewachsen sein. Daher fiel die Wahl am 2. Juni einstimmig auf den bayerischen Herzog Ernest. Der neuerwählte Erzbischof und Kurfürst wurde in den Chor geführt, wo ihm der Magistrat huldigte, sodann auf den Hochaltar erhoben und die feierliche Handlung mit einem Te Deum laudamus geschlossen. Am andern Tag erschienen im erzbischöflichen Palaste alle weltlichen Beamten und Cleriker, um Ernest zu huldigen. Er durchreiste nach herkömmlicher Art sogleich die Diöcese und wurde in allen Städten, welche nicht in den Händen der Gebhardiner waren, mit grossen Ehren- und Freudenbezeugungen aufgenommen. Trotzdem entging dem neuen Kurfürsten die schwierige Lage nicht, in der er sich befand, wie er es in einem Briefe an seinen Bruder aussprach: „Was Gefahr und schwere Bürd wir uns aufgeladen, haben Eure Liebden leichtlich zu ermessen, alles in der Hoffnung, daß es durch uns unserer alten wahren katholischen Religion und dem ganzen Reich zum Guten gemeint; wir werden vornehmlich von den katholischen Ständen darin nicht verlassen werden. Nun befinden wir uns aber dessen wenig; unser Feind, der Apostat, hat Hilfe von Frankreich, England, den Niederlanden und etlichen protestantischen Fürsten mit Geld und Volk, was er begehrt. Wir aber werden über unser Anhalten bloß gelassen, Spanien hat uns gleichwohl Volk geschickt; ist uns aber mehr Schaden als Nutzen." Er setzt in dem weiteren Verlauf des Briefes seinem Bruder auseinander, daß es ihm besonders an Geld mangle, so daß er das Erzstift, wenn er nicht Geldunterstützungen bekomme, wieder verlassen müsse. Dieß würde aber nicht blos dem bayerischen Hofe zum Schimpf, sondern der katholischen Religion zum Verderben gereichen; schließlich bittet er Wilhelm, er möchte ihm seine hilfreiche Bruder-Hand bieten. Obwohl dieser sich selbst, wie wir aus den obigen Landtagsverhandlungen sahen, in einer grossen Schuldenlast befand, so schickte er ihm doch 100,000 fl. und beklagte sich im beigelegten Brief, daß er bei den katholischen Reichsständen so wenig Lust zu Geldbeiträgen finde; „Keiner will etwas thun, es wartet einer auf den andern bis wir alle verderben." Wilhelm machte den Versuch ein katholisches Bündniß zu Stande zu bringen; allein der Kaiser konnte sich nicht dazu entschließen, weil ihm von Seite der Protestanten der Vorwurf einer Parteilichkeit gemacht werden könnte. Der Kurfürst von Mainz, welcher die beßte Hilfe hätte leisten können, ließ sich durch die Furcht vor der Uebermacht seines Nachbars, des Kurfürsten von der Pfalz, abhalten. Selbst der Erzherzog Ferdinand, der über Tirol und Vorder-Oesterreich regirte, zog sich zurück, weil er mit eifersüchtigem Auge auf die Entfaltung der wittelsbacherischen Macht sah, da die Gebhardiner absichtlich das Gerücht verbreiteten, die bayerischen Herzoge hätten sich um den Kurhut Köln nicht so fast des Katholicismus wegen sondern aus der Absicht beworben, um mit der Zeit die kaiserliche Würde an Bayern zu bringen. Ernst sah sich daher auf die Unterstützung der Spanier in den Niederlanden und seines Bruders beschränkt, welcher ihm als Hilfskorps 1000 Reiter und 4000 Mann zu Fuß schickte; seinem Bruder, dem Herzog Ferdinand, den wir bei der Vermählung Wilhelms als den stattlichsten aller Ritter kennen gelernt hatten, übertrug er den Oberbefehl.

Während dieser Vorfälle hauste Gebhard in Westphalen mit größter Willkür. Er raubte in den Kirchen die kostbaren Kelche und Kirchenornate, befahl den Geistlichen zu heirathen, von denen viele sogleich folgten, und verlangte von den Beamten, daß sie die reformirte Religion annehmen sollten; wer sich weigerte wurde gefangen genommen oder verjagt und ihre Güter confiscirt. Den katholischen Gottesdienst schaffte er ab, alle katholischen Geistlichen und später auch die katholischen Laien verbannte er aus dem Lande, ihre Kirchen ließ er von seinen rohen Söldlingen verwüsten, welche die consecrirten Hostien auf den Boden warfen. Alle katholischen Orte befahl er zu plündern, mehre Schlösser niederzubrennen und zwang die Landstände ihm eine Steuer von 5000 Goldgulden zu erlegen. Da er in Köln noch einige Anhänger besonders unter den protestantischen Bürgern hatte, so setzte er sich mit diesen in geheimen Briefwechsel, wodurch er die Ereignisse der Stadt sicher erfahren konnte. Nach wenigen Tagen stieß der Pfalzgraf Casimir mit zahlreichen Söldnertruppen zu ihm, auch andere protestantische Fürsten vereinigten ihre Krieger mit seiner Armee, so daß dieselbe zu einer mächtigen Größe heranwuchs.

Für Ernest wirkte Herzog Wilhelm auf diplomatischem Wege, wo er mit großer Klugheit und Ausdauer zu Werke ging; er schickte unaufhörlich Gesandte an den Kaiser, den König von Spanien, den Papst, an viele italienische Fürsten und an mehrere deutsche Höfe. Vor allem lag ihm daran, den Kurfürsten August von Sachsen wenn nicht für sich zu gewinnen, ihn doch von einer thätigen Verbindung mit den Gebhardinern abzuhalten; er rechnete hierin besonders auf das freundschaftliche Verhältniß, in welchem der Kurfürst mit seinem Vater gestanden war, und auf seine bekannte Neigung zum Frieden. Seine Bemühungen blieben auch nicht fruchtlos. August ließ ihm durch die bayerischen Gesandten Rudolph von Haslang und Jorslaus von Zettwitz in der Rückantwort eröffnen, daß er zwar die Eingriffe des Papstes in die Rechte des kurfürstlichen Collegiums durch die Absetzung Gebhards nicht billigen könne; er erkenne es aber als rechtswidrig, daß der Kurfürst von Köln nach seinem Religionswechsel gegen die Satzungen des Religionsfriedens das Erzstift noch beibehalten wolle. In gleichem Sinne sprach er sich in einer Instruction aus, welche er an die Fürsten und Stände der augsburger Confession richtete mit dem Inhalte, daß die Aufrechthaltung der Sache Gebhards nicht nur ein offener Bruch des Religions- und Profanfriedens, sondern die nächste Veranlassung zu einem das Vaterland verheerenden Kriege sei. Die katholischen Stände würden sich an den König von Spanien anschließen, während sich die Protestanten mit dem Franzosenkönige verbänden. Die Erfahrung habe jedoch gelehrt, wie wenig den Franzosen zu trauen sei, welche wie gewöhnlich nur ihren eigenen Vortheil suchen und stets bedacht seien, wie sie ein Stück nach dem andern vom Reiche lostrennen können. Die protestantischen Reichsstände würden nicht einig bleiben, und die schon einmal erlebten Folgen der Zwietracht sich wiederholen. Außerdem komme den Anhängern der augsburger Confession kein Recht zu, für Gebhard die Waffen zu ergreifen, da nach den Satzungen des Religionsfriedens ein Erzbischof nach seiner freien Gewissensbestimmung die Religion ändern könne, aber auf sein Erzstift verzichten müsse. Der Erzbischof Gebhard habe selbst den Religionsfrieden beschworen; er sei daher nicht nur zur Beobachtung jener Clausel, sondern auch zur Aufrechthaltung der Compactaten und Landeseinigungen in Kurköln verpflichtet, welche er ebenfalls beim Antritte seiner Regirung beschworen habe. Die Protestanten können sich der Beobachtung des geistlichen Vorbehaltes nicht entziehen, da beide Theile diesen Artikel angenommen, und den Reichstagsabschied unterschrieben und denselben nach seinem ganzen Inhalte zu wahren versprochen hätten. Der Kurfürst, welcher vom ganzen Herzen wünsche, daß diese Clausel nie in den Religionsfrieden gekommen wäre, könne nur rathen, auf Vermittlungswege zu beantragen, daß Gebhard gegen Entschädigung das Erzstift gutwillig abtrete.

Dieses Gutachten des einflußreichsten protestantischen Kurfürsten wurde am kaiserlichen Hofe angenehm aufgenommen, und Rudolph II. suchte den Erzbischof zur freiwilligen Resignation zu bewegen. Allein Gebhard, welcher eine Entscheidung auf dem Wege des Rechtes forderte, berief sich auf die unläugbare Thatsache, daß vor ihm viele Erz- und Bischöfe convertirten und eine Frau nahmen, ohne ihre Pfründen verloren zu haben. Der Religionsfriede erlaube niemals gegen Jemand wegen Religionswechsels mit Gewalt einzuschreiten. Ohne vorausgegangenes richterliches Erkenntniß könne er seines Stiftes und Beneficien nicht für verlustig erklärt werden, da der Artikel über den geistlichen Vorbehalt die Worte: ipso jure et facto nicht enthalte. Allein Gebhards Bemühungen blieben ohne Erfolg, da Kurfürst August, welcher eine unveränderliche Abneigung gegen den Calvinismus und dessen Anhänger besaß, für die Sache Gebhards unthätig blieb. Die Kurfürstin, welche, wie wir schon oben gesehen, die Calvinisten in ihrem Lande noch leidenschaftlicher haßte als ihr Gemahl, schrieb über den kölner Streit an die bayerische Herzogin-Wittwe Anna einen Brief, der Wilhelm viel Vertrauen zu einem günstigen Gelingen seiner Angelegenheit einflößte. Der Truchseß fühlte es bald, daß er durch die Annahme des Calvinismus nicht nur den Kurfürsten von Sachsen sondern auch mehre andere lutherische Fürsten gegen sich haben werde; daher schrieb er an den Pfalzgrafen Philipp Ludwig von Neuburg: „Nachdem auch der leidige Satan ungezweifelt bleß unser christlich Vorhaben mit allen bösen Listen zu verhindern unterstehet, inmaßen derselbige dann, weilen er bis noch ein mehres nicht ausrichten und diesem unsern christlichen Vorhaben zu Nachtheil anstellen können, durch friedhässige und uns widerwärtige Leute von uns ausgeben lassen, als ob wir der calvinischen Religion zugethan und dieselbige in unserem Stift anzurichten Willens seien: so langt an Euer Liebden gleichergestalt unsre freundliche Bitt, E. L. wolle allen denjenigen, so denselben dießfalls uns zuwider angebracht werden möchte, nicht allein keinen Glauben geben, sondern uns gewißlich vertrauen, daß wir uns zu keiner andern Religion als der wahren reinen Augsburger Confession bekennen." Mit desto größerer Entschiedenheit stand der calvinische Pfalzgraf Johann Casimir auf Seite Gebhards, welcher bei der Wahl der Religion auch dessen Einflüssen folgte. Die nicht unbeträchtliche

Anzahl der Hilfstruppen, welche er nach Westphalen führte, mehrte das Vertrauen der Gebhardiner. Allein der finanzielle Stand des excommunicirten Erzbischofs und seiner Bundesgenossen war weit schlechter als auf katholischer Seite, daher ihre Soldaten sich durch Raub und Gelderpressungen zu entschädigen suchten und zu diesem Zwecke auch neutrale Länder nicht verschonten. Bei Duyz und später bei Mühlheim vereinigten der Pfalzgraf Johann Casimir, Markgraf Jakob von Baden, Freiherr von Kriechingen mit Gebhard und dessen Bruder Ferdinand Truchseß von Waldburg ihre Heeresabtheilungen. Während sie hier im Standquartier lagen, bekam Casimir die Nachricht, daß die Besatzung von Bonn, weil sie seit sechs Monaten keinen Sold mehr erhalten habe, tumultuire und die Stadt dem Erzbischof Ernest gegen eine gewisse Summe Geldes übergeben wolle. Der Pfalzgraf brach eiligst nach Bonn auf und beruhigte die Truppen durch Bezahlung eines Monatsoldes mit dem Versprechen, daß in kurzer Zeit eine grosse Summe Geldes ankommen werde, womit ihnen der Sold für weitere zwei Monate ausbezahlt werden sollte. Von Bonn marschirte er gegen das Städtchen Linz, um es zu erobern; als er aber erfuhr, daß darin eine starke Besatzung liege, griff er die nahe Burg Altenach an, in der Hoffnung, daß er nach deren Eroberung Linz um so leichter in seine Gewalt bekommen werde. Ernest schickte nun sogleich von Brül aus einige Truppen ab, um Altenach zu entsetzen; es kam zu einem kleinen Treffen, in welchem Casimir eine bedeutende Niederlage erhielt und die Belagerung aufheben mußte. Von hier zog er mit seiner Armee an den Rhein nach Engers im Erzstifte Trier, wo er sein Lager aufschlug. Der Geldmangel nöthigte ihn, an Gebhard zu schreiben, daß seine Reiter mit Ungestüm den Sold forderten und fragten, wo sie die Winterquartiere beziehen sollten; er verlange deßhalb von ihm, daß er ihm Geld und Rath verschaffe.

Am andern Tag, den 10. Oktober 1583, kam ein kaiserlicher Herold im pfalzgräflichen Lager an und eröffnete Casimir durch ein scharfes Mandat, daß vom Kaiser über ihn und alle Bundesgenossen Gebhards die Acht ausgesprochen sei, wenn sie nicht sogleich die Waffen niederlegen. Als dieß die wegen Nichtbezahlung des rückständischen Soldes unzufriedenen Soldaten erfuhren, waren viele entschlossen, den Pfalzgrafen zu verlassen, da auch in der Umgegend kein Proviant und Futter mehr zu bekommen war. Casimir benachrichtigte Gebhard, er sei gezwungen, das Lager abzubrechen, er solle das längst versprochene Geld schicken und sich erklären, was mit dem Kriegsvolke geschehen soll, ob es zu behalten oder zu ent-

laſſen ſei. An demſelben Tage, als der Pfalzgraf dieſes Schreiben abgehen ließ, erhielt er die Nachricht, daß ſein Bruder der Kurfürſt Ludwig
von der Pfalz geſtorben ſei, welcher einen einzigen unmündigen Sohn
zurückließ. Dieſes Ereigniß kam ihm ganz erwünſcht, um ſich mit Ehren
wenn auch mit Verluſt und ohne Erfolg aus dieſer mißlichen Lage zu
ziehen. Seine Armee verließ in der Nacht das Lager und marſchirte in
einzelnen Abtheilungen nach der Pfalz zurück, wurde aber vom Grafen von Arenberg verfolgt, ſo daß auf dieſem Rückzug mehre hundert
Mann fielen.

Der Tod des Kurfürſten Ludwig war für Gebhard ein großer Verluſt, weil er als der einzige unter den lutheriſchen Reichsfürſten die
Sache des Erzbiſchofes mit unermüdeter Thätigkeit zu verfechten ſuchte.
Wenige Wochen vor ſeinem Tode hatte er zu Gunſten des abgeſetzten
Kurfürſten einen Congreß der proteſtantiſchen Fürſten nach Mühlhauſen
in Thüringen ausgeſchrieben, um den Streit durch eine friedliche Ent-
ſcheidung zu löſen. Das Rundſchreiben enthielt beſondere Beſchwerden gegen
die Einmiſchung des Papſtes in die deutſchen Angelegenheiten; vorzüglich
gefährlich für die Selbſtſtändigkeit Deutſchlands bezeichnete er den Bann,
welcher auf die katholiſchen Stände ſo einzuwirken vermöge, daß ſie ſich
dem eigenmächtigen Befehle des Papſtes gutwillig fügen. Man berufe
ſich immer auf den geiſtlichen Vorbehalt; allein man möge ſich nur erinnern, daß dieſer Geſetzesartikel nicht mit Zuſtimmung ſämmtlicher Stände
angenommen worden ſei und daß die Lutheraner auf allen Reichstagen
dagegen proteſtirt haben. Es ſolle daher auf dieſem Congreß berathſchlagt
werden, wie man dieſen päpſtlichen Uebergriffen vorbeugen, dem Kurfürſten Gebhard wirkſame Hilfe bieten und den geiſtlichen Vorbehalt modificiren könne. Der Tod verhinderte die Ausführung dieſer Projecte. Dagegen verſammelten ſich die Abgeordneten der katholiſchen und proteſtantiſchen Fürſten in Frankfurt, wo die Deputirten Gebhards mit Aufbietung aller ihrer juridiſchen Kenntniſſe das bisherige Einſchreiten gegen
ihren Herrn als rechtlos zu beweiſen ſuchten. Allein die Abgeſandten
Erneſtens widerlegten, unter Hinweiſung auf die bezüglichen Reichsgeſetze,
die von jenen vorgebrachten Beweisgründe mit ſolcher Schärfe, daß alle
proteſtantiſchen Geſandten die Gerechtigkeit in der gebhardiſchen Abſetzung
und in der Wahl des bayeriſchen Herzogs anerkannten und den Beſchluß
faßten, der Truchſeß ſolle ſeine Waffen niederlegen und ſeine Anſprüche
auf das Erzſtift aufgeben; dagegen ſolle ihm und ſeiner Familie aus den
Zöllen und Einkünften des Erzbisthums ein gewiſſer Jahresgehalt aus-

bezahlt werden. Gebhard jedoch ließ der Versammlung auf ihre Beschlüsse
erwidern, daß ihm die eben einberufenen Landstände Westphalens feierlichst
erklärten, sie würden keinen andern als ihren Herrn anerkennen als ihn,
dem sie auch mit einem Eide versichert hätten, daß sie ihn mit Gut und
Blut vertheidigen werden. Er habe bereits mit mehreren fremden Fürsten
Bündnisse eingegangen, welche er nicht brechen könne. Da ihm das Wohl seiner
Unterthanen, welche durch die kriegerischen Zustände unterdrückt würden, beson=
ders am Herzen liege, so stelle er an seine Mitkurfürsten das Ansuchen, dem
Herzog Ernst zu befehlen, daß er sein Kriegsvolk entlasse. Die ernestinischen
Gesandten verwarfen diese Declaration Gebhards und bestanden auf strenge
Durchführung des Religionsfriedens; Gebhard habe allen Rechtsanspruch
auf das Erzstift verloren, und wenn er nicht freiwillig das Land räumen
wolle, so sei ihr Herr entschlossen, ihn mit Waffengewalt zu verdrängen.
Die Kurfürsten von Mainz, Trier, Sachsen und Brandenburg gaben sich
alle mögliche Mühe, die beiden Partheien zu vereinigen, um einen Krieg
zu verhindern; da sie aber sahen, daß ihre Bemühungen fruchtlos blieben,
so beschlossen sie, neutral zu bleiben und die Entscheidung den
Waffen zu überlassen.

Das kaiserliche Mandat, in welchem die Reichsacht über alle Bundes=
genossen des abgesetzten Kurfürsten ausgesprochen war, blieb nicht ohne
Wirkung; die einen wurden schwankend gemacht die andern zogen sich von
Gebhard zurück. Der erste, welcher die Parthei desselben verließ, war der
junge Markgraf Jacob von Baden=Durlach. Er führte seine Truppen auf
eigene Kosten dem Kurfürsten Ernst zu, mit dem er verwandt war, und
vereinigte sie mit der spanischen Armee, welche vom Grafen von Arenberg,
und mit der kurkölnischen, welche von dem Grafen Salentin von Ysen=
burg commandirt wurde. Um diese Zeit, Mitte Oktobers 1583, traf
auch der Feldherr der vereinigten katholischen Truppen, der ritterliche
Herzog Ferdinand von Bayern, mit seinem Hilfskorps ein; er wurde
von den vereinigten Soldaten mit freudigem Rufe empfangen. Er über=
nahm sogleich den Oberbefehl und marschirte mit dem gesammten Kriegs=
heere von Kettich und Erwich nach Koblenz und von hier über
Andernach nach Bonn, um diese befestigte Stadt zu belagern. Wäh=
rend hier der bayerische Herzog die Belagerung begann, eröffnete der Chor=
bischof Friedrich im untern Erzstifte den Kampf gegen die Gebhardiner.
Er rückte zunächst gegen den stark befestigten Flecken Hulst, welchen der
Graf von Nuenar mit 400 Mann zu Fuß und 300 Reitern besetzt hatte.
Mit diesen machte der Graf öfters verheerende Streifzüge. Um die Um=

gegend von diesen Verwüstungen zu befreien, zog Friedrich mit 4000 Mann vor Hulst und schloß es ein. Die Besatzung, welche den tapfersten Widerstand leistete, hätte sich für die Länge der Zeit gegen die Uebermacht nicht halten können. Gebhard, hierüber in Kenntniß gesetzt, sandte in schnellster Eile 2000 Reiter und 3000 Mann Fußvolk. Als man in Köln von dieser Verstärkung erfuhr, ließ Ernest ein frisches Corps unter dem Obristen Schwarzenburg nach Hulst abgehen; allein die gebhardinischen Truppen kamen demselben zuvor. Graf Nuenar ging mit seiner Mannschaft über den Rhein, vereinigte sich mit den heranmarschirenden 5000 Mann und überfiel den Chorbischof. Es entspann sich ein hitziges Treffen, in welchem Friedrich auf das Haupt geschlagen wurde; mit genauer Noth konnte er sich noch auf die Burg Hultrabe flüchten, nachdem er 100 Mann an Todten und Verwundeten, 4 Kanonen und 300 Proviant- und Munitionswägen verloren hatte. Dieser Sieg rief eine große Sensation hervor und steigerte den Muth der Anhänger Gebhards, welcher in allen Kirchen Westphalens öffentliche Dankgebete verrichten ließ. Nicht so glücklich war Gebhard mit jenen Truppenabtheilungen, welche bei Dorsten und Kettwich standen. Als diese die steinerne Brücke daselbst zerstören wollten, wurden die Sturmglocken geläutet und das versammelte Landvolk vertrieb die Feinde bis nach Recklinghausen. Sehr ungünstig stand seine Sache in Bonn, welches von der katholischen Armee eng eingeschlossen war. Herzog Ferdinand forderte die Stadt öfters zur Uebergabe auf; allein die Belagerten erwiderten ihm, sie werden die Stadt bis zum letzten Mann vertheidigen. Der General beschloß deßhalb die nahen Schlösser zuerst zu erobern, um die ganze Macht, wenn der Rücken frei gemacht sei, gegen Bonn vorzuschieben. Zuerst marschirte er gegen Poppelsdorf, welches sich nach tapfrer Gegenwehr ergeben mußte. Hierauf rückte er gegen die stark befestigte Burg Godesberg. Der Berg, auf dem die Veste stand, war so steil und abschüssig, daß es unmöglich war, ein grobes Geschütz auf die Höhe zu bringen. Derselbe soll einst von den Römern dem Merkur geweiht worden sein; als aber das Christenthum am Rhein zur herrschenden Religion wurde, erhob sich auf Godesberg eine schöne Kapelle, welche man zu Ehren des hl. Erzengels Michael erbaute. Die Festung wurde gegen das Jahr 1214 von dem Erzbischof Theodorich von Köln aufgeführt. Dieselbe war mit niederländischen Marinesoldaten, muthigen und abgehärteten Truppen, besetzt. Ferdinand, welcher zunächst das angrenzende Gebiet gegen die Ausfälle und Brandschatzungen dieser kühnen Mannschaft sichern wollte, schloß den ganzen Berg ein und ließ auf einem gegenüberliegenden Hügel die Geschütze aufführen. Es wurde zwar in die Festungsmauer eine Bresche geschossen, allein dieselbe war so unbedeutend, daß sie von den Belagerten mit leichter Mühe ausgefüllt werden konnte. Der Feldherr, welcher sah, daß selbst das stärkste Kanonenfeuer bei so fester Mauer und grosser Entfernung wirkungslos sein würde, änderte den Belagerungsplan und begann den Angriff durch Legung von Minen. Er ließ unterhalb der Burg an jener Seite, wo der Felsen am leichtesten brechbar war, durch das Geniecorps bei ungeheuren Schwierigkeiten den Minengang ausführen. Als die Minen nach einigen Tagen gefüllt waren, forderte der Herzog die Besatzungstruppen zur Uebergabe auf; allein diese wiesen jeden Vertrag mit Verachtung und Spott gegen die Belagerer zurück. Ferdinand befahl, um ein Uhr Nachmittags die Minen zu entzünden. Bei einer hoch auflodernden Flamme dröhnte weithin der furchtbare Knall; Mauer und Thurm wurden aus ihrem Fundament gerissen, und es öffnete sich eine so grosse Bresche, daß die ganze Burg den Bayern offen stand. Allein die kühnen Niederländer ließen sich dadurch nicht einschüchtern, sondern führten alle ihre Geschütze gegen die Maueröffnung vor und suchten dieselbe durch ihre tapfere Brust zu decken. Die anstürmenden Belagerer wurden mit einem wohlgezielten Kanonen- und Gewehrfeuer empfangen. Es begann ein verzweiflungsvoller Kampf; die Gebhardiner wollten keinen Fuß breit weichen. Allein die tapfern Bayern bewiesen, an ihrer Spitze der ritterliche Herzog, den erprobten Löwenmuth; mit dem Wahlspruch: „Wenn Gott mit uns ist, wer ist dann wider uns!" drangen sie mit unwiderstehlicher Kraft vor und hieben die ganze Besatzung nieder; nur der Festungscommandant und 72 Soldaten wurden gefangen genommen. Diese wurden zum Tode verurtheilt, theils weil von dem mord- und zerstörungssüchtigen Geiste dieser rohen Söldlinge in der Zukunft nur Räuberei und Verrath zu erwarten war, theils weil sie selbst die Begnadigung trotzig zurückgewiesen. Der Obrist jedoch wurde von Ferdinand begnadigt auf die Fürbitte des Abtes von Esterbach, welcher einige Monate vor der Einnahme der Festung von den schonungslosen Gebhardinern gefangen genommen, von dem Commandanten aber auf eine edle und seiner Würde angemessene Art behandelt wurde.*) Nach Eroberung Godesbergs (den 17. Dezember 1583) war dem bayerischen Herzog die Belagerung Bonns erleichtert, da er seine Armee vereinigen und vor

---

*) Die Erstürmung von Godesberg den 17. Dezember 1583 ist in einem Fresko-Gemälde der Arkaden Münchens dargestellt.

die Stadt rücken konnte; das Lager hatte eine Ausdehnung von zwei Stunden. Während der Belagerung wurde eine Verschwörung gegen den Kurfürsten Ernest und Herzog Ferdinand entdeckt. Die Anhänger des Truchsesses hatten acht Meuchelmörder gedungen, um beide Fürsten aus dem Wege zu räumen; zum Glück wurden die Mitschuldigen entdeckt und hingerichtet. Die Bestätigung dieser von Isselt, dem gleichzeitigen Beschreiber des Kölnerkrieges, überlieferte Thatsache finden wir in einem Briefe, welchen Ernest an seinen Bruder Wilhelm später nach München schrieb: „So bin ich vor dem Truchseß nicht allein nicht allerdings gesichert, sondern mein und des bedrängten Stiftes Feinde heimlich und öffentlich ohne Zahl, und ich damit inner- und außerhalb Rings umgeben, die mir also nachstellen, daß ich meines Leibs und Lebens keine Stunde sicher bin. Ja nicht wohl für eine Thür hinaus darf, ich hab mich eines Unglücks und dergleichen, wie dem Prinzen von Oranien begegnet (davor mich Gott nach seinem gnädigen Willen behüten wolle) zu besorgen."

Die Belagerung zog sich in die Länge; sie begann am 21. Dezember, und es nahte der Beginn des neuen Jahres, ohne daß die Belagerer irgend einen Vortheil über den Feind errungen hatten. Herzog Wilhelm vernahm in München mit grossem Kummer, daß die kölnischen Angelegenheiten nicht vorwärts gehen. In seinen Briefen an Ernest klagt er nicht blos über die saumselige Gleichgiltigkeit der katholischen Stände, welche lieber die Religion, die Pfründe und ihre Existenz der Gefahr aussetzen als zu ihrer Rettung irgend wie thätig zu sein, sondern er macht auch seinem Bruder Vorwürfe, daß er in seiner eigenen Angelegenheit so wenig Energie zeige. „Wollte Gott, schreibt er, daß ich in Köln alles richten könnte; ich würde es herzlich gerne thun, auch um der Religion und Euer Liebden willen nichts dabei unterlassen, und sollte es einen Theil meines Blutes oder gar das Leben kosten. Denn ich erkenne wohl, was daranzgelegen; hätte mich sonst allein so weit nicht eingelassen, in Erwägung der Schulden und Bürden (wovon E. L. gutes Wissen haben), welche mir und dem Lande obliegen." Mit dieser letzten Bemerkung wollte Wilhelm den Kurfürsten erinnern, daß er ihm Ende Novembers 200,000 Gulden vorgeschossen, welche ihm von den Landständen erst nach mancher heftigen Debatte bewilligt wurden.

Den Belagerten in Bonn fehlte es zwar nicht an Korn und Wein, dagegen trat nach wenigen Wochen Mangel an Salz, Holz und andern Lebensmitteln ein; viele Häuser, welche den ausgewanderten Katholiken gehörten, wurden niedergerissen um Brennmaterial zu haben. Um der

Stadt alle Zufuhr auf dem Rheine abzuschneiden, ließ Herzog Ferdinand jenseits des Rheins gegenüber der Stadt eine starke Schanze aufwerfen, von wo aus er das vor Bonn liegende Wachschiff in den Grund bohrte und die Stadt selbst beschießen konnte. In dieser großen Gefahr benachrichtigten die Bonnenser den Kurfürsten Gebhard, daß sich die Besatzung nicht länger mehr halten könne, wenn er ihnen nicht einen Entsatz schicke. Gebhard setzte seine einzige Hoffnung auf den Grafen von Nuenar, welcher nach Geldern eilte und dort Soldaten warb. Mit 5000 Mann zu Fuß und acht Schwadronen Reiter brach er in Eilmärschen nach Bonn auf, in der Meinung, es werde ihm ein unvermutheter Ueberfall dießmal ebenso gelingen wie bei Hulst. Allein Ferdinand hatte schon beim Beginne der Belagerung nach allen Richtungen Kundschafter geschickt, welche ihm den Anmarsch der gebhardischen Truppen hinterbrachten. Er schickte 13 Schwadronen Reiter und 10 Fahnen Fußvolk entgegen, um sich in einen Hinterhalt zu legen. Als nun der Vortrab unter dem Commando des Junkers Heinrich Eitel sich Bonn näherte, und eine Abtheilung desselben die hölzerne Brücke über den kleinen Fluß Agger passirt war, stürzten die Bayern mit furchtbarem Kriegsgeschrei aus ihrem Versteck auf die Feinde los, welche sogleich in die größte Unordnung geriethen. Sie wollten sich über die Brücke wieder zurückziehen, allein das Gedränge war so groß, daß dieselbe einstürzte, und viele in der Agger ertranken. Die Uebrigen, welche nur bis zur Brücke marschirt waren, wurden theils niedergehauen, theils zersprengt oder in den Siegfluß gejagt. Als die jenseits der Agger zurückgebliebene Armee Gebhards diese Niederlage sah, ergriff sie in größter Eile die Flucht über Duyz und Mühlheim nach Berg und hinterließ den Bayern alle Proviantwägen und Munition.

Nach dieser empfindlichen Niederlage berief Gebhard die westphälischen Stände nach Brilon, um ihnen seine mißliche Lage vorzustellen und von ihnen zweimonatlichen Sold für seine Soldaten zu fordern; außerdem verlangte er, der ganze Adel möchte mit seinen Lehensleuten auf sein Aufgebot ins Feld rücken. Die Stände erklärten sich zur Entrichtung des zweimonatlichen Soldes bereit, auch verweigerten sie die allgemeine Bewaffnung nicht, jedoch nur unter der Bedingung, daß sie blos die Grenzen ihres Vaterlandes vertheidigen würden; im übrigen würden sie ihm treu zur Seite stehen, solange sie nicht ein kaiserliches Mandat ihrer Pflicht entbinde. Nach diesen Verhandlungen erkannte Gebhard, daß es für ihn wenige Hoffnung zu einem günstigen Gelingen seiner Sache gebe. Er schickte deßhalb einen vertrauten Boten nach Bonn, um seinem

Bruder, Carl Truchseß, welcher den Oberbefehl hatte, zu hinterbringen, daß er heimlich bei guter Gelegenheit die Stadt verlassen soll; um jeden Verdacht zu vermeiden, solle er der Besatzung die beßten Hoffnungen machen. Da aber die Soldaten vergeblich auf einen Entsatz und Bezahlung des rückständigen Soldes warteten, vermutheten sie eine heimliche Flucht ihres Commandanten und verabredeten sich, ihn stets so genau zu beobachten, daß er ihnen nicht entfliehen könne. Der Kurfürst Ernest erfuhr die muthlose Stimmung der Besatzung in Bonn und beschloß, derselben für ihren rückständigen Sold eine gewisse Summe anzubieten, um einem weiteren Blutvergießen vorzubeugen und größere Kriegskosten zu ersparen. Herzog Ferdinand schob unterdessen seine Colonnen der Stadtmauer so nahe, daß man mit der Besatzung auf der Mauer hörbar sprechen konnte. Der Obrist Graf von Arenberg rief den Belagerten zu: der Kaiser habe über sie die Acht ausgesprochen, was ihnen von den Befehlshabern kluger Weise verheimlicht worden sei; sie möchten daher bedenken, daß die Auflehnung wider Kaiser und Reich ein todeswürdiges Verbrechen sei. Es sei für sie viel besser, die Stadt freiwillig zu übergeben, da sie vergebens einen Entsatz erwarten, und Bonn dem neuen Kurfürsten vom Papste und Kaiser urkundlich zuerkannt sei. Sie sollen deßhalb ihr Heil erwägen und nicht unbesonnen ihr Leben auf das Spiel setzen, da sie weder Belohnung noch Sold zu hoffen hätten. Der neue Kurfürst dagegen sei ein mächtiger und reicher Herr, welcher ihnen, wenn sie des Kaisers Befehlen gehorchen, seine Freigebigkeit beweisen würde. Es sei zwar gegen die Würde eines so großen Fürsten, das was ihm von Gott und Rechtswegen gehöre, von seinem Feinde mit Geld zu erkaufen; allein sein Edelsinn und Menschenliebe drängen ihn, den Tod so vieler mit Trug verführter Soldaten zu verhindern.

Diese Anrede bewegte zwar die Besatzung nicht sogleich zur Uebergabe, sie machte aber ihre Treue gegen den Truchseß wankend. Sie wählte aus ihrer Mitte drei Deputirte, welche sie nach Westphalen zu Gebhard schickte, um über den Entsatz und Bezahlung des Soldes sichere Erkundigungen einzuziehen. Nach wenigen Tagen brachten sie die Nachricht zurück, daß in den westphälischen Landen weder Soldaten noch Geld zu finden seien. Kaum hatten die Truppen in Bonn hievon erfahren, als die Meuterei losbrach. Am andern Tag gerieth ein Landsknecht Pirkel von Ruffach und sein Kamerad bei der Wachparade mit einem Leibgardisten des Stadtcommandanten in Streit, weil dieser forderte, daß man die Stadt noch einige Zeit vertheidigen solle, worüber Pirkel so aufgebracht wurde, daß er den Säbel zog und den Gardisten davonjagte. Dieser zog noch mehre Unzufriedene auf seine Seite und erschien Tags darauf mit dreißig Mann vor dem Wachhaus, um die begonnene Meuterei fortzusetzen. Der Leibgardist wagte es nicht mehr allein auf den Markt zu gehen, sondern hinterbrachte den Vorfall dem Obristen Carl Truchseß. Dieser ließ sogleich die ganze Garnison ausrücken und stellte ihr vor, sie selbst wüßten, daß die Entsatztruppen bereits im Anmarsche gewesen, aber den durch langen Regen angeschwollenen Siegfluß nicht überschreiten konnten; binnen längstens 14 Tagen sei, wie es sein Bruder Gebhard im letzten Briefe bestätige, Entsatz, Munition und Geld eingetroffen. Sie sollen ihren Feinden nicht trauen, von denen sie, wenn sie sich denselben ergeben hätten, wie Verräther behandelt werden würden. Sie möchten bedenken, daß sein Bruder noch über viele Städte und Provinzen gebiete und viele Freunde und Bundesgenossen zähle; die ganze Entscheidung des Krieges und ihr eigenes Wohl beruhe darin, daß sie noch vierzehn Tage dem Kurfürsten treu bleiben und den ihm geleisteten Eid nicht brechen; denn dieß wäre eine Schande für den teutschen Namen. Viele Reichsfürsten und auswärtige Mächte sehen auf Bonn und rühmen die Treue und Tapferkeit, womit die Soldaten bisher die Stadt vertheidigt. Noch habe der Feind keinen Sturm gewagt; sie sollen daher ihren Ruhm nicht durch eine Meuterei beflecken, sondern Bonn wie bisher tapfer beschützen. Diese Rede, welche auf die Regung des militärischen Ehrgeizes und auf die Hoffnung großen Gewinnes berechnet war, brachte weder in Pirkel noch in den übrigen Soldaten die geringste Wirkung hervor, da sie den Worten ihrer Kameraden, welche sich von der mißlichen Lage Gebhards in Westphalen selbst überzeugt hatten, mehr Glauben schenkten, als denen ihres Commandanten. Zudem nahm der Vorrath an allen Lebensmitteln ab, die Menageportionen wurden täglich geringer und der Aufruhr immer größer. Die Soldaten forderten das kaiserliche Mandat. Als sie durch dieses die Achterklärung des Kaisers erfuhren, fragten sie ihren Feldherrn, warum man ihnen dieses Mandat vorenthalten habe, und ob man auch sie wie ihre Kameraden in Poppelsdorf und Godesberg auf die Schlachtbank liefern wolle. Karl Truchseß erwiderte ihnen, daß er dieses Mandat deßhalb nicht publicirt habe, weil er demselben keine Rechtskraft zuerkenne; denn es sei nicht vom ganzen Reiche, sondern vom Kaiser allein erlassen worden, welcher hierin partheiisch sei. Sie möchten nur zwei Wochen lang bei der Fahne Gebhards bleiben; in nächster Zeit würden alle ihre Forderungen erfüllt sein. Sollte nach Ablauf dieser kurzen Frist weder Entsaß noch Geld eintreffen, so sei auch er bereit, mit Kurfürst Ernest über die Uebergabe zu unterhandeln, wiewohl er dadurch alles auf das Spiel setze. Allein diese Antwort befriedigte die gereizten Soldaten nicht; sie zogen ihre Säbel und jagten den Obristen sammt den Offizieren in ihre Quartiere, griffen zu den Waffen und befreiten ihre wegen Vergehen eingesperrten Kameraden aus dem Gefängnisse. Dem Junker entrissen sie gewaltsam die Fahne und erstürmten das Rathhaus, wohin sich Karl Truchseß geflüchtet hatte und nöthigten ihn, die Thorschlüssel herauszugeben. Nachdem er ihnen dieselben übergeben hatte, nahmen sie ihn und seine Offiziere gefangen. Hierauf schlossen sie mit Herzog Ferdinand Waffenstillstand und stellten sich gegenseitig zur sichern Verhandlung Geißel. Die Besatzung wählte einen Ausschuß, welcher mit Ferdinand unterhandelte, daß man die Stadt übergebe, wenn man ihnen beweisen könne, daß der Herzog Ernest rechtmäßiger Kurfürst von Köln und Gebhard, dem sie den Fahneneid geleistet hätten, vom Kaiser und Papst abgesetzt sei. Ferdinand wies den Deputirten die Originalien der kaiserlichen Decrete und ließ ihnen Abschriften zur Vertheilung unter die Besatzung übergeben. Sie versprachen dem Herzog, es der ganzen Mannschaft mitzutheilen und ihm den andern Tag den Beschluß derselben zu überbringen. Die Abgeordneten erschienen zur bestimmten Zeit im Lager der Feinde und erklärten, daß sie von allen Besatzungstruppen die Vollmacht haben, mit dem General zu unterhandeln. Allein diese Erklärung schien Ferdinand zu wenig bindende Kraft zu haben; er verlangte deßhalb, daß die gesammte Mannschaft auf der Stadtmauer sich versammle und unter freiem Himmel schwöre, daß sie mit allem, was er mit dem Ausschuß unterhandle und beschließe, übereinstimme. Nachdem dieß geschehen, erklärten die Commissäre Ernestens, daß sie die Unterhandlungen nicht eher beginnen werden, als bis die Deputirten die Auslieferung des Carl Truchseß und der übrigen vom Kaiser geächteten Hauptleute bewilligt haben. Dieß gaben sie zu. Am andern Tag wurde der Vergleich unter folgenden Bedingungen geschlossen: 1) Die Besatzung übergibt die Stadt Bonn an den als rechtmäßig anerkannten Erzbischof Ernest gegen eine Schadloshaltung von 4000 Kronen, bis zu deren Bezahlung der Kurfürst vier Geißel stellt. 2) Den Truchseß nebst den beiden Hauptleuten kann Ernest mit zwanzig Mann, denen freier Ein- und Auszug gesichert wird, gefänglich abholen. 3) Alle Soldaten, Offiziere und Unteroffiziere haben sammt ihren Weibern und Kindern und ihrem rechtlichen Eigenthume nebst der ganzen Bewaffnung freien Abzug, müssen aber vorher eidlich versprechen, daß sie innerhalb drei Monaten nicht wieder gegen den Kurfürsten in das Feld ziehen. 4) Der Kurfürst stellt einem jeden Soldaten einen Paß zum freien und ungehinderten Abzug aus; wer von den abziehenden Soldaten in seine Dienste treten will, hat ihm den Fahneneid zu schwören. Bis zur völligen Uebernahme der Stadt wird die Besatzung das Zeughaus bewachen und gegen jeden Angriff vertheidigen.

Nach diesem Vergleich wurde der Truchseß mit den beiden Hauptleuten nach Poppelsdorf und von da nach dem Schlosse Huy im Lüttichischen abgeführt, wo sie in freiem Arrest gefangen gehalten, nach wenigen Wochen aber vom Kurfürsten Ernst in Freiheit gesetzt wurden. Carl Truchseß begab sich nach Straßburg, wo er im Jahre 1593 starb. Ernst und sein Bruder hielten den 28. Januar 1584 mit dem ganzen Offiziercorps einen feierlichen Einzug in die Stadt Bonn, welche die Befreiung von einer längern Belagerung und Zerstörung nur dem edlen und milden Charakter der bayerischen Herzoge zu verdanken hatte. Nachdem Bonn gefallen war, fingen auch die westphälischen Stände an in ihrer bisherigen Treue gegen Gebhard zu wanken und sich auf die Seite des siegreichen Kurfürsten zu neigen. Der Truchseß schrieb zwar wieder einen Landtag nach Ruben aus und bat die Stände auf das dringendste, ihm das früher bewilligte und ein neues Geldpostulat zu entrichten; allein seine Bitten waren vergebens. Diese Mißstimmung zwischen dem Truchseß und seinen Ständen benützte Herzog Ferdinand und brach sogleich mit der ganzen Armee gegen Westphalen auf.

Während dieser Kriegsereignisse am Rhein setzten die drei weltlichen Kurfürsten ihre Unterhandlungen fort; allein Gebhard verwarf ihren Beschluß, daß gemäß dem geistlichen Vorbehalte Ernst als rechtmäßiger Erzbischof von Köln anzuerkennen, und ihm eine gewisse Pension jährlich hinauszubezahlen sei. Wahrscheinlich hätte auch Bayern zu diesem Beschlusse eingewilligt, um dem Kriege dadurch ein Ende zu machen. Da aber dieser gütliche Versuch mißlang, drang Herzog Wilhelm in den Kaiser, er möchte doch mit der Achtserklärung gegen Gebhard nicht länger mehr zögern. Allein Rudolph, dessen hervorragende Regenteneigenschaft stete Nachgiebigkeit war, hatte bereits den lutherischen Kurfürsten das Versprechen gegeben, eine neue Versammlung der Reichsfürsten nach Rottenburg an der Tauber auszuschreiben. Wilhelm, welcher hierin keinen günstigen Erfolg für die katholische Sache erblickte, machte den Kaiser aufmerksam, daß die Kurfürsten, obgleich sie versicherten, es werde der Religionsfrieden durch die Unterhandlungen nicht angetastet werden, nichts anderes bezweden wollen als den mißliebigen geistlichen Vorbehalt zu Gunsten der Protestanten zu modificiren. Rudolph suchte den bayerischen Herzog hierüber zu beruhigen; allein seine Besorgniß war nicht unbegründet. Denn als sich die Gesandten der Fürsten versammelt hatten, stellte der von Kursachsen den Antrag, daß der neugewählte und abgesetzte Kurfürst nach Rottenburg zu citiren sei, um zwischen beiden einen Vergleich zu Stande zu bringen. Der kurfürstliche Kanzler von Trier aber trat demselben mit kräftigen Worten entgegen, indem er fragte, was mit dieser wiederholten Citirung bezweckt werde, da Gebhard schon zu Frankfurt eine offenkundige Erklärung über seine Handlung abgegeben habe, deren er sich sogar rühmte. Jene Macht, welche ihn als Erzbischof eingesetzt, habe auch das Recht, denselben nach gesetzlichen Bestimmungen wieder abzusetzen, und diese Macht besitze der Papst, dessen Autorität und Jurisdiction durch den Religionsfrieden garantirt sei. Die katholischen Stände werden ihrem Oberhaupte stets treu bleiben und fordern, daß man sie in ihren Rechten so wenig antaste als die protestantischen eine Verletzung ihrer Privilegien zugeben würden. Gleiche Gegenvorstellungen machten die andern katholischen Deputirten; allein die lutherischen beharrten auf dem einmal beantragten Vorschlag, wodurch die Verhandlungen in Folge nutzloser Debatten in die Länge gezogen wurden. Die Protestanten hatten dadurch ihre Absicht erreicht, Zeit zu gewinnen und die Fortschritte der katholischen Waffen zu hemmen. Die katholischen Abgeordneten durchschauten jedoch diesen Plan und ließen sich auf keine weiteren Verhandlungen mehr ein. Der kaiserliche Gesandte Dr. Gail benachrichtigte in einem Brief den Kurfürsten Ernest über diese Absicht der Protestanten, „welche uns, wie er schreibt, für so blind und unverständig halten, daß wir solche verdeckte Possen nicht merken . . . . Man geht mit dem Gedanken um, wie man per indirectum ein Loch durch den Religionsfrieden machen und den Vorbehalt der Geistlichen umstoßen und also die Freistellung einführen et per consequens Catholicismum gar abschaffen möchte; das ist der textus cum glossa." Der Erfolg dieser rottenburgischen Conferenz war, daß jede Parthei auf ihrer Meinung verharrte und die Gesandten unverrichteter Dinge in ihre Heimath zurückkehrten. Bayern war bei diesen Verhandlungen nicht vertreten, weil der Kaiser an Wilhelm keine Einladung sandte, um, wie er sich in einem späteren Schreiben entschuldigte, den Verdacht einer Partheilichkeit von sich abzuwenden. Rudolph fing bereits an, mit eifersüchtigem Auge auf die Erhöhung der bayerischen Wittelsbacher zu sehen und getreu der traditionellen Politik seiner Ahnen dieselben nicht zu mächtig werden zu lassen. Allein der Herzog wußte doch genau um den Gang der Verhandlungen, weil er den geheimen Rath Dr. Roth nach Rottenburg geschickt hatte, um denselben zu beobachten.

Herzog Ferdinand setzte in Westphalen mit Glück, Muth und Entschlossenheit den Krieg fort. Seine Soldaten waren ihm mit begeisterter Liebe ergeben, denn er stand im Kampfe stets an der Spitze, und seine persönliche Tapferkeit entschied nicht selten den glücklichen Ausgang des Gefechtes. Zuerst griff er das Städtchen und Schloß Bedberg an, von dem aus die gebhardischen Soldaten durch beständige Streifereien das umliegende Land verwüsteten und die Straßen unsicher machten. Das Städtchen ergab sich gleich nach dem ersten Anlauf; allein die Besatzung des Schlosses unter dem Commando des Hauptmannes Schreck aus Herzogenbusch kämpfte mit verzweifeltem Muthe und ergab sich erst, als die Mauern einstürzten und jeder Widerstand gegen die Uebermacht vergeblich war. Der Herzog gestattete ihnen freien Abzug. Hier trennte sich die katholische Armee; die spanischen Truppen unter ihrem Obrist Don Juan Manrico überschritten bei Kaiserswerth den Rhein, um die feste Stadt Recklinghausen wegzunehmen. Als hievon Gebhard Nachricht erhielt, brach er mit seinem ganzen Kriegsvolk auf, um Manrico zu überfallen und zu vernichten. Diesem aber wurde durch Spione dessen Anmarsch verrathen; er brach sein Lager ab und zog sich zurück. Ferdinand, hierüber benachrichtigt, vereinigte sich mit den Spaniern bei Dorsten. Gebhard sah, daß er mit seinen Truppen dem Feinde die Spitze nicht bieten könne und zog sich in das Herzogthum Cleve zurück, wo damals auch die Grafen von Nuenar und Hohenlohe mit ihren Mannschaften standen. Diese riethen ihm, gegen den numerisch überwiegenden Feind die Defensive zu ergreifen, bis das holländische Hilfskorps von einigen tausend Mann eingetroffen sei. Gebhard folgte diesem Rathe und zog sich in die Grafschaft Zütphen zurück. Allein Ferdinand, welcher dem Gegner keine Zeit zur Verstärkung ließ, verfolgte ihn unaufhaltsam, schlug den Junker Heinrich Eitel, welcher mit 800 Mann an der Yssel ein Lager aufgeschlagen hatte, mit einem Verluste von 500 Todten und Gefangenen; der Anführer und das ganze Lager fielen den Siegern in die Hände. Von hier marschirte er wieder nach Westphalen zurück, wo sich ihm die Grafschaft Arensberg sogleich unterwarf, und rückte gegen die Festung Recklinghausen, welche durch die Siegeszüge der Bayern so entmuthigt war, daß sie sich auf Gnade und Ungnade ergab. Nach der Einnahme dieser Veste kamen die übrigen Burgen und Ortschaften und zuletzt ganz Westphalen ohne Schwertstreich in die Hände des bayerischen Herzogs. Kurfürst Ernest zog hierauf von Bonn nach Dorsten und Werl, ließ sich von den Ständen und dem Volke der westphälischen Lande huldigen und führte den Katholicismus wieder ein. Von da begab er sich nach Lüttich, um in die Hände des Kurfürsten von Trier den Eid als Erzbischof abzulegen, worauf ihm dieser die päpstliche Bestätigungsbulle überreichte.

Der von allen protestantischen Fürsten verlassene Gebhard zog mit dem stets treuen Genossen, dem Grafen von Nuenar, über die Yssel und den Rhein, wo er sich mit seinen Truppen ungefähr 1000 Mann zu Pferd verschanzte. Herzog Ferdinand, welcher ganz Westphalen unterjocht hatte, trug Bedenken, die Waffen in fremdes Gebiet zu tragen und hielt eine weitere Verfolgung des bis auf einen kleinen Rest aufgeriebenen Heeres der Feinde für nutzlos. Gebhard, in seinen Hoffnungen bitter getäuscht und durch das Kriegsunglück ganz entmuthigt, entließ unter Dankesthränen seinen treuen Freund, welcher in gelbernische Dienste trat, und übergab seine Reiter den vereinigten Niederlanden. Er selbst begab sich mit seiner Gemahlin nach Delft zum Prinzen von Oranien, der ihn sehr freundlich aufnahm und ihn einige Zeit in Haag verpflegte, aber sich nicht herbeiließ, seinen Gast mit einer Armee zu unterstützen. Da Gebhard sah, daß der Prinz zu keiner Kriegserklärung gegen den Kurfürsten Ernest zu bewegen sei, schickte er seine Gattin nach England zur Königin Elisabeth, um sie flehentlich um Hilfe zu bitten. Agnes wurde von ihr liebevoll empfangen, und ihr Mißgeschick und Bitte schien auch im Herzen der Königin Theilnahme erweckt zu haben; als sie aber erfuhr, daß ihr Günstling, der Graf von Esser, öfters nächtliche Zusammenkünfte mit der leichtfertigen Agnes hielt, wurde sie so durch die Eifersucht gereizt, daß sie ihr befahl, die brittische Insel augenblicklich zu verlassen. Agnes kehrte mit trostloser Botschaft nach Haag zu ihrem Gemahl zurück, wo man dieser kostspieligen Gäste bald überdrüssig wurde. Beide begaben sich deßhalb nach Straßburg, wo Gebhard seit mehreren Jahren außer seiner früheren erzbischöflichen Würde in Köln auch Domdekan war und diese Würde beibehalten konnte, da das Domkapitel damals theils aus katholischen theils aus protestantischen Mitgliedern bestand. Hier behielt er den Titel eines Kurfürsten von Köln und die damit verbundenen Ansprüche bei und lebte bis zum Jahre 1601, wo er an Podagra, Kolik und Steinschmerzen starb; er hinterließ die kinderlose Wittwe, welche ihm ebenfalls nach wenigen Jahren im Tode folgte.

Als ganz Kurköln in der Gewalt Ernestens war, wurde er in den

Kurverein aufgenommen und beschwor dessen Satzungen, wiewohl sich die weltlichen Kurfürsten lange hartnäckig weigerten; nur an den Kaiser und den Kurfürsten von Mainz, welche Herzog Wilhelm durch Briefe und Gesandtschaften für die Sache seines Bruders zu gewinnen wußte, fand der neue Erzbischof eine thätige Unterstützung. Nach großem Kostenaufwand und unermüdeter Ausdauer stand Wilhelm am Ziele seiner Wünsche. Der Kölner-Streit ist das wichtigste politische Ereigniß während seiner ganzen Regirung und für ganz Deutschland von hoher Bedeutung; denn es handelte sich hier nicht um das Erzstift Köln allein sondern um den Fortbestand des katholischen Glaubens im deutschen Reiche. Der Damm, welcher den fast ganz Deutschland überfluthenden Strom der Reformation hemmte, war der geistliche Vorbehalt; diesen zu durchbrechen war der protestantischen Reichsstände einzig Streben, und wäre ihnen dieß beim Kölner-Streite gelungen, so würden wenige Bischöfe in Deutschland katholisch geblieben sein, und selbst das katholische Bayern hätte der heranwogenden Fluth nicht mehr widerstehen können. Wer hat nun das Verdienst, den deutschen Katholiken ihre Religion erhalten zu haben? Niemand anderer als der bayerische Herzog Wilhelm V. Dieß hat damals der glaubenseifrige und scharfsinnige Canzler von Kur-Trier, Dr. Wimpfling mit den Worten erkannt: „Man muß billig bekennen, daß schier die ganze Erhaltung unsers ächt christlichen Glaubens, das Heil vieler Seelen und des heiligen Reiches meiste Wohlfahrt in dieser Zeit auf dem hochlöblichen, christlich eifrigen bayerischen Blut beruhe." Die protestantischen Kurfürsten hatten allerdings Gebhard mit den Waffen nicht vertheidigt, weil dieser den in ganz Norddeutschland verhaßten Calvinismus annahm und nicht aus Ueberzeugung sondern aus Liebe zur Agnes convertirte; allein desto eifriger suchten sie bei den Verhandlungen den verwünschten Artikel aus dem Religionsfrieden zu streichen, da sie durch Protestantisirung des Kurfürstenthums Köln auf den Reichstagen den katholischen Kurfürsten gegenüber das numerische Uebergewicht erhielten. Während die protestantischen Kurfürsten vor, bei und nach den Conferenzen eine unermüdete Thätigkeit bewiesen, zeigten sich die katholischen gleichgiltig und interesselos, obgleich Religion und Amt von ihnen forderte, mit Energie für den alten Glauben Kölns in die Schranken zu treten. Die Berücksichtigung dieser Verhältnisse läßt die hohe Aufgabe erkennen, welche sich der bayerische Herzog gestellt und glücklich gelöst hat.

Durch den Krieg war aber das Gebiet des kölnischen Kurfürstenthums so erschöpft und verwüstet, daß Ernest, als er ein Jahr nach Been=

digung desselben nach München kam, seinem Bruder erklärte, er wolle den Kurhut in die Hände der Domkapitularen niederlegen, um eine neue Wahl zu treffen; denn die Zustände des Erzstiftes wären so mißlich und die Finanzen so zerrüttet, daß er es für unmöglich finde, dieselben zu heben. Es wäre daher ehrenvoller, auf ein Amt gleich bei der Uebernahme zu verzichten, als dasselbe später mit Schimpf verlassen zu müssen. Herzog Wilhelm, welcher auf die göttliche Vorsehung größeres Vertrauen setzte als sein erzbischöflicher Bruder, fragte ihn, ob er es vor Gott und der Welt verantworten könne, das Kurfürstenthum wegen Schwierigkeiten und Gefahren aufzugeben; dieß wäre ein Zeichen unmännlicher Kleinmüthigkeit, welche einem Wittelsbacher nicht gezieme. Er ermahnte ihn, mehr auf den Allmächtigen, dessen Hand ihn nach Köln geführt habe, zu vertrauen und eine sparsame und weise Regirung zu führen, um die Liebe der Unterthanen zu gewinnen. Um die finanzielle Noth zu heben, empfahl er ihm, sich um die Infel von Münster zu bewerben, weil dieses Bisthum das einträglichste Stift in Deutschland wäre. Da der frühere Administrator desselben, der Herzog Johann Wilhelm von Jülich, nach dem Tode seines Bruders zur Nachfolge im Herzogthum berufen wurde, und der Erzbischof Heinrich von Bremen, welcher auch Mitbewerber war, starb, so fiel die Wahl auf den Kurfürsten von Köln. Papst Gregor, welcher durchaus verlangte, daß Ernest, wenn er das Stift Münster übernehme, auf die Bisthümer Freising und Hildesheim verzichte, bestätigte ungern diese Wahl und schrieb dem Herzog Wilhelm auf seine dringenden Vorstellungen, es sei sehr zu fürchten, daß man nicht nur den Häretikern, sondern vorzüglich den Katholiken ein Beispiel großen Aergernisses gebe, „wenn man auf die Schulter Einer Person so viele Bisthümer vereinige, da die Leitung eines einzigen selbst den Engeln zu schwer scheine."

Wilhelm und Ernest glaubten nun durch die reichen Erträgnisse der münsterischen Infel in finanzieller Hinsicht gesichert zu sein, als am 10. Mai 1585 in Köln die Nachricht eintraf, Graf von Nuenar sei mit einer Armee von 1000 Mann aufgebrochen und habe die Stadt Neuß überfallen. Dieser Graf, der treueste Verbündete Gebhards, war nur darauf bedacht, wie er der verlornen Sache seines unglücklichen Freundes wieder aufhelfen könne, und als er durch Botschafter erfuhr, daß die Wachen der Stadt Neuß sehr nachläßig besetzt seien, beschloß er, sich dieser Stadt durch einen Ueberfall zu bemächtigen. In einer stürmischen Nacht näherte er sich Neuß und ließ einige Soldaten durch den Mühlbach schwimmen mit dem Befehl, heimlich die Mauer des außerhalb der Stadt gelegenen Klosters Marienberg zu ersteigen, um zu sehen, wie die Stadt bewacht sei. Sie meldeten, daß die ganze Stadt im tiefsten Schlafe liege. Die nachrückenden Soldaten nahmen in der nächstgelegenen Schmiede die stärksten Werkzeuge und erbrachen damit das Thor. Ruenar rückte ungehindert mit seinen Truppen in die Stadt und besetzte den Marktplatz. Einige Bürger wurden durch diesen kriegerischen Lärm vom Schlafe geweckt; man läutete die Sturmglocken, und es begann ein hitziger Straßenkampf, in welchem die Bürger nach kurzer Zeit unterlagen und viele Todte und Verwundete zählten. Die Feinde plünderten die Stadt, raubten in den Kirchen und Klöstern und mißhandelten die geistlichen und weltlichen Personen. Graf von Ruenar ließ einen gewissen Edelmann Friedrich Klöt in Neuß als Stadtcommandanten zurück, welcher durch beständige Ausfälle und Streifereien die Umgegend verwüstete und die Straßen unsicher machte. Der Graf selbst durchzog mit seinen Horden nicht nur Westphalen, sondern auch die rheinischen Lande des Erzbisthums und verheerte alles mit Feuer und Schwert. Um von diesen Feinden so schnell als möglich befreit zu werden, gab es für Ernest kein anderes Mittel, als den benachbarten Herzog von Parma zu Hilfe zu rufen. Dieser erhielt aber erst im Juli 1586 vom Könige Spaniens die Erlaubniß, mit 16,000 Mann zu Fuß und 2500 Reitern nach Kurköln aufzubrechen. Sein Hauptquartier nahm er im befestigten Kloster Gnadenthal in der Nähe der Stadt Neuß, wo ihm der Kurfürst von Köln, der Herzog von Jülich, der Markgraf von Baden und viele Grafen und Herren einen Besuch abstatteten sowie der päpstliche Nuntius und der Bischof von Vercelli, welche ihm im Namen des Papstes für die der Kirche geleisteten Dienste einen geweihten Hut und Schwert übergaben. Zu Neuß befehligte der Commandant Klöt, ein junger und tapferer Edelmann, über eine Besatzung von 1600 Mann, mit denen er oft muthigen Widerstand und glückliche Ausfälle machte. Nachdem der spanische General seine Batterien errichtet und uneinnehmbare Schanzen auf einer Insel des Rheins aufgeführt hatte, begann er mit dem ganzen Geschütze die Stadt zu beschießen. In wenigen Tagen war in die Mauer Bresche geschossen und der Stadtgraben ausgefüllt. Der Herzog von Parma forderte Klöt zur Uebergabe auf; da aber dieser Entsatz erwartete, so bat er um Waffenstillstand, der ihm auch bewilligt wurde. Während dessen ritt der Herzog eines Tages in die Nähe eines Stadtthores, um die Belagerten zur Uebergabe zu bereden; während der Unterredung feuerten seine Soldaten wider seinen Befehl die Kanonen gegen die Stadt, worauf die Besatzung mit gleichem erwiderte, so daß der Herzog in der größten Lebensgefahr schwebte, jedoch unverwundet in das Lager zurückkam. Nachdem er das Feuer eingestellt hatte, forderte er die Belagerten nochmals unter annehmbaren Bedingungen zur Uebergabe auf. Der Commandant ließ die Besatzung und Bürgerschaft versammeln und erklärte ihnen, daß er bereit sei, die Stadt bis zum letzten Blutstropfen zu vertheidigen. Alle stimmten ihm einhellig bei und ließen den Spaniern sagen, daß Neuß eine freie Reichsstadt sei, welche ihren König mit nichts beleidigt habe; deßhalb habe ihnen weder dieser noch der Kurfürst etwas zu befehlen; ohne Wissen und Willen des Kaisers sei an keine Uebergabe zu denken. Ueber diese kühne Antwort wurde der General so entrüstet, daß er die Stadt mit dreißig Kanonen ununterbrochen beschießen ließ; die Mauern und Thürme stürzten zusammen, es wurde Sturm gelaufen und die eingestürzten Thürme von den Spaniern besetzt. Vergeblich versuchten die Neußer den Feind zu vertreiben; als aber der heldenmüthige Klöt am Schenkel verwundet wurde, verlor die Besatzung den Muth. Am andern Tag, als sich die Belagerten über die Uebergabe beriethen, entstand unvermuthet in einem Pulvermagazin Feuer, welches die in der Nähe liegenden und mit Stroh bedeckten Häuser ergriff und vom Winde über die ganze Stadt verbreitet wurde. Während die Bürger und Soldaten mit Löschung des Feuers beschäftigt waren, eroberte der Herzog die Stadt. Die verwilderten Spanier mordeten und plünderten, rißen den verwundeten Klöt trotz seiner Bitten um Erbarmen aus seinem Bette und knüpften ihn unter dem Vorwande, daß er ein Geächteter des Reiches und somit vogelfrei sei, am Fenster seiner Wohnung auf, wo er so lange hängen blieb, bis er mit dem Hause verbrannte. Dasselbe Schicksal erfuhren seine beiden Hauptleute und ein reformirter Prediger. Der Herzog von Parma war über dieses unmenschliche Verfahren gegen einen Obristen höchlich erzürnt und ließ die Gemahlin und beide Schwestern des unglücklichen Klöt frei und unter sicherer Bedeckung nach Düsseldorf bringen. Das Feuer wüthete zwei Tage und legte fast die ganze Stadt in Asche; gegen 2000 Personen ohne Besatzung kamen durch Feuer und Schwert um. Der Herzog übergab die bis auf ein Drittel verbrannte und verödete Stadt dem Kurfürsten Ernest und nachdem er das ganze Gebiet Kurkölns gesäubert hatte, zog er sich wieder in die Niederlande zurück.

Dadurch war das Erzstift nur für kurze Zeit gesichert; am Ende des Jahres 1587 fiel der Obrist Martin Schenk, welcher früher in spanischen Diensten stand, desertirte und auf eigene Faust einen Raub- und Verheerungskrieg führte, in die kölnischen Lande ein. Es gelang ihm durch einen raschen Ueberfall sich der Stadt Bonn zu bemächtigen, indem er mit einer kleinen Mannschaft in größter Stille gegen Bonn heranrückte und in der Nacht an das Rheinthor eine Petarde anschrauben ließ, welche sich entzündete, das Thor zersprengte und die Stadtmauer öffnete. Eine andere Abtheilung seiner Soldaten schlug das entgegengesetzte Thor mit schweren Aerten ein, durch welches die Reiterei eindrang. Die Wache wurde niedergehauen; die Besatzung, vom tiefsten Schlafe aufgeschreckt, entfloh; wer Widerstand leistete, wurde erschlagen. Der Stadtcommandant Pyllecher, Doctor der Rechte aus Brüssel, entfloh im Hemde durch den Stadtgraben. Die ganze Stadt wurde von Schenk auf eine gewisse Zeit zum Plündern preisgegeben. Der Obrist gebot über eine Besatzung von 3000 Mann, welche von tüchtigen Officieren geführt wurde, und über eine gut geübte Artillerie, womit er die ganze Umgegend beherrschte und das Volk zu enormen Contributionen zwang. Der Kurfürst Ernest sah sich wiederholt genöthigt, den König von Spanien um Hilfe zu bitten, so schwer es ihm fiel, die rohe spanische Soldateska in seinem Lande zu sehen. Der König konnte ihm, da er selbst mit England in einen Krieg verwickelt war, eine Armee von nur 6000 Linientruppen und 300 Reitern unter dem Commando des Prinzen Carl von Chimay schicken. Dieser erhielt aber später mehrere Zuzüge, so daß er die Stadt Bonn einschließen und von jeder Zufuhr abschneiden konnte. Schenk begab sich während der Belagerung nach Holland und England, um Hilfstruppen zu erlangen; allein beide Länder konnten damals keine Soldaten entbehren. Als daher kein Entsatz erschien, und fast aller Vorrath an Lebensmitteln aufgezehrt war, capitulirten die Belagerten; der Prinz gewährte ihnen freien Abzug.

Die Belagerung der Städte und wiederholte Verwüstung des Landes dauerte gegen ein Jahr. Ernest hatte fast allen Muth verloren, und selbst die Standhaftigkeit seines Bruders Wilhelm wurde durch diese vielfachen unglücklichen Ereignisse auf harte Proben gestellt. Der bayerische Herzog, welcher bei seinen katholischen Bestrebungen nirgends in Deutschland eine thätige Unterstützung fand, mußte in der bringendsten Noth immer auf Herbeischaffung neuer Geldmittel bedacht sein. Die Summen, welche dieser kölnische Krieg kostete, waren sehr bedeutend, so daß die Schuldenlast Bayerns zu einer beträchtlichen Höhe anwuchs. Allein dieselben verschwanden im Vergleich mit dem Zuwachs an politischer Macht, die nun Bayern durch die Erwerbung von Kurköln für einen bayerischen Prinzen in Deutschland 200 Jahre lang einnahm und im dreißigjährigen Kriege von höchster Bedeutung wurde.

Viertes Kapitel.

Die Grafen von Wartenberg. — Die Ferdinandinische Linie der Wittelsbacher.*)

Herzog Ferdinand, der allgemein beliebte Feldherr, zog nach Beendigung des kölnischen Krieges mit seinen siegreichen Bayern in München ein, wo er von den Bürgern mit festlichem Jubel empfangen und von den Frauen mit freudigem Willkommen begrüßt wurde. Der schöne Ritter entlockte bei seinem Ausmarsche mancher Münchnerin, welche den liebenswürdigen Charakter des Herzogs kennen zu lernen Gelegenheit hatte, eine stille Thräne, und manches fromme Gebet stieg zum Himmel um Segen für den ritterlichen Ferdinand. Auch ihn zog sehnsüchtig die Liebe vom fernen Westen wieder nach den heimatlichen Ufern der Isar, wo seine Theuersten wohnten. Wiewohl er sich oft im Turnier als einen für das Ideale begeisterten Helden bewies und als der tapferste in den ersten Reihen seiner Krieger focht, so verließ er doch gleich nach der Waffenruhe mißgestimmt den Kampfplatz, wo er frische Siegeslorbeer um sein Haupt geflochten. Die Raubsucht und Grausamkeit der Lanzknechte besonders der rohen spanischen Soldateska verletzte seinen Edelsinn. Die schonungslose Verwüstung schöner Städte und blühender Auen, der Klageruf und

---

*) Literatur und Quellen: 1) Manuscr. Codex bavar. 3140. 2) Ehcker, Wappensammlung. C. B. 2270 fol. 77 et 84 Nr. 7. 3) Universallerikon Bayerns von Joh. Dom. Schmidt. Manuscript. 4) Notatensammlung über Urkunden der Grafen von Wartenberg im Archiv zu Tiftling und v. Haslang zu München von Geiß. Manuscript. 5) Lünig, Reichsarchiv. 6) Parnassus boicus P. IV. 7) Oberbayer. Archiv. 8) Finsterwald, Princip. Germ. P. III. 9) Anton Baumgartner, Polizeiübersicht von 1803. 10) Burgholzer, Beschreibung von München. 11) Dr. Fr. D. Reithofer, Chronik von Haag. 12) Joh. Hübner, Genealog. Tabellen I. Bd. 13) Ertel, Churbayer. Atlantis. 14) Melissantes, Jeztlebendes Europa III. Thl. 15) v. Frankenberg, Europ. Herold. 1. Thl. 16) Gauhen, Genealogisch-historisches Adelslexikon II. Thl. 17) Freiberg, Urkundensammlung. 18) Geogr. statist. topograph. Lexikon von Bayern. II. und III. Br. 19) B. Kirchhüben, der gnadenreiche Anger in München. 20) Schönhüb, Geschichte des bayerischen Cadettenkorps. 21) Zimmermann, churfürstl. geistlicher Kalender 1754. 22) Kropf, Historia provinc. societ. germ. sup. 23) Archiv des historischen Vereins von Niedersachsen.

die Thränen zahlloser Unglücklichen verwundete sein fühlendes Herz. Diese nicht geahnten Gräuel, der herrschende Geldmangel und die ungestüme Forderung der Soldaten nach ihrem Solde verleideten ihm bald das Kriegshandwerk. Er schrieb hierüber aus seinem Quartier in Grottenreichen (den 8. April 1584) an seine Mutter: „Eure fürstlichen Gnaden schreiben auch, ich sollte mit diesem Werk nicht aussetzen; darauf bericht ich unterthänigst, daß mir das Kriegswesen für sich selbst nicht verleidet ist, aber die grossen Schäden, so den armen Leuten geschehen, welche mehr tyrannisch und türkisch als christlich sind, die machen mich unwillig, da zu bleiben, denn ich kanns nicht wenden und muß zusehen; denn die Königlichen (Spanischen) sind nicht bezahlt, und wo kein Geld, da ist kein Gehorsam. Man kann auch keine justitia nicht halten, sie schreien strats nach Geld; ich hab ihnen selbst zweimal entreiten müssen. Mit was Lust ich bei diesem Werk sein kann, laß Eurer fürstl. Gnaden ich selbst gnädigst ermessen."

Mit diesem Schatze edler Gefühle verband Herzog Ferdinand eine tiefe Religiosität, welche er theils der frommen Erziehung seiner streng katholischen Mutter, theils dem öfteren Umgange mit Jesuiten zu verdanken hatte, deren besonderer Freund er geworden ist. Er war ein großer Verehrer der heiligen Jungfrau; kaum war er aus dem kölner Kriege zurückgekehrt, so wallfahrte er nach Tuntenhausen, und legte sein Feldherrnkleid auf dem Altare der Gottesmutter nieder. In einem frommen Gebete dankte er der Himmelskönigin für den Schutz, unter dem er gegen zahlreiche Kriegsgefahren sicher war. Mit staunendem Auge bewunderte man dieses Gewand; es war von zahlreichen Kugeln durchlöchert, ohne daß ihn eine verwundet hatte. Der Herzog bewahrte einige solche Kugeln zum Andenken an jene großen Lebensgefahren auf, aus denen ihn die Fürbitte der hl. Jungfrau gerettet. Aus Dankbarkeit für die glückliche Beendigung des Krieges erbaute er in München aus eigenen Mitteln eine Kirche, welche im Jahre 1589 zu Ehren des heil. Sebastian eingeweiht wurde. Zu gleicher Zeit erweckte er die St. Sebastiansbruderschaft, welche seit langer Zeit eingeschlummert war, zu einem neuen Leben und brachte sie zu einem so hohen Ansehen, daß sich sein Bruder Wilhelm, dessen Söhne und die höchsten Staatsbeamten in diesen Bund aufnehmen ließen. In der St. Michaelskirche ließ er einen Altar zu Ehren des heil. Sebastian, den er sich im Krieg und Frieden zu seinem besondern Schutzpatron auserwählt hatte, erbauen und vier große Glocken für diese Kirche gießen.

Ferdinand war ein freundlicher Verehrer des schönen Geschlechtes, in dessen Gesellschaft er gerne verweilte. Durch seine Bildung, edlen Anstand und anziehende Rede wußte er sich auch bei den Damen beliebt zu machen, welche auf seine unterhaltenden Worte lauschten, wenn er von seinen prächtigen Turnierfesten und seinen Reisen in fernen Ländern sprach. Im Jahre 1565 und 66 sandte ihn sein Vater Albrecht V. in einem Alter von 16 Jahren nach Italien, dem damaligen Lande der Kunst und Wissenschaft. Er machte in Begleitung mit dem Grafen von Seibersdorf, Dr. Tanmüller, Baumgartner, Viehhauser und mehrerem Gefolge den Weg nach Innsbruck über Starnberg, wo ihm der Prälat von Bernried mit einer köstlichen Tafel aus freiem Antrieb auf einem kleinen Kahne entgegenfuhr. In der Hauptstadt Tyrols wurde ihm in der erzherzoglichen Burg ein freundlicher Empfang bereitet; von hier nahmen sie ihre Route über Brixen, wo sie vom Coadjutor ehrenvoll empfangen wurden. Im Dorfe Dolco betraten sie zuerst den italienischen Boden. Von diesem Orte erzählt der Berichterstatter dieser Reise, daß das Bauernvolk allenthalben auf die Straße gekommen sei, um den Herzog von Bayern zu sehen. Wiewohl dieser Ort Dolco heiße, so sei doch alles amarum (bitter) gewesen; denn die Küche sei unsauber, die Stiege zum Saal zerbrochen, im ganzen Zimmer weder Thür noch Fenster sondern nur ein Kamin, ein langer Tisch und zwei Bettstätten gewesen, in welchen sich nur ein Strohsack gefunden. Als der Pfarrer von der Ankunft des hohen Fremden erfahren, ließ er ihn zu sich laden; der Herzog fand zwar bei dem Pfarrherrn eine bessere Küche, aber ein Bett, „in dem er sich krumm und lahm gelegen hatte." Sie reisten von hier nach Mantua, wo sie beim Herzog, der sie festlich bewirthete und gegen ihren Wunsch zurückhielt, einige Tage verweilten. In Concordia, wohin sie sich von Mantua aus begaben, wurden sie auf der Post höchst angenehm überrascht, da ihnen dieselbe als sehr uncomfortable geschildert worden war. Die Gräfin von Mirandula hatte auf die Kunde von der Ankunft des bayerischen Prinzen die Fremdenzimmer der Post fürstlich einrichten lassen, einen Untermarschall, drei Köche, mehrere Edelleute und Lakaien zur Bedienung des hohen Gastes geschickt und sich demselben mit der Bitte empfohlen, er möchte nach Belieben über ihr ganzes Eigenthum gebieten; sie wisse, daß sie ihren Gemahl, welcher nach Ferru zu einer Hochzeitsfeier abgereist sei, bei seiner Rückkunft sehr erfreuen werde, wenn sie ihn nach Kräften bewirthet habe. Das kleine Concordia erhielt an diesem Tage durch die grosse Anzahl der Fremden und Wägen das Ansehen einer bedeutenden

Stadt. Vor der Abreise ließ die Gräfin, welche dem alten Adelsgeschlechte der Correggio angehörte und eine Nichte des gleichnamigen Cardinals war, den Herzog bitten, er möchte bei seiner Rückkehr den Weg über Mirandula nehmen, um ihn in eigener Behausung bewirthen zu können. Ferdinand, hoch erfreut über diese ehrende Hospitalität, sandte nach dem drei Stunden entfernten Mirandula einige Herren von seinem Gefolge, um der Gräfin seinen unvergeßlichen Dank zu überbringen. Diese gab den Deputirten noch acht Flaschen von jenem Weine mit, von dem sie erfahren hatte, daß sich ihn der Prinz in Concordia sehr schmecken ließ. Den andern Tag kam Ferdinand nach Bologna, wo man seine Ankunft einige Tage vorher erfahren hatte; der Vicelegat, der gesammte Adel und die Schweizergarde von 120 Mann zog ihm entgegen. Es folgte Fest auf Fest; die schönste Witterung begünstigte häufige Excursionen in die nahegelegenen Klöster; die Nobili der Stadt stritten unter sich, wer von ihnen den freundlichen, jungen Herzog als Gast haben sollte.

Nachdem hier der Prinz fünf fröhliche Tage verlebt hatte, brach er nach Florenz auf. Der alte Herzog mit dem Erbprinzen, der ganze Hof und Adel ritt ihm eine Stunde weit entgegen. Die Straßen, durch welche der Zug sich bewegte, waren festlich geschmückt, die Häuser mit Gemälden geziert und prachtvolle Triumphpforten errichtet. Am herzoglichen Palaste standen zwei Compagnien Ehrengarde, welche bei der Ankunft des bayerischen Prinzen die Gewehre abfeuerten, während auf dem Kastell siebenhundert Kanonenschüsse sie der Stadt verkündeten. Der Großherzog, welcher Ferdinand mit väterlicher Liebe begrüßte, versicherte ihn des guten Einvernehmens, womit er stets zum Hause Bayern gestanden, und sollte dasselbe jemals in Gefahr kommen, so möge es auf ihn vertrauen; er werde für dasselbe mit Gut und Blut einstehen. Bei den Festen entfalteten die Mediceer all ihren berühmten Glanz; zu gleicher Zeit waren aus Spanien und andern Staaten Italiens hohe Gäste angelangt, welche durch ihre Gegenwart die Festivität erhöhten. Ferdinand, welcher Mitte Decembers in Florenz angekommen war, beschloß den ganzen Monat daselbst zu bleiben. Am Christtag begab er sich in die sogenannte Mediceerkirche, wo er die Meisterwerke des Michael Angelo bewunderte. An diesem hohen Festtage war zugleich die feierliche Communion der St. Stephansordensritter. Alle fremden Gäste hatten sich hier versammelt; zwischen dem polnischen und venetianischen Gesandten entstand wegen der Präcedenz ein Streit. Jener verlangte gleich nach dem bayerischen Herzog und den toscanischen Prinzen seinen Platz, da er der Abgeordnete eines Königs sei; dieser dagegen erinnerte, er könne in ihm den Charakter eines Gesandten nicht anerkennen, da der König Polens an den Hof von Florenz keinen Secretär, der er nur sei, als Gesandten schicken würde. Allein der Pole behauptete seinen Vorrang, so daß der beleidigte Venetianer die Kirche verließ. Die Ordensritter waren alle in ihrem Ordensgewande. Der alte Herzog kniete als Großmeister des Ordens am Altare, hinter ihm waren die Priester-Ritter in weißen Mänteln und mit einem rothen Kreuz auf der linken Seite, und die Laien-Ritter ebenfalls im weißen Mantel, mit rothen Schnüren am Halse befestigt und oben durch einen Kragen von rothem Atlas geschlossen; das rothe Kreuz befand sich am linken Arm. Hinter den Rittern standen die Diener, welche sich auch in weißen Mänteln kleideten, aber ohne Kragen und Schnur; das rothe Kreuz trugen sie nur in der Form eines großen lateinischen T. Nach der hl. Communion begab man sich in den Dom, wo ein feierliches Hochamt abgehalten wurde. Nach demselben erschien im Palaste eine Deputation von Bauern, welche dem Erbprinzen fünfzig Flaschen Wein und an zwei langen Stangen zahlreiches Geflügel verschiedener Art präsentirten. Der Thronerbe ließ die Bauern in den Saal treten und nacheinander um den Tisch herum gehen, damit jeder Gast sie sehen konnte. Einer jener Bauern aber, welcher den Korb mit den Flaschen tragen half, stieß sich an die Stufen des Ehrenplatzes, so daß alle Flaschen auf den Boden fielen und zerbrachen, was die Bauern ärgerte und die hohen Gäste ergötzte. Während des übrigen Aufenthaltes wechselten Diners, Jagden, Comödienspiele mit Bällen und Besichtigung der schönen Bauten, Kunstwerke und umliegenden Lustschlösser.

Von Florenz ging der Herzog Ferdinand wieder nach Bologna zurück und fuhr auf dem Po nach Ferru. Der Herzog von Ferru empfing ihn mit drei festlich beflaggten Schiffen und führte ihn, von der Leibgarde begleitet, in die Residenz. Da es Samstag war, und die Herzogin aus besonderer Andacht an diesem Tage jedes Vergnügen mied, so machte der Herzog seinem Gaste den Vorschlag, verkleidet ein gewöhnliches Wirthshaus zu besuchen, wo eine große Tanzunterhaltung für das niedere Volk stattfand. Ferdinand nahm mit neugieriger Freude dieses Anerbieten an, und beide costümirten sich mit falschen Bärten als italienische Sackträger. Es war dieser Wirthshausbesuch für den jungen Prinzen sehr interessant, da er die verschiedenen Tänze und die Lebensweise der Italiener kennen lernte. In Ferru blieb Ferdinand mehre Tage, da er bei den schönen Ritterspielen, die seinetwegen angeordnet wurden, und bei ben Abendconcerten, welche er in Ferru sehr gut arrangirt fand, sich angenehm unterhielt. Am 18. Januar 1566 reiste er wieder ab und fuhr auf den schönsten Schiffen, welche ihm der Herzog zur Verfügung stellte, nach Mantua zurück. Freundlich empfing ihn wieder der Herzog; seine Gemahlin, welche wegen der Entbindung das Zimmer nicht verlassen durfte, sandte ihm als Zeichen freundlichen Grusses zwei Nelken und eine Rose. Nachdem Ferdinand die Stadt sich besehen und der Herzogin einen kurzen Besuch gemacht hatte, nahm er vom Gastwirthe Abschied, welcher ihn eine Strecke vor die Stadt begleitete und ihm bei der Trennung ein schönes Pferd zum Geschenke machte.

Von Mantua schlug der Herzog seinen Weg nach Villafranca ein, wo ihm der Marchese Octavio di Malaspina entgegenkam. Hier erschien eine Deputation von Venedig, an deren Spitze der Vicestatthalter und der Kanzler, welche dem bayerischen Prinzen ihre Verehrung bezeugen wollten. Sie überreichten ihm zwei Eimer Malvasier-Wein, geraschelte Zungen, Zucker, Wachskerzen, Rebhühner, und zwei Bauern trugen an einer langen Stange Geflügel, Hasen und Kälber; auch Haber, Heu und Stroh brachten sie. Zugleich entschuldigten sie sich, daß sie von seiner Durchreise durch venetianische Städte nichts erfahren hatten. Ferdinand dankte den Deputirten für die Geschenke und lud sie Abends zur Tafel. Von hier führte die Reise nach Trient, wo der Prinz auf dem Schlosse des Balthasar Trautson einen Tag im fröhlichen Kreise verlebte. In Neumarkt angekommen erhielt er die Nachricht, daß ihn in dem nahen Neuhaus der Cardinal Commendone erwarte. Dieser empfing ihn liebevoll und erzählte ihm, daß er sich mit großem Vergnügen an jene Zeit erinnere, wo er bei seinem Vater in München verweilte und denselben sehr hoch schätzen lernte; wenn er ihm oder seinem Vater irgend einen freundschaftlichen Dienst erweisen könne, so werde er jeder Zeit bereit sein. Ferdinand erwiderte in lateinischer Sprache mit einer gleichen Höflichkeitsrede. Beide tranken mit einander eine Flasche Wein, während der Cardinal von seinen Reisen durch Polen erzählte. Beim Abschied gab er dem Herzog ein polnisches Zelt zum Andenken an das angenehme Zusammentreffen in Neuhaus. Den andern Tag brachen die Bayern nach Innsbruck auf, wo ihnen derselbe Empfang wieder zu Theil wurde, als bei der Hinreise nach Italien. Sie blieben hier nur zwei Tage und kamen über Tegernsee wohlerhalten am 2. Februar in München wieder ein.

Wenige Monate nach der Rückkunft aus Italien sandte Albrecht V. den jungen Prinzen mit 400 Pferden nach Ungarn gegen die Türken, wo er sich durch Klugheit und Tapferkeit rühmlich auszeichnete. Wegen seines gefälligen ritterlichen Anstandes wurde er oft von seinem Vater beauftragt, ihn bei politischen Ereignissen zu vertreten. Im Jahre 1570 wohnte er der festlichen Hochzeit des Erzherzogs Karl in Oesterreich bei, wo er als ein im Turnierkampf geübter Held doppelte Preise gewann. Im Jahre 1572 wohnte er der Wahl Kaisers Rudolph II. und dessen Krönung zum ungarischen Könige bei, wo ihm große Auszeichnung erwiesen wurde. Ferdinand hatte sich durch diese Missionen so hohes Ansehen erworben und so gediegene Staatskenntnisse sich angeeignet, daß er mehrmals abgeordnet wurde, den Sitzungen des Landsberger Bundes beizuwohnen, welcher zur Erhaltung und Sicherheit des Landfriedens in der damals durch die Reformation viel bewegten Zeit von 1556 — 1598 zwischen mehreren geistlichen und weltlichen Fürsten katholischer Confession geschlossen worden war. Die Verdienste, welche sich der Herzog um die katholische Sache in Deutschland und um den christlichen Glauben im Türkenkriege erworben hatte, blieben in Rom nicht unberücksichtigt, wo der bayerische Prinz hohes Ansehen besaß. Als sein Vater gestorben war, schickte ihm Papst Gregor XIII. einen eigenhändig geschriebenen Brief, worin er ihn über den Verlust seines verdienstreichen und geliebten Vaters mit herzlichen Worten tröstet und ihn seiner väterlichen Zuneigung und Liebe versichert (dat. Romae 21. Sept. 1579). Der Cardinal Johannes Moronus, Legat in Deutschland, ertheilte ihm verschiedene Privilegien in der Wahl des Beichtvaters, den Censuren, Gelübden, Fasten, Ablässen u. s. w. Der Cardinal und Legat Madrutius ertheilte Ferdinand die Erlaubniß, im Falle einer Krankheit oder eines anderen rechtmäßigen Hindernisses die heil. Messe in seiner Wohnung oder an einem andern geziemenden Orte lesen zu lassen. Kurze Zeit vor dem Ausbruche des kölnischen Krieges stand der Herzog drei Jahre im spanischen Kriegsdienste von 1577 bis 1580, worüber ihm König Philipp II. ein sehr rühmliches Decret über sein militärisches Talent einhändigte (dat. Badlogos 1. Sept. 1580). Die Thaten Ferdinands bei der Vermählungsfeier seines Bruders Wilhelm und im kölnischen Kriege haben wir oben erfahren.

Die weiten Reisen, welche Herzog Ferdinand schon als Jüngling machte, und die mannigfachen Bilder, welche fremde Völker und Sitten seinem jugendlichen Geiste und Gemüthe einprägten, boten ihm einen reichlichen Stoff zur angenehmen Unterhaltung im Kreise hoher Damen; dadurch erwarb er sich bei denselben dankbare und bevorziehende Liebe. Ferdinand jedoch sah in keinem fürstlichen oder hochadeligen Cirkel eine Jungfrau, zu der er sich angezogen fühlte. Dieses hagestolze Leben des Prinzen war Niemanden erwünschter, als dem Herzog Albrecht, welcher ihn zu bereden suchte in den Clericalstand zu treten. Dieser hielt es für die erste Aufgabe seiner Regirung, das Primogeniturgesetz, welches seine Ahnen erst vor fünfzig Jahren zum bleibenden Wohle Bayerns gegeben, auf jede Weise zu sichern. Deßhalb war seine Maxime, nur den Erbprinzen heirathen zu lassen, die anderen Söhne aber zur Annahme der Stola zu bewegen, damit jede Furcht verschwinde, es möchte durch Thronstreitigkeiten und Landestheilungen das Gesetz der Erstgeburt verletzt werden. Allein Ferdinand erklärte seinem Vater, er fühle weder einen Beruf zum Clericalstande in sich, noch glaube er die schweren Pflichten des Priesteramtes erfüllen zu können. Der Herzog machte ihn ferner auf seine Appanage aufmerksam, welche so gering sei, daß er keine eigene Hofhaltung führen könne, und erinnerte ihn an die beständige Sorge, welche ihm hierin sein Bruder Wilhelm in Landshut mache. Ferdinand ließ sich jedoch nicht bewegen, sondern beschloß aus keinem fürstlichen Hause eine Braut zu wählen, um seinen Vater von jeder Besorgniß zu befreien, als ließe seine Heirath eine künftige Verletzung der Primogenitur und eine durch dieselbe nothwendig gewordene Erhöhung seiner Appanage befürchten. Unterdessen war Albrecht V. gestorben und Ferdinand unverheirathet geblieben. Nach seiner Rückkehr aus Köln er sah er das Fräulein Marie v. Pettenbeck, deren Erscheinung ihn mit glühender Liebe erfüllte.

Die Familie v. Pettenbeck — Bettenbach, Pettenböckh — stammt von Pettenbach bei Dachau aus einem alten Patriziergeschlechte. Die bis jetzt aufgefundenen Urkunden der Herren von Pettenbeck reichen bis in das dreizehnte Jahrhundert hinauf. In einem Urkundenbrief über die nicht unbeträchtlichen Besitzerwerbungen des Klosters Indersdorf findet sich, daß zu denselben gehörte „ein Hof und mehre Huben nebst der Vogtei in Pettendorf, drei Huben in Fürstenried und ein Hof im Wildmose von Gottfried Pettenbach mit herzoglicher Befreiung vom Lehennexus ao. 1271." Von dieser Zeit bis zum Beginn des 15. Jahrhunderts fehlen die Urkunden, da dieselben von der Familie Pettenbeck dem Verfasser des bayerischen Stammenbuches, Wiguläus Hundt, übersandt wurden und hiebei verloren gingen; nach diesen sollten Heinrich und Erhart Pettenbeck die Stammväter der nachfolgenden Familie gewesen sein.

Die Genealogie der Pettenbeck kann daher erst mit Hans v. Pettenbeck beginnen, welcher mit Brigitta Järgl, der Tochter eines angesehenen und aus einem alten Geschlechte stammenden Bürgers Dachau's, vermählt war. Er wohnte zu Dachau, wo er im Jahre 1440 starb und in der Familiengruft der Järgl begraben wurde. Er hinterließ einen einzigen Sohn, den Georg v. Pettenbeck, welcher Pfleger zu Kummersberg war und bei wichtigen Gerichtsverhandlungen öfters als Zeuge zugezogen wurde. Sein jüngster Sohn Wolfgang widmete sich dem Priesteramte und wurde Dekan und Pfarrer zu Afalterbach im Landger. Pfaffenhofen, wo er 1497 starb; es wurde ihm hier ein Grabdenkmal errichtet. Ulrich v. Pettenbeck, welcher sich mit Magdalena Wolfersperger, einer Hofbedienstentochter des Herzogs Sigismund, verheirathete, war herzoglicher Unterrichter zu Dachau. Er stiftete für sich und seine Hausfrau zu München bei den Augustinern und in der St. Peterskirche einen Jahrtag. Im Jahre 1481 war er mit dem Abt Paulus von Wessobrunn, Pfarrer Konrad Gagmüller und Landrichter Ulrich Spiegel von Dachau Spruchmann zwischen dem Abte Johann von Diessen und dem Prälaten von Fürstenfeld wegen eines Streites über das Fischwasser in der Amber. Er starb 1489 zu Dachau ohne Nachkommen. Hans v. Pettenbeck, mit dem Zunamen Järgl, war der älteste Sohn des kummersbergischen Pflegers und mit Anna Pichelmayer vermählt. Kaiser Friedrich III. verlieh ihm und seinen Nachkommen durch ein kaiserliches Decret, dat. Augsburg am Freitag nach St. Veitstag 1474 ein Wappen, welches aus einem, durch Roth und Weiß in zwei Felder senkrecht getheilten Schilde besteht; in beiden war ein Dachziegel mit verwechselten Farben. Auf dem Helme stützen sich zwei Arme, roth und weiß, die in betender Richtung einen Dachziegel emporhalten; die Helmdecken sind weiß und roth. Hans stiftete zu Dachau, wo er 1486 starb, für die pettenbeckische Familie einen Jahrtag, eine Wochenmesse und Procession am Samstag nach der Vesper. Sein einziger Sohn, Ulrich der Jüngere, war unter den vier Herzogen Sigismund, Albrecht, Wilhelm und Ludwig Kastner und Umgelder in Dachau und Pfleger in Eisolzried. Seine Gemahlin war Magdalena, die Tochter des herzoglichen Pflegers von Wolfrathshausen, Podin v. Pfaffendorf. In den Vertragsbriefen, wo er als Zeuge unterzeichnet ist, wurde ihm der Titel „vest und weiß" beigesetzt. Im Jahre 1508 wurde er nebst dem Pfleger Stephan v. Haslang zu Dachau als Commissär zur Ausgleichung eines Streites „wegen des Holzflossens auf der Amber" zwischen dem Kloster Fürstenfeld und der Bürgerschaft von Dachau abgeordnet. Am 18. März 1502 erhielt er von Cardinal Caymundus, legatus a latere Alexanders VI.

einen Indulgenzbrief, daß ihn und seine Familie ein jeder Säcular- oder Regulargeistliche von allen päpstlichen Reservatfällen lossprechen könne. Durch ein Decret Herzogs Albrecht IV. bezog er vom Kastenamt zu Pfaffenhofen den jährlichen Gehalt von zwanzig Gulden, und von den Herzogen Wilhelm und Ludwig wurden ihm lebenslänglich auf dem Umgeld zu Dachau jährlich hundert Pfund Pfennige verschrieben. Herzog Wilhelm IV. übertrug ihm die Leitung der Restaurationsarbeiten und Verschönerung des Schlosses Mannhofen. Einige Jahre vor seinem Tode erkrankte er, so daß sein Sohn Veit seine Aemter verwaltete und seine sämmtlichen Güter erbte; allein „er hat dem Vater außer seinem Leibgeding nicht viel gelassen, dabei er aber wenig Glück gehabt." Er starb zu Dachau 1529 hochbejahrt. Von seinen beiden Töchtern heirathete die Magdalena mit einer Mitgift von 250 Gulden im Jahr 1507 den Bürger Georg Schmidtmayer zu Aichach, und die Margareth den dachauer Bürger, Georg Schmidt; letztere starb 1520 kinderlos. Die beiden Brüder Adam und Balthasar traten in den Clericalstand; jener wurde Mönch zu Altomünster, dieser Pfarrer zu Afalterbach, wo er 1549 starb. Veit, welcher für den kranken Vater die Amtsführung übernahm, trat nach dessen Tod in die Function eines Kastners und Umgelders zu Dachau ein. Durch sein leichtsinniges und ungeordnetes Leben kamen die väterlichen Besitzungen und das Kastenamt so tief herab, daß er es für das beßte hielt, in den Krieg zu ziehen, wo er umkam. Nach dem Tode seiner ersten Gemahlin heirathete er die Susanna v. Burgau, mit welcher er eine Tochter, Ursula, die den Bürger Heinrich Ebner zu Nürnberg heirathete, und einen Sohn, Georg erzeugte, welcher sich zu Neustadt an der Waldnaab in der Oberpfalz niederließ und die Güter des Herrn von Heydeck verwaltete. Dieser starb 1570; sein einziger Sohn Georg starb noch sehr jung zu Nürnberg. Der älteste Sohn Ulrichs des Jüngeren hieß Georg und war mit Elisabeth, der Tochter des Jakob Spitzbeck von Fürstenfeldbruck vermählt. Das Wappen, welches von nun an die Herren v. Pettenbeck führten, ist dahin abgeändert, daß der Helm gekrönt erscheint. Georg starb wenige Jahre nach seiner Verehelichung noch vor dem Tode seines Vaters.

Sein einziger Sohn Balthasar v. Pettenbeck machte als Jüngling weite Reisen und nahm unter Kaiser Maximilian I. und Karl V. Kriegsdienste, wobei er sich rühmlichst auszeichnete. Im Jahre 1533 kehrte er wieder nach Bayern zurück und heirathete schon ziemlich bejahrt die Bürgerstochter Anna Häckel von Fürstenfeldbruck, wo er sich häuslich niederließ. Er starb 1566 und liegt in Bruck begraben; in der Kirche daselbst errichteten ihm seine Söhne ein Denkmal. Ihn überlebten eine Tochter Appolonia und zwei Söhne Richart und Georg. Ersterer war Gerichtsschreiber in Murnau und Kastner und Hubprobst zu Ettal; er verheirathete sich mit Barbara Metzger von Fürstenfeldbruck, mit welcher er vier Töchter und sechs Söhne erzeugte. Von jenen starben zwei in ihrer Kindheit; die Rosina, welche 1588 geboren wurde, nahm zu Büttrich den Schleier. Von ihren Brüdern wurde Richart, geb. 1575 Canonicus und Summus Custos zu U. L. Frau in München; Balthasar, geb. 1570, wurde zu Kempten Obristholzwart und später ettalischer Kastner und Hubpropst; er vermählte sich mit Margaretha Hoheneder und hinterließ fünf Söhne und zwei Töchter. Sein Bruder Dietrich gebor. 1569, welcher die Katharina Offenrieder aus Murnau heirathete, war ettalischer Richter in Oberammergau. Er hinterließ zwei Töchter und zwei Söhne, von denen Hans Ulrich auf Zeilhofen, Hauptmann und Pflegverwalter zu Erbing und osnabrückischer Rath und Commissär war. Nach dem Tode seiner ersten Gattin heirathete er die Wittwe des Tobias von und zu Zeilhofen, Elisabeth Eisenreich. Er starb 1634 und ist zu Oberndorf begraben.

Der älteste Sohn des zu Bruck gestorbenen Balthasar, Georg v. Pettenbeck, der Vater der Marie v. Pettenbeck, war 1540 geboren und mit Felicitas, einer gebornen Simann oder nach andern einer gebornen Merolbt verheirathet. Er hinterließ zwei Söhne, von denen Michael als Reiterfähndrich in Siebenbürgen unter Georg Basta zu Tewa in einem Alter von 21 Jahren 1603 starb, und Balthasar als herzoglicher Rath, Pfleger und Kastner in Viechtach, Regimentsrath zu Straubing die Wittwe des Andreas v. Lerchenfeld auf Oberbrennberg und Aeltheim, Jakobe, eine geborne Prandstetter 1610 zu Haag heirathete. Von seinen Töchtern trat Marie Jakobe 1601 zu Kühbach in das Kloster; Veronika heirathete 1608 den Hadrian v. Sittichhausen, genuesischen Obristen über ein Regiment deutschen Fußvolkes; Sibonia heirathete 1598 den Hans Sebastian Rempon, Landrichter zu Haag, und ihre Schwester Anna 1596 den Hans Joachim Westacher auf Arnstorf und Lindum, herzoglichen Pfleger zu Schongau. Das Wappen, welches Georg v. Pettenbeck führte, besteht aus einem Quadraturschild: im ersten und vierten Feld befinden sich unten auf Goldgrund drei aneinander gereihte Rauten, dem bayerischen Stammwappen entnommen, auf welchen eine goldene Krone, Symbol der Schönheit und Tugend, mit einem wachsenden silbernen Einhorn, Sinnbild der Reinheit, auf blauem Grunde ruht. Das zweite und dritte Feld ist senkrecht in Silber und Roth getheilt und in jedem Theile befindet sich ein kleiner Dachziegel mit verwechselten Farben. Auf dem Helme ragen zwei Arme, der eine silbern, der andere roth, zum Gebete geschlossen empor; zwischen beiden Armen sitzt auf dem Helme eine von Silber und Roth senkrecht getheilte Raute. Die Helmdecken sind links golden und blau, rechts silbern und roth.

Den Georg v. Pettenbeck ernannte Herzog Albrecht V. im Jahre 1572 zum Landrichter, Kastner und Landhauptmann von Haag am Inn, welches der Hauptort der Graffschaft Haag war. Diese gehörte früher den Herren von Gurren und ging im Jahre 1224 an die Freiherrn von Fraunberg unter dem Namen „Grafen von Haag" über. Als dieses Geschlecht 1566 ausstarb, fiel Haag an die Krone Bayerns. Georg v. Pettenbeck entsprach als Landrichter durch treuen Diensteifer den Erwartungen seines Fürsten und genoß durch seinen redlichen und frommen Charakter die Achtung aller seiner Unterthanen. Er war mildthätig gegen die Armen und Kranken und machte für das Armenhaus „zum alten Markt" nicht unbedeutende Stiftungen. Im Jahre 1574 gebar ihm zu München, wo er sich damals aufhielt, seine mit schönen weiblichen Tugenden bevorzugte Gattin Felicitas eine Tochter, welcher er in der hl. Taufe den Namen Marie geben ließ. An der leitenden Hand der sorgsamen Mutter wuchs das Töchterlein voll Liebe und Unschuld heran; sie war von Jedermann wegen ihrer Frömmigkeit und Schönheit wie ein Engel geliebt. Als Wilhelm V. die Regirung antrat, ließ er die Verdienste des Georg v. Pettenbeck nicht unbeachtet, sondern ernannte ihn zum herzoglichen Rathe. Die Amtsverwaltung der Herrschaft Haag, wo sich mehre aufrührische Bauern befanden, nöthigten den Rath, sich öfters beim Herzog in München Verhaltungsmaßregeln zu erbitten. Dadurch bot sich ihm die Gelegenheit dar, seine Tochter nach der Residenz zu führen. Hier erregte sie wegen ihrer seltenen Anmuth und Liebenswürdigkeit allgemeines Aufsehen; „denn sie war ein über die Maßen schön und zartes und zugleich sehr züchtig, tugendhaft und gottesfürchtiges Frauenzimmer," welches in gleicher Weise durch Geistesbildung hervorragte.

Die reizende Schönheit der Tochter des herzoglichen Rathes entzündete das Herz des Prinzen Ferdinand, und er eröffnete ihr seine Liebe. Das schuldlose Mädchen, welches damals erst vierzehn Jahre zählte, erschrack und erwiderte dem Herzog: Es sei zwar ein seltenes Glück, wenn ein so hoher Herr ein unansehnliches Mädchen liebe; allein Seine fürstlichen Gnaden möge die große Kluft des Standes bedenken, welche beide von einander trenne. Wenn er sie wahrhaft liebe, so bitte sie sich die Gnade aus, ihr nichts zuzumuthen, was ihre Ehre verletzen könnte. Wünsche er, daß sie ihm die Liebe erwidere, so möge er ein Mittel ersinnen, welches ihre Verheirathung möglich mache. Diese edlen Worte, aus dem Munde der anmuthsvollen und jugendlich blühenden Landrichterstochter gesprochen, erfüllten den Herzog mit steigendem Reiz, so daß er sich sogleich entschloß, alles zu ihrer Verehelichung aufzubieten. Er entdeckte seine Liebe zuerst seinem Bruder Wilhelm V. Dieser ernste aber wohlwollende Fürst vernahm es sehr ungern, daß Ferdinand in ein Mädchen von so niederm Adel verliebt und dasselbe zu heirathen gesonnen sei. Er war seinem Bruder mit besonderer Liebe zugethan und schloß mit ihm am 13. Sept. 1581 einen innigen Bund, „die Bruderschaft der Rosen, welche um Freundschaft unter guten und vertrauten Brüdern zu erhalten und anzurichten ins Werk gesetzt worden." Als er ihn von den liebenswürdigen Eigenschaften der schönen Marie v. Pettenbeck mit höchster Begeisterung sprechen hörte, erkannte er, daß es vergeblich sei, ihn von seinem Vorhaben abzubringen. Obwohl die Herzogin-Mutter und die übrigen Verwandten alles aufboten um diese Heirath zu verhindern, so gab doch Wilhelm die Einwilligung, da Ferdinand erklärte, er werde mit seinen Nachkommen auf jeden Anspruch in den bayerischen Landen verzichten. Am 23. September 1588 schlossen Herzog Wilhelm V. und Ferdinand folgenden Vertrag:

„Die aus der Ehe des Herzogs Ferdinand und der Marie v. Pettenbeck hervorgehenden Kinder enthalten sich des herzoglichen Titels, Namens und Wappens und haben keinen Anspruch weder auf das jetzige Herzogthum Ober- und Niederbayern und die dazu gehörigen Graf- und Herrschaften, welche Herzog Albrecht V. besessen hatte, noch auf jene Besitzungen, welche in Zukunft mit Bayern einverleibt werden sollen. Sollte es sich aber nach dem Willen des Allmächtigen ereignen, daß der Stamm des Herzogs Wilhelm V. in männlicher Linie erlöschen würde, und auf keine ehelich erzeugten Leibeserben in infinitum mehr gerechnet werden könnte, so succediren die leiblichen Manneserben des Herzogs Ferdinand, jedoch so daß, wenn Ferdinand nach dem allenfallsigen Tode der obengemeldeten Marie v. Pettenbeck eine Fürstentochter heirathen würde, nur die mit der zweiten Gemahlin erzeugten Söhne zur Succession berechtigt seien. Da dem Herzog Ferdinand selbst daranliegt, daß das Haus Bayern in seiner Integrität nichts verliere, so haben sich seine etwaigen Nachkommen mit dem einfachen Adelstitel und einem noch zu bestimmenden Wappen zufrieden zu geben. Herzog Ferdinand bleibt im ungeschmälerten Besitze aller bisherigen Gefälle und Einkünfte seiner Graf- und Herrschaften und bezieht alljährlich bis zu seinem Absterben das Deputat von 35,000 Gulden. Sollte Herzog Ferdinand nach seinem Ableben nur einen Sohn hinterlassen, so erhält derselbe eine jährliche Appanage von 3000 Gulden nebst einem Schlosse mit den dazu gehörigen Einkünften und Gütern als unveräußerliches Fideicommiß im Werthe von 20,000 Gulden. Wenn die Nachkommen des Herzogs zwei oder mehre Sprößlinge sind, so erhalten alle übrigen nur noch ein zweites Schloß im gleichen Werth und eine jährliche Appanage von 3000 Gulden; die Töchter bekommen 4000 Gulden als Mitgift. Nach dem Erlöschen der Erben Ferdinands fallen diese Schlösser wieder an die Krone Bayern zurück. Von den werthvollen Geräthschaften, Möbeln, Kleinodien ꝛc., welche Ferdinand von seinem Vater erhalten hatte, sind dessen Kinder verpflichtet, an den Herzog Wilhelm oder seine Erben das, was ihnen beliebt, um den derzeitigen Preis käuflich verabfolgen zu lassen. Die Wittwe des Herzogs soll von Wilhelm oder dessen Nachfolger eine jährliche Pension von 2000 Gulden erhalten. Da dem Herzog Ferdinand selbst hoch daran gelegen ist, daß das Haus Bayern in seiner Reputation, Ehre und Hoheit soviel als möglich erhalten werde, so wird er und seine Nachkommen, so lange ein männlicher Erbe aus dem Stamme Wilhelms V. am Leben ist, nicht nur mit dem einfachen Adelstitel zufrieden sein, sondern auch auf seine künftige Ehegattin, um allerlei Nachreden zu verhüten, so einzuwirken suchen, daß sie sich in Kleidung und Haushaltung mit gebührender Bescheidenheit und Discretion zeige."

Herr v. Haslang wurde nach Prag abgesandt, um diesen Vertrag vom Kaiser Rudolph II. confirmiren zu lassen. Obgleich dieser Contract, welcher den Nachkommen Ferdinands das Successionsrecht in Bayern einräumt, von höchster Bedeutung ist, so wurde derselbe doch vom Kaiser den 16. Februar 1589 bestätigt. Die Wittelsbacher in der Pfalz, welche um den ganzen Vertrag und die kaiserliche Bestätigung nichts wußten, und die Reichsstände, deren rechtliche Einsprache gegen die Thronbesteigung der Erben Ferdinands in Bayern wohl nicht bestritten werden könnte, wurden um die herkömmliche Zustimmung nicht gefragt. Um aber den Verdacht zu vermeiden, als hätten die Habsburger bei der übereilten Confirmation dieses Vertrages aus Sonderinteressen die wittelsbachische Linie der Rheinpfalz von der Succession in Bayern ausschließen wollen, so fügte Rudolph in der Bestätigung die Clausel bei: „unbeschadet der

Rechte eines Dritten." Die wahre Absicht der Habsburger, welche sich um diese Clausel wenig bekümmerten, trat in nächster Zukunft hervor. Als die Ehe des Kurfürsten Maximilian I. mit der lothringischen Prinzessin Elisabeth kinderlos blieb, glaubte Kaiser Ferdinand II., daß der Stamm der bayerischen Wittelsbacher schon mit Maximilian erlöschen könnte, und erhob am 25. April 1602 die Söhne Ferdinands in den Grafenstand, wiewohl die Kurpfalz dagegen protestirte.

Seit dem von Rudolph II. bestätigten Vertrage der beiden Herzoge bestanden in Bayern bis zum achtzehnten Jahrhundert zwei Linien der Wittelsbacher, die wilhelminische, welche mit Kurfürst Max III. 1777, und die ferdinandinische, welche 1736 mit dem Grafen Max Emanuel ausstarb.

Am 26. September 1588 feierte Herzog Ferdinand mit seiner schönen Braut im vertrauten und stillen Kreise seiner Freunde die Hochzeit. Sein Bruder Wilhelm gab ihm gemäß dem Vertrage das Schloß und Gut Wartenberg*) im Bisthume Freising und Rentamte Landshut am Flüßchen Strogen bei Moosburg. Von dieser Herrschaft, deren Besitzer ausgestorben waren, erhielten die Söhne Ferdinands den Namen: „Grafen von Wartenberg." Der Gemahlin Ferdinands wurde jedoch die Titulatur: „Von Gottes Gnaden Herzogin in Ober- und Niederbayern, Pfalzgräfin bei Rhein" gleich dem Titel des herzoglichen Gatten beigegeben. Das Wappen besteht in einem von Silber und Blau geweckten Schilde, worin der pfälzische, goldene, rothgekrönte, gehende Löwe zu sehen ist. Der gekrönte Helm zeigt einen zweifachen, geweckten und von außen mit kleinen Blättern gezierten Flug, zwischen welchem der pfälzische gekrönte Löwe sitzt. Als Heirathsgeschenk gab Wilhelm seinem Bruder die Grafschaft Haag, weil dieselbe die Heimath seiner geliebten Braut war. Ferdinand wendete dieser Herrschaft große Sorge zu und stellte nach wenigen Jahren das aufgelöste Augustinerkloster zu Ramsau wieder her. Sein Schwiegervater verwaltete nach der Heirath seiner Tochter mit dem Herzoge das ihm anvertraute Amt mit um so gewissenhafterer Treue. Als

---

*) Auf der Höhe von Wartenberg steht die St. Niklaskirche, über deren Thüre in einem eingemauerten großen Stein das Wappen der ehemaligen Besitzer dieses Ortes, rechts ein aufstehender Löwe, links ein geflügelter Basilisk, in der Mitte aber ein abgemästeter, gegen den Löwen zwei Blätter austreibender Lindenbaum zu sehen ist. Der Basilisk ist das heutige Wappen dieses Marktes. Geogr. statist. topogr. Lexikon von Bayern III. Bd. 588.

im Jahre 1596 am 5. Januar gegen 1500 Bauern aus der Grafschaft Haag ohne sein Vorwissen in Kirchdorf eine Versammlung hielten, um sich gemeinschaftlich gegen die Zahlung der Türkensteuer und andere herzoglichen Decrete aufzulehnen, so schickte der herzogliche Rath sogleich einen amtlichen Bericht nach München über diesen Aufruhr der Bauern, welche nicht blos die Gerichtsdiener mißhandelten, sondern auch den Landrichter mit derben Schimpfworten insultirten. Noch in derselben Nacht wurden Freiherr Eustach v. Törring und Herr v. Frauenberg als Commissäre nach Haag mit 130 Mann zu Fuß und 40 Reitern abgeschickt, welche vom Hauptmann Blankenmaier befehligt wurden. Die Rädelsführer und schwer Gravirten wurden gefangen genommen und auf mehreren Wägen in den Falkenthurm nach München abgeführt. Georg v. Pettenbeck ließ die ganze Gemeinde der Grafschaft Haag auf dem Schloßplatze versammeln, wo sie nach abgehaltener sogenannten Galgenpredigt fußfällig um Verzeihung und Gnade bitten und einen neuen Eid der Treue schwören mußten. Die beiden Haupträdelsführer wurden zum Tode verurtheilt, jedoch vom mildherzigen Ferdinand begnadigt, weil der eine Vater von neun unversorgten Kindern war. Auch die von den Richtern bestimmte Strafe, beiden durch den Scharfrichter das vordere Glied der linken Hand abzuhauen, milderte der Herzog dahin, daß beide seine Grafschaft für immer verlassen mußten. Die übrigen Bauern wurden frei entlassen. Die Proceß-, Commissions- und Zehrungskosten, welche sich auf 2537 Gulden beliefen, mußten die Bauern zahlen. Als diese auch die Bürger von Haag zur Mitbezahlung beiziehen wollten, „weil sie ebenfalls Unterthanen der Herrschaft wären," so wurden sie freigesprochen, da nicht ein Bürger an jener Bewegung Theil nahm. Zwölf Jahre nach diesem Bauernaufruhr starb der thätige und amtstreue Rath in einem Alter von 68 Jahren, nachdem vier Jahre vorher seine Gattin ihm im Tode vorausgegangen war. Beide liegen in Kirchdorf begraben, wo zwei Grabsteine in der Kirche uns ihr Andenken aufbewahrt haben.*)

Herzog Ferdinand lebte nach der Verheirathung mit Marie v. Pettenbeck im Schooße seiner Familie das Leben eines Privatmannes und

---

*) Die Inschriften der Grabdenkmale in der Pfarrkirche zu Kirchdorf lauten:
„Anno Xst. 1608 ist in Gott verschieden, der Erl und vest Georg v. Pettenpelh, frl. Rath, Landrichter, Kastner und Lehenprobst der Gravschaft Haag, alters 68 Jar."
„Aõ 1604, Freittag den 26. Novbris ist in Gott verschieden, die Erl, vil ehrent u. tugentreich gottselig Frau Felicitas Pettenbeckhin, sein eheliche

hatte sich beßhalb ein eigenes Schloß auf dem Rindermarkt gebaut. Dasselbe hatte eine sehr bequeme Lage, indem er den ganzen Markt übersehen konnte und die Communication mit dem Rosenthale hatte, wo sich sein Hofgarten befand.*) Derselbe war geschmackvoll und fürstlich angelegt; in einem Ecke befand sich ein grosser geräumiger Saal mit einem schönen Kabinete, in der Mitte war ein kunstreiches Grottenwerk mit vierzehn Fontainen angebracht, am gegenüberstehenden Ecke war eine niedliche Klause erbaut, welche hohe Weinreben schmückten; die Seitenwände waren mit gipsernen Büsten nach römischen Antiquen geziert. Den Sommeraufenthalt nahm er im Neubeckergarten, wovon ein Theil sein Eigenthum war.

Ferdinands Ehe war mit 16 Kindern gesegnet, deren Erziehung ihm grosse Sorge verursachte; daher reichte seine Appanage nicht aus, und er sah sich oft genöthiget, bei der Landschaft eine Aufbesserung seines Deputates zu verlangen und ansehnliche Schulden mit hohen Zinsen zu contrahiren.**) Sein ganzes Schloß am Rindermarkt war seinen Gläubigern verpfändet, von denen es der Kurfürst Maximilian wieder einlöste und seinen Neffen übergab. Die vielen Familiensorgen hielten den Herzog vom Schauplatze der Politik und des Krieges ferne; nur im Jahre 1594 finden wir, daß ihm Papst Clemens VIII. ein Schreiben übersandte, worin er ihn zur eifrigen Rüstung gegen die Türken aufmuntert (dat. Romao 19. Mart. 1594.). Seinen religiösen Eifer bewahrte er bis zum Lebens-

---

Hausfrau, alters 59 Jar. Der allmechtig Gott verleihe inen samt allen christglaubigen ain freliche Auferstehung zum ewigen Leben, amen."

Aus dieser adeligen Familie treffen wir noch im Jahre 1721 einen Herrn v. Pettenbeck als hochfürstl. Rath von Augsburg und Pfleger von Füssen.

*) Ferdinand kaufte von Jakob Fugger und Georg Ligsalz im Rosenthal Haus und Garten. Das Schloß bestand aus dem gegenwärtigen Gasthause zu den drei Rosen und den daranstossenden Häusern. Eine Gedenktafel bezeichnet das Haus „der Grafen von Wartenberg." Der Garten befand sich an dem Orte, wo gegenwärtig die Wagenfabrikation des Bürgers Roth erbaut ist.

**) Dem Bortenmacher Hans Gottbewar schuldete der Herzog 3000 fl., dem Andreas und Othmar Ligsalz 2500 fl., dem Rathsherrn Hans Starnberger 1000 fl., dem Bürgermeister von Schongau 1000 fl., seinem Küchenschreiber Georg Hanold 1500 fl., dem Kastner zu Ettal und Gerichtschreiber zu Murnau, seinem Vetter Reinhard v. Pettenbeck, Kastner in Ettal eine unbestimmte Summe zu fünf Procent, seinem Schwiegervater Georg v. Pettenbeck 1000 fl. zu gleichen Zinsen, dem Hofbarretmacher Wolfgang Feucht zu München 500 fl. u. s. w. Ferdinand mußte alle Kapitalien zu der damals enormen Summe von 5 Procent verzinsen. Archiv v. Tißling.

ende bei, und mit hoher Freude empfing er ein Decret vom Franziskaner-General, Franziskus Sosa, welcher ihn zum Procurator und Syndicus aller Orte, welche der frommen Wache des Franziskanerordens zu Jerusalem und auf der ganzen Erde anvertraut sind, ernannte und ihm den Genuß aller Gnaden dieses Ordens verlieh (dat. Parisiis 26. April. 1604.). Marie v. Pettenbeck durchlebte als Gattin eines Herzogs ein kummervolles Leben. Die entfremdende Stellung zum Hofe und der stete Mangel an Geldmitteln, welche die vornehme Erziehung ihrer zahlreichen Kinder erheischte, verdrängte jedes freudige Gefühl aus ihrem mütterlichen Herzen. Voll Sehnsucht nach der stillen Heimath, wo sie die goldene Zeit ihrer sorgenlosen Jugend durchlebt, verließ sie öfters München und eilte mit ihrem geliebten Töchterlein, Marie, zu den theuern Eltern nach Haag, wo dasselbe sechs Jahre alt starb und im Schlosse begraben wurde, wie es ein Denkstein in Kirchdorf dem Wanderer verkündet.*) Noch trüber wurden ihre Tage, als im Jahre 1608 Ferdinand in einem Alter von 58 Jahren starb; sie war gesonnen in ein Kloster zu gehen und nur die Liebe zu ihren Kindern und der baldige Tod hielt sie von diesem Entschlusse ab. Dieselben standen unter der Vormundschaft des Hofrathspräsidenten Freiherrn von Tannberg, des Kämmerers Philipp Kurz und des Hofrathes Dr. Johann Balthasar, von welchen die Wittwe jeden Quartals zweihundert sechs und sechszig Gulden als Kostgeld für ihre Kinder erhielt, und denen sie immer eine Quittung einhändigen mußte. Der Rath und Hofmeister des verstorbenen Herzogs, Wilhelm Leeb, übte einen schönen Act seines Edelmuthes gegen die Wittwe und ihre Kinder, indem er ihnen seine Häuser, Hofstätten und Gärten zu München und in der Au nebst einem Kapital von 8000 Gulden vermachte.**)

Im Jahre 1619 beschloß Marie v. Pettenbeck, 45 Jahre alt, ihr vielbewegtes Leben. Die bleibende Ruhestätte fand sie in der Fürstengruft der Metropolitankirche U. L. Fr. zu München, wo ihr Sarg neben dem ihres Gemahles steht; die Aufschrift sagt, daß sie nach ihrer Verehelichung unglückliche und trübe Tage verlebt habe.***) Das schönste Denkmal der

---

*) „Maria, filia Ser^{mi} princ. ac Dⁿⁱ Dⁿⁱ Ferdin. primi hujus nõis, comitis pal. Rhen. utriusque Bav^{ae} ducis etc. ne conjugis ejus Mariae Pottenbekhin, comitissa in Wartenberg et Domina in Wald, aet^{is} VI annum et X mens. in arce comitatus Haag in die S. Martini epⁱ mortua atque sepulta est anno D^{mi} MDXCVIII.

**) Archiv in Tifling und Gräfl. Haslang. Lanskanzlei in München.

***) In Beiblättern zur Polizeiübersicht von 1806 hatte der k. Rath Baumgartner

beiden Gatten enthielt die ehemalige St. Sebastianskirche, welche Ferdinand den 23. März 1589 zu Ehren des hl. Sebastian und Nikolaus von Tolentin einweihen und mit vier Glocken versehen ließ. Den Hochaltar schmückte ein Blatt dieser beiden Heiligen, von der Künstlerhand des Christoph Schwarz gemalt. Das Altarblatt auf der Epistelseite war durch ein kostbar eingefaßtes Marienbild verdeckt, welches eine Kopie der vom Evangelisten Lukas gemalten Madonna gewesen sein soll und im Jahre 1674 aus Moskau hieher gebracht wurde, wo es nach dem Türkenkriege unter der Soldatenbeute gefunden wurde. Oben war die Kirche mit einer schönen, auf Marmorsäulen ruhenden Gallerie umgeben, welche ein Altar, zwei Oratorien und acht Statuen heiliger Apostel und Kirchenlehrer schmückten. An der Vorderseite der Gallerie befand sich das bayerische und wartenbergische Wappen; unter dem letztern stand die Inschrift: „Nach Eroberung des Königreichs Böhmen im Jahre 1620 den 6. December zu München ist in Gott seeliglich entschlaffen der hoch- und wohlgeborne Herr Albrecht Graf von Wartenberg, Herr zu Waldt, Sr. kaiserl. Majestät Ferdinandi des andern, auch Ihro fürstl. Durchl. Maximilian Herzoges zu Baiern Kammerer und bestellter Oberstlieutenant über 500 Pferde seines Alters 19 Jahre 7 Monate 3 Tage, dem Gott Gnad." An der Hinterseite der Kirche war in der Mitte die lebensgroße Statue des Herzogs Ferdinand aus Bronce; rechts derselben war eine eherne Tafel angebracht, welche oben mit dem bayerischen Wappen und an den Seiten mit Symbolen des Todes: Sensen, Spaten, Todtenknochen ꝛc. geziert war. Die lateinische Inschrift derselben lautete: „Der durchlauchtigste Ferdinand I. Pfalzgraf bei Rhein, Herzog von Ober- und Niederbayern, Sohn Albrechts V. und der österreichischen Prinzessin Maximilians II., Anna, erzeugte in rechtmäßiger Ehe acht erlauchte Söhne und eben so viele Töchter, welche in den Stand der Grafen von Wartenberg erhoben wurden. Im Kampfe seines Bruders Ernest, des Kurfürsten von Köln, mit dem Truchsessen führte er den Feldherrnstab und kehrte mit dem Siegeslorbeer geschmückt nach München zurück, wo er am 30. Januar 1608 in from-

---

ein Verzeichniß der Särge nebst Inschrift gegeben. Wir fanden bei der Besichtigung der Fürstengruft im November 1859 keine Inschrift mehr, sondern nur ein Namensverzeichniß auf Papier in der Sacristei, wo jenes von der Marie v. Pettenbeck fehlt. Baumgartner schreibt: Ferdinand's Leichnam liegt in einer prächtigen, nur halb verwesten Mantelkleidung von geblümtem, braunen Seidenzeug, mit schönen Borten und Schnüren von Seide verbrämt.

mer und religiöser Andacht starb. Er lebte 58 Jahre. Seine irdische Hülle ruht in der bayerischen Fürstengruft mit Ausnahme seines Herzens, welches in dieser Kapelle aufbewahrt wird. Er hinterließ fünf Söhne und eben so viele Töchter. Er war ein frommer, hochherziger, tapferer, edelmüthiger und bescheidener Fürst. Er lebe in Ewigkeit!" Links neben der Statue befand sich eine andere Erztafel, auf welcher oben das wartenbergische Wappen ruhte, und an den Seitenlinien der Einfassung Pfeil, Bogen und Ring als Zeichen der ehelichen Liebe, eine Dornenkrone und brennende Erdkugel als Symbol der irdischen Leiden und Vergänglichkeit gezeichnet waren. Die Inschrift in lateinischer Sprache hieß: „Maria Pettenbeck war 1574 zu München von adeligen Eltern geboren und vom durchlauchtigsten Herzog Ferdinand I. Pfalzgrafen bei Rhein und Herzog von Ober- und Niederbayern als rechtmäßige Gattin erworben. Durch manche Trübsale schmerzlich berührt, wollte sie nach dem Tode ihres durchlauchtigsten Gemahls, den sie nach dem wunderbaren Wechsel des Geschickes überlebte, den Schleier nehmen. Allein sie ging nach einem durch des Schicksals Bestimmung vielbewegten Leben am 5. December 1619 zu München in ein besseres Leben über, nachdem sie drei Söhne und eben so viele Töchter in den Himmel vorausgesendet hatte. Fünf Söhne und ebensoviele Töchter überlebten sie. Sie lebte in Glück und Unglück, war aber größer als beide; denn sie bewies sich im Unglück beharrlich und im Glücke mäßig. Sie war des Himmels würdig, nach dem sie sich stets gesehnt."**)

Von den Nachkommen Ferdinand's und der Marie v. Pettenbeck war der erste Sprößling ein Mädchen, welches am 1. October 1589 geboren und mit dem Namen Maria Maximiliana von ihrer Tante, der Herzogin Maximiliana aus der Taufe gehoben wurde. Sie wurde mit ihrer Schwester Maria Magdalena, welche am 7. November 1590 geboren wurde und die Herzogin Renata zur Taufpathin hatte, im sogenannten Ridler Regel-Haus des dritten Ordens des hl. Franziscus erzogen. Beide Schwestern nahmen noch als kleine Mädchen im Jahre 1605 den Schleier; bei der Einkleidung war der ganze Hof, die Herzoge Wilhelm, Maximilian, Albrecht und die Prinzessinen Elisabeth und Magdalena anwesend. Da aber damals das Ridler Regel-Haus keine eigene Kapelle hatte, und

---

*) Die St. Sebastianskirche, welche in der Nähe des ehemaligen Schifferthores stand, wurde im Jahre 1808 niedergerissen und die ganze Einrichtung der Kirche veräußert; ein Bürger Münchens acquirirte die oben erwähnte Statue des Herzogs nebst den beiden Erztafeln und vermachte sie der Kirche zum hl. Geiste als Geschenk, wo sie an der Hinterseite unter der Orgel angebracht sind.

die Nonnen in die Franziskanerkirche zum Gottesdienste gehen mußten, so war durch diese äußere Störung das Streben nach höherer Ascese gehemmt. Deßhalb entschloß sich Maria Magdalena in den strengeren Orden der Clarissinen zu St. Jakob am Anger zu treten und theilte ihren Wunsch dem Vater Provincial Johann Hösslmayer mit. Dieser kam sogleich ihrem Verlangen nach und verwendete sich bei der Aebtissin Anna Margaretha, einer gebornen Gräfin von Braubic, welche sie mit Freuden in ihr Kloster aufnahm. Bei ihrem Eintritte den 13. Juni 1617 erhielt sie den Namen Maria Antonia. Hier wurde sie bald ihren Mitschwestern durch ein frommes und demüthiges Leben zum schönsten Beispiele der Nachahmung. Da die Ordensregeln der Clarissinen sehr streng sind, so fragte die Aebtissin sie öfters, ob sie nicht von mancher Verpflichtung dispensirt sein wolle; allein sie erwiederte, daß sie nicht wegen eines bequemlichen Lebens sondern um Gott zu dienen in das Kloster getreten sei. Sie starb den 18. November 1620; die Chronisten nennen sie „eine Blume des hohen Adels, einen Spiegel der klösterlichen Vollkommenheit und ein Licht der fürstlichen Tugenden." Im Jahre 1592 den 12. Januar erblickte Marie, der Liebling der Mutter, das Licht der Welt und wurde von der Erzherzogin Marie, der Schwester Wilhelms V., aus der Taufe gehoben. Sie starb, wie oben berichtet wurde, zu Haag in einem Alter von sechs Jahren und liegt in Kirchdorf begraben.

Der erste Sohn war Franz Wilhelm, welchen seine Mutter den 1. März 1593 gebar, und dessen Taufpathe der Herzog Wilhelm war. Schon als Knabe zeigte er eine große Neigung zum geistlichen Stande. Sein Vater schickte ihn in die Jesuitenschule nach Ingolstadt, wo er am dortigen Gymnasium durch Talent und Fleiß hervorragte. Als er noch nicht volle zwölf Jahre zählte, wurde er vom Bischof von Freising in den Clericalstand erhoben und zum Propst von Altötting und nach wenigen Jahren zum Propst an der Collegialkirche U. L. Frau zu München ernannt. Die Propstei in Altötting leitete er 57 Jahre und bewies sich stets als Freund und Beförderer alles Guten. Mit treuer Sorge verwaltete er das Kirchenvermögen der hl. Kapelle und Propstei und erbaute den sogenannten Chorherrnstock. Mit landesfürstlicher Bewilligung bewirkte er, daß die Zahl der Canoniker und Chorvicaren vermehrt wurde. Fünfzehn Jahre alt reiste er nach Rom, wo er im Collegium germanicum neun Jahre blieb. Nach seiner Rückkehr beförderte ihn Kurfürst Maximilian zum Präsidenten aller Rathskollegien in Bayern, und im folgenden Jahre erhielt er vom Papste Paulus V. die Würde eines Dompropstes von Regensburg, wo er einige Jahre vorher Canonicus geworden war. Im Jahre 1621 berief ihn sein Vetter, der Kurfürst Ferdinand, nach Köln und ernannte ihn zu seinem Oberſthofmeiſter, geheimen Rath, Präſidenten und Director über die Bisthümer Hildesheim, Münſter, Lüttich und Paderborn. Nachdem er dem Collegialtag in Regensburg und dem Convente in Augsburg wegen Verſtärkung der Liga beigewohnt hatte, wurde er zum Biſchof von Osnabrück (1625) gewählt und vom Papſte beſtätigt; er konnte jedoch dieſes Bisthum erſt antreten, als die ligiſtiſche Armee die däniſchen Truppen aus demſelben vertrieben hatte. Im Jahre 1627 war er im Namen des Kurfürſten Kölns auf dem Kurfürſtencongreß zu Mühlhauſen und wurde zwei Jahre ſpäter vom Kaiſer als Executor des Reſtitutionsedictes in den niederſächſiſchen Kreis geſandt, wo er die dortigen Erz- und Bisthümer, über hundert Klöſter und Collegiatkirchen von der proteſtantiſchen Kirche wieder an die katholiſche brachte. Für ſeine Verdienſte verlieh ihm der Papſt Urban VIII. zu ſeinem Bisthum Osnabrück das Stift Minden, welches der Herzog Chriſtian von Braunſchweig, und das Bisthum Verden, welches der Herzog Johann Friedrich von Holnſtein abtreten mußte. In Osnabrück entfaltete er ungeachtet der Stürme des dreißigjährigen Krieges eine große Thätigkeit; er reſtaurirte die Univerſität, deren Gründung bis auf Karl den Großen zurückführt, berief berühmte Profeſſoren, ſtiftete das Collegium anglicanum und mehre Seminarien, darunter eines für arme Studirende. Als im Jahre 1633 Herzog Georg von Braunſchweig die Ligiſten bei Oldendorf beſiegte, verlor Graf Wilhelm von Wartenberg alle ſeine biſchöflichen Beſitzungen und mußte ſich über Köln nach Brüſſel flüchten. Nach der für die Proteſtanten unglücklichen Schlacht bei Nördlingen ging er wieder nach Köln zurück, wo er vom bayeriſchen und kölniſchen Kurfürſten als Geſandter an den kaiſerlichen Hof nach Wien geſandt wurde, um für Maximilian I. um die Hand der älteſten Prinzeſſin des Kaiſers Ferdinand II. zu werben, was ihm auch in kurzer Zeit gelang. Im Jahre 1641 trat er abermals eine Reiſe nach Rom und St. Loretto an, um ein Gelübde zu erfüllen, welches er in einer ſchweren Krankheit gemacht hatte; nach ſeiner Zurückkunft wurde er zum Coadjutor von Regensburg gewählt. Als kurkölniſcher Geſandter war er beim Schluſſe des weſtphäliſchen Friedens in Münſter und Osnabrück zugegen, wo er die Bisthümer Verden und Minden verlor und für das Bisthum Osnabrück den Schweden 80,000 Thaler in vier Jahresfriſten zahlen mußte. Für dieſen Verluſt wurde er dadurch entſchädigt, daß er ein Jahr nach dem weſtphäliſchen Frieden Bischof von Regensburg und im Jahre 1660 vom Papste zum Cardinal ernannt wurde. Allein er blieb nur ein Jahr im Besitze dieser hohen Würde, da er im Jahre 1661 in einem Alter von 68 Jahren starb. Sein Leichnam ruht in der Stiftskirche zu Altötting unter einem ehernen Epitaphium; das Herz wurde in der Wallfahrtskapelle aufbewahrt.

Im Jahre 1594 den 19. April wurde Maria Anna geboren und von der Herzogin-Mutter Anna aus der Taufe gehoben. Sieben Jahre alt schickte sie ihr Vater in das Kloster Kühbach, wo sie sich später als Nonne einkleiben ließ. Von ihren drei folgenden Brüdern Sebastian, Ernest und Ferdinand erreichte keiner das Alter von einem Jahr; auch ihre im Jahre 1599 geborne Schwester Elisabeth, welche die erste Gemahlin des Herzogs Maximilian, Elisabeth, zur Taufpathin hatte, starb noch nicht ein Jahr alt. Die vier Geschwister wurden in der St. Sebastiansliche begraben, wo Herzog Ferdinand für seine Kinder und spätern Nachkommen der Grafen von Wartenberg eine eigene Gruft erbauen ließ.*) Im Jahre 1600 wurde Marie geboren und von der Erzherzogin Marie, ihrer Tante aus der Taufe gehoben. Diese nahm die Nichte 1608 zu sich nach Gratz und ließ sie im dortigen Clarissinen-Kloster erziehen, wo sie 1616 die Profeß ablegte. Ihr Bruder Albert, welcher im Jahre 1601 geboren wurde und bei dem Wilhelms V. jüngster Sohn, Albert, Taufpathenstelle vertrat, wurde im folgenden Jahre in der St. Sebastiansliche begraben.

Im Jahre 1602 am 5. Juni wurde Maximilian geboren; sein Taufpathe war sein Vetter Maximilian. Das stille und gutwillige Naturell, welches Max schon im frühesten Knabenalter kundgab, entwickelte seine fromme Mutter zu tiefer Religiosität. Als er in Ingolstadt seine Studienbahn betrat, gewann er die Patres der Gesellschaft Jesu so lieb, daß er den Entschluß faßte, in ihren Orden zu treten. Er führte schon als Student ein zurückgezogenes, ascetisches Leben und vergaß an keinem Tage sich zu geißeln. Damit er in seinem gereiften Entschlusse, Jesuit zu werden, nicht gehindert werden möchte, setzte er heimlich seinen frommen Onkel, den Herzog Wilhelm V. in Kenntniß und bat ihn, bei seinen Eltern und Verwandten die Einwilligung für ihn zu erbitten. Diese, der Societät Jesu stets gewogen, billigten insgesammt die Wahl seines Beru-

---

*) Das Grabdenkmal, eine aus Erz gegossene Tafel mit lateinischer Inschrift befindet sich gegenwärtig in der hl. Geistpfarrkirche unter der Statue des Herzogs Ferdinand.

fes. Der damals regirende Herzog Maximilian I. wünschte ihm viel Glück zu seinem frommen Vorhaben. Als der junge Graf sein Noviciat antrat, bewies er sogleich seine Andacht und Demuth, indem er am liebsten dem Priester beim heiligen Opfer diente und seine goldene Kette auf den Altar als Weihegeschenk niederlegte. Als er einst auf einer Reise von vornehmen Adelsherren wegen seines Noviciates mit beißenden Spottreden empfangen wurde, vertheidigte er seinen mit innigster Neigung angetretenen Beruf zu ihrer Beschämung mit aller Wärme und ministrirte vor ihren Augen dem opfernden Priester. Kurze Zeit vorher hatte er dem Herzog Wilhelm einen Brief übersandt, worin er ihm für die Verwendung bei den hohen Verwandten seinen Dank aussprach. Der Herzog erwiderte ihm mit folgendem Schreiben in lateinischer Sprache: „Lieber Maximilian! Du dankst mir, daß ich dir den Weg zum Eintritt in den Jesuitenorden gebahnt habe; dadurch hast du mich zum Dank verpflichtet. Denn ich glaube, daß dein Beruf von Gott ausgegangen sei, und hierin bin ich so fest überzeugt, daß ich es nicht für nöthig hielt, dir in der Ausführung deines Entschlusses behilflich zu sein. Ich vertrat jedoch mit bereitwilliger Freude deine Sache, weil ich wußte, daß du für Leib und Seele die beßte Wahl getroffen habest, und glaube mir, daß du als Mönch dein geistiges und leibliches Wohl am sichersten fördern werdest. Es erübrigt daher nur, daß du deinen Beruf, den du mit dem Segen des Himmels begonnen, auch getreu vollenden mögest; hierin hege ich von Dir die sicherste und schönste Hoffnung. Meinen Ermahnungen wirst du um so leichter nachkommen, je bereitwilliger und willfähriger du den Anweisungen deiner Vorstände und Lehrer folgest. Alles, was du von deinem heiligen Beruf erwartest, wünscht dir vom Herzen Wilhelm." Ein Jahr nach diesem mit inniger Religiosität niedergeschriebenen Brief reiste der Herzog selbst nach Landsberg, wo er im Jesuitencolleg abstieg, um seinen Neffen zu besuchen. Mit freundlicher Begrüßung ermahnte er ihn zu einem beharrlich frommen Leben und pries ihn glücklicher als seine Brüder, da diese den gefahrvollen Weg des verführerischen Lebens der Welt gehen, während er den schönen Pfad der klösterlichen Glückseligkeit betreten habe. Dem Rektor des Collegs und Novizenmeister, P. Kaspar Frankenreiter, trug er auf, von seinen Neffen nach dem Geiste des Ordens, ohne Rücksicht auf seine Abstammung, die Pflichten des Gehorsams und der Demuth zu fordern. Maximilian entsprach vollkommen den Erwartungen seines Oheims; er lebte bis zu seinem Tode so fromm, daß jede Ehrenstelle seines Ordens ausschlug und keinen seiner Brüder um ihre Würden, am wenigsten Franz Wilhelm um seine Inful oder seinen Purpur beneidete. Er starb den 30. September 1679.

Von den später gebornen Töchtern des Herzogs Ferdinand starb die Maria Katharina in ihrer Kindheit, und die Maria Clara, welche zwei Monate nach dem Tode ihres Vaters zur Welt kam und von der Erzherzogin Magdalena von Graz aus der Taufe gehoben wurde, schickte ihre Mutter 1617 zur Königin von Polen, welche sie zu ihrer Hofdame ernannte und stets durch ihre Gunst und Ehren auszeichnete.

Im Jahre 1606 den 9. August wurde Ferdinand Lorenz geboren; sein Vater wählte den Herzog Wilhelm zu seinem Taufpathen. Dieser Graf that sich schon als Jüngling durch seine glücklichen Anlagen hervor, so daß er zum kaiserlichen Kämmerer, Vicedom von Burghausen und Cavalerieobristen und Hofrathspräsidenten befördert wurde. Er legte den Grund zu den künftigen nicht unansehnlichen Besitzungen der Grafen von Wartenberg. Er vermählte sich mit der Wittwe des Freiherrn v. Fränking, Anna Juliana, einer gebornen Gräfin von Dachsberg; diese erhielt zur Mitgift das Gut Asbach, welches sie als Fideicommiß an die Grafen von Wartenberg brachte. Im Jahre 1649 erwarb sie das Rittergut Abldorf von ihrem Sohne, Freiherrn Heinrich Ortlieb v. Fränking, auf der Gant um die Kaufsumme von 60,000 Gulden, wobei aber 20 Wiederlösungsjahre vorbehalten wurden. Der Stiefsohn war ein leichtsinniger Verschwender seiner Güter, so daß dieses Landgut immer bei der wartenbergischen Familie blieb, und Ferdinand Lorenz seine wenigen Güter durch den erzbischöflichen Kämmerer von Salzburg, Wolf Kaspar Ueberacker zu Sieghartstein, verwalten ließ. Im Jahre 1653 verlieh der Graf Friedrich Casimir von Ortenburg dem Grafen Ferdinand Lorenz mehre Güter als Lehen, welche dieser durch testamentarische Verfügung seiner Gemahlin Juliana an sich gebracht hatte. Einige Jahre später erhielt er von dem Sohne des ortenburgischen Grafen, Georg Reinhard, mehre Lehenstücke. Vom Markgrafen Nestor Pullavicino zu Veran und St. Andr. kaufte er auf dem Gantweg das Gut Tistling. Der dreißigjährige Krieg führte den Grafen als jungen Officier auf den Kampfplatz, wo er sich durch Umsicht und Tapferkeit rühmlichst hervorthat; besonders leistete er im hannoveranschen Gebiete, welches im Jahre 1631 hessische und weimarische Reiter durchstreiften, den Bewegungen des ligistischen Heeres treffliche Dienste und besetzte mit dem Obristen Breda die Stadt Göttingen, während die Truppen Altringers, zu dessen Corps die Regimenter der beiden Obristen gehörten, von Allendorf nach Münden zogen. Zwei

Jahre nach dem Schlusse des westphälischen Friedens starb seine Gemahlin, ohne ihm Kinder zu hinterlassen. Er heirathete eine Tochter des Grafen Albert von Oettingen, Maria Claudia; aus dieser Ehe gingen zwei Söhne, welche im schönsten Jünglingsalter starben, und vier Töchter hervor; die beiden jüngeren nahmen den Schleier, Maria Franziska heirathete den Grafen Preysing und Maria Gertraud den Grafen Louis de Pérouse, kurbayerischen Kammerherrn. Ferdinand Lorenz starb 1666, ohne verheirathete Söhne zu hinterlassen.

Der einzige Sohn der Marie v. Pettenbeck, welcher die ferdinandinische Linie fortpflanzte, war Ernest Benno. Er war im Jahre 1604 den 13. Februar geboren und erhielt zum Taufpathen den Erzherzog Maximilian Ernest von Gratz. Wegen seines frommen und milden Charakters besaß er die Liebe aller derer, die in seine Berührung kamen und ihn im Umgange näher kennen lernten; besonders zeigte er sich gegen den Jesuitenorden sehr wohlwollend gesinnt, weßhalb ihm der General Mutius Vitellus ein eigenhändiges Schreiben aus Rom übersandte, worin er ihm für die der Societät erwiesene Gewogenheit dankt und ihm den Mitgenuß aller geistlichen Güter des Ordens verleiht. Auch er war wie sein Bruder bedacht, die Besitzungen seiner Familie zu vergrößern. Es gelang ihm, vom Kurfürsten von Köln die Stadt, das Schloß und Amt Hohenburg als Mannslehen zu erhalten. Im folgenden Jahre (1637) empfing er vom Erzbischof von Köln einen Uebergabsbrief der Herrschaft Wildenburg. Er vermählte sich mit der Prinzessin Sibylle, Tochter des Fürsten Johann von Hohenzollern, welche ihm drei Söhne gebar. Der mittlere starb als Kind und der jüngste Albert Ernest trat in den geistlichen Stand. Ehe ihn der Coadjutor von Augsburg zum Priester (1662) ordinirte, wurde er als Domherr von Regensburg 1649 investirt. Vom Papste Innocenz XI. wurde er (1687) zum Bischof von Laodicea und Coadjutor von Regensburg ernannt, daselbst zum Director des Consistoriums gewählt und zum kaiserlichen Kaplan befördert. Da er nach seiner Priesterweihe sehr leidend war, so ertheilte ihm der Papst Alexander VII. die Erlaubniß, daß er bei der Celebration des Meßopfers sein Haupt bedecken durfte, jedoch nicht von der Präfation bis zur Communion. Da ihm der Aufenthalt in Regensburg wohl gefiel, so kaufte er sich den Domherrnhof und richtete denselben zum bleibenden Wohnsitz ein. Außer seiner verdienstvollen Pastoralwirksamkeit beschäftigte er sich auch mit Literatur und gab in Regensburg 1674 zwei Werke unter dem Titel heraus: „Ursprung und Herkommen der vormals herrlichen und königlichen Hauptstadt Rorria jetzt Regensburg," und „Schatzkammer der seligsten Jungfrau Maria aus Sion, in dem neuen Jerusalem genannt, worin der Ursprung und die Fundation des Stiftes U. L. Frau zu Niedermünster in Regensburg sammt dem Leben der allda ruhenden hl. Bischöfe Erhardi und Alberti beschrieben wird." Albert Ernest starb 1715 in einem Alter von 80 Jahren und liegt in der Cathedrale Regensburgs begraben.

Der erstgeborne Sohn des Grafen Ernest Benno, Ferdinand Ernest, verehelichte sich 1650 mit Ernestine, Tochter des Grafen Salm und Wittgenstein. Als diese ohne Kinder starb, nahm er die Gräfin Maria Elisabeth von Salm und Neuburg (am Inn) zur Frau (1671). Er hinterließ einen einzigen Sohn,

den Ferdinand Marquart Joseph, welcher 1673 geboren wurde. Nach dem Tode seines Vaters hatten sich die Besitzungen der wartenberger Grafen so vergrößert und gehoben, daß Marquart Joseph 100,000 Reichsthaler als jährliche Revenuen bezog. Der Kurfürst Karl Albrecht gab ihm mehre Güter zu Taging und das Edelgut Saillern als Lehen und ernannte ihn zu seinem Statthalter in der Oberpfalz. Der Kaiser Leopold I. zeichnete ihn dadurch aus, daß er ihm die Insignien des goldenen Vließes überschickte und ihn zu seinem geheimen Rath ernannte. Er vermählte sich nach dem baldigen Tode seiner ersten Gemahlin mit der Tochter des Markgrafen Philipp von Risburg, Maria Johanna von Molun und Espinois. Mit dieser erzeugte er eine Tochter, Marie Christine Erneste, welche 1709 geboren wurde und sich mit dem Freiherrn Joseph Benno Maximilian v. Haslang, Erbland-Oberstofmeister in Ober- und Niederbayern, kurfürstlichen Kämmerer, Hofrath, Commandeur des St. Georgordens, geheimen Conferenzrathe und Oberststallmeister des Herzogs Theodor von Bayern, Bischofs von Freising und Regensburg vermählte. Graf Marquart Joseph hatte nur einen Sohn,

den Max Emanuel, welcher im Jahre 1718 geboren wurde. Er schickte ihn nach Ettal in Oberbayern, eine vom Kaiser Ludwig dem Bayer gegründete und damals berühmte Ritterakademie, wo die Söhne des Adels nicht nur in den alten Sprachen, der Philosophie, Geschichte, Naturwissenschaften, Mathematik, Heraldik ꝛc. sondern auch in den neuern Sprachen, Kriegswissenschaft und ritterlichen Uebungen unterrichtet wurden. Emanuel entwickelte hier große Fähigkeiten und wuchs zu einem stattlichen Jüngling heran, als er daselbst so unglücklich war, daß bei

Schießübungen aus Unvorsichtigkeit ihm mit einem Kirschkerne in das Auge geschossen wurde; in Folge dessen starb er im Jahre 1736. Mit ihm erlosch die ferdinandinische Linie der Wittelsbacher in Bayern. Die weibliche Linie der Grafen von Wartenberg pflanzte sich fort in dem Haslang-Lerchenfeld-Leoprechtingischen Stamm (siehe die Genealogie, Tabelle II). Die wartenbergischen Besitzungen kamen durch einen Vergleich, welchen die verwittwete Gräfin von Wartenberg mit ihrer Tochter Marie Ernestine in Tistling am 24. Januar 1737 abschloß, an die freiherrliche Familie von Haslang.

Das frühe Aussterben der Grafen von Wartenberg war für Bayern ein glückliches Ereigniß. Denn da vierzig Jahre später mit dem Kurfürsten Maximilian III. die wilhelminische Linie erlosch, hätten jene nach dem Vertrage von 1588 ihre Ansprüche auf die Thronfolge geltend gemacht. Die Wittelsbacher in der Rheinpfalz würden ebenfalls ihre Rechte in Kurbayern behauptet haben. Die Folge hievon wäre eine Zerstücklung Bayerns gewesen. Die bezüglichen Artikel des westphälischen Friedensschlusses, bei welchem der Pfalzgraf seine Sache mit aller Energie vertrat, lauten: „Was das Haus Bayern anbelangt, so soll die Kurwürde, welche die rheinischen Pfalzgrafen ehemals besassen, mit allen Regalien, Aemtern, Präcedentien, Insignien und Jurisdictionen, sie mögen bekannt sein wie nur immer, wenn sie nur zu dieser Würde gehören, nichts im geringsten ausgenommen, wie auch die ganze Oberpfalz nebst der Grafschaft Cham mit allen dazu gehörigen Regalien und Rechten, wie bisher so auch in Zukunft bei dem Kurfürsten Maximilian und dessen Kindern und bei der wilhelminischen Linie verbleiben, so lange von derselben männliche Erben vorhanden sind." In einem folgenden Artikel wurde festgesetzt: „Sollte es sich aber ereignen, daß die wilhelminische Linie im Mannsstamme aussterben, das pfälzische Haus aber noch bestehen würde, so soll nicht blos die Oberpfalz, sondern auch die Kurwürde, welche die Fürsten von Bayern besassen, an die überlebenden Pfalzgrafen übergehen." (Instrum. pac. Westphal. art. IV, §. 3 et §. 9.) Gemäß dieser Vertragsbestimmungen hätten die Ferdinandiner in Ober- und Niederbayern unter dem Titel „Herzoge von Bayern" succedirt, während die Kurwürde und Oberpfalz an die Rheinpfalz gefallen wäre. Welchem Schicksale wäre nun wohl das verkleinerte Bayern unter den Grafen von Wartenberg entgegengegangen, da der wiener Hof, getreu seiner traditionellen Politik gegen Bayern, den vorletzten Grafen mit hohen Würden auszeichnete? Was wäre aus

Bayern nach dem allenfallsigen Erlöschen der ferdinandinischen Linie geworden, da hierüber keine vertragsmäßigen Bestimmungen getroffen waren? Würde es die österreichische Diplomatie nicht verstanden haben, durch Contracte oder Heirathsprojecte das angrenzende Bayern zu einer längst ersehnten Provinz zu machen? Als Kurfürst Max Emanuel den Wartenbergern außer der Succession in Bayern auch die Kurwürde verschaffen wollte, kam seinem Wunsche Niemand bereitwilliger entgegen als der Kaiser von Oesterreich; allein der Pfalzgraf von Rhein widersetzte sich diesem Vorhaben aus allen Kräften. Die Vorsehung hat unser Vaterland von einer gefährlichen Zersplitterung gerettet und dasselbe erfreut sich unter dem Scepter der rheinpfälzischen Wittelsbacher einer so weisen und väterlichen Regirung, daß von dem Aufblühen Bayerns nicht nur ganz Europa sondern ferne Erdtheile mit ehrendem Lobe sprechen.

Besitzungen der Grafen von Wartenberg.

Der letzte Graf von Wartenberg besaß folgende Besitzungen:
1) die ortenburgischen,
2) die fränkischen Oeconomiegüter,
3) die kölnischen Herrschaften Hohenburg und Wildenburg,
4) die churfürstlichen Lehengüter Teging und Sailern,
5) die Landgüter Hachenberg und Ursprung,
6) den Hofmarkt Pölling mit herrschaftlichen Landgütern und Taferne;
7) den Edelmannsitz Leuthen, welchen ein gewisser Philipp Weißenfelber mit seinem Gute Hilgartsberg verband, und welcher später ein kurfürstliches Lehen wurde;
8) den Hofmarkt Waasen im Rentamt Burghausen mit zwei Weihern und einem unbewohnbaren Schlosse; Freiherr von Dachsberg kaufte dieses Gut vom Freiherrn v. Tanberg; durch Heirath kam es an die Grafen von Wartenberg;
9) das Landgut Rosbach, an der Mündung des Kolberflüßchen in die Vils im Rentamte Landshut; es gehörte früher den Freiherrn von Pinzenau und nach deren Aussterben den Freiherrn von Lerchenfeld.
10) Adldorf, Schloß und Hofmarkt, an der Vils im Landgerichte Landau, in einer fruchtbaren Gegend gelegen. Das Schloß wurde 1602 vom Freiherrn v. Fränking erbaut.
11) Asbach, unweit der Roth, an dem gleichnamigen Flüßchen im Rentamt Landshut gelegen, Hofmarkt mit einem alten Schlosse und Bene-

dictinerkloster, welches von der Wittwe des Grafen Gerold v. Frauen=
stein gestiftet wurde. In der Nähe liegt

12) der kleine Hofmarkt Purach.

13) Tistling, Marktflecken im Rentamte Burghausen in einer
fruchtbaren Gegend mit einem schönen Schlosse, welches der Freiherr v.
Törring 1583 erbaut hatte.

14) Die Herrschaft Wald im Rentamt Burghausen an der Alz.
Das Schloß wurde 1333 mit einem sehr festen Thurme gebaut und des=
halb eine Veste genannt. Der Herzog Albrecht IV. gab dieses Gut den
Herren v. d. Leita für die Kriegsdienste, welche sie ihm ohne Sold mit
ihrer Mannschaft leisteten, als Lehen. Im Jahre 1602 erhielten es die
Wartenberger durch den Herzog Maximilian I.

lena,	Margaretha,	Veit,
het an	verheirathet an	vermählt mit
ridlmaier	Georg Schmidt	Susanna v. Burgau.
pach.	von Tachau.	

Georg, † 1570, zu Neustadt i. d. Oberpfalz.
Ursula, verheir. mit Heinrich Ebner von Nürnberg.

Richard v. Pellenbeck,
Barbara Metzger von Fürstenfeldbruck.

Richart,	Hans Georg	Balthasar,
geb. 1575 Canonicus zu München.	geb. 1580.	geb. 1578, Kastner und Propst zu Ettal,
Anna Maria, geb. 1582.	Rosina, geb. 1588, Nonne zu Büttrich.	vermählt mit Margaretha Hohenecker.

Hans Richart.
Balthasar.
Richart.
Ferdinand.
Hans Adam.
Barbara.
Marie Jakobe.

rtenberg

v. Pettenb
1574 unt †

b,
6, mit

incnd,
574 als
zensburg.

n weiblic

Bennosia,
1812 n
r vermählt

Fra
Ca

Ernst
Gräfin
verm. 1
Bilderic
v. Hall

v. Pettenbeck,
1574 und † 1619.

      Maria Claudia,
6, mit   Gräfin von
      Dettingen.

inand,   Max Ferdina
574 als   geb. 1635,
zensburg.   † 1673.

n weiblicher Linie.

Bennonia,
1812   mit Christoph v.
r vermählt   † 1791

Franz Xaver Freihe
Süßbach ꝛc., k. b. K
9

Erne

Ernestine,   Fra
Gräfin Erdödy, Graf
verm. 1859 mit Mon
Wilderich Grafen verm.
v. Walderdorf.   Gräf
           v. E

Thassilo
Eugen,
Paul,

Fünftes Kapitel.
Wilhelms innere Verwaltung des Landes.

Die kluge und rege Thätigkeit, welche Wilhelm V. in der auswärtigen Politik entfaltete, treffen wir auch in der inneren Verwaltung des Reiches, welches er mit sorgsamen Auge überwachte. Den Katholicismus, zu dessen Erhaltung und Verbreitung in Deutschland er keine Opfer scheute, machte er sich in Bayern zur eifrigsten Sorge und befreite denselben durch strenge Maßregeln von jeder feindlichen Einwirkung. Kunst und Wissenschaft, welche sich unter seinem Vater zur ersten Höhe in Deutschland emporschwangen, standen noch unter ihm in schönster Blüthe; die fördernde Gunst gegen Gelehrte und Künstler hatte der Sohn vom Vater geerbt. Jeder Bayer, in dessen Adern nur wenig patriotisches Blut fließt, geht mit gleich freudigem Stolze aus der Regirungsperiode Albrechts V. in jene Wilhelms V. über. Besonders lag dem Herzog die Bildung, der Unterricht und die Sittigung seines Volkes am Herzen. Um hierin am ersten und sichersten das Ziel zu erreichen, übertrug er diesen wichtigen Verwaltungszweig ganz den Jesuiten. Diese hatten sich unter Albrecht V. einer grossen Bevorzugung zu erfreuen; Wilhelm, welcher sie als Knabe und Jüngling wegen ihrer anziehenden Lehrmethode und ihres freundlichen Umganges ehrte und liebte, räumte ihnen fast das ganze Gebiet

des Lehrfaches und Unterrichtswesens

ein. Auf den Rath des einflußreichen Beichtvaters Mengin berief er eine große Anzahl gelehrter Jesuiten nach Bayern und übertrug ihnen einige Lehrstühle der Philosophie an der Universität Ingolstadt mit der Bestimmung, daß sie mit den übrigen Professoren der Philosophie gleiche Facultätsrechte besitzen, und die Studenten freie Wahl haben sollten, bei ihnen oder den andern Professoren zu frequentiren. Wenige Jahre hernach ernannte der Herzog eine Hofcommission in München, welche über eine gänzliche Reform der philosophischen Facultät berathen und beschließen sollte. Das Ergebniß war, daß die frühern Professoren der Philosophie Edmund Hollyngus, Johann Engerbus und Wolfgang Scherelius ihrer Stellen enthoben, und den Jesuiten P. Georg Pfeder die Mathematik, P. Johann Perlus die Physik, P. Balthasar Hagel die Philosophie und P. Reinerius Fabricius die Logik und Philologie übertragen wurde. Diese Verordnung lautet: „Wir Wilhelm thun kund und haben im Rath beschlossen, daß es ein vortreffliches Mittel sein werde, unsere hohe Schule Ingolstadt im guten Wesen und Stand zu erhalten, wenn die **philosophische Facultät als das Fundament aller übrigen Facultäten** wohl bestellt und angeordnet werde. Weil wir nun in der That erfahren, daß die Jesuiten bei der Unterweisung der Jugend durch ihren Fleiß besonders grossen Nutzen geschafft haben, so haben wir, damit hinfüro diese Facultät desto besser aufnehme, den Patribus die Philosophie allein ganz völlig übergeben.... Weil genannte Facultät einiges Einkommen hat, die Societät aber einige Emolumente davon zu nehmen ihrem Statute gemäß nicht begehrt, sondern die Mühe in Lernung und Unterweisung Gott dem Allmächtigen zu Ehren auf sich nehme, so soll alles Geld so der Facultät von jährlichen Zinsen, Gefällen oder Einkommen desgleichen von Promotionen Baccalauriorum und Magistrorum als von einem Baccalaurio drei oder vier, von einem Magistro sieben oder acht Gulden in unser hohen Schulkammer gelegt und wie andere Gefälle durch den Cammerer verwaltet und verrechnet werden.... So schaffen und gebieten wir hiemit kraft dieses unseres Briefes dem Rector, Cammerer und ganzen Rath unsrer hohen Schul." Im Jahre 1582 stiftete er in Ingolstadt ein neues Jesuitencollegium, das sogenannte **wilhelminische Collegium** zum hl. Ignaz, welches aus sechs Hörsälen und zwei Aulen bestand und zwei Jahre nach der Gründung feierlich eröffnet wurde. Zur Sicherung der materiellen Bedürfnisse übergab er urkundlich den Jesuiten den jährlichen Bezug der Einkünfte der beiden Klöster zu Münchsmünster und Biburg, welches früher den Benedictinern der regensburger Diöcese gehörte, und schrieb ihnen später dieselben nebst den dazu gehörigen Grundstücken zu Weilnhofen, Linden und Niederwörth als freies verfügbares Eigenthum zu. Im Jahre 1592 fundirte er ihnen ein Kapital von 20,000 Gulden mit folgender Urkunde: „Aus besonderm Eifer und Liebe, so wir zur alten katholischen, römischen und allein seligmachenden Religion tragen, können wir nicht umgehen, daß dieselbige in unserm Fürstenthum durch Unterweisung der Jugend, durch gute Lehr und Exempel Gott dem Allmächtigen zu Lob und Ehre und allen christgläubigen Seelen zum Heil mehr gepflanzt und erhalten werde, und thun deßhalb allen Männiglich kund, den ehrwürdigen unsern lieben und getreuen Patribus der Societät Jesu nicht blos ein Collegium bauen zu lassen, sondern darüber auch eine ordentliche Fundation und Stiftung zu ordiniren und zu gründen, und auch in beßter Form so es immer möglich zu beſtätigen." Dieſe Summe, welche ihm die Landſtände in München genehmigt, übergab der Herzog den Jeſuiten mit unbeſchränktem Diſpoſitionsrecht. „Wir, unſere Erben und Nachkommen, ſetzte er bei, wollen auch dieſen gegebenen Transport und Ceſſion ganz und feſtiglich halten und künftig mit nichten thun noch handeln, ſondern hiemit unſere Erben und Nachkommen die den Patribus der Societät Jeſu von uns verordnete Fundation in ewig Zeiten erhalten." Der Rector des Jeſuitencollegiums Dr. Richard Haller reichte beim Herzog ein Bittgeſuch ein, worin er um die Befreiung der Zehentbarkeit zu Memming im Landgerichte Vohburg bat. Wilhelm gewährte ſogleich ſeine Bitte und ließ ihm einen Gnadenbrief verabfolgen, worin er ihm die mit dem Pfleger zu Kelheim, Hans Walther v. Ed abgeſchloſſene Ablöſung des Zehents, welcher aus zwei Mutt Korn, zwei Mutt Haber, vier Metzen Waizen, vier Metzen Gerſte im vohburger geſtrichenen Maß und etlichen Schütt Stroh beſtand, beſtätigte und „daß wir auf Hallers und deſſen Nachkommen an uns demüthigſt geſchehenes Erſuchen und Bitten ſolcher unſrer darauf gehabten Lehensherrſchaft gnädigſt erlaſſen und befreit haben." Hievon wurde der Pfleger in Vohburg, Hans Chriſtoph Muggenthaler durch einen eigenen an ihn ergangenen Befehl inſtruirt. Der Herzog übertrug den Jeſuiten in Ingolſtadt auch die Büchercenſur; die Profeſſoren der Philoſophie übten eine ſtrenge Cenſur über alle Schriften der ſchönen Wiſſenſchaften, und die theologiſche Facultät, welche ſchon vor Wilhelm V. von Jeſuiten beſetzt war, übte die Cenſur über ſämmtliche öffentliche Bücherläden.

Mit gleicher Sorge war der Herzog nicht blos auf die Hebung der einzelnen Facultäten ſondern der geſammten Univerſität bedacht. Er beſtätigte beßhalb nicht nur die von ſeinen Vorfahrern verliehenen Privilegien, ſondern er verſprach, dieſelben, „weil es der katholiſchen Religion und der Univerſität Schulweſen zum beßten kommen thut," auch noch zu vermehren. Nach alten päpſtlichen und kaiſerlichen Decreten konnte nur ein Cleriker zum Rector Magnificus gewählt werden. Da aber die Function des Rectorates, welches damals nur ein Semeſter währte, mit vielen und ſchwierigen Pflichten verbunden war und wegen der öfteren Wahl derſelben Perſon wiederholt übertragen werden mußte, ſo richtete der Herzog an den Papſt Sirtus V. ein Schreiben, in welchem er ihn um die Genehmigung bittet, daß auch Laien und Verheirathete das Rectorat übernehmen dürfen, weil an Clerikern, welche die hiezu nothwendigen Eigenſchaften beſitzen, ein großer Mangel ſei. Er glaube, daß Seine Heiligkeit der gestellten Bitte um so eher nachkommen werde, da er bereits vom competenten Bischofe zu Eichstädt die Zustimmung erlangt habe, und die Universität Wien, welche mit der ingolstädter gleiche Einrichtung habe und die Mutter derselben genannt zu werden pflege, sich der nämlichen Anordnung erfreue. Zudem „kann es Eurer Heiligkeit nicht unbekannt sein, daß diese Universität unter den sehr wenigen katholischen Akademien Deutschlands die erste sei und aus ihr die vorzüglichsten Männer in allen Fächern hervorgehen." Allein Sirtus V. erwiderte ihm in einem Schreiben vom 14. März 1585, er könne seinem Begehren, „daß an seiner Universität Ingolstadt auch ein Laie oder Verheiratheter Rector sein dürfe," nicht entsprechen, weil es sich nicht gezieme, daß Cleriker von Laien regirt werden. Ebenso hielt Wilhelm die Rechte, welche die Studenten an der bayerischen Universität aus alter Zeit besaßen und mit eifersüchtiger Wachsamkeit behaupteten, mit besonderem Eifer aufrecht und nahm sich bei jeder Gelegenheit mit väterlicher Sorgfalt der akademischen Jugend an. Kurze Zeit nach seinem Regirungsantritte überschickte ihm der Rector Magnificus eine Beschwerdeschrift über Competenzüberschreitung von Seite des ingolstädtischen Magistrates, weil dieser dem Studenten Johann Reizner, welcher seine Rinder auf die Communalweide trieb, dieselben wegnahm und verpfändete. Der Herzog sandte sogleich an den Bürgermeister den Restitutionsbefehl: „Weil euch solche Pfändung de facto vorzunehmen und einem membro universitatis das jus pascendi für euch selbst zu interdiciren weniger als gar nicht gebührt, so ist unser Befehl, daß ihr gemeldetem Reizner sein eingethanenes Vieh alsbald und ohne einigen Entgelt wiederum restituiren und folgen lasset. Wenn ihr alsdann deßwegen gegen ihn oder unsere Universität selbst befugte Einreden habet, die möget ihr zu unsrer Ankunft bei euch, welche vermittelst göttlicher Gnaden in Kürze folgen soll, an uns gelangen lassen und gebührenden Bescheid darüber erwarten." —

Im Jahre 1582 setzte er eine Commission zusammen, um über zweckdienliche Einrichtungen zu berathen. Auf ihrem hierüber erstatteten Bericht ertheilte er folgende Resolutionen: „Das lange Dictiren bei allen Facultäten kann nicht ohne Zeitversäumung für die Jugend geschehen und ist deßhalb, als dem alten Gebrauch zuwider, gänzlich abzustellen. Wird etwas zu dictiren für nöthig erachtet, so hat dieses nach der Vorlesung oder zu einer andern Zeit zu geschehen. Damit man wisse, mit welchem Fleiße ein jeder Professor lese, hat der hohen Schule Vicekanzler jährlich einen Bericht darüber zu erstatten. Die theologischen Collegien sind so einzurichten, daß denselben auch die Cooperatoren beider Pfarreien ohne Versaumung des Gottesdienstes beiwohnen können. (Dieß wäre auch heut zu Tage noch wünschenswerth!) Die Patres der Societät Jesu sollen alle Feiertage Nachmittags in der Frauenkirche predigen und ihnen besondere Kapellen und Altäre zum Gottesdienste, Beichthören und Communiciren eingeräumt werden. Das Collegium Albertinum und die Convictoren betreffend wird nach der im Werke begriffenen Erbauung der Schule und des Convictes das weitere erfolgen. Inzwischen soll es nicht mehr ungestraft hingehen, daß die Convictoren wie geschehen durch die Scholaren aus der Zucht und Disciplin der Patres zum freien Leben herausgelockt und sonst verführt werden. Die Juristenfacultät soll das Exercitium ihres Consistoriums, wie es in früherer Zeit angestellt gewesen, nicht zerfallen lassen. Damit sie ihre Scholaren, welche als erwachsene fremde Personen bisher die meisten Rumore und Unruhen veranlaßt, besser in Zucht halten könne, soll ihnen das Schutterhaus und der Garten überlassen werden, wohin sie einen jungen Doctor oder Magister verordnen, der auf die Scholaren acht gebe und privatim mit ihnen lese oder repetire. Die Juristenfacultät soll ferner ihre Privatarbeiten und Consultationen unter sich so vertheilen, daß keine Vorlesung dadurch versäumt werde. Dem Regens des neuen Collegiums liegt ob, wochentlich wenigstens einmal zu visitiren und die ehedem gebräuchlichen Disputationen wieder anzustellen. Die Vorlesungen über griechische Literatur haben die Patres der Societät übernommen, weßhalb mit ihnen zu unterhandeln, daß sie selbe unverzüglich beginnen. Was die nächtliche Unruhe und Rumor der Scholaren belangt, wie deren übermäßiges Zehren, so hätte ohnehin durch ernstliche Strafen mehr Zucht und Ruhe erhalten werden sollen."

Herzog Wilhelm bezeichnete in dem oben erwähnten Schreiben an Papst Sixtus V. die Universität Ingolstadt als die erste unter allen katholischen Hochschulen Deutschlands. Er konnte mit Recht solches Lob hierüber aussprechen; denn wie unter der Regirung seines Vaters so waren auch unter ihm die Katheder der einzelnen Facultäten mit Professoren von hohem Rufe besetzt. In der theologischen Facultät hatten damals einen grossen Namen: P. Eiselin, Jesuit aus Gmünd in Schwaben gebürtig; er studirte in Rom und lehrte in Ingolstadt 18 Jahre lang mit allgemeinem Beifall über Theologie; seine vorzüglichsten Werke sind „über den Ursprung der Dinge und die göttliche Gnade." Dr. Frank, 1543 in Meißen geboren und in der protestantischen Religion erzogen, wurde vom Herzog Albrecht V. im vorletzten Jahre seiner Regirung nach

Ingolstadt berufen. Er wurde vom Grafen Ladislaus zu Haag nach Bayern eingeladen, um seinen Unterthanen die neue Lehre zu predigen. Er folgte diesem Rufe; allein er fühlte sich als Magister der Philosophie in dieser Predigerstellung nicht behaglich und ging nach Ingolstadt. Hier las er elfrig die Kirchenväter und war gerne im Umgange mit dem berühmten Professor Dr. Eisengrein. Nach zweijährigem Aufenthalte in Ingolstadt legte er in der obern Pfarrkirche öffentlich das katholische Glaubensbekenntniß ab und ließ sich zum Priester ordiniren. Zu München in der Franziskanerkirche celebrirte er sein erstes hl. Meßopfer in Gegenwart des ganzen herzoglichen Hofes. Nach kurzer Zeit erwarb er sich durch seine Kanzelberedtsamkeit einen berühmten Namen und ging wieder in die Grafschaft Haag zurück, um die früher zum Abfall vom alten Glauben verleiteten Einwohner in den Schoos der katholischen Kirche zurückzuführen. Nachdem er seine Aufgabe glücklich gelöst hatte, reiste er nach Rom und promovirte in Siena als Doctor der Theologie. Papst Gregor XIII. ernannte ihn zum Protonotar und Comes lateranensis. Er starb zu Ingolstadt 1584 im 41. Lebensjahre viel zu früh für die theologische Wissenschaft. Er hinterließ eine reiche Literatur, von welcher besonders sein Werk „über die Ursache seines Uebertrittes zur katholischen Religion," sein mit seltenem Fleiß gesammeltes Passionale, seine exegetischen Schriften über das Evangelium des hl. Lukas und das Leben und Leiden des Erlösers und seine Pastoralabhandlungen hervorzuheben sind.

P. Gretser, ein durch sein vielseitiges Wissen hoch berühmter Jesuit und einer der scharfsinnigsten Dialektiker seiner Zeit, war zu Markdorf im Stifte Constanz 1560 geboren und trat als siebenzehnjähriger Jüngling in den Jesuitenorden. Herzog Wilhelm ernannte ihn nach wenigen Jahren zum Professor der Universität, wo er drei Jahre Philosophie, sieben Jahre Moraltheologie und vierzehn Jahre Dogmatik mit seltener Berühmtheit docirte. Er war unermüdet thätig und verband mit seinem staunenswerthen Gedächtniß die tiefste Urtheilskraft und anmuthigen Witz. Er war ein gründlicher Kenner der hebräischen, griechischen, italienischen und französischen Sprache, hatte mit erstaunlichem Fleiße alle classischen Werke der Griechen und Römer studirt und war in der Achäologie gut bewandert. Er genoß einen so grossen Ruhm, daß die größten Gelehrten Europas und selbst Indiens mit ihm in briefliche Correspondenz traten. Papst Clemens VIII. und Kaiser Ferdinand II. erwiesen ihm die höchste Auszeichnung; allein er war nicht ruhmsüchtig, lebte nur für die Wissenschaft in stiller, frommer Zurückgezogenheit und starb 1625 im dreiundsechzigsten Jahre seines Alters. Von seinen Werken, welche in Regensburg 1739 in 17 Foliobänden erschienen sind, mögen vorzüglich erwähnt werden: das hl. Kreuz, Geschichte und Apologie des Jesuitenordens, die theologischen Uebungen, die polemischen Schriften, die lateinisch-griechisch-deutsche Nomenclatur mit einem Anhange über die unregelmäßigen Verben, Uebersetzung der Werke des Gregor von Nyssa und des Thaumaturgen ins lateinische und deren Erklärung. P. Hagel, Jesuit und geborner Bayer, besaß in der griechischen und hebräischen Sprache und besonders in der Casuistik treffliche Kenntnisse. Er war in Dillingen Professor der hebräischen Sprache und folgte einem Rufe nach Ingolstadt, wo er den philosophischen und theologischen Lehrstuhl mit vielem Beifall betrat. Er schrieb Abhandlungen über Mineralogie, Häresie und die Reformation in Brixen, wohin er als Missionär zur Moralisirung des entsittlichten Clerus abgeschickt wurde. Dr. Steuart, päpstlicher Protonotar und Prokanzler an der Universität Ingolstadt, war aus Lüttich gebürtig, wo ihm ein Canonicat übertragen wurde. Der Bischof von Eichstädt, Martin von Schaumburg, berief ihn an sein 1564 errichtetes Seminar, in welchem er als Director desselben über Theologie docirte. Als Herzog Wilhelm von seinen wissenschaftlichen Kenntnissen erfuhr, übertrug er ihm die Professur der Exegese in Ingolstadt, wo er ein und zwanzigmal zum Rector Magnificus gewählt wurde. Im Jahre 1619 legte er seine Aemter nieder und begab sich in seine Geburtsstadt, wo er als Propst 78 Jahre alt starb. Von seinen vielen hinterlassenen Schriften sind besonders zu erwähnen: die Erklärungen der paulinischen Briefe und sein Werk über die vorzüglichsten griechischen und lateinischen Autoren, welches mit grossem Fleiße gesammelt und bis dorthin als das erste der Art veröffentlicht wurde. Dr. Turner, geboren in Devonshire in England, mußte unter der Regirung der Königin Elisabeth wegen seiner Religion das Vaterland verlassen und suchte in Frankreich ein Asyl. Hier blieb er nur kurze Zeit und reiste nach Italien, um zu Rom im Collegium germanicum Theologie zu studiren. Er wurde hier zum Priester ordinirt und zum Doctor der Theologie promovirt. Hierauf trat er den Weg nach Deutschland an und begab sich nach Eichstädt zum oben erwähnten Fürstbischof Martin v. Schaumburg, welcher ihn freundlich aufnahm und zum Director des dortigen Collegiums ernannte. Als Herzog Wilhelm, welcher mit demselben Interesse auf die Hebung der bayerischen Universität bedacht war wie sein Vater, von dem gelehrten Engländer erfuhr, berief er ihn als Professor der Rhetorik und Moraltheologie nach Ingolstadt, wo er öfters zum Rector gewählt wurde und das georgianische Collegium leitete. Er genoß in seinem Wirkungskreise hohe Achtung und erhielt durch seine vielseitigen Kenntnisse bald einen großen Namen. Der bayerische Herzog ernannte ihn zu seinem Hofrath und übertrug ihm wegen seiner diplomatischen Gewandtheit öfters die Durchführung politischer Angelegenheiten bei auswärtigen Höfen. Durch die Fehler seines englischen Charakters aber verlor er die Gunst seines Landesfürsten, verließ 1587 Ingolstadt und ging wieder nach Eichstädt, wo ihn der Fürstbischof huldvoll aufnahm, ihn in sein früheres Amt einsetzte und bis zu seinem Tode behielt. Er reiste von hier nach Schlesien, wo er zu Breslau Domherr wurde. Die Sehnsucht nach Ingolstadt, wo er als Gelehrter angenehme und genußreiche Tage verlebte, zog ihn wieder nach der bayerischen Universitätsstadt zurück. Hier fand er bald Zutritt zum Erzherzog Ferdinand, welcher damals der Studien wegen in Ingolstadt verweilte und Turner nach vollendeten Studien als Secretär nach Graz mitnahm. Seine reiche Bibliothek machte er dem Jesuitencollegium in Ingolstadt zum Geschenk. Ueber sein Lebensende lassen uns die Urkunden im unklaren; Mederer in seinen Annalen nimmt an, daß er 1602 in Eichstädt als Director des bischöflichen Collegiums gestorben sei, weil um diese Zeit seine Bibliothek den Jesuiten in Ingolstadt übergeben wurde; die Historia Collegii soc. Jes. Ingolst. läßt Turner in Graz 1599 sterben, was nach der eichstädter Chronik: Viri insign. Eysl. das richtigere zu sein scheint. Wichtiger als sein Todestag sind seine Schriften nämlich: Leben und Martyrertod der Königin Marie Stuart, Reisebeschreibung, allgemeine Geschichte, die Sprachen, Cicero's Milonische und Philippinischen Reden ꝛc. P. Gregor von Valentia; dieser Jesuit, welcher in der ersten Reihe der gelehrten Mitglieder seines Ordens glänzt, war in Medina del Campo in Altcastilien 1551 geboren und machte seine Studien in Salamanca, wo ihn die Predigten des P. Johann Ramirez bewegten, sich in die Gesellschaft Jesu aufnehmen zu lassen. Nachdem er zum Priester geweiht war, schickte ihn der Rector seines Collegiums zur weitern Ausbildung nach Rom, wo er sich durch seine vielseitige Gelehrsamkeit bald einen solchen Ruf erwarb, daß ihn die Provincialen seines Ordens nach Frankreich und Deutschland verlangten. Auch der König Stephan von Polen berief ihn; allein man schickte ihn nach Dillingen als Professor der Theologie. Herzog Albrecht V. gewann ihn 1574 für die Universität Ingolstadt, wo er auch noch unter der Regirung Wilhelms V. bis zum Jahre 1598 bei überfülltem Hörsaale docirte. Er wurde von seinem General als Director des Jesuiten-

Collegiums nach Rom berufen und starb 1603 in Neapel, wo er sich zur Erholung seiner Gesundheit, die er durch fortwährendes Studium geschwächt hatte, am Ende seines Lebens aufhielt. Unter seinen vielen Werken sind besonders zu erwähnen: „Ueber den Glauben, eine polemische Zeitschrift," in welcher jene katholischen Dogmen erörtert sind, die von den Protestanten angestritten wurden, ferner „die Beleuchtung der calvinistischen Eucharistie, Widerlegung der Irrthümer falscher Theologen und Pseudophilosophen, Commentar zur Summa Theologia des hl. Thomas v. Aquino ꝛc.; sämmtliche Werke Gregors v. Valentia umfassen fünf Foliobände.

In der juridischen Facultät treten uns während der Regirungszeit Wilhelms V. Männer von gleicher Gelehrsamkeit und Berühmtheit entgegen. Grossen Ruf besaß Dr. Heinrich Canisius, ein Bruder des berühmten Theologen; er war ein geborner Niederländer und las von 1590 — 1610 in Ingolstadt über canonisches Recht, worin er grosse Kenntnisse und einen seltenen Scharfsinn besaß. Unter seinen literarischen Erzeugnissen haben einen vorzüglichen Werth: „Schatz kirchlicher und historischer Monumente," ein zu Amsterdam 1724 in vier Folianten erschienenes Werk, welches für die Geschichte und Zeitrechnung des Mittelalters vortreffliche Dienste leistete. Ferner gab er mehre Abhandlungen über den Zehnten, die Obligationen, die Pacht, Sponsalien, über canonisches und Civil-Recht und einzelne Commentare über die Decretalen des Liber Sextus ꝛc. heraus. Dr. Georg Everhard promovirte mit seinem Vater, welcher Rechtsgelehrter in Ingolstadt war, und mit seinen beiden Brüdern in der Jurisprudenz zu Bologna und erhielt einen Ruf als ordentlicher Professor an die bayerische Universität, wo er 18 Jahre docirte und 1583 starb. Von ihm besitzen wir zwei Werke über juridische Anleitung und Primogenitur. An seiner Seite lehrte sein Bruder Nicolaus über canonisches Recht und hinterließ außer einigen Reden über die Vorzüge der Rechtswissenschaft eine Abhandlung über die justinianischen Institutionen. Dr. Fachinäus, geboren in Friaul, wurde von Wilhelm V. 1587 nach Ingolstadt berufen, wo er bis zum Jahre 1597 über das bayerische Landrecht anziehende Vorlesungen hielt. Der Großherzog von Florenz lud ihn ein, eine Professur in Pisa zu übernehmen; Fachinäus folgte dem Rufe. Während seiner Professur in Ingolstadt gab er Werke heraus über das Erwerbsrecht, die Testamente, Verjährungen, Verträge ꝛc. Dr. Gallischer, welcher Regirungsadvokat in Innsbruck war, wurde 1575 von Herzog Albrecht V. nach Ingolstadt berufen, um über die Institutionen und das bayerische Landrecht zu dociren. Herzog Wilhelm berief ihn nach

München, wo er ihn zu seinem geheimen Rath und Hofkanzler ernannte. Hier starb er gegen das Ende des 16. Jahrhunderts. Seine hinterlassenen Schriften bestehen größtentheils aus zahlreichen Thesen über Erbschaft, Testamente und Enterbung. Einer der ersten Rechtsgelehrten Deutschlands war damals Dr. Giphanius, welcher mit seinem juridischen Wissen auch besondere philosophische und philologische Kenntnisse vereinigte. Er war zu Buren in Gelbern geboren, in der protestantischen Religion erzogen und machte seine Studien in Löwen, Paris und Orleans. Nachdem er in letzterer Stadt als Doctor der Rechtswissenschaft promovirt hatte, begleitete er den französischen Gesandten nach Venedig und ging von hier nach Deutschland, wo er zu Straßburg über Philosophie und in Altdorf über Jurisprudenz Vorlesungen mit vielem Beifalle gab. Als er im Jahre 1590 zur katholischen Religion übertrat, ernannte ihn der bayerische Herzog zum ordentlichen Professor in der juridischen Facultät. Hier verwaltete er sein Lehramt mit solchem Ruhme, daß ihn Kaiser Rudolph II. zu seinem Hofrath und Referendar ernannte. Er starb zu Prag 1604 in einem Alter von 75 Jahren. Er war literarisch sehr thätig; er schrieb eine Abhandlung über die Odyssee, über die lateinische Sprache, Ethik und Politik des Aristoteles, einen Index über die römische Geschichte, über das Feudal- und Civilrecht, über Giftmischung und Zauberei ꝛc. Dr. Hell, Doctor der Philosophie und der beiden Rechte, war in dem Städtchen Aichach in Oberbayern geboren und von Wilhelm V. als Professor der Jurisprudenz nach Ingolstadt berufen. Durch seine Vorlesungen hatte er bald einen großen Kreis von Zuhörern um seinen Catheder gesammelt und behielt seinen großen Ruf bis zum Jahre 1603, wo er aus unbekannter Ursache von seinem Lehrfache entfernt und in München in den Kerker geworfen wurde. Er wurde zwar aus demselben wieder befreit, mußte aber sein Vaterland verlassen; er ging nach Oesterreich, wo er in der Verbannung 1608 zu Linz starb. Er schrieb über die Mandate, das Feudalrecht und über die mildernden Umstände bei Gewalt und Furcht ꝛc. Dr. Martini war zu Hainstadt in Franken geboren und studirte in Ingolstadt Philosophie und Rechtswissenschaft; in letzterem Fache promovirte und docirte er von 1578 bis 1597, wo er Ingolstadt verließ und einem Rufe nach Freiburg im Breisgau folgte. Er schrieb fast alle seine Werke in Bayern, von denen vorzüglich die Abhandlungen über die Obligationen, die Privilegien des Clerus, die Restitution, das Fideicommiß, den Krieg, Zweikampf ꝛc. zu erwähnen sind.

Die bayerische Universität zählte in dieser Periode auch in der medicinischen Facultät viele berühmte Professoren; dahin gehören vorzüglich: Dr. Hollyng, welcher zu Dork in England geboren wurde und 1583 zur weiteren Ausbildung in der Medicin nach Ingolstadt reiste. Ein Empfehlungsschreiben vom englischen Carbinal Alanus verschaffte ihm den Zutritt zum bayerischen Erbprinzen Maximilian, welcher seinen Vater beredete, den talentvollen Engländer zum Professor der Philosophie zu ernennen. Er docirte einige Jahre über Philosophie und Rhetorik. Da er eine vorherrschende Neigung zur Arzneikunde bewies, schickte ihn der Herzog auf seine eigenen Kosten nach Padua, und als er von dort 1588 nach Ingolstadt wieder zurückkehrte, wurde er als ordentlicher Professor der Medicin angestellt. Er starb 1612 in Ingolstadt. Von seinen Schriften mögen besonders hervorgehoben werden die Abhandlungen über natürliche und künstliche Wärme, über das Lebensprincip, Apoplexie, Leberkrankheit, Melancholie, Ernährungsprozeß ꝛc. Dr. Luzius de Clas war in Landshut geboren und 1571 vom Herzog Albrecht V. zum Professor der Medicin in Ingolstadt angestellt. Nach einigen Jahren machte er, um seine medicinischen Kenntnisse zu erweitern, eine Reise nach dem Orient, wo er so unglücklich war, von den Türken gefangen genommen und in die sieben Thürme bei Constantinopel eingekerkert zu werden. Während dieser Gefangenschaft, wo er sich wegen seiner Wissenschaft einer milden Behandlung zu erfreuen hatte, schrieb er sein berühmtes Werk „die philosophische Medicin." Nach zwei Jahren wurde er wieder auf freien Fuß gestellt und kehrte zu seiner früheren Professur nach Ingolstadt zurück, wo er 1599 starb. Außer dem genannten Werke besitzen wir noch von ihm interessante Abhandlungen über die Vergleichung der Schöpfung der Welt und der natürlichen Bildung des Fötus in der Gebärmutter, über das Wesen und die Eigenschaft des cydonischen Holzes, über Physiologie, über die sophistische Forschung nach dem Stein der Weisen ꝛc. .Dr. Philipp Menzel, 1543 in der Oberpfalz geboren, war ein vielseitig gebildeter Mann, ein grosser Kenner der Kunstmalerei und Musik, Dichter und ein theoretisch und praktisch gewiegter Mediciner. Er bezog 1560 die Universität Ingolstadt, wo er in der Philosophie promovirte und nach einigen Jahren als Professor der Poesie den Catheder betrat. Er war der erste, welcher an der bayerischen Universität von dem damaligen Prokanzler und Professor der Theologie Dr. Martin Eisengrein mit dem poetischen Lorbeerkranz gekrönt wurde. Hierauf machte er eine wissenschaftliche Reise nach Italien und besuchte die

Universitäten Padua und Bologna, wo er die berühmten Mediciner Arontius und Albrovandus hörte und in der Arzneikunde die Doctor=
würde erlangte. Nach seiner Rückkehr empfing er 1573 von Herzog Al=
brecht das Anstellungsdecret als Professor der Medicin in Ingolstadt, wo
er 39 Jahre mit großem Rufe docirte. Er erhielt von mehreren großen Fürs=
sten auch vom Kaiser Rudolph II. den ehrenvollen Ruf eines Leibarztes;
allein die vortheilhaftesten Anerbietungen konnten Menzel von dem Dienste
der Musen nicht entfernen. Er starb 1613 zu Ingolstadt und überließ sei=
nen Lehrstuhl seinem Sohne Albert Menzel, welcher in der Professur und
der medicinischen Literatur seinem Vater wenig nachstand. Sein zweiter
Sohn Leo Menzel erwarb sich als Professor der Theologie zu Rom im
deutschen Colleg und später in Ingolstadt einen berühmten Namen. Von
den Werken Phil. Menzels verdienen eine besondere Erwähnung: seine
Gedichte, welche sein Sohn Albert in 4 Büchern herausgab, seine Un=
tersuchung über die Venen und den Magen, und die Flora Ingolstadts.

Unter den Professoren, welche uns die Chronik in der philoso=
phischen Facultät unter Herzog Wilhelm überliefert hat, sind zu
nennen: P. Joh. Appenzeller, ein aus dem bayerischen Städtchen
Aichach gebürtiger Jesuit, welcher auf der hohen Schule zu Ingolstadt
als Professor der Mathematik angestellt wurde. Er bewies in seinem
Fache große Kenntnisse und Scharfsinn und zeichnete sich nicht minder
in der hebräischen Sprache aus. Wilhelm V. berief ihn nach München,
um seinem Sohn Albert Unterricht in der Mathematik zu ertheilen. Da
er hier eines frühzeitigen Todes starb und stets viel beschäftigt war, so
hinterließ er uns keine Schriften. Dr. Gröselius, geboren in Vilseck
in der Oberpfalz, wurde wegen seiner seltenen Kenntnisse in der Litera=
tur von Wilhelm V. zum Director der Universitäts=Bibliothek und we=
nige Jahre hernach zum Professor der Philosophie ernannt. Von ihm besi=
tzen wir eine mit vieljährigem Fleiße gesammelte Geschichte berühmter
Fürsten und Gelehrten von Constantin dem Großen bis zur Mitte des
16. Jahrhunderts, eine Abhandlung über die Incarnation des Logos und
eine verbesserte und vermehrte Ausgabe der Werke des M. Ant. Mu=
retius. Dr. Engerd, dessen Geburtsort Neustadt in Thüringen ist,
war Priester und einige Zeit Hofmeister bei der adeligen Familie von
Trenbach in Böhmen. Er promovirte in Ingolstadt zum Doctor der
Theologie und Philosophie, wurde daselbst als Dichter gekrönt und als
Professor der Philosophie vom Herzog Albrecht V. angestellt. Er las
über Poesie, bis Wilhelm V. die ganze philosophische Facultät den Je=

suiten einräumte. Er verließ hierauf Ingolstadt, ohne daß wir von seinem weitern Wirken irgend eine Nachricht mehr finden. Die von ihm hinterlassene Literatur ist sehr zahlreich; als vorzüglich ist hervorzuheben: die Fortsetzung der von Rottmar begonnenen ingolstädter Annalen, eine große Sammlung vieler Gelegenheitsgedichte, seine werthvolle Geschichte der Reformatoren und die deutsche Prosodie. Dr. Mocquet, Jesuit aus Neufpont in Lothringen, war schon Professor der Philosophie und Doctor der Theologie, als er im 21. Lebensjahre in den Jesuitenorden trat und nach Landsberg in Bayern kam. Anfangs lehrte er zu Dillingen Philosophie, vorzüglich Scholastik mit solchem Ruhme, daß ihn Herzog Wilhelm nach Ingolstadt berief. Außer seinem philosophischen Wissen war Mocquet ein ausgezeichneter Linguist, da er nicht blos der hebräischen, griechischen und lateinischen Sprache, sondern auch der französischen, spanischen, italienischen und deutschen mächtig war; damit verband er zugleich schöne Kenntnisse in der Botanik. Er starb als Rector des Jesuitencollegiums in Innsbruck im Jahre 1642 im 68. Jahre seines Lebens. Von seinen Schriften besitzen wir nur einen Tractat über die Sponsalien und die Ehe und eine Anleitung zur Widerlegung der Häretiker. P. Mayr, einer der gelehrtesten Sprachenforscher seiner Zeit, war zu Rain in Bayern 1564 geboren, studirte in Ingolstadt, wo er sich besonders auf das Sprachstudium verlegte. Im Jahre 1583 trat er in den Jesuitenorden und docirte nach einigen Jahren an der hohen Schule über orientalische Sprachen. Nachdem er hier bei großer Zuhörerschaft mehrere Jahre gelehrt hatte, begab er sich auf zwei Jahre nach Rom, um sich in der morgenländischen Linguistik noch weiter auszubilden. Nach seiner Ankunft in Deutschland erhielt er von den Fuggern einen Ruf als Prediger nach Augsburg, wohin er auch folgte. Im Predigtamte zeichnete er sich vor allen Jesuiten aus und führte durch seine Controverspredigten viele Protestanten zur katholischen Religion zurück. Seine ganze Freizeit verwendete er nur auf die Wissenschaften besonders auf die Sprachen, worin er sich seltene Kenntnisse erwarb, so daß alle großen Gelehrten damaliger Zeit und besonders der berühmte Cardinal Bellarmin mit ihm in Briefwechsel standen und in Auslegung schwieriger Schrifttexte sich seinen Rath erholten. Er starb 1623, nachdem er zahlreiche und schätzenswerthe Schriften hinterlassen hatte, von denen vorzüglich zu nennen sind: Das neue Testament, in das Hebräische und das römische Martyrologium ins Griechische übersetzt, die griechisch=lateinische Ausgabe aller Sonn= und Festtage des

Jahres, die Weihnachtsgesänge in drei und die Ostergesänge in vier Sprachen, die lateinisch-griechische Ausgabe des Thomas von Kempen, den Katechismus des Pet. Canisius in griechischer und lateinischer Sprache, welcher mehrere Auflagen erlebte, und das Leben des heiligen Ignatius, welches Mayr dem Herzog von Bayern widmete. Unter den vielen Gelehrten, welche damals die bayerische Universität zierten, dürfte Dr. Frey nicht übergangen werden; er war in der zweiten Hälfte des sechzehnten Jahrhunderts Bibliothekar in Ingolstadt und der erste, welcher ein Verzeichniß aller in der dortigen Bibliothek vorhandenen Bücher herausgab. Dieses Verzeichniß, welches mit großer Genauigkeit und schöner Ordnung ausgeführt ist, war das erste, welches in diesem Fache erschienen ist. Dr. Frey starb 1600 in Rom, wohin er des Jubiläums wegen gereist war.

Außer der Universität, welche nach der gegebenen Uebersicht der erwähnten Gelehrten den ersten Rang unter den hohen Schulen Deutschlands behauptete, genoß auch das Priesterseminar in Ingolstadt einen weiten Ruf. Schon Albrecht V. faßte den Entschluß, den bayerischen Clerus, dessen sittliche und wissenschaftliche Hebung ihm besonders am Herzen lag, nach einem gleichförmigen System unter der Aufsicht der Jesuiten in einem allgemeinen Seminar unterrichten und bilden zu lassen. Es sollten auch die geistlichen Orden der Benedictiner, Augustiner, Prämonstratenser und Cistercienser zur Theilnahme an dem Vollzuge dieses Planes aufgefordert werden. Lange Verzögerungen ließen den herzoglichen Entschluß nicht zur Reife kommen. Herzog Wilhelm V. beschloß, das von seinem Vater beabsichtigte Seminar in München zu errichten; er suchte die Landschaft in sein Interesse zu ziehen und stellte an den Ausschuß derselben den Antrag, der Prälatenstand möchte in der Hauptstadt ein Haus kaufen und dasselbe zu einem Seminar für junge Ordensgeistliche einrichten lassen. Der Ausschuß erklärte sich hierin für incompetent und wählte aus dem geistlichen Stande jeden Rentamtes noch einen Commissär nämlich die Prälaten von Tegernsee, Allersbach, Niederaltaich und Seeon, von denen jeder mit den übrigen in seinem Rentamte befindlichen Prälaten das Nöthige verhandeln sollte. Da diese erklärten, daß sie ohne eine Zusammenkunft des gesammten Prälatenstandes hierin nichts vornehmen könnten, berief Herzog Wilhelm alle Prälaten nach München gerade an dem Tag, als für den verstorbenen Herzog Albrecht der jährliche Gottesdienst abgehalten wurde. Es waren dreißig Prälaten erschienen; Wilhelm ließ ihnen seinen Plan über das

Priesterseminar und zwei Schreiben vom päpstlichen Nuntius eröffnen, worin enthalten war, daß das Seminar nicht, wie man früher für rathsam fand, bei den Klöstern sondern viel zweckmäßiger bei der hohen Schule Ingolstadt zu errichten, und die Klostervisitation und die Congregation der Prälaten wieder zu erneuern wären. Die Prälaten waren von der Nothwendigkeit eines solchen Institutes wohl überzeugt, baten jedoch den Herzog, er möchte zur Gründung desselben auch das seinige beitragen entweder durch einen Theil der bei den Prälaten ausständigen Decimationen oder durch das Einkommen eines vacanten Klosters. Diese Forderung möchte nicht unbillig erscheinen, da bereits Papst Paul dem Herzog Albrecht V. den zehnten Theil des geistlichen Einkommens zur Verwendung für religiöse Zwecke überwiesen und Pius IV. weitere zwei Zehnttheile zur Erbauung eines theologischen Seminars und zweier Jesuitencollegien hinzugefügt hätte. Herzog Wilhelm bewilligte auch auf die Dauer von sechs Jahren einen jährlichen Zuschuß von 1000 fl. und entschied sich in der Hauptsache dahin, daß das Georgianum in Ingolstadt zu dem zu errichtenden Seminar zu verwenden sei.

Der Zudrang wißbegieriger Jünglinge zu den Studien der bayerischen Universitätsstadt war unter Herzog Wilhelm V., der wie sein Vater die Wissenschaften mit gleicher Liebe pflegte, außerordentlich. Studenten aus Schottland, Italien, Frankreich und Polen reisten nach Ingolstadt, wo die Anzahl der Studirenden oft über 600 betrug, eine zur damaligen Zeit hohe Zahl. Das wilhelminische Colleg zählte 140 Alumnen; die Zahl der Conventualen verschiedener Orden, welche sich in Ingolstadt den Studien widmeten, stieg von dreißig auf achtzig; aus allen Gegenden Bayerns strömten junge Männer herbei und baten um Aufnahme ins Priesterseminar. Die begeisterte Liebe für die Wissenschaft, welche in und außerhalb Bayern erwachte, haben die Jesuiten hervorgerufen, denen selbst ihre Gegner das Lob nicht entziehen können, daß sie die beste Lehrmethode besaßen. In den Jesuitencollegien wurden die Studirenden ohne große Kosten und die ärmeren ganz frei, mit Milde und Sanftmuth, mit gleicher Sorgfalt und ohne alle Rücksicht des Standes behandelt und erzogen. Die Jesuitenpatres bewiesen sich als freundliche Väter; körperliche Züchtigung wurde bei ihnen sehr selten angewendet; an ihre Stelle ließen sie eindringende Vorstellungen und ergreifende Mahnungen treten. Daher auch jeder Cleriker und Staatsmann mit Vergnügen an jene Jugendzeit zurückdenkt, die er als Student bei den Jesuiten durchlebte, und behauptet, daß damals der Studirende gründlicher gelehrt wurde als heut zu Tage. In ihren Collegien herrschte strenge Moralität, und jener Zögling, den kein Mittel von seiner Unsittlichkeit trennen konnte, wurde entlassen und wieder zu seinen Eltern zurückgeschickt. Die Reinlichkeit und Ordnung in den Museen und Dormitorien war musterhaft und die Pflege der kranken Alumnen wurde mit herzgewinnender Sorge geübt. Die Zöglinge standen unter der beständigen Aufsicht ihrer Lehrer, welche sie bei jedem Spiele und körperlichen Bewegung mit prüfendem Auge beobachteten. Als Zeugen für die unübertreffliche Lehrmethode der Jesuiten treten unter andern besonders der gelehrte Polyphistor Baco von Verulam auf, welcher in seiner Encyclopädie sagt: „Wenn ich die Strebsamkeit und Einsicht der Jesuiten in Ertheilung ihres Unterrichtes und in der Anleitung zur Sittlichkeit betrachte, so treten mir jene Worte des Agesilaus über Pharnabazus ins Gedächtniß: „„Da du ein solcher Mann bist, o wärest du unser!"" Bezüglich ihrer Pädagogik möchte ich die wenigen Worte sagen: „„Frage die Jesuitenschulen um Rath!"" Denn ich kenne hierin nichts besseres." Mit gleichem Lobe spricht der gelehrte Grotius von der Societät Jesu: „Groß ist das Ansehen der Jesuiten unter dem Volke wegen der Frömmigkeit ihres Lebens, und weil sie die Jugend ohne Lohn in die Wissenschaften einweihen." Der Ruf, den sich die Jesuiten in Bayern durch ihre Studienanstalten erwarben, zog auch Fürstensöhne nach Ingolstadt. Herzog Wilhelm schickte seine Söhne Maximilian, Philipp, Ferdinand und Albrecht nach Ingolstadt, wohin ihnen mehre Jünglinge von hohem Adel Bayerns folgten; drei junge Markgrafen von Baden bezogen die bayerische Universität. Der Erzherzog Karl von Steiermark, Schwager Wilhelms V., schickte seinen talentvollen Sohn Ferdinand, den nachmaligen Kaiser Ferdinand II. dahin; in seiner Begleitung waren 20 Jünglinge vom ersten Adel Oesterreichs. Neben dem bayerischen Erbprinzen that sich besonders der junge Erzherzog hervor; er war ein eifriger Student und liebte den Umgang gelehrter Männer, welche er oft zu Tafel lud. Aus den philosophischen Disciplinen machte er lobenswerthe Examina, trat wie der bayerische Herzog Max in einer öffentlichen Disputation auf, und als er einst vor der versammelten Akademie eine öffentliche Rede hielt, legten ihm sechs Studenten als Genieen verkleidet einen aus Blumen geflochtenen Kranz auf sein Haupt. Im Jahre 1594 verließ er die Universität, wo er an dem bayerischen Erbprinzen einen treuen Freund gefunden; vor seiner Abreise veranstalteten ihm alle Professoren und Studenten ein großes Fest, bei welchem in Reden und Gedichten sein akademisches

Studium gepriesen wurde. Als er auf seiner Heimkehr die bayerischen Gaue durchritt, ahnte er nicht, daß unter seiner kaiserlichen Regirung dieses schöne, fruchtreiche Land von den Graueln des dreißigjährigen Krieges verwüstet, und der Bayernfürst, der sein Studienfreund war, sein treuester Bundesgenosse werde.

Wilhelm dem Fünften war durch das Testament seines Vaters die Pflicht auferlegt, den Jesuiten nicht blos in Ingolstadt sondern auch in München ein Collegium sammt Kirche zu erbauen; denn seine letzte Willenserklärung lautete: „Es ist unsere ernstliche Meinung, daß die in den beiden Städten München und Ingolstadt gestifteten Jesuitencollegien von unsern geliebten Söhnen, Erben und Nachkommen Gott dem Allmächtigen zu Lob, Land und Leuten zu Nutzen, auch zur Pflanzung und Rettung unserer alten, wahren, katholischen Religion in beständigen Würden und Kräften erhalten, mit nichten revocirt oder abgethan werde, sondern mit der Zeit noch mehr gebessert, gemehrt und dotirt werde." Bei dem Tode Albrechts hatten die Jesuiten in München weder eine eigene Kirche noch ein eigenes Colleg, sondern mußten ihre kirchlichen Functionen in der Augustinerkirche und ihren Unterricht in dem Kloster dieses Ordens vornehmen. Einer der ersten Entschlüsse des Herzogs bei seinem Regirungsantritte war, für sie ein neues Collegium und eine prächtige Kirche zu bauen. Als dieß in München bekannt wurde, erhoben sich zahlreiche Feinde gegen die Jesuiten; selbst ein Theil des katholischen Clerus sah mit eifersüchtigem Auge auf die herzogliche Begünstigung derselben; besonders feindlich trat der Hofprediger Martin Dum gegen die Mitglieder des neuen Ordens auf, wurde aber im Auftrage des Herzogs von dem päpstlichen Nuntius Buonhuomo zu besserem Einvernehmen mit denselben ermahnt. Auch unter den Hofräthen zählten die Jesuiten mehre, welche ihrem Orden nicht gewogen waren, da sie von demselben fürchteten, daß er den so sehr ersehnten kirchlichen Concessionen aus allen Kräften entgegenarbeiten werde. Die Zahl der tadelnden Stimmen wurde so groß, daß selbst die streng-katholische Herzogin-Mutter hierüber erschreckte und ihren Sohn von dem Bauunternehmen abzuhalten suchte. Herzog Wilhelm entwickelte ihr in einem ausführlichen Schreiben die dringende Nothwendigkeit und die gerechte Bevorzugung der neuen Gesellschaft in Bayern. Denselben Widerstand fand der Herzog bei den Landständen, von denen mehre heimlich den religiösen Neuerungen günstig gestimmt waren; denn als ihnen Wilhelm die Proposition bezüglich der Jesuitenbauten eröffnete, beschwerten sie sich, daß mehre Adelige der Religion wegen von landschaftlichen Aemtern ausgeschlossen seien, obwohl man sie für qualificirt erkannt habe, und klagten über unerschwingliche Kosten in geistlichen Sachen und Gebäuden. „Denn obwohl wir, fügten sie bei, das was zur Ehre Gottes gehört, nicht zu hindern sondern vielmehr zu fördern begehren, so wissen wir doch, daß Eurer fürstl. Gnaden hochlöbliche Vorvordern und regierende Fürsten sich solcher Neuerung übermäßiger Bauten und **fremder Ceremonie** gar nicht gebraucht, sondern in **gerechter Einfalt** den Gottesdienst andächtig verrichtet haben." Der Herzog, welcher über den reformatorischen Sinn dieser Sprache nicht im Zweifel sein konnte, erwiderte im gemäßigten Tone, daß die in der Residenzkapelle eingeführten Ceremonien weder neu noch unkatholisch seien; die Jesuitenbauten erkenne er als nothwendig wegen der Erhaltung der katholischen Religion und wegen des Unterrichtes der Jugend; er sei hiezu durch das Testament seines Vaters verpflichtet. Deßhalb sei er fest entschlossen, den Bau zu beginnen, indem er hoffe, daß derselbe auch **ohne Beihilfe der Stände** zur Ehre Gottes und zum Nutzen seiner Bayern glücklich vollendet werde. Am 18. April 1583 wurde der Grundstein zur **Kirche**, welche nicht ohne Bedeutung dem Erzengel Michael, dem **Besieger der abtrünnigen Geister**, geweiht wurde, und zwei Jahre später den 10. Januar 1585 der Grundstein zum **Collegium** gelegt an dem Platze, wo ehemals die Nicolaus-Kapelle, die dem Kloster **Schäftlarn** gehörige Schwaige Conradshofen und 26 Bürgerhäuser standen. Diese Gebäude wurden niedergerissen, und der Bau der Kirche und des Collegiums, wozu zwei Jesuiten die Pläne entworfen haben sollen, unter der Leitung des Steinmetzmeisters Wolfgang Müller*) begonnen. Im Jahre 1590 war der Thurm vollendet; der herzogliche Baumeister Sustris, ein Niederländer und Protestant, besichtigte denselben und erklärte, daß er sinke und dem Einsturze drohe. Man untersuchte den Thurm im Innern und fand keine Spur eines Sinkens, so daß man diese Aeußerung des Sustris seinem confessionellen Widerwillen gegen das Gebäude und dessen künftige Besitzer zuschrieb. In wenigen Tagen aber zeigte sich am Thurme ein so großer Riß, daß man eiligst die Kuppel abtrug, die Glocken herabnahm und die nächstgelegenen Häuser

---

*) Damals verstand man unter Steinmetzmeister einen Techniker, welcher die Bau- und Bildhauerkunst ausübte; das Porträt Müllers hängt noch in der Sakristei der St. Michaelskirche.

schleunigst raümen ließ. Am andern Tag erfolgte der Einsturz des Thurmes, welcher nicht nur die Haüser in der Nähe zertrümmerte sondern auch das Kirchengewölbe einschlug. Herzog Wilhelm, welcher anfangs über die schlechte Bauart aufgebracht war, tröstete sich damit, daß kein Menschenleben dabei verunglückte. Sustris mußte einen neuen Plan zu einem Kirchthurme entwerfen, da der erste Baumeister Müller bereits gestorben war; auf diesen kann daher die Schuld des ungeschickten Thurmbaues nicht fallen sondern auf die Jesuiten, welche damals mehre Dilettanten in der Architectur zählten. Um der Furcht eines abermaligen Einsturzes vorzubeugen und zugleich gegen einen gefährlichen Blitzstrahl gesichert zu sein, hatte man den Thurm fast in gleicher Höhe mit der Kirche gebaut; die Bauführung übertrug der Herzog einem gewissen Andreas Gundelfinger. In den Baulisten, welche zuerst von dem Zahlmeister Phil. Retius und nach ihm von dem Handelsmann Michael Frieblinger geführt wurden, finden wir oft täglich über 200 Maurer und Taglöhner verzeichnet und die Ausgaben bis zum Jahre 1590 auf 132,000 fl. und von dieser Zeit bis zum Jahre 1597 auf 131,300 fl. berechnet. Als Pallier beim Kirchenbau war Georg Graf und beim Collegienbau Jacob Pader angestellt. Die Jesuiten beriefen aus Italien mehre Fratres, welche technische Kenntnisse besassen; unter diesen hatte besonders der Frater Laurentius Casali einen Ruf. Unter den Malern finden wir viele berühmte Namen: Peter Candit, welcher den heil. Sebastian, die heil. Ursula, den englischen Gruß und die Kreuzigung des Apostels Andreas malte, Schwarz, welcher das schöne Hochaltarblatt „der Sieg des Erzengels Michael über den Satan", Hans von Aachen, welcher das herrliche Altarblatt „Christus am Kreuze" in der Kreuzkapelle, die Berufung des heil. Petrus zum Apostelamte und die heil. Magdalena, Viviani, welcher die heil. Dreieinigkeit und die Anbetung des Namens Jesu malte. Als Bildhauer werden erwähnt: Dietrich Wendel, welcher die meisten Altäre verfertigte, Andreas Weinhard, Heinrich Felser, Georg Pandl, die Gebrüder Lechner und Heinrich Dietfelder. Hans Krumper aus Weilheim lieferte nach den Zeichnungen Candits die Erz- und Broncearbeiten; die Gebrüder Hebenstreit machten die Glasmalereien, und Ant. Neuknecht und Hans Haüsler bauten die große Orgel. Die Kirche, im Rundbogenstyl gebaut, hat eine Länge von 248′ und eine Breite von 114′; das große Deckengewölbe, von keiner Saüle gestützt, ist kühn über einem Halbzirkel nach der ganzen Länge hingebreitet und ruht nur auf vier Hauptmauerpfeilen. Der Styl der hohen Pilaster ist corinthisch mit vergoldeten Kapitälern; an den Seitenwänden im Langhaus befinden sich Engel von Gyps, welche Passionsinstrumente tragen, und vorne über dem Chor zwei Reihen von 22 Statuen: Propheten, Apostel und Evangelisten, und unter denselben zwei Reihen gutgeordneter Bildnisse in Blenden gestellt, an welchen Candits Zeichnung zu erkennen ist. Unter den Kirchengeräthen ist die schön gearbeitete, silberne Ampel, 50 Mark schwer, und die werthvolle, mit Edelsteinen besetzte goldene Monstranze, damals auf 70,000 fl. geschätzt, zu nennen. Der Chor der Kirche ist ganz mit Kupfer belegt; unter demselben befindet sich die Fürstengruft, in welcher die Gemahlin Wilhelms 1602 als die erste fürstliche Person in einem zinnernen Sarge beigesetzt wurde; die Gruft der Jesuiten war unter der Kreuzkapelle. Das Innere der St. Michaelskirche macht auf den Besucher einen großartigen Eindruck, welcher besonders durch die majestätische Wölbung hervorgebracht wird; der Außenbau ist höchst einfach und ohne Geschmack nach dem architektonischen Styl des 16. Jahrhunderts; die Hauptfronte, an der sich zwei große Pforten befinden, ist mit zahlreichen Erz-Statuen angefüllt, unter denen jene des Erzengels Michael von Krumper nach Gerhards Modell meisterhaft gegossen ist. Oberhalb des Erzengels, welcher sich in der Mitte der Façade befindet, stehen zwei Reihen von Statuen nämlich: Otto, Theodo und Theodowalda, die ersten fürstlichen Personen Bayerns, welche vom heil. Ruprecht getauft wurden, ferner Karl der Große, Herzog Otto von Wittelsbach, Kaiser Ludwig der Bayer, König Ruprecht, König Christoph von Dänemark, Kurfürst Ludwig von Brandenburg, Kaiser Maximilian I., Herzog Albrecht der Weise, Karl V., König Ferdinand und Herzog Wilhelm V. An der unteren Reihe sind auf Marmor mit vergoldeten Buchstaben die Worte eingegossen: Guilielm. Com. Palat. Rhen. utr. Bav. Dux. Patr. et Fundator; die obere Inschrift lautet: In memoriam S. Michaelis Archangeli dedicare juvavit.

Das Collegium ist ein geräumiger und zweckmäßiger Bau mit schönen Sälen, weiten Treppen, marmorgepflasterten Gängen, verschiedenen großen Höfen und 800 Fenstern; man hielt damals das Jesuiten-Collegium in München nach dem Escorial in Spanien für das schönste Gebäude in ganz Europa und eines Königs würdig. Herzog Wilhelm dotirte die Kirche mit den heimgefallenen kumnerstädtischen Gütern und Zehnten zu Aibling und Ebenhausen und das Collegium so hoch, daß 73 Mitglieder in demselben leben konnten. Durch eine feierliche Urkunde von 1589 sicherte er den Jesuiten zur Unterhaltung der Schule und Kirche ein Kapital von 80,000 fl. oder statt dessen 4000 fl. aus den Decimationsgeldern der geistlichen Kammer; diese Dotation erhöhte er im Jahre 1592 auf den jährlichen Bezug von 5000 fl. und verband damit das Gut Taufkirchen bei Wolfrathshausen, welches er mit dem früheren Besitzer gegen das Gut Hohenrain eintauschte. Mit dem Colleg incorporirte er nach erlangter Bewilligung des Papstes Clemens VIII. das Kloster Ebersberg und die Hofmark Abtshofen bei Vilshofen, außerdem das von Theophil v. Kummerstatt heimgefallene Gut Warenberg bei Starenberg. Zur Unterhaltung der Kirche und Schulgebäude wies er den Jesuiten die jährliche Summe von 3000 fl. aus den Decimationsgeldern an.

Im Jahre 1597 stand Collegium und Kirche vollendet da; als Tag der feierlichen Einweihung wurde der Sonntag des 6. Juli bestimmt. Bei diesem kirchlichen Feste waren außer sämmtlichen bayerischen Fürsten und Fürstinnen, der Erzherzog Ferdinand mit seiner erlauchten Mutter, der Schwester Wilhelms V., und mit allen seinen Geschwistern, der Landgraf von Leuchtenberg, im ganzen über 20 Herzoge und Fürsten und ein zahlloser Adel zugegen. Die Ceremonie der Weihe und das Hochamt hielt der Suffraganbischof von Freising, die Predigt der Cardinal Philipp von Regensburg, Sohn Wilhelms V., „über die Kirchweihe und Verehrung Gottes." Nach den kirchlichen Ceremonien war im Collegiumsgebäude große Hoftafel, an welcher alle anwesenden Fürsten, Adeligen, Prälaten und Jesuiten gegen 200 Theil nahmen. Außerhalb dem Colleg speisten 2000 Personen an offener Tafel; in die Mönchsund Nonnenklöster und in die Krankenhäuser ließ der mildthätige Herzog reichliches Almosen und viele Speisen schicken. Bei der fürstlichen Tafel hielt der Hofprediger eine Festrede an die hohen Gäste, drei Jesuiten trugen eine hebräische, griechische und lateinische Rede vor und ein vierter sprach ein Festgedicht. Alle Wände des Gebäudes waren mit zahlreichen Sinnsprüchen und Versen in allen Sprachen überfüllt und zogen allgemeine Bewunderung auf sich. Nach aufgehobener Tafel folgte die Vesper, welcher sämmtliche hohen Personen beiwohnten. Für den folgenden Montag war ein großes Singspiel „der Erzengel Michael im Kampfe mit dem Drachen," von den Jesuiten componirt und arrangirt, festgesetzt, mußte jedoch wegen des regnerischen Wetters bis auf den Donnerstag verschoben werden. Die ungeheure Bühne war auf freiem Platze; das Theaterpersonal bestand aus fünfhundert Personen, den Chor bildeten

900 Sänger. Alle hohen Gäste mit ihrer Begleitung und der ganze Hof fand sich ein; eine zahllose Volksmenge versammelte sich; tausend Soldaten waren bewaffnet, um die Ordnung aufrecht zu erhalten. Mit Schaudern und Entsetzen sah das Volk das Herabstürzen der abtrünnigen Engel in die höllischen Flammen und den siegreichen Kampf des Erzengels mit dem monströsen Drachen, der aus ungeheuerem Rachen ein Meer von Flammen spie. Alles war erstaunt über die Kunst der Maschinerie, über die großartige Anlage und über die weithin schallende Kraft des Gesanges; die Ausführung dieses Melodrams soll den antiken Schauspielen der Griechen nicht nachgestanden sein.

Herzog Wilhelm war unermüdet thätig für den Unterricht. Das von seinem Vater in München gestiftete Knabenseminar, Seminarium Gregorianum, in welchem arme Studenten freie Verpflegung und Unterricht genossen, war anfangs nur mit 400 fl. dotirt; Wilhelm erweiterte dieses Institut auf 50 Stipendien, und Privaten statteten dasselbe durch reichliche Vermächtnisse fortwährend aus. Nachdem dasselbe vollständig eingerichtet war, eröffnete es der Herzog damit, daß er den aufgenommenen armen Knaben eine kleine Tafel im Seminar gab und mit ihnen zu ihrer höchsten Freude sammt der Herzogin, seinem Bruder Ferdinand und dem Erbprinzen Max speiste. Das Convict zu St. Michael, welches von Albrecht V. in München für den Unterricht des jungen Adels gegründet hatte, begünstigte dessen Nachfolger, so daß die Zahl der Convictoren im Jahre 1587 auf 200 gestiegen war. Dieses Convict wurde im Jahre 1597 mit dem Pädagogium in Ingolstadt vereinigt. Unter der Regirung Albrechts bestanden in München für den höhern Unterricht nur zwei mangelhafte Trivialschulen; er faßte deßhalb den Plan, für die Jesuiten ein Gymnasium daselbst zu bauen, welches bald zu einer hohen Blüthe gelang, da das Lehrerpersonal durch die Jesuiten vermehrt wurde, welche wegen Streitigkeiten mit der philosophischen Facultät aus Ingolstadt wanderten und sich nach München begaben. Dieses Gymnasium der Residenzstadt bevorzugte Wilhelm V. mit folgenden Privilegien: 1) die Schüler dieses Gymnasiums, welches mit der Universität in Ingolstadt für incorporirt zu betrachten ist, sind bei schweren Vergehen dem Hofoberrichter unterworfen, welcher nur in dringenden Fällen für sich selbst handeln darf und außerdem nur auf Ersuchen der Gesellschaft etwas unternehmen soll. 2) Nur die Patres der Gesellschaft Jesu, welche außer den gewöhnlichen Lectionen nach Belieben auch die Gewissensfälle und den römischen Katechismus lehren können, sind ermächtigt in dieser

Schule zu lesen. 3) Nur dem Rector der Societät steht die Verwaltung des Einkommens dieser Schule zu. 4) Die Schule soll ihr eigenes Wappen und Siegel haben, dasselbe bei Ausfertigungen gebrauchen und auf den jährlichen Lectionskatalog setzen. Die Verwahrung des Siegels steht nur dem P. Rector zu. 5) Die Renovation der Studien soll zu Michaeli feierlich begangen und damit ein nützliches Schauspiel oder ein Dialog mit Preisevertheilung verbunden werden. 6) Auf der Gasse vor der Schule dürfen keine weltlichen Handthierungen getrieben werden, welche durch Geräusch den Unterricht stören könnten. 7) Die Administration, Inspection, Visitation und Besorgung aller Angelegenheiten der Schule, sie mögen die Präceptoren, Lectionen oder Exercitien betreffen, steht unmittelbar bei der Societät. Was den Lehrstoff und die Unterrichtsmethode betrifft, so waren für das münchner Gymnasium nachstehende Autoren vorgeschrieben: 1) in der Rudiment: die Fabeln des Phädrus, die Dialoge des Jac. Pontanus, die vertrauten Briefe des Cicero; 2) in der Grammatik: die Biographien des Cornelius Nepos, die Dialoge des J. Pontanus, Pomponius de situ orbis, Florus' röm. Geschichte, Gretsers Anfangsgründe der griechischen Sprache; 3) in der kleinen Syntax: die Thaten des Alexander von Curtius, Cicero von den Pflichten, die Briefe des Plinius und vorzüglich seine Schutzschrift, und für das Griechische die Schriften der hl. Väter; 4) in der grossen Syntax: Sallusts catilinarischer und Cäsars gallischer Krieg, Tacitus de moribus; 5) in der Poesie: Livius, Tacitus' Annalen, Horaz, Martial, Virgil, Thukydides und Xenophon; 6) in der Rhetorik: Cicero und Quintilian de arte oratoria, Ciceros Reden, Horaz und Virgil, Ovid, Homer, Isokrates, Herodot und Plutarch. Zur Aufmunterung und Auszeichnung sollten am Ende jeden Schuljahres öffentliche feierliche Preisevertheilungen stattfinden; zu diesem Zwecke wurde das Preisthema von dem Lehrer einer andern Klasse aufgegeben und auch von diesem und dem Schulpräfecten censirt. In Sachgegenständen wurde zu diesem Zwecke ein mündliches Examen gehalten. Die Preise waren für folgende Gegenstände bestimmt: in der Rudiment und Grammatik: 1) aus der Latinität, 2) aus dem Griechischen, 3) aus der Arithmetik, 4) aus der biblischen Geschichte und 5) aus der Geographie; in der kleinen Syntax: 1) aus der lateinischen und deutschen Uebersetzung, 2) aus dem Griechischen, 3) aus der Arithmetik, 4) aus der Profangeschichte und 5) aus der Geographie; in der grossen Syntax: aus den vorigen Gegenständen mit Ausnahme der Geographie, dann noch aus dem Briefstyl, der Prosodie und der Verskunst; in der Poesie: 1) aus der lateinischen Dichtung, 2) aus lateinischen und deutschen Aufsätzen, 3) aus dem Griechischen, 4) aus der Mathematik, 5) aus der Naturgeschichte; in der Rhetorik: 1) aus der lateinischen und deutschen Rede, 2) aus lateinischen und deutschen Gedichten, 3) aus dem Griechischen, 4) der Algebra, 5) der Alterthumskunde und Mythologie. Auch für den jährlichen Fortgang wurde in jeder Klasse des Gymnasiums ein Preis ausgetheilt.

Die Unterrichtsanstalten in München kamen unter Wilhelm V. sämmtlich in die Hände der Jesuiten, welche wie in Ingolstadt so auch in der Hauptstadt unter der studirenden Jugend eine noch nie dagewesene Begeisterung für die Wissenschaften zu verbreiten wußten. Es begegnen uns aber auch in München unter den Mitgliedern dieses Ordens während dieser Periode große Gelehrte, die nicht mit Stillschweigen übergangen werden dürfen, ohne ihre Verdienste zu verkennen. Zu diesen sind folgende zu zählen: P. Hoffäus; er war geboren zu Bingen am Rhein und studirte zu Emmerich und Köln; als Student bestieg er in seiner Geburtsstadt einen hohen Thurm, wo er so unglücklich war, daß er herunterfiel. Er machte das Gelübde, daß er, wenn er das Leben erhalten würde, sogleich in den Jesuitenorden träte. Er reiste nach Rom und war einer der ersten, welche von dem hl. Ignaz 1552 in die Gesellschaft Jesu aufgenommen wurden. In Rom bekleidete er einige Zeit das Amt eines Ministers im deutschen Collegium, wurde von seinem General nach Deutschland gesendet und in Wien zum Regens der Studien ernannt, wo er das canonische Recht lehrte. Nach drei Jahren kam er als Rector des Jesuitencollegiums nach Ingolstadt und von dort nach München. Hier wirkte er für das neue Aufblühen der Wissenschaften und für die Erhaltung der katholischen Religion. Dreizehn Jahre übte er das Amt eines Provincials in Deutschland und zehn Jahre war er Visitator der deutschen und rheinischen Provinz. Gegen das Ende seines Lebens führte ihn sein Beruf wieder nach Ingolstadt als Rector, wo er 1608 starb. Seine Schriften: der römische Katechismus, deutsch übersetzt, und die Communion unter beiden Gestalten hatten zur damaligen Zeit der Reformation einen großen Werth und wurden häufig gelesen. P. Mayrhofer, in Landshut geboren, wurde als neunzehnjähriger Jüngling Jesuit; sein Rector, welcher die großen Talente des jungen Mannes zu schätzen wußte, sandte ihn 1567 nach Rom zum philosophischen und theologischen Studium. Nachdem er sich in der Hauptstadt der Christenheit auch in den neueren Sprachen ausgebildet hatte, ging er nach Deutschland zurück, wo er in Dillingen und Ingolstadt das Lehramt rühmlichst ausübte. Nach wenigen Jahren wurde er nach München versetzt, wo er dem Jesuitencollegium zwanzig Jahre als Rector vorstand und sich um die Heranbildung der bayerischen Jünglinge hohe Verdienste erwarb. Er erreichte das seltene Alter von 90 Jahren und starb zu München 1641. Er hinterließ uns eine große Sammlung von theologischen und philosophischen Schriften, unter denen besonders hervorzuheben sind: Untersuchung über das Wesen der Dinge, über die wahre Philosophie gegenüber der Afterphilosophie, über den gesetzlichen Besitz und die Restitution, über die Eucharistie und Incarnation, über die vorzüglichen Quellen des Gottesbewußtseins, das Leben der seligsten Jungfrau aus dem Italienischen und die Andachtsübungen der Calvinisten aus dem Französischen übersetzt. P. Raber, ein geborner Tyroler, war mit seltenen Geistesgaben vornehmlich mit einem glücklichen Gedächtnisse ausgestattet; mit 20 Jahren ließ er sich in den Jesuitenorden aufnehmen und lehrte 1583 in München in einem Alter von zwei und zwanzig Jahren Rhetorik. Er war in der griechischen und lateinischen Literatur und in der Geschichte besonders bewandert; seine mannigfache Gelehrsamkeit verschaffte ihm einen berühmten Namen, und er genoß die Achtung der gleichzeitigen größten Gelehrten, des Justus Lipsius, Gretser, M. Welser, Baronius, Andr. Schott, Bolland und selbst protestantischer Gelehrten. Er schloß sein verdienstreiches Leben zu München im Jahre 1634. Von seiner schätzenswerthen Literatur ist vor allem zu nennen: die Bavaria sancta und pia, welche viele Auflagen erlebte und von dem Jesuiten Raßler 1714 auch ins Deutsche übersetzt wurde, ferner die bayerische Geschichte von Otto von Wittelsbach bis auf Maximilian I., das Leben des Pet. Canisius, das achte allgemeine Concil zu Constantinopel, eine Legende der Heiligen, über den Zustand der Sterbenden, ins Deutsche von Karl Stengel übersetzt ꝛc. Im Jahre 1595 brachte er in München die Comödie: „Der Säckel des hl. Cassian" auf die Bühne, und in Verbindung mit Andr. Brunner gab er die Lebensbeschreibungen und Bildnisse der Monatsheiligen für die Mitglieder der marianischen Congregation in München heraus.

Wie in Ingolstadt so zogen die Jesuiten auch in München die Aufmerksamkeit des In= und Auslandes auf die neue, fruchtreiche Methode ihres Unterrichtes; die Bürger, der hohe und niedere Adel Bayerns und der Herzog selbst schickten ihre Söhne in die Jesuitenschule, so daß die Zahl derselben im Jahre 1598 über tausend betrug. Auch von ent=

fernten Gegenden sandte man den Jesuiten junge Leute zum Unterricht; der Bischof von Brixen ließ zehn Knaben aus seiner Diöcese am münchner Gymnasium unterrichten. Die große Zahl der Schüler erheischte, daß jede Klasse in mehre Abtheilungen geschieden werden mußte. Allein dieser Zulauf zur Studienanstalt der Jesuiten veranlaßte in München bald große Klagen von Seite der anderen Schulmeister; besonders sah sich Gabriel Kastner in einer mißlichen Lage, da die Zahl seiner Schüler seit dem Aufblühen des Jesuitengymnasiums so sehr abnahm, daß er mit Nahrungssorgen zu kämpfen hatte. Er war ein trefflicher Lehrer, leitete seine Schule nach einem sehr zweckmäßigen Schulplan und war bei den Münchnern durch die Schauspiele, welche er mit vieler Mühe und glücklichem Geschick durch seine jungen Studenten aufführte, allgemein beliebt. Allein die Ertheilung des Jesuitenunterrichts war so anziehend, daß seine Schüleranzahl bedeutend abnahm, und er sich genöthigt sah, beim Magistrat eine Bittschrift um Unterstützung und einen Beitrag zum Miethzins einzureichen; er gab in diesem Gesuche an, daß er nur mehr 50 Schüler besitze und für den Unterricht derselben 150 fl. Einnahme beziehe, wovon er auch noch seinen Hilfslehrer zu besolden habe.

Herzog Wilhelm, welcher mit grosser Befriedigung die seltenen Erfolge der Lehranstalten der Jesuiten sah, beschloß diesen Orden in ganz Bayern zu verbreiten. Er ließ den Schülern des hl. Ignatius in dem alten berühmten Wallfahrtsorte Altötting „dem deutschen Loretto", welches stets seinen frommen Sinn anzog, eine neue Kirche sammt Collegium erbauen, wozu er ihnen einen Garten, jährlich 1000 fl., 5 Schaff Waizen und das nöthige Brennholz aus seinem Amte und einen Zentner Wachs aus der Wallfahrtskapelle anwies. Die Kirche wurde 1596 consecrirt und das Collegium in demselben Jahre eröffnet. Ferner errichtete Wilhelm in Biburg und Ebersberg Jesuitencollegien, welche er mit hinreichendem Einkommen fundirte. In Ebersberg wurden die Jesuiten von ihren Gegnern so angefeindet, daß sich die Zahl der Ordensmitglieder jährlich verminderte; der Herzog verband daher, wie oben bemerkt wurde, mit Einwilligung des Papstes Clemens VIII. Ebersberg mit dem Jesuitencollegium zu München. Als der Rector des münchner Collegs von diesem Kloster Besitz ergriff, erhob es sich bald zur schönsten Blüthe, obgleich viele Hindernisse zu überwinden waren. Besonders trugen die Jesuiten in Ebersberg zur Hebung der Religion bei; die Leute strömten aus der Umgegend das ganze Jahr hindurch herbei, angezogen durch die Predigten und vorzüglich durch die große Verehrung des hl.

Sebastian, dem die Kirche geweiht, und dessen Haupt daselbst aufbewahrt war. In der freien Reichsstadt Regensburg, wo sein Sohn Philipp Bischof war, und die Mehrzahl der Einwohner sich zum Protestantismus bekannte, suchte er für die Jesuiten ein Collegium zu gründen und eine neue Kirche zu bauen; er scheute hiezu keine Kosten und kaufte in der Nähe der Obermünsterkirche eine Reihe von Häusern, welche niedergerissen, und an deren Stelle die Kirche und das Collegium gebaut wurden. Während des Baues räumte ihnen der Bischof mit Bewilligung des Papstes Sirtus V. im Jahre 1587 das Nonnenkloster zu St. Paul ein, welches damals sehr im Verfall war, und zur Errichtung eines Gymnasiums übergab er ihnen das sogenannte guttensteinische Haus. Kaum hatten die Jesuiten in Regensburg ihre Lehr- und Predigtthätigkeit begonnen, so erwarben sie sich hier denselben Ruf wie in Bayern; besonders waren ihre Kanzelreden von unzähligen Zuhörern besucht, unter denen sich auch sehr viele Lutheraner befanden. Der Magistrat, welcher damals fast ausschließlich aus protestantischen Räthen zusammengesetzt war, fürchtete, daß die Jesuitenpredigten eine große Conversion der Protestanten zur katholischen Kirche hervorrufen könnten, und ließ deßhalb bei jeder Predigt die Kirchenthüren mit Soldaten besetzen, um die Lutheraner zurückzuweisen. Allein dadurch erreichte der Magistrat das Gegentheil; denn je mehr die Wache verstärkt wurde, desto mehr wurden die Protestanten zum Besuche der neuen Prediger gereizt und desto größer wurde die Anzahl der Zuhörerschaft. Viele Lutheraner standen im Begriffe, zur katholischen Kirche zurückzukehren; jedoch der Einfluß der überwiegenden und reichen Protestanten Regensburgs, die Furcht zeitlicher Verluste und die öffentliche und geheime Verfolgung hielten sie von diesem Schritte ab. Im Jahre 1589 waren Collegium und Kirche vollendet und eingeweiht; zur Feier der Consecration reiste der Herzog selbst nach Regensburg und bewirkte, daß ein Fond für die neue Stiftung aus einem hochwartischen Legat und einem Zuschuß bischöflicher Tafelgelder gebildet wurde. Der erste Rector war P. Hendilius über 13 Jesuiten.

Durch die Besitzungen, welche die Jesuiten durch Herzog Albrecht V. in Landshut und Landsberg und durch Wilhelm V. in München, Ingolstadt, Altötting, Biburg, Ebersberg und Regensburg erhielten, erwarben sie sich in Bayern das Recht eines Prälatenstandes d. h. Sitz und Stimme im Landtag, Gerichtsbarkeit und eigene Steuerfreiheit, wodurch sie ein hohes Ansehen und eine einflußreiche Stellung in Bayern genossen.

Wie in die Wissenschaften so kam durch die Jesuiten auch in das religiöse Leben eine neue Bewegung. Um unmittelbar auf das Volk einwirken zu können, suchten sie in fast allen Städten des Herzogthums das Predigtamt zu erhalten, hielten an vielen Orten Missionen und verbreiteten besonders den Mariencult. Die marianische Congregation zählte in jedem Orte viele Mitglieder; Präses aller Marienvereine war der Erbprinz Maximilian. Um den einmal erlangten Einfluß im Unterrichtswesen und die erworbenen politischen Rechte nicht zu verlieren, waren sie stets bestrebt, den Hof für sich zu gewinnen und bei demselben ihre Maximen geltend zu machen; daher war damals dem Hofleben ein religiöser Charakter aufgeprägt und die Hofsitte ernst und streng. Hierüber schreibt Dr. Thomas Fijens, aus Antwerpen gebürtig, welchen der Herzog Maximilian bei seinem Regirungsantritt wegen dessen grossen medicinischen Kenntnisse zu seinem Leibarzt ernannte, an den berühmten Justus Lipsius in Löwen: „Die Hofleute hier sind durchgehends bescheiden, gesittet und rechtschaffen. Man sieht kein Laster an diesem Hofe, da der Herzog die Trunkenbolde, Wüstlinge und Ignoranten haßt und verachtet. Alles athmet nur Tugend, Sittsamkeit und Frömmigkeit." (Burmanni Sylloge epist. II. pag. 79.) Die kirchlichen Ceremonien, bei denen sich der ganze Hof zu betheiligen hatte, mehrten sich; im Jahre 1580 wurde zum ersten Male am grünen Donnerstag die feierliche Fußwaschung vorgenommen. Hofsprache wurde die lateinische, welche auch die Prinzessinen sehr fertig sprachen. Die Erziehung der Prinzen und Prinzessinen geschah nach der Pädagogik der Jesuiten.

Wilhelm V. richtete seine Thätigkeit auch auf den niedern Volks-Unterricht; vorzüglich lag ihm an dem primitiven Religionsunterricht, den sogenannten Kinderlehren. Deßhalb sandte er 1587 an die bayerischen Bischöfe einen Erlaß, sie möchten allen Prälaten und Seelsorgern mit Ernst auftragen, daß sie der Jugend den Katechismus fleißig vortragen und sie in den christlichen Glaubensstücken gründlich unterrichten, auch fleißig an allen Orten Kinderlehren halten; insbesonders solle allen Seelsorgern bei bestimmter Strafe geboten sein, an den Sonntagen und auf dem platten Lande wenigstens zur Advent- und Fastenzeit dem versammelten Volke die Glaubenslehren katechetisch vorzutragen. Von Seite des Herzogs werde es nicht fehlen, die weltlichen Behörden mit allem Nachdrucke zur Mitwirkung anzuhalten. Zur Ausführung dieses Mandates wurden Patres der Gesellschaft Jesu nach Landshut verordnet, um hier das Predigtamt und die Kinderlehren mit Unterweisung des

Katechismus zu besorgen. Als der Herzog erfuhr, daß sie damit noch nicht angefangen hätten, erhielt der Vicedom zu Landshut den Befehl, dieselben zur Erfüllung ihrer Obliegenheiten anzuhalten. Die Vorschrift des tridentiner Concils, daß den Knaben und Mädchen der erforderliche Unterricht in den Anfangsgründen der katholischen Lehre und im Lesen und Schreiben ertheilt werden solle, wurde streng durchgeführt. Damit auch die ärmeren Kinder unentgeldlichen Unterricht genießen könnten, wurde für den nothwendigen Unterhalt der Lehrer gesorgt und die Klostervorstände sowie die Magistrate unter Strafandrohung an ihre Pflicht erinnert. Ferner trug der Herzog Sorge, daß die Bischöfe die Vorschriften der augsburger Synode vom Jahre 1548 erfüllten, wornach sie verpflichtet waren, in ihren Diöcesen Schul- und Erziehungshäuser zu errichten und eine Anzahl talentvoller junger Köpfe auf gemeinsame Kosten an katholische Universitäten zu schicken. Die jungen Domherren und Stiftsgeistlichen mußten die theologischen Vorlesungen fleißig besuchen. Den Aebten wurde aufgetragen für die Aufrichtung der verfallenen Schulen und ihrer Hilfsanstalten vornehmlich aber für die Erhaltung und Vermehrung der Bibliotheken eifrigst besorgt zu sein. Die anzustellenden Lehrer wurden von der Regirung geprüft, und den Bischöfen und Prälaten nur die Wahl von solchen Schulmeistern, welche von bester Sitte und Gesinnung waren, zur heiligsten Pflicht gemacht.

Was daher den höhern und niedern Unterricht während dieses Zeitraumes betrifft, so rollt sich das schönste Bild von Bayern auf: der Clerus verläßt, gereinigt von reformatorischen Tendenzen und begeistert für seinen Beruf, das Seminar und tritt ausgestattet mit einem reichlichen Fond edlen Gefühls und Wissens sein wichtiges Amt an. Die bayerische Jugend führt zahlreich der allgemeine Drang zum Dienste der Musen; vielseitig gebildete und fromme Männer zieren alle Branchen des Staates. Der Mönch aus den verschiedensten Orden scheidet dankbar von der Universität und bringt Liebe zur Literatur in die einsame Zelle zurück. Der Knabe in der Stadt und auf dem Lande liest dem freudig staunenden Vater aus der Bibel und Naturgeschichte unterhaltende Erzählungen vor und das Mädchen erfreut die Mutter durch fromme Gebete und Sinnsprüche. Hätte der dreißigjährige Krieg diese schönen Blüthen der Wissenschaft und Bildung nicht zerknickt, so wäre es Bayern gewesen, welches den übrigen Staaten Deutschlands das Licht der Intelligenz gebracht. Wer damals mit der Zeit gleichen Schritt gehen wollte, mußte sich mit der Literatur beschäftigen; daher wurde während der Regirung Wilhelms V. der Andrang zum Studium so groß, daß Leute aus allen Ständen ihre Kinder studiren ließen. Es war hiezu überall günstige Gelegenheit geboten, da die Knaben, nachdem sie in den Klöstern den ersten Unterricht im Latein, Religion und Musik erhalten hatten, auf den öffentlichen Studienanstalten leicht untergebracht werden konnten. Es wurden viele neue Lehranstalten in Bayern eröffnet und die schon bestandenen zweckmäßiger eingerichtet. Unter den Klöstern, welche die wiedererwachten Wissenschaften besonders pflegten, sind zu nennen: Tegernsee, wo das klassische Alterthum mit grosser Vorliebe betrieben wurde, Niederaltaich, wo zur Errichtung einer werthvollen Bibliothek und zur Anschaffung von mathematischen Instrumenten hohe Summen aufgewendet wurden, Indersdorf, wo sich die Mönche außer den philosophischen Disciplinen auch dem Studium der Jurisprudenz widmeten, Kaisersheim, wo beim Unterricht der Novizen auf die Erlernung der griechischen und lateinischen Sprache ein besonderes Gewicht gelegt wurde. Auch die Mendicanten-Klöster wurden von dem Bildungsstrome der Zeit mitfortgerissen; mit allgemeinem Lobe lehrten die Franziskaner zu München in dem Seminar, welches ihnen Wilhelm auf seine eigenen Kosten gründete; Director desselben war der berühmte Prediger P. Fr. Kemminger, welcher Quardian und später Provincial wurde und ein Werk gegen die Lutheraner schrieb. Ein ähnliches Institut leiteten die Franziskaner in Freising unter der Direction des P. Fr. Ampferle, welcher wegen seiner Gelehrsamkeit ein großes Auditorium hatte.

Wenn wir dem Herzog Wilhelm, der sich um das bayerische Unterrichtswesen unvergeßliche Verdienste erwarb, in seiner Regirung auf

dem kirchlichen Gebiete

folgen, so treffen wir auch hier eine unermüdete Thätigkeit. Bald nach seinem Regirungsantritt faßte er den Entschluß, in München den Sitz eines Bisthums zu errichten. Er wollte dadurch nicht blos die Religion fördern, sondern auch den Glanz seines fürstlichen Hauses erhöhen; der Fond sollte aus bayerischen Klöstern genommen werden. Nachdem Wilhelm mit seinem Bruder Ernest, dem damaligen Bischof von Freising, insgeheim hierin übereingekommen war, ließ er die Unterhandlungen in Rom einleiten. Die Jesuiten P. Possevinus, P. Oliverius, P. Gregor von Valentia und P. Eisenreich wurden hierüber zu Rathe gezogen und diese stimmten insgesammt dem Project bei, nur der Beichtvater des

Herzogs, P. Mengin, erklärte sich dagegen, weil er fürchtete, es möchten die Jesuiten in München unter der unmittelbaren Jurisdiction eines Bischofes in ihrer freien Wirksamkeit gehindert sein. Die beiden päpstlichen Nuntien, der Bischof von Vercelli und der Bischof Feliciani zu Scala bestärkten den Herzog in seinem Vorhaben; letzterer überbrachte dem Papste ein geheimes Memoriale, um ihn zu bewegen, daß er an das Hochstift Freising die Ermahnung zur Einwilligung in das Vorhaben des Herzogs erlassen möchte. Auch der Cardinal Madrutius verwendete sich hiefür in Rom, allein die Unterhandlung, welche vom Jahre 1580 — 84 dauerte, blieb ohne Erfolg. Die Vorsehung wollte, daß die Wünsche Wilhelms erst nach zweihundert sieben und dreißig Jahren in Erfüllung gingen.

Während dessen verherrlichte der Herzog die Stiftskirche zu U. L. Frau, welche er gerne zu einer Cathedrale erhoben gesehen hätte, durch die Translation der Reliquien des hl. Benno, Bischofs von Meißen († 1106). Dieselben wurden 1578 nach München gebracht, an den beiden Isarbrücken, wo Triumphpforten errichtet waren, von dem ganzen Clerus im Ornate und dem Herzog mit seinem Hofstaate empfangen und in feierlicher Procession unter dem Geläute der Glocken durch das Isarthor nach der neuen Veste (der früheren Residenz) getragen, wo sie bis zum Jahre 1580 blieben. Wilhelm ließ sie in ein silbernes Kästchen legen und bei einem feierlichen Umzug in der Stiftskirche zu U. L. Frau auf einem eigenen Altare beisetzen. Zugleich wurde ein herzogliches Mandat von der Kanzel veröffentlicht, worin der hl. Benno zum Land- und Schutzpatron Bayerns erklärt wurde. Die Verehrung gegen diesen Heiligen nahm so schnell und in solchem Umfange zu, wie es Niemand ahnte, und der hl. Bennotag galt den Münchnern nach der Frohnleichnamsfeier als das erste Fest, welches auch jeden Jahres durch eine große Procession begangen wurde. Der Ruf von der Andacht zum hl. Benno drang auch bald über die Grenzen Bayerns, und unter den Verehrern auswärtiger Fürsten thaten sich besonders die Könige Polens hervor, von denen Sigismund eine Stiftung von 10,000 fl. in München machte.

In demselben Jahre, als die Reliquien des heil. Bischofs in die Frauenkirche transferirt wurden, beabsichtigte Wilhelm V. das Frohnleichnamsfest in München mit solchem Glanz und Pracht zu feiern, wie es nirgends in der ganzen Christenheit zu finden wäre. Diesen Tag, welcher in der Reformationszeit in ganz Ober- und Niederbayern, besonders in Bogen (bei Straubing), Deggendorf, Ingolstadt, Wasserburg, Wörth an der Donau ꝛc. festlichst begangen wurde, hat Herzog Albrecht V. wegen der religiösen Neuerungen vorzüglich gehoben; sein Nachfolger beschloß, die Frohnleichnamsprocession auf eine Höhe der Feier zu bringen, daß dieselbe jedem Fremden, der an diesem Tage nach der Residenzstadt Bayerns kommen würde, unvergeßlich bliebe. Zu diesem Zwecke berief Wilhelm einen großen Rath von Theologen, Hof- und Stadträthen, Officieren und erfahrnen Bürgersleuten, um über die würdigste und schönste Feier dieses katholischen Festtages zu berathen. Nachdem von dieser Commission das Programm entworfen war, wurde Licentiat Ludwig Müller zum Director des Festcomités ernannt und ihm als Commissäre der Hofrath Albrecht Prunner, Johann Schrenk, Dr. Liedl und nach dessen Ableben Dr. Fischer mit mehreren Officieren beigegeben. Müller erhielt auch vom Herzog den Auftrag, die von der Commission getroffene Ordnung des Festes schriftlich aufzuzeichnen, weil es der Wille des Regenten war, daß sich auch seine Nachfolger daran halten sollen. Wir besitzen vom genannten Licentiaten die ausführliche Beschreibung der Frohnleichnamsprocession, wie sie in München im Jahre 1580 stattfand. Dieselbe hat einen großen statistischen Werth und bietet uns ein vorüberziehendes Bild der Zünfte und Industrie damaliger Zeit. Aus den Ceremonien dieser Feier spricht ein warmer religiöser Glaube und eine tiefe Pietät. Es mag vielleicht ein Leser in der folgenden Darstellung manches ungereimt oder gar lächerlich finden; diesem trete ich mit den Worten v. Westenrieders entgegen: „Wenn alle intelligenten Völker das Andenken großer, Epoche machender Ereignisse durch jährliche Feste mit größter Pracht feiern, warum soll es einem katholischen Volke weniger zweckmässig sein, das Andenken dessen, was es für das heiligste und innigste seiner Religion hält, mit Feierlichkeit zu begehen? Warum soll überhaupt das Herzliche verbannt werden? Warum ein Tag getrübt werden, an welchem einst der Glanz der Sonne und das Blau des Himmels unendlich festlicher als an allen Tagen des Jahres war, an welchem auch der ärmste zufrieden, der Kranke munter, jedes Gesicht, jedes Geschlecht und Alter aufgeheitert, und der Greis und der Knabe mit einer Empfindung von aufjauchzender Freude mit Triumph und Jubel erfüllt war?"

Um allen Bewohnern Münchens zu verkünden, daß der Herzog bei Voraussetzung eines günstigen Wetters den ganzen Umzug zu halten gedenke, und Jedermann sich in Bereitschaft setze, wurde auf dem Thurme des alten Hofes drei oder vier Tage eine große Fahne mit dem Bildnisse des Altarsfacramentes ausgesteckt, und die Prediger wurden beauftragt, ihre Zuhörer nicht blos über die Ceremonie des Festes sondern auch über ein andächtiges Benehmen zu belehren. Die Gelage in den Wirths- und Gasthäusern vor und während der Procession waren streng verboten; dieselben mußten bis zur Vollendung geschlossen bleiben. Einige Tage vorher wurden die Stadtthore geschlossen und die Wachen verstärkt, damit Niemand verdächtiger hereinschleichen und die Anzahl der zum Feste herbeigereisten Fremden gezählt werden konnte. Die Festkleider für die einzelnen Zünfte wurden im alten Hofe verfertigt, wo zwei Meister mit sechs Gesellen von Morgens vier bis Abends sechs Uhr arbeiteten. Zum Mittagessen hatten sie eine Stunde frei; das Morgen- und Abendbrod wurde ihnen in ihr Arbeitszimmer gebracht; der tägliche Lohn betrug für den Meister 30 kr. und den Gesellen 12 kr. Die Kleider mußten nach der Procession wieder eingeliefert werden, damit nicht die Besitzer derselben „in der Fastnacht darin auf der Gasse herumlaufen, oder später solche Kleider bisweilen auf den Tändelmarkt gelegt werden." Deßhalb mußte der Director den Schlüssel zur Frohnleichnamsgarderobe beim Beginne der Carnevalszeit dem Herzog einhändigen, und durfte denselben erst am Aschermittwoch wieder abholen. Die Künstler, Bildhauer und Maler hatten ihre Wohnung auf dem sogenannten Jägerpichl; dieselben scheinen damals keinen Credit besessen zu haben, da ihnen auf besondrer Bestimmung des Herzogs ein frommer und erfahrner Taglöhner beigegeben werden sollte, um sie insgeheim zu beobachten, „daß sie nicht von Farben, Werkzeug, Oel, Leinwand, Gyps, Malergold und Silber heimtragen." Die größte Sorgfalt und Gewissenhaftigkeit wurde dem Director des Festes bei der Wahl der Jungfrauen anempfohlen, da nur fromme und tugendhafte die Personen aus dem alten und neuen Testamente repräsentiren könnten, und ehr- und zuchtlose Frauenspersonen ein um so größeres Aergerniß geben würden, je heiliger die Sache sei, bei der sie erscheinen. Hierin verfuhr man damals gewissenhaft, indem die Bürgerstöchter von beauftragten Personen in der Kirche, auf der Straße und in der Gesellschaft genau beobachtet wurden, so daß jene Jungfrau, welche zur Frohnleichnamsprocession auserkoren wurde, in hohen Ehren stand und die Bürgerssöhne nur solche Bräute nahmen, „welche man zu einer Person des Umgangs erkieset hat." Daher erzogen die Mütter ihre Töchter in jener Zeit zur strengen Zucht und Ehrbarkeit, damit sie für die Frohnleichnamsprocession würdig gefunden wurden. Im

Jahre 1586 kam ein reicher Herr aus Botzen nach München, um das weit berühmte Frohnleichnamsfest zu sehen; als unter den alttestamentlichen Personen die Rebekka an ihm vorüberzog, fragte er seinen Nebenmann, wer wohl jene Jungfrau sei, welche die Rebekka repräsentire. Dieser gab ihm zur Antwort, sie sei die Köchin des Bürgermeisters Gaishofer, gleich fromm und schön, aber sehr arm. „Ich verlasse, erwiderte der Fremde, nicht eher München, als bis sie meine Frau wird, und sollte sie auch nur ein paar Schuhe besitzen." In wenigen Wochen war die Hochzeit; die arme Rebekka, welche nur 20 fl. Vermögen hatte, wurde eine reiche Bürgerin in Botzen.

Die für fromm anerkannten Jungfrauen wurden in den alten Hof beschieden, wo ihnen die Rollen je nach ihrer äußern Gestalt zugetheilt und ihre Namen in ein Verzeichniß eingetragen wurden. Zugleich wurden sie belehrt, daß sie jede ehrgeizige und eifersüchtige Gesinnung bei Vertheilung der Rollen bei Seite setzen und der Procession nicht ihrer sondern Gottes wegen, bei dem alle Menschen dem Stande nach gleich seien, beiwohnen sollen. Besonders wurden sie ermahnt, keine Rolle einer hl. Person aus der Bibel zu übernehmen, „wenn sie sich nicht in ihrem Gewissen dazu tauglich und keusch wissen; es wäre eine große Verantwortung und schwere Straf Gottes und Gefahr dabei zu erwarten." Wir finden damals in München eine solche Gewissenhaftigkeit, daß jene Bürgerstöchter, welche die Uebernahme einer solchen Rolle mit ihrem Gewissen nicht vereinbaren konnten, der Ermahnung folgten und auf die ihnen zugedachte Rolle freiwillig verzichteten. Die Schneidermeister Pellmaier, Haim und Perger schnitten die Kleiderstoffe für die Jungfrauen zu und mehre Bürgersfrauen verfertigten dieselben, „was sie aus Andacht gegen das hochwürdige Sacrament willig, gern, treulich und fleißig gethan und eine rechte Lust dazu gehabt haben, welches Ihre fürstl. Durchlaucht mit allen Gnaden belohnt." Die Vertheilung der männlichen Rollen überließ die Direction den einzelnen Zünften, welche mit denselben alle Jahre wechselten, und empfahl den Zunftmeistern, solche Personen zu wählen, welche gemäß ihres Charakters und ihres Aeußern sich für die zugetheilte Rolle eigneten. Die Frohnleichnamscommission hatte aber die strenge Vorschrift, die Mimik mit den Personen genau nach dem Texte der hl. Schrift einzustudiren, was mit vieler Mühe verbunden war. Zur Bemannung der Reiterei wurden Bauern aus den umliegenden Ortschaften beordert, besonders aus Berlach, Brunnthal, Bogenhausen, Haidhausen, Obergiesing, Rammersdorf ꝛc.; der Lohn betrug für den Mann acht Kreuzer. Einige Tage vor dem Feste vertheilten die Bürger an die Armen Almosen, damit diese um schönes Wetter beten sollten.

Waren die nöthigen Vorbereitungen getroffen, so bewegte sich die Procession in folgender Ordnung: Den Zug eröffnet der Festdirector auf einem stattlichen Pferde, begleitet von zwei Rathsherrn und mehreren Dienern mit rothen Schärpen, welche die Ordnung aufrecht halten; an diese schließen sich zwei Rathsherrn mit vergoldeten Stäben, die den Nachfolgenden die Plätze und Straßen anweisen, durch welche sich die Procession bewegt. Nach diesen kommen neun Stadtsöldner zu Pferd in schwarzgoldnen Stadtfarben und vier Trompeter in gleicher Farbe; ihre Trompeten schmücken zierlich gemalte Banner mit dem Stadtwappen. Hierauf erscheint der Bürgermeister im reichsten Amtskleide, hinter ihm sechs Trabanten, welchen sich drei Herolde anreihen; der mittlere trägt die grosse Standarte mit dem Bilde des Altarssacramentes, die beiden andern begleiten ihn zu beiden Seiten mit ihren Heroldstäben. Auf diese folgt ein grosser Riese mit einem Regimentsstabe, sitzend auf einem Berg, welcher gleichsam allen Menschen auf Erden die hohe Feier dieses heiligen Tages verkündet, an dem die Katholiken ihren in der ganzen Welt verbreiteten Glauben auch öffentlich bekennen sollen. Diesem Rufe folgen die Katholiken; eine grosse Reihe von Zünften über 500 Personen entfaltet sich in sechzigfachen Abtheilungen. Jede Zunft hat an ihrer Spitze mehre Stangen- und Kerzenträger, weißgekleidet, mit rothen Schärpen und das Haupt bekränzt. Die Zünfte reihen sich in folgender Ordnung: 1) Die Fischer, welche die Darstellung der Erschaffung der Welt übernahmen. An der Spitze der Zunft schreitet der Fähnrich gemessenen Schrittes voran; ihm wird eine grosse Kugel nachgeführt, neben welcher vier Personen mit langen Posaunen, behängt mit flatternden Fahnen, einhergehen; sie symbolisiren die Erde und die von den vier Himmelsgegenden wehenden Winde. Nach diesen kommen zwei grosse Wolken; an der einen glänzt die Sonne mit goldenen Strahlen, an der andern leuchtet der Mond mit seinem Silberlichte; vier Engel im schimmernden Gewande tragen funkelnde Sterne und drei grosse schwarzbraune Flußpferde folgen ihnen nach; sie ziehen eine riesige Seemuschel, auf welcher mit herabwallendem Kleide eine reizende Sirene thront und mit goldenem Zügel das Gespann leitet. Hierauf kommt ein Wallfisch in ungeheurer Grösse; der Meeresgott Neptun mit herabfließendem Barte und dem Dreizack in der Rechten sitzt auf dem Rücken dieses grössten Seethieres, „das Meer, die Meerfisch und Meerwunder bedeutend." Sodann erscheint Gott Vater selbst, ein Greis von imposanter Gestalt mit grauem Bart und langem Lockenhaar, in faltenreiches Kleid gehüllt. Schwebend auf dem Wasser schreitet er dahin, die Hände erhebend, um gleichsam das Weltall durch sein allmächtig Wort aus Nichts zu schaffen. Ihn umgeben mehre Engel. Zwei Führer gehen einher zur Aufrechthaltung der Ordnung. Andächtig schließen sich paarweise die Mitglieder der Zunft in ihren bürgerlichen Festtagskleidern an. 2) Die Schäfler. Diese haben wie jede folgende Zunft einen Fähnrich an ihrer Spitze, welcher die Standarte mit dem Zunftpatron voranträgt. Sie stellen aus dem alten Testamente die Personen des Adam und der Eva dar, zwei wohlgestaltete Junggesellen, welche in dichten Lammpelz gehüllt sind, mit langem herabhängenden Haar, nur die Arme sind entblößt. 3) Die Nadler. Ihre Darstellung aus der Bibel bezieht sich auf die Vermählung Isaaks mit Rebekka. Nach dem Zunftfähndrich wird ein Brunnen geführt, an dem die anmuthige und unschuldige Tochter des Bathuel, Rebekka, mit einem goldenen Kruge steht, umgeben von sechs Jungfrauen aus ihrem Gefolge. An diese schließt sich der treue Diener Abrahams, Eliezer an; zwei Knechte führen ein Kameel, welches mit Geschenken von Gold und Silber beladen ist. Diesen folgen die liebenden Brautleute Isaak und Rebekka; ihre Söhne Jakob und Esau, jener im einfachen Hirten- dieser im Jagdgewande, kommen in geringer Entfernung nach; Esau trägt einen erlegten Hasen und ein Knabe führt an der Leine den Jagdhund. 4) Die Handschuhmacher. Diese Zunft repräsentirt den geduldigen Hiob; dem Standartenträger folgen mehre Männer, die räuberischen Sabäer, welche dem frommen und gerechten Manne all seine Rinder und Schafe wegnahmen und seine Knechte erschlugen. Ihnen wird ein brennendes Haus nachgeführt, welchem vier Männer, die dem gebeugten Hiob Unglück verkündenden Boten, folgen. Diener tragen todte Kinder, die Nachkommen des unglücklichen Dulders; seine Frau, umgeben von ihren Verwandten, wendet sich mit hoffnungs- und lieblosem Blicke von dem leidenden Gemahl. Nach dieser kommen die bestürzten Freunde und Bekannte Hiobs; sie beklagen ihres Freundes unaussprechlich Unglück, haben aber kein Wort des Trostes für den ins größte Elend gestürzten Freund. Hierauf erscheint Hiob selbst, sitzend auf einem Düngerhaufen und umgeben von Teufeln; er ist eine hagere, bleiche Gestalt; die Krankheit und der Schmerz haben sein Antlitz vor der Zeit in tiefe Furchen gezogen; sein thränennasses Auge ist vertrauensvoll zum Himmel gerichtet und die Hände ringend ruft er zu Gott um

Gnade zur Gedulb. 5) Die fünfte Zunft bilbeten die Metzger auf der untern Bank mit dem Durchgang Moses durch das rothe Meer. Der muthige Befreier des israelitischen Volkes geht voran, vertrauend auf die Verheißung des schützenden Jehova; ihm folgt der Hohepriester Aaron, ein ehrwürdiger Mann, begleitet von mehreren Priestern. Hinter diesen reitet eine Jüdin mit ihren Dienern, mehre Judenfrauen und Kinder gehen denselben zu Fuß nach, eine Anzahl Juden führt paarweise ihre Hausgeräthe und Bedürfnisse auf Kameelen. In kleiner Entfernung folgt das Kriegsheer des Pharao; die Reiter mit sonnenverbranntem Angesicht sind in Tigerfelle gekleidet und mit langen Hellebarden bewaffnet. Hornbläser und Paukenschläger zu Pferd reiten dem Feldhauptmann voran, welchen sein Schildknappe und vier Trabanten mit schweren Streitkolben begleiten. An diese reiht sich das Fußvolk des ägyptischen Königs, welches mit eisernen Panzerhemden und blinkenden Sturmhauben bewaffnet mit gehobener Lanze den Kampf zu beginnen scheint. Der nachfolgende Herold mit den ihn begleitenden Trompetern verkündet die Ankunft des Pharao selbst, eine große, finster blickende Gestalt, auf deren Antlitz grollender Unmuth sich lagert. Im reichsten Königsornat sitzt er auf einem mit Goldzierathen geschmückten Triumphwagen; ein Edelknabe leitet das Viergespann. Eine Abtheilung Reiter schließt den kriegerischen Zug. 6) Die Sieber, welche die Darstellung des Propheten Jonas übernahmen. Hinter dem Fähnbrich wird ein großes Schiff nachgeführt; auf dem Verdecke versammelt der Capitän seine Matrosen; es werden die Loose geworfen, um jenen Schuldigen herauszufinden, wegen dessen der Schöpfer der Erde und des Meeres den Verderben drohenden Sturm entstehen ließ. Das Loos fiel auf den im untersten Schiffsraum schlafenden Jonas; dieser bekennt sein Verbrechen, den Befehlen Gottes, dessen Allgegenwart er entfliehen wollte, nicht gehorcht zu haben. Diese Rede erfüllt die Schiffsmannschaft mit Schrecken; der Prophet fordert sie auf, ihn den Schuldigen, um den Sturm zu stillen, ins Meer zu werfen. Die Matrosen folgen seinem Begehren und werfen ihn in den Rachen des Wallfisches, der in ungeheurer Größe hinter dem Schiffe nachschwimmt; durch künstlichen Mechanismus speit ihn das Seethier wieder aus, und Jonas geht gehorsam dem Worte des Höchsten als Bußprediger nach Ninive. Der König Ninives, welcher hinter dem ernsten und strengen Propheten demüthigen Sinnes einhergeht, legt die Insignien seiner Größe nieder und hüllt sich in ein ärmliches Bußkleid, das Haupt mit Asche bestreut; ihm folgt eine lange Reihe von Niniviten im Büßergewande, den Kopf zur Erde gesenkt.

Hierauf kommen nachfolgende Zünfte: 7) die **Floßleute**: Abel und Kain. 8) **Kistler** mit der Arche Noes, welche zahlreiche Thiere und die ganze Familie des Patriarchen enthält. 9) **Maurer**: Opferung Melchisedechs mit Brod und Wein. 10) **Drechsler**: Abraham mit den drei Engeln, Symbol der hl. Dreieinigkeit Gottes (Genesis 18). 11) **Obstler**: die Errettung Loths mit seinen beiden Töchtern vom Verderben Sodomas. 12) **Zimmerleute**: Abraham opfert seinen Sohn Isaak. 13) **Wagner**: Jakob und die Himmelsleiter, auf welcher Engel auf- und niedersteigen. 14) **Korntäufler**: Ankunft Jakobs bei seinem Sohne Joseph in Egypten. 15) **Zinngießer und Hafner**: Erscheinung Jehovas vor Moses im brennenden Dornbusche. 16) **Baber**: Verwandlung des Stabes Moses in eine Schlange. 17 **Hutmacher** mit dem Osterlamm der Israeliten. 18) **Weißgerber**: der Engel mit der Feuersäule im Lager der Israeliten. 19) **Loderer**: Moses schlägt an den Felsen, und das Wasser quillt hervor. 20) **Schmiede und Plattner**: Moses mit den zehn Geboten Gebotes auf dem Berge Sinai. 21) **Metzger auf der obern Bank**: Tanz des israelitischen Volkes um das goldene Kalb. 22) **Köche**: die Abgesandten mit Weintrauben und Obst bei ihrer Rückkehr aus dem verheißenen Lande. 23) **Schuster**: der hohe Priester Aaron mit dem grünenden Zweig. 24) **Färber** mit der in der Wüste aufgehängten Schlange, deren Anblick vom Tode errettete. 25) **Salzstößler**: Umzug der Israeliten mit der Bundeslade um die Stadt Jericho. 26) **Barbirer**: Jephte enthauptet seine Jehova geopferte Tochter. 27) **Sattler und Zaummacher**: David und der Riese Goliath. 28) **Kupferschmiede**: Speisung des Propheten Elias durch einen Engel Jehovas. 29) **Bolzmacher und Bogner**: die Judith mit dem Haupte Holofernes. Mit dieser letzten Zunft schließen die Darstellungen aus dem alten Testamente, deren Beschreibung zuweit führen würde: es möge dem Leser der Bericht über die sechs ersten Zünfte genügen, daraus zu erkennen, daß unsere Ahnen in München vor dreihundert Jahren in der Mechanik, der bildenden Kunst und in der richtigen Auffassung der testamentlichen Personen einen hohen Grad erreichten und in der Opferwilligkeit für das Religiöse der Gegenwart zum schönsten Muster dienen, wenn man erwägt, daß jede Zunft die Kosten der biblischen Darstellung selbst trug. Unsere biedern Ahnen kannten damals jenen egoistischen Materialismus noch nicht, der das innerste Mark der Menschheit zerfrißt und die Societät vergiftet; sie wußten damals, wo reiche Klöster die

Armen nährten, noch nichts von dem Gefahr drohenden Pauperismus, der wie ein Alp auf die Vermögenden drückt und dem revolutionären Demokratismus willkommene Rekruten stellt.

Mit der 30. Zunft, den Buchbindern, Pergamentern, Gstattlmachern und Briefmalern beginnen die Darstellungen aus dem neuen Testament; sie führen dem staunenden Auge mit pompösem Glanze die Regirung des Kaisers Augustus, des alleinigen Herrschers der damals bekannten Erde vor. Unter diesem Regenten des weltlichen Reiches ruhten die Waffen auf dem weiten Erdenkreise, und es stieg der Erlöser als Friedensfürst des geistlichen Reiches von seinem Himmelsthrone zu uns Menschen nieder. Diesen Gedanken hat die Zunft auf folgende Weise versinnlicht: Zuerst kommt der Fähnrich, die goldgestickte Zunftfahne tragend, mit vier Stadtpfeifern und acht Fahnenträgern; hierauf folgen viele Siegeszeichen, in der Mitte eine Standarte mit dem römischen Adler zum Sinnbild, daß das römische Schwert sich alle Länder der Erde unterwarf, welche unterthänig vor dem Adler Roms sich beugen. Nach diesen kommen drei Mohren, hinter welchem ein mit goldschimmernden Tüchern bedeckter Elephant langsam einher schreitet; auf seinem Rücken sitzt ein bunt costümirter Mohr mit einer Pauke, um die Ankunft des Kaisers zu verkünden. Sodann folgt eine lange Reihe von Edelknaben in kostbarer Gewandung; hinter ihnen erscheint auf einem reichvergoldeten Triumphwagen Augustus selbst, angethan mit einem goldverbrämten Purpurmantel, das Haupt mit einem goldenen Lorbeerkranz geschmückt und in der Rechten das Scepter. Er ist umgeben von einer stattlich ausgerüsteten Leibwache, an ihrer Spitze der Stadtpräfect zu Pferd. Hinter dem Triumphwagen führt ein Diener das kaiserliche Leibpferd. Nach diesem kommen die drei Geheimräthe des Kaisers Agrippa, Mäcenas und Messala und die Hofpoeten Virgil und Horaz; an diese schließen sich mehre Gärtner, Bauern, Maurer und Zimmerleute als Vertreter der Künste des Friedens an. Auf diese kommt der hl. Johannes der Täufer in Thierfelle gekleidet als Bußprediger und Vorläufer des göttlichen Friedensfürsten; eine Anzahl Juden aus dem Volke folgt ihm nach. Den Zug schließen die Mitglieder der Zunft. 32) Die Messerschmiede wählten sich den Mord der unschuldigen Kinder durch Herodes. Zwanzig Weiber, weinend und seufzend, tragen lebendige Kinder von zwei Jahren und drücken sie an das liebende Herz; vier Landsknechte mit rauhen Geberden, ein Schildknappe und Capitän folgen zu Fuß. An diese reihen sich vierzehn geharnischte Krieger, den Helm mit Schwungfedern geschmückt. Sobann kommt ein Herold, begleitet von drei Lakaien und einem Schildträger; mehre Trabanten, mit verschiedenen Kriegswaffen versehen, schreiten vor dem von vier Pferden gezogenen Wagen, auf dem der mißmuthige und grausame Herodes im königlichen Ornate sitzt. Ein Diener führt ihm das Leibpferd nach. 32) Die Gürtler. Diese Zunft repräsentirt den feierlichen Einzug Christi in Jerusalem am Palmsonntag. Vier Männer tragen ein großes Stadtthor voran, mehre Knaben im orientalischen Kleide breiten Zweige aus, eine große Schaar Sänger stimmt im Jubelchor das Hosanna an. Christus, ein jugendlicher, liebenswürdiger Mann, voll Milde und Sanftmuth, folgt reitend auf einer Eselin. Freudetrunken und voll süßer Hoffnung auf das neue Königthum ziehen die Apostel und Jünger ihrem Meister nach, und eine Menge Einwohner Jerusalems schließt sich ihnen an. Diese und ähnliche Ereignisse aus dem Leben und Leiden des Erlösers, seiner heil. Mutter und Apostel führten die folgenden Zünfte vor: 33) Die Müller: die Vermählung Josephs mit Maria. 34) Melber: Verkündigung Mariens. 35) Bierbrauer: Heimsuchung Mariens. 36) Tuchscherer: die Geburt Christi. 37) Kirschner: die hl. drei Könige. 38) Kornmesser: Mariä Reinigung und den greisen Simeon im Tempel. 39) Loderer: die Beschneidung Christi. 40) Schulmeister: den 12jährigen Jesus in Mitte der Gelehrten. 41) Seiler: die Flucht nach Egypten. 42) Nestler: Christus in seinem vierzigtägigen Aufenthalt in der Wüste und seinen Versuchungen. 43) Geschlachtgewander (Arbeiter guten Tuches): die Hochzeit zu Cana. 44) Schneider und Leinhösler: die Enthauptung des hl. Johannes des Täufers. 45) Krämer: Die Samaritin am Brunnen. 46) Spängler: Auferweckung des Lazarus. 47) Sädler: Christus vertreibt die Käufer und Verkäufer aus dem Tempel. 48) Wirthe: Abendmahl des Herrn. 49) Salzsenber: den Oelberg und die Gefangennehmung Christi. 50) Sporer, Nagler und Windenmacher: die Geißlung Christi. 51) Schlosser, Büchsen- und Uhrmacher: die Krönung Christi. 52) Schwertfeger, Geschmeide- und Ringmacher: den Ecce Homo. 53) Tuchmanniger: Urtheilsspruch des Pilatus über Christus. 54) Weber: Kreuzigung Christi. 55) Glaser, Maler und Bildhauer: die Auferstehung Christi. 56) Stuhlschreiber, Procuratoren und andere von der Feder: die Himmelfahrt des Herrn. 57) Bäcker: die Sendung des heil. Geistes. 58) Käskäufler: Steinigung des heil. Diakons Stephan. 59) Die Lebzelter:

den Wallfahrtszug der hl. Ursula. 60) Die St. Georgsritter und 61) die Goldschmiede.

Von diesen Zünften mögen der Kürze wegen nur die beiden letzten Abtheilungen mit ihren Darstellungen angeführt werden, nämlich die Ritter des hl. Georg. Die Repräsentation übernahm das Hofpersonal, welches mit hohem Kostenaufwand und seltenem Glanze den siegreichen Kampf St. Georgs mit dem Drachen darstellte. Voran reiten zwei Trompeter mit Bannern von rothem und seidenem Atlas; ihnen folgen zwei Officiere in roth-weißer Atlasuniform und ein Rittmeister zu Pferd. An diese reihen sich 40 Reiter, in ihrer Mitte der Fähndrich, sämmtlich in roth-weißem Taffet uniformirt und im blinkenden Küraß, mit Partisanen bewaffnet. Ein Edelknabe im silberdurchwirkten Kleide trägt die Bruderschaftsfahne; auf ihn folgt die hl. Margaretha, eine holde, blondgelockte Jungfrau; ihr unschuldiges Haupt ziert ein mit Edelsteinen reich besetztes Diadem, ihr in weiten Falten herabfallendes Kleid von Rosa-Atlas ist mit zahlreichen Goldblumen gestickt; an einem rothseidenen Bande führt sie den grauenerregenden Drachen; mehre Jungfrauen im zierlichen Gewande gehen neben ihr her. Sechs Trompeter in weiß-rothtaffetnem Uniform und drei Kürassiere mit rothen Kreuzen auf der Brust, Mann und Pferd mit weißem Atlas bedeckt, reiten nach. Ihnen folgen drei Hoflakaie, ebenfalls in weißem Atlas gewandet. Hierauf kommt der Ritter St. Georg selbst zu Pferd in silberner Rüstung, den blinkenden Helm schmücken weiße und rothe Schwungfedern, eine Schärpe von gleichen Farben ziert die Brust; ein Schildknappe mit einer weiß-rothen Standarte begleitet ihn. Den Schluß bilden drei geharnischte Reiter mit blitzenden Speeren. Die letzte Zunft der Goldschmiede beschließt die Darstellungen des neuen Testamentes durch das jüngste Gericht. Vier Engel rufen durch ihren Posaunenschall die Todten in den vier Himmelsgegenden aus den Gräbern hervor; die Verstorbenen erheben sich aus dem Grabe. Auf hohen Wolken erscheint Christus in seiner göttlichen Majestät, umgeben von seiner hl. Mutter und den Aposteln. Auch Lucifer als oberster Gebieter der Hölle erscheint auf einem großen Schiff, welches von mehreren Teufeln besetzt ist, um auf demselben mit den Verdammten die Fahrt nach dem Orte der ewigen Verwerfung zu machen. An diese letzte Zunft reiht sich der Verein der Himmelfahrt Mariens. Sieben in Seide gekleidete Jungfrauen eröffnen den Zug; sie repräsentiren die sieben Cardinaltugenden; die Farbe des Kleides, die Physiognomie, die Symbole entsprechen der Tugend, welche sie darstellen. Nach ihnen kommen die zwölf Apostel, begleitet von zwanzig Engeln, welche schöne Fähnlein mit einem Bilde aus dem Leben Mariens tragen und den herrlichen Hymnus „Ave maris stella" (Gegrüßt seiest du Stern des Meeres) singen. Nach den Engeln wird die Statue der hl. Gottesmutter im kostbarsten Gewande getragen; eine goldene Krone, mit Edelsteinen und Perlen besetzt, halten zwei Engel über ihr von glänzenden Strahlen umflossenes Haupt, die Rechte hält das königliche Scepter; auf schimmernden Wolken umschweben die holde Himmelskönigin Schaaren von Seraphinen und Gott Vater öffnet die Arme, um die geliebte Tochter zu empfangen. Zu ihren Füßen liegt besiegt der Halbmond. Vier Kirchenlehrer und vierundzwanzig Pilgrime mit verschiedenfarbigen Mänteln, weiten Hüten mit Muscheln und Stäben schließen den Zug.

Den zweiten Theil der Procession bilden die Bruderschaften, welche sich an die Pilger reihen. Die damals in München bestehenden Bruderschaften waren: die Armenseelenbruderschaft, einst „elende Bruderschaft" genannt, mit dunkelgrauen Kleidern, die Verkündigungsbruderschaft mit schwarzen, die Erzbruderschaft mit braunen, die St. Sebastianibruderschaft mit hellrothen Kleidern und die Ritterbruderschaft. Jede derselben hatte eine große Anzahl von Kreuz- und Fahnenträgern, Singknaben, zwei Ceremonienmeister mit langen Stäben und einen Priester mit der Stola. Nach den Bruderschaften kommen die Singknaben von St. Peter und U. L. Frau mit Talar und Chorrock, gegen 120 an der Zahl, und die Augustiner und Barfüßer mit einem Kreuz- und zwei Leuchterträgern. An die Ordensgeistlichkeit reihen sich die Säcularpriester in ihrem Ornate von den drei Pfarreien zum hl. Geist, St. Peter und U. L. Frau. Sodann folgen die Hofcapläne in Chorröcken, die Canonici von U. L. Frau in römischen Chorröcken und ihr Baret in den Armen tragend, die Prälaten und die Weihbischöfe in ihrem Pontifical-Ornate gegen dreißig an der Zahl, jeder mit seinem Imsel- und Stabträger; ein imposanter Anblick! Nach diesen kommen die herzoglichen Trompeter und Paukenschläger und die ganze Hofcapelle, dirigirt von dem großen Meister Orlando di Lasso. Nach den Hofmusikern kommen zwanzig Engel und Erzengel mit den Leidenswerkzeugen Christi. Ein Diakon und ein Subdiakon folgen ihnen und hinter diesen wird der Himmel von werthvollem Goldstoff beim Auszug von vier Kammerherrn und beim Einzug von vier Patriziern getragen; unter demselben trägt das Allerheiligste der Suffraganbischof von Freising, dessen Pluviale nach dem jedesmaligen Wunsch des Regenten entweder ein Stabsofficier und der **Bürgermeister** oder zwei **Canonici** tragen. Neben dem Himmel gehen zwölf Engel mit Cymbeln, Blumenkränzen und Wachsfackeln. Hinter dem Venerabile folgt der Herzog, die Prinzen, Fürsten und Grafen, der ganze Hofadel, das Officierscorps, die Hof- und Kammer-Räthe, Professoren, Truchsessen, Hofjunker ꝛc. mit brennenden Wachslichtern; zu beiden Seiten marschirt die Leibgarde. Hundert Mann zu Fuß, die schwarz-goldene Schärpe über die bepanzerte Brust und mit blinkenden Partisanen beschließen die Procession.

Zur Aufrechthaltung der Ordnung bilden zwei tausend wohlgerüstete Lanzknechte in den Straßen, durch welche sich der Zug bewegt, Spalier. An den Hauptthoren ist die Artillerie mit mehreren Kanonen und hundert Hackenschützen postirt, welche bei jedem Evangelium mehre Salven geben. Diese von Herzog Wilhelm getroffene Frohnleichnamsverordnung enthielt für den Festdirector die besondere Vorschrift, daß die Reiter und das Fußvolk auf das beßte und propreste ausgerüstet seien, damit die Fremden, welche in großer Anzahl aus allen angrenzenden Gauen Bayerns an diesem Tage nach München kommen werden, nicht blos von der seltenen Feierlichkeit sondern auch von der guten Ausrüstung der bayerischen Truppen in ihrer Heimath erzählten. Ein Bürger aus Nürnberg, der von der großen Feier des münchner Frohnleichnamsfestes viel rühmliches gehört, reiste im Jahre 1589 nach der bayerischen Hauptstadt, um sich persönlich hievon zu überzeugen. Nach der Procession drückte er in einem Gasthaus den anwesenden Bürgern sein Staunen aus, indem er sagte: „Ich habe mir vortreffliches erwartet, allein die Wirklichkeit überstieg weit meine Phantasie, und würden meine Reisekosten dreimal größer gewesen sein, so hätte ich keine Ursache, es zu bereuen. So lange mir Gott Gesundheit und Kraft gibt, werde ich jeden Jahres zu diesem Feste hieher kommen und meine Frau, Kinder und Freunde mitbringen."

Erwägt man die großen Kosten und die lange, sorgfältige Vorbereitung zu dieser Feier, so ist erklärlich, daß die Bürger Münchens dem Wetter dieses Tages mit banger Sorge entgegengesehen haben; allein in ihrer Pietät und im Vertrauen auf Gott, zu dessen Ehre sie diese Procession veranstalteten, hofften sie immer eine schöne Witterung. Dieses religiöse Gefühl finden wir besonders in einem Bericht ausgesprochen, den uns der schon genannte Licentiat Müller als damaliger Festdirector hinterließ, und den wir wegen der kindlich frommen Sprache nicht unbeachtet lassen dürfen: „Im Jahre 1594, wo auch der Bischof von Eichstädt in Mün-

chen anwesend war, überzog sich der Himmel Morgens vier Uhr mit
schwarzen Wolken und nach kurzer Zeit entlud sich unter heftigem Donner und Blitz ein gefährliches Gewitter, welchem ein dichter Regen folgte,
so daß Jedermann der Meinung war, wegen dieses Ungewitters müsse die
Procession verschoben werden. Die Fürstenpersonen ließen etlichmal auf
dem St. Petersthurme nachsehen, wie sich das Wetter anlasse, ob demselben zu trauen sei oder nicht; nun haben mich Ihre fürstl. Durchlaucht
zum Stuhl in der Kirche hingefordert und angefragt, was ich vermeine,
daß zu thun sei. Darauf habe ich unterthänigst geantwortet: Es würde,
wenn es regnen sollte, grossen merklichen Schaden bringen, aber weil der,
welcher das Wetter machen und aufhalten könne, selbst mitgetragen werde,
und Ihm als dem allmächtigen Gott diese Ehre geschehe, so vermeine
ich, es wäre demselben billig zu vertrauen; gefällt ihm diese Andacht
und Ehrbezeugung, so wird er den Regen schon aufhalten, wo nicht, so
wird er auch ein anderes Mal regnen lassen. Ich meine daher, man solle
fortgehen. Darauf hat Ihre fürstl. Durchl. gnädigst geantwortet, sie wollen es Gott in seinem göttlichen Willen anheimstellen und demselben
billig vertrauen; ich solle nur ausziehen lassen. Wie ich nun mit meinen Commissären Jedermann in die Ordnung stellte, hat es nicht anders ausgesehen, als wollte es jeden Augenblick einen grossen Platzregen
thun und es hat auch etlichemal angehebt zu tröpfeln. Als nun alle
Ding in Ordnung gewesen, bin ich wiederum zu Ihrer Durchlaucht gerit-
ten, in die Kirche hineingegangen und gehorsamst vermeldet, alle Sachen
seien in guter Ordnung; Ihre fürstl. Durchlaucht sollen nun das hochwürdige Sacrament zur Kirchthüre tragen lassen. Der Himmel war gar
schwarz und trüb gewesen, und als Herr Orland den Gesang: Gustate
et videte anhebt, so hebt die Sonne dermassen an zu scheinen, daß ich
vor Freude aus der Ordnung trete und zu Ihrer fürstl. Durchlaucht hin-
gehe und zeige derselben, wie die Sonne an die Thürme scheint und
sag mit diesen Worten: Gustate et videte quam suavis sit Dominus
timentibus eum et confidentibus ei (Kostet und sehet, wie lieblich der
Herr gegen die ist, welche ihn fürchten und auf ihn vertrauen)! Dieß
hat der Herzog mit Freuden angehört und mir darauf gnädigst geantwortet: Freilich! Es ist auch die ganze Procession bei schöner Sonne
und doch einem feinen, kühlen Lüftchen gar glücklich und schön ausgegangen und um die ganze Stadt herum, auch wiederum Männiglich ohne
Schaden nach Hause gekommen. Als aber die Procession vorüber war,
hat sich ein solch jämmerlicher Platzregen erhoben, daß man meinte, als

wollte ein Wolkenbruch kommen. Daraus hat man leicht abnehmen können, daß diese schuldige Ehrbezeugung und aller Personen einhellige Andacht Gott dem Allmächtigen wohlgefällig gewesen sei. Dieß konnte man nicht allein damals sondern auch zu verschiedenen Malen, besonders heuer genugsam bemerken, wo der Himmel auf etliche und viel Meilen Wegs mit Regen überzogen war; es hat auch außerhalb der Stadt überall graulich geregnet, aber durch den Segen Gottes und frommer Leut treuherzig Gebet ist der Regen durch einen sanften Wind wie durch ein Wunder aufgehalten worden."

Außer dieser Erzählung, aus der ein tiefer Glaube spricht, berichtet uns Müller, daß der gottesdienstliche Aufwand und die grossen Kosten der Frohnleichnamsprocession die Unzufriedenheit einiger mißgünstigen Personen erregten, welche von der Zerstörungssucht des reformatorischen Geistes angesteckt waren. Die Lehrsätze, die Liturgie bis auf die blossen Wände zu vereinfachen und die kostbaren Cultusgegenstände zu allgemeinen Staatszwecken zu verwenden, haben sich seit dreihundert Jahren bis auf die Gegenwart fortgeerbt. Diesen Gegnern des katholischen Gottesdienstes trat der Licentiat Müller mit den bekannten Worten entgegen: „Kunst und Tugend haben Niemanden zum Feinde, als den Unwissenden." Als der gewichtigste Zeuge für die Wahrheit, daß die katholische Liturgie die Künste vorzugsweise fördere, spricht Deutschlands größter Dichter, Göthe, welcher bei seinen Vorschlägen, den Künstlern Arbeit zu verschaffen, die katholische Kirche obenan stellt. Wer den katholischen Gottesdienst in seinem Glanze und seiner Pracht bis auf die einfachste Form gebracht wissen will, der kennt weder die Gefühlsströmung des Menschen noch die historische Macht der Religion, welche der sicherste Thermometer ist, an dem man das Steigen und Sinken des Volkswohles ermessen kann. Und womit können denn solche Gegner den armen Katholiken für den Verlust jener innigen Freude entschädigen, welche sein Herz durch die glänzende Feier und den festlichen Schmuck seiner Kirchen empfindet? Hier weiß sich der Arme dem Höchsten gleich, hier vertauscht er die Aermlichkeit seiner Hütte mit der Pracht eines heiligen Palastes, hier vergißt er der schmerzenden Sorge über die süsse Melodie des Gesanges. Es ist eine unläugbare historische Wahrheit, daß der gemüth- und phantasiereiche Katholicismus zur Belebung der Künste selbst in bedrängten Zeiten weit mehr biete, als der kalt reflectirende Protestantismus. Was richtet den trostlosen Landmann wieder mächtiger auf als die Würde der Ceremonie und die Zierde seiner Dorfkirche?

Die Frohnleichnamsprocession von 1580 ließ uns auch einen Blick in die damals gewerblichen Verhältnisse Münchens thun. Als die 60 Zünfte an unserm Geiste vorüberzogen, sahen wir, daß die Gewerbe in der Hauptstadt Bayerns vor dreihundert Jahren zahlreich verzweigt waren und auf einer hohen Stufe standen. Manche derselben sind im Laufe der Zeit durch den gesteigerten Luxus und die veränderten Lebensverhältnisse und Bedürfnisse theils eingegangen theils mit andern Zünften verschmolzen worden; andere haben sich dem Zunftwesen entzogen und sich emancipirt. Die Zünfte allein sind es noch, welche sich von den Staats-Institutionen des Mittelalters bis auf die Jetztzeit, wenn auch in veränderter Form, erhalten haben. Die Erweiterung der gewerblichen Concessionen und die Vermehrung der Fabriken werden dieselben im unaufhaltsamen Strome der Zeit in nächster Zukunft begraben, wie es die Fabrikstaaten England, Frankreich, Belgien und Holland beweisen, wo man die ersehnte Gewerbefreiheit gewonnen, aber den für das allgemeine Staatswohl nothwendigen Mittelstand verloren hat. Mit den Zünften stirbt eine der schönsten socialen Einrichtungen der Vergangenheit; denn diese mußten einst einer Stadt wie München, welche unter der Regirung Wilhelms V. gegen 30,000 Einwohner zählen mochte, einen eigenthümlichen Reiz verliehen haben, wenn Meister und Geselle im geschmackvoll kleidenden Zunftgewande die Straßen der Stadt mit zufriedener, fröhlicher Miene am Sonntage durchwanderten, wenn die Einwohner durch das Kleid in Stände geschieden waren. Meister und Geselle bewohnten damals Ein Haus, aßen an demselben Tisch und bildeten Eine Familie. In der Gegenwart hat der alles gleichmachende Geist der Revolution jeden Standesunterschied durch das Kleid aufgehoben; der Niedrigste kleidet sich wie der Höchste; aber mit der Aufhebung der Standesdifferenz durch das Kleid ist auch die Achtung verschwunden, die einst der Niedere vor dem Höheren hatte.

Eine der wichtigsten Sorgen für Wilhelm V. war, jene kirchlichen Angelegenheiten zu ordnen, welche schon unter der Regirung seines Vaters zwischen den Landesfürsten von Bayern und den zu diesem Lande gehörenden Bischöfen von Salzburg, Chiemsee, Augsburg, Eichstädt, Regensburg, Freising und Passau häufig zu Anständen und Mißhelligkeiten Anlaß gaben. Für die großen Verdienste, welche sich die bayerischen Herzoge um den Katholicismus erworben hatten, wurden denselben vom päpstlichen Stuhle außergewöhnliche Befugnisse in geistlichen Dingen eingeräumt. Die Bischöfe, welche durch ihre nachläßige

Gleichgiltigkeit selbst daran schuld waren, fanden sich durch diese Zugeständnisse des Papstes verletzt, so daß zwischen der geistlichen und weltlichen Behörde bald eine gereizte Stimmung eintrat. Da die bayerische Regirung nicht selten die Linie der von Rom verliehenen Privilegien überschritt, so erhoben die Ordinariate bei der römischen Curie heftige Klagen. Papst Gregor XIII. gab dem Nuntius Felician Ninguarda, Bischof von Scala, welcher damals im Namen des minderjährigen Prinzen Philipp von Bayern das Bisthum Regensburg administrirte, den Auftrag, die streitigen Verhältnisse zwischen dem bayerischen Herzog und den Bischöfen durch einen Vergleich zu ordnen. In dem am 3. März 1578 an ihn gesandten Creditive schrieb der Papst, daß mehre Bischöfe in ihrer Beschwerdeschrift berichten, sie wären vom beßten Eifer für die katholische Kirche beseelt; allein sie würden in der Ausübung ihrer Episcopalgewalt von jenem Fürsten gehindert, in deren Gebiete ihre Diöcesen lägen. Er erkenne es daher als seine erste Pflicht, ihm die Vollmacht zu ertheilen, mit dem Fürsten und den Bischöfen zu unterhandeln, um einer größeren Gefahr vorzubeugen, und er hoffe von ihm in Rücksicht seiner Treue gegen die katholische Kirche den beßten Erfolg. Ninguarda begab sich sogleich zu dem damals noch lebenden Herzog Albrecht und erklärte ihm, indem er sehr behutsam zu Werke ging, daß der hl. Vater von höchster Freude erfüllt werde, so oft er sich an die großen Verdienste erinnere, welche sich der Herzog um den Katholicismus erworben; er halte Seine Durchlaucht in diesen stürmischen Zeiten der Häresie für die festeste Säule der Kirche, gegen welche die Gegner vergeblich ankämpfen. Der allmächtige Gott werde aus dem barmherzigen Himmel mit gnädigem Auge auf diese frommen Werke niedersehen, und der Papst gegen das Haus Bayern stets sich dankbar zeigen. Greger bitte daher, Seine Durchlaucht möchte nicht nur in der Beschützung der Kirche fortfahren, sondern auch die Ordinariate manchmal an ihre Pflicht erinnern und sie ermahnen, ihre Diöcesen fleißiger zu überwachen; denn obgleich Seine Heiligkeit sie theils durch Decretalbriefe theils durch seine Nuntien väterlich ermahnete, so seien sie doch zum Aergernisse aller Frommen lau geblieben, und brächten als Entschuldigung vor, daß sie von den Regirungsorganen der Fürsten in der Ausübung ihres Amtes gehindert worden wären. Deßhalb habe ihn S. Heiligkeit beauftragt, die von den Ordinariaten gegen die Landesfürsten vorgebrachten Klagen Seiner Durchlaucht zu übergeben, um über die Hebung der Hindernisse zu unterhandeln. — Ueber diese Beschwerdeführung der Bischöfe war der Herzog höchlich beleidigt; denn er war sich bewußt, daß er für die Erhaltung des katholischen Glaubens unermüdet thätig war. Es schmerzte ihn, daß diejenigen, welche den Besitz ihrer geistlichen Jurisdiction nur ihm und seinem Vater zu verdanken hatten, über einzelne Verletzungen derselben, statt bei ihm sich Abhilfe zu erbitten, sich mit Klagen an das Oberhaupt der Kirche wandten. Ningnarda, welcher die gereizte Stimmung Albrechts sah, wagte nicht mehr in ihn zu dringen und ließ die Sache beruhen. Als der Herzog im folgenden Jahre starb, brachte der Nuntius diese Angelegenheit neuerdings in Anregung und fügte zu den bereits erhobenen Beschwerden noch eine Anzahl neuer hinzu.

Wilhelm V., welcher nicht blos ein begeisterter Katholik sondern für seine Herrscherrechte so eifersüchtig war, wie sein Vater, nahm zwar das Schreiben des Bischofs von Scala entgegen und beantwortete jeden Punkt, hielt es aber für nothwendig über die Lebensweise der Bischöfe folgende Rüge beizusetzen: „Es ist leicht erklärbar, warum die Bischöfe vorzugsweise diesen Weg gewählt haben (d. h. zum Papste). Die meisten nämlich fürchteten, es möchte der hl. Vater, wenn er einmal erfahren würde, daß durch **ihre** Gleichgiltigkeit die Häresien sich in die deutschen Bisthümer allmählig eingeschlichen hatten, und die Sittenlosigkeit ihres Lebens den Neuerungen Vorschub leistete, die Schuld **ihrer** Schläfrigkeit zuschreiben; deßhalb schoben sie, um den hl. Stuhl für sich zu gewinnen, dieselbe mit bewunderungswürdiger Schlauheit auf andere." Der Nuntius erwiderte in seiner Replik, worin er besonders den gereizten Ton des herzoglichen Schreibens bedauerte, daß die überreichten Beschwerden nicht so fast gegen den Herzog als vielmehr gegen seine Beamten gerichtet seien, welche sich eine größere Gewalt anmaßten, als ihnen billig zustehe und auch ihren Landesherrn unter dem Scheine des Rechtes zu Schritten bewegen, wodurch die Ehre Gottes und das Gewissen verletzt werde. Der wichtigste Punkt in dieser Klageschrift war die Frage: ob der Landesfürst die seit undenklichen Zeiten über den Clerus und dessen zeitlichen Güter in gewissen Fällen geübte Gerichtsbarkeit durch das Herkommen rechtfertigen könne. Die Räthe des Herzogs vertheidigten diesen Satz; der Nuntius dagegen bestritt denselben mit allen ihm zu Gebote stehenden Mitteln des Kirchenrechts. Wilhelm lud den gelehrten und um die katholische Literatur hochverdienten Reichshofrath Dr. Eder zu sich nach Starnberg, wo er einige Tage verweilte. Hier theilte ihm der Herzog das Gutachten seiner Räthe und die Antwort des Nuntius mit. Eder sprach ihm offenherzig seine Ansicht aus: „Wiewohl ich nicht bezweifle, daß es von beiden Theilen wohlgemeint sei, so will mich doch bedünken, daß beide das Ziel zu weit gesteckt haben. Denn daß Eure fürstl. Gnaden als Landesfürst über die Personen und Güter der Geistlichen alle Gewalt haben sollen, ist zu viel; daß Sie aber gar nichts damit sollen zu thun haben, ist zu wenig, weil Ew. fürstl. Gn. als Landesfürst aller geistlichen Stifter oberster Vogt-, Schutz- und zum Theil auch Lehensherr sind und daher alles das auszuüben haben, was sowohl das geistliche als das weltliche Recht den Advocaten, Patronen, Schutz- und Lehensherren zuspricht, zumal wenn der Ordinarius nachläßig wäre. In der Hauptsache aber kann ich dem Gutachten der Rechtsgelehrten nicht beistimmen, sondern muß die Meinung der Theologen theilen. Die Frage ist nicht dahingestellt, ob Eurer fürstl. Gn. über die Personen und Güter der Geistlichen in Ihren Landen von Rechtswegen eine Gerichtsbarkeit zustehe, denn beide Theile sind darin einig, daß der Regel nach die Geistlichen von solcher Gerichtsbarkeit befreit sind; sondern es fragt sich nur, ob dieselbe durch das Herkommen gerechtfertigt werde, und hierin sind beide Theile uneins: die Juristen bejahen und die Theologen verneinen die Frage. Wenn ich die Sache ganz partheiisch betrachte, muß ich mich den letztern anschließen, denn durch das Herkommen kann kein Unrecht Recht werden." Eber berief sich hierin auf die Bestimmungen des tridentiner Concils und rieth dem Herzog sich mit den Ordinariaten über alle streitigen Fragen zu vergleichen, hierüber die Bestätigung des päpstlichen Stuhles einzuholen und für jene Punkte, wodurch er das canonische Recht verletzt hätte und sein Gewissen beschwert werde, den Papst um die Indulgenz und Privilegien zu bitten.

Wilhelm, welcher sich die Sache äußerst angelegen sein ließ, setzte über die Befugnisse weltlicher Regenten in geistlichen Dingen folgende Fragen auf: 1) Ob ein Landesfürst Kirchenräthe ernennen und ein Kirchengericht einsetzen dürfe? 2) Ob der Regent ohne Erlaubniß des römischen Stuhles oder nur mit Zustimmung des Ordinariates durch seine geistlichen Räthe Klostervisitationen und Prüfungen der religiösen Personen vornehmen dürfe? 3) Ob es erlaubt sei, daß die weltliche Regirung von den Prälaten einen jährlichen Rechnungsbericht über die Ausgaben abfordere? 4) Wenn ein Prälat die Kirchengüter verschwendet, darf der Herzog dagegen einschreiten? 5) Ob die Priester, denen eine Pfründe verliehen wurde, nach der Bestätigung die Investitur aus den Händen der weltlichen Beamten empfangen dürfen? 6) Ob nach dem Tode eines Clerikers die weltliche Regirung dessen Eigenthum inventiren und darüder disponiren dürfe? 7) Ob dieß auch nicht de jure patronatus vel advocationis geschehen dürfe? 8) Ob der Landesfürst oder ein anderer auf diese beiden Rechtstitel hin entweder persönlich oder durch einen Stellvertreter der Wahl eines Prälaten oder irgend eines Obern beiwohnen dürfe? 9) Ob ein seit langer Zeit ohne Zustimmung des Ordinariates oder des römischen Stuhles eingeführtes Herkommen dadurch, daß weder die Bischöfe noch der Papst Einsprache erhoben hatten, gesetzliche Kraft der Verjährung habe? 10) Wenn dieß dem Regenten weder de jure patronatus vel advocationis noch durch ein längeres Herkommen und Präscription nicht erlaubt wäre, habe er dann dazu in Rücksicht seiner Privilegien keine Befugniß? 11) Wenn Cleriker von Laien oder umgekehrt Güter kaufen und über die Grenzen Streitigkeiten entstehen, ist dieß beim weltlichen oder geistlichen Gericht zu verhandeln? 12) Wenn ein Cleriker einen Laien vor dem weltlichen Gericht verklagt, darf dieses auch gegen den Kläger das Urtheil fällen? 13) Ist der Landesregent verbunden, die von den Ahnen unter irgend einem Namen erhaltenen Kirchengelder zu restituiren? 14) Wenn aus irgend einer Nothwendigkeit unbewegliche Kirchengüter veräußert werden müssen, könnte dieß der Herzog aus eigener Macht zugeben, oder ist hiezu die Vollmacht des Papstes oder der Consens des Ordinariates zu erholen? 15) Ob der Herzog über jene Temporalien der Kirche, welche von den Spiritualien getrennt werden könnten, verfügen kann? 16) Ob er einen Prälaten eines groben Verbrechens wegen seiner Würde entsetzen und statt dessen einen Administrator aufstellen dürfe? 17) Ob er den Clerikern ohne specielle Erlaubniß des römischen Stuhles Steuern auferlegen könne? 18) Ob der Landesfürst mit gutem Gewissen von dem Dienstpersonale oder Pferden der Kirchen Gebrauch machen dürfe? 19) Ob es erlaubt sei, daß die weltliche Regirung Almosen oder fromme Spenden zu irgend einem Zweck sammle? 20) Ob die Wächter der Kirchen die Collecten zum eigenen Gebrauch verwenden dürfen? 21) Ob die vom Bischofe auf einer Pfründe bestätigten Geistlichen von herzoglichen Räthen geprüft und zurückgewiesen werden dürfen? 22) Ob der Besitzer einer Pfründe ohne Erlaubniß des Ordinariates dieselbe resigniren oder vor der bischöflichen Bestätigung verwalten könne?

Diese Fragen ließ Wilhelm V. an Ninguarba, welcher damals in Salzburg lebte, und an den Nuntius Buonhuomo in Wien überbringen mit der Forderung, sie zu beantworten. Zugleich sandte er im Frühling 1581 den Hofprediger Martin Dum nach Rom, um für die in verflossenen Zeiten geschehenen Verletzungen der geistlichen Immunität die päpstliche Absolution zu erbitten; außerdem gab er ihm den Auftrag, nicht nur um Bestätigung der alten von den Päpsten den bayerischen Herzogen verliehenen Privilegien, sondern um Ertheilung neuer Indulgenzen und Befugnisse anzuhalten. Papst Gregor XIII. gewährte zwar gerne Absolution für die Vergangenheit, konnte sich aber nicht entschließen, die Privilegien, welche den Herzogen Bayerns wegen außergewöhnlicher Umstände verliehen wurden, und deren Ausübung den canonischen Vorschriften zuwiderlief, noch länger fortbestehen zu lassen. Die Mission des Hofpredigers blieb daher erfolglos, und der Herzog wurde auf die Entscheidung der Bischöfe verwiesen.

Der Nuntius Ninguarba arbeitete die Antworten auf die von Wilhelm überschickten Fragen sogleich aus, um den Gang der Verhandlungen zu fördern, und legte sie der römischen Curie zur Begutachtung vor. In Rom wurden manche nicht unwichtige Zugeständnisse des Nuntius gestrichen und beschränkende Zusätze beigefügt. Die Antworten auf die ersten vierzehn Fragen lauteten: Der Herzog könne geistliche Räthe aufstellen in Gewissenssachen, im Patronatsrecht, in Streitsachen der Cleriker unter sich und mit Laien, zur Ueberwachung der guten Administration der Temporalien und zur Wahl eines weltlichen Commissärs bei bischöflichen Visitationen. Außerdem rathe man nach dem Beispiele der alten bayerischen Fürsten, der Herzog möchte sich mit Genehmigung des apostolischen Stuhles mit mehreren Canonikern aus den Diöcesen Augsburg, Freising, Regensburg, Salzburg, Passau und Eichstädt umgeben, und mit diesen die kirchlichen Angelegenheiten verhandeln. Die Einsetzung eines geistlichen Rathes könne nie gestattet werden. Die Klostervisitation durch einen herzoglichen Kirchenrath könne nie erlaubt werden; denn wenn auch Sixtus IV. und Hadrian VI. den bayerischen Herzogen das Privileg ertheilten, gewisse Kirchen und Klöster ohne Erlaubniß des Ordinariates durch Prälaten visitiren zu lassen, so habe der Herzog doch für seine Lebensdauer die päpstliche Bevollmächtigung, geeignete Prälaten zu wählen, zu erholen so oft die Bischöfe ihre Pflicht versäumen. Die Revision der Kirchenrechnungen könne von einem geistlichen Rathe geschehen, jedoch mit Zuziehung eines bischöflichen Commissärs. Die Vorsorge gegen die Verschwendung der Kirchengüter von Seite eines Prälaten sei dem Landesfürsten erlaubt; die Execution aber sei Sache des Ordinarius. Die Investitur durch Regirungsbeamte könne nie zugegeben werden, da dieselbe aus der geistlichen Jurisdiction fließe und die

Jurisdiction in der Seelsorge nur dem Bischofe zustehe. Sache des Regenten jedoch sei es, bei den Installirungen einen weltlichen Commissär wegen der Versicherung der zeitlichen Güter beizugeben. Bezüglich des Dispositionsrechtes über die Verlassenschaft eines Clerikers könne dem Fürsten nur gestattet werden, einen Commissär zur Aufnahme des Inventars zu schicken. Das Patronatsrecht umfasse blos die beiden Privilegien, daß der Bischof nur den vom Patron vorgeschlagenen Candidaten bestätigen könne, und daß der Patronatsherr, wenn er zugleich Fundator der Kirche gewesen, und dessen Söhne bei eintretender Verarmung von den Collecten der Kirche sustentirt werden dürfen. Das Recht, bei der Wahl eines Prälaten zugegen zu sein, besitze kein Laie, wenn nicht dieses Privileg in der Fundationsurkunde vom Papste ausdrücklich bestätigt sei. Präscriptionen in den Temporalien können nach Verfluß von vierzig Jahren eintreten, dagegen in den Spiritualien niemals, weil hiezu einem Laien der titulus justus fehle. Durch ein gesetzliches päpstliches Privileg könne einem weltlichen Fürsten manches Recht in Kirchensachen eingeräumt werden; jedoch müsse nachgewiesen werden, ob das Privileg seine volle Gültigkeit habe, was vorzüglich bei den bayerischen Herzogen hervorzuheben sei, da die Ordinariate gegen deren Privilegien oft Einsprache erhoben hätten. Bei Kauf und Verkauf oder Streitsachen sei die Regel einzuhalten: actor sequatur forum rei, wenn nicht ein Gewohnheitsrecht zu Gunsten des Clerus bestehe, daher könne die weltliche Behörde auch gegen einen Cleriker, welcher als Kläger gegen einen Laien auftrete, in Civilsachen das Urtheil fällen. Die übrigen acht Fragen wurden negirt.

Der Nuntius Buonhuomo schrieb dem Herzog die Antwort erst am 19. August 1581 und entschuldigte sich im Eingange seines Briefes, daß ihn Geschäftsüberhäufung von einer schnelleren Beantwortung abgehalten habe, wozu er sich durch die hohe Achtung, welche er stets gegen den Herzog besessen, verpflichtet fühlte. „Er sei von der festen Ueberzeugung durchdrungen, daß Seine fürstl. Durchlaucht vom Oberhaupt der Kirche nichts verlangen werde, was diesem zum Schaden gereichen würde; denn was nütze es ihm, wenn er auch einen zeitlichen Gewinn erreiche, aber an seiner Seele Schaden leide? Außerdem beweise die Geschichte, daß jene, welche sich kirchliche Rechte oder Güter usurpirten, dieselben nicht lange besitzen und dafür die ihrigen verlieren, oder wenn sie dieselben behielten, so behielten sie auch ein unruhiges Gewissen. Er hoffe, der Herzog werde gegen die Kirche, seine milde Mutter, so viel Pietät zeigen, daß er von ihr nicht mehr verlange, als was sie andern Fürsten bei gleicher Berechtigung zugestehe." In der Beantwortung der an ihn gestellten Fragen räumte Buonhuomo dem Herzog mehr Concessionen ein als Ringuarda, und schrieb ihm das Recht zu, das Kirchenvermögen zu verwalten, wenn die Obern ihre Pflicht vernachlässigen, und jene Cleriker gefänglich einzuziehen, die ein schweres Verbrechen begangen. Auch gab er zu, daß sich der Landesfürst in einer Lage befinden könne, wo er sich genöthigt sehe, mit Zustimmung des Papstes den Clerus zu besteuern. Bei der Prüfung der Cleriker könne eine solche Nachlässigkeit eintreten, daß der Papst gerne für einen gewissen Zeitraum gestatten würde, der Regent könne geeignete Männer erwählen, welche dem Examen beiwohnen sollten. In vielen Provinzen werde die Staatsregirung keinem Cleriker die Uebernahme seiner Pfründe ohne vorausgegangene Genehmigung gestatten, ein Rechtsverfahren, welches wahrscheinlich auf einem päpstlichen Priviteg beruhen werde; wenn aber der römische Stuhl diese Concession einigen Fürsten ertheilt habe, so zweifle er nicht, daß der Herzog, wenn er in Rom die nöthigenden Umstände darlege, dasselbe Privileg erlangen werde.

Nach wenigen Wochen erhielt Herzog Wilhelm von seinem geheimen Rath Erasmus Jenud, welcher zu St. Leonhard bei Kreuth sich aufhielt und im Jahre 1563 als bayerischer Abgeordneter jenen Conferenzen beigewohnt hatte, welche Kaiser Ferdinand nach Wien berief, um im Namen aller katholischen Stände Deutschlands vom Papste die Gestattung des Laienkelches und der Priesterehe zu verlangen, ein Schreiben, worin er seine vom Herzog verlangte Erklärung über die schwebenden Verhandlungen der kirchlichen Angelegenheiten zu Gunsten desselben niederlegte: Wie Seine fürstl. Gnaden nicht nur das weltliche Scepter führe sondern auch auf das Geistliche und Ewige bedacht sei, so solle auch in diesen streitigen Kirchensachen eine Einheit herrschen. Dieß sei aber nicht möglich, wenn die berathenden Partheien, wie es in der Gegenwart der Fall sei, in ihren Ansichten zu schroff gegenüberstehen, wodurch der Herzog in einer richtigen Entscheidung leicht irre geleitet werden könnte. Um dieser Gefahr zu entgehen, hielte er es für das beßte, bald möglichst eine Conferenz von tüchtigen geistlichen und weltlichen Räthen nach Ingolstadt zu berufen, wo denselben die theologische und juridische Facultät in schwierigen Fragen berathend zur Seite stände. Dieser Weg würde Seine fürstl. Gnaden am sichersten zum Ziele führen, da durch ein vieljähriges Verhandeln und kümmerliches Zerlegen der fraglichen Punkte die Ordinariate und der Papst für sich zum Schaden der landesfürstlichen Rechte den Vortheil ziehen. Der Hauptpunkt der streitigen Angelegenheit sei die Frage, ob dem weltlichen Regenten eine Superiorität über dem Clerus und die Klöster zustehe; er erkenne für recht und billig, daß S. fürstl. Gnaden in Rom hierin dieselben Vorrechte verlangen könne, welche das Haus Oesterreich, der König von Frankreich, Spanien, Portugal ꝛc. besitzen; zur Ausübung dieser Oberhohheitsrechte sei der Herzog als Landesfürst und Erbvogt, als patronus et advocatus ecclesiae befugt. „Die Bulle: In Coena Domini belangend, bedünkt mich unnöthig zu sein, das katholische, gehorsame und einfältige Bayerland mit so vielen ungewohnten Fallstricken und Bürden zu beladen und zu verwirren. Wollen aber die Bischöfe solche viel einführen und anstellen, so lasse man sie auf ihre Gefahr walten; ich aber will hoffen, daß Eurer Fürstl. Gnaden christlich gut Exempel auch der Bruderschaften Eifer und andere gottselige Uebungen, wie sie Gottlob allbereit im Gange sind, bei der Religion und christlichen guten Zucht weit mehr thun werden, als diese und andere Bullen."

Wilhelm V. ernannte den Propst Lanther, Dechant Franz, Hofprediger Dum, Canonicus Welser und die Räthe Nadler und Fennd zu seinen Bevollmächtigten, und am 14. September 1581 sollten die Verhandlungen mit dem Nuntius Ninguarda und mit den Bischöfen oder deren Abgeordneten in München eröffnet werden. Bei dieser Conferenz zeichnete sich unter den herzoglichen Räthen, vor „deren Selbstsucht und weltlicher Klugheit" der Nuntius Buonhuomo Wilhelm in einem späteren Briefe warnte, besonders Fennd durch seinen Eifer für die Wahrung der landesherrlichen Gerechtsame aus. Ninguarda vergaß bei diesen Verhandlungen die großen Verdienste nicht, welche Bayern sich um die katholische Sache erworben, und nahm mit möglichster Nachgiebigkeit auf die Wünsche des Herzogs Rücksicht, dem er hierüber am 23. Juni 1583 schrieb: „Was mich betrifft, so werde ich nicht nur bei dieser sondern bei allen übrigen Verhandlungen, deren Uebertragung Eure Durchlaucht mir anvertrauen, nichts unterlassen, was einerseits der Ehre Gottes anderseits der Würde Eurer Durchlaucht, dem durchlauchtigsten Hause und Regirung irgendwie förderlich sein könnte, und ich werde mich stets bestreben, daß ich in dem auf mich gesetzten Vertrauen, so lange mir Gott die Kraft verleiht, nichts zu wünschen übrig lassen werde." Es wurden daher mehre Punkte zwischen dem Nuntius und der bayerischen Regirung nach kurzer Zeit in dem sogenannten „Münchner Receß" erledigt, andere an die Entscheidung der Congregation der Bischöfe gewiesen. Allein diese blieben saumselig und schoben die Zusammenkunft ihrer Deputirten von einem Monat auf den andern, so daß Papst Gregor zur Beschleunigung der Sache an jene und an Herzog Wilhelm eigene Breven sandte, in welchen er ihn in Rücksicht seines frommen Eifers und Edelsinnes mahnte und bat, die Verhandlungen zur Entscheidung zu bringen, da dieselben für die Würde der katholischen Kirche zu wichtig seien. Erst im Herbste 1583 gedieh die Sache zum Schlusse und am 5. September wurde das Concordat von den Abgeordneten des Herzogs als Landesherrn, des Erzbischofes von Salzburg als Metropolitan, dann der Bischöfe von Freising, Regensburg, Passau und Chiemsee als Suffragane unterzeichnet.

Das in deutscher und lateinischer Sprache abgefaßte Concordat, welches in Rom keine freundliche Aufnahme fand, weil hierin die herzoglichen Bevollmächtigten einen größern Eifer für die Sache ihres Fürsten bewiesen, als die Bischöfe für die Kirche, enthält folgende sieben Artikel:

1. Von den Visitationen und andern Gerechtigkeiten der Herren Bischöfe in Bayern.

Erstlich. Soviel die Visitationen und andere Gerechtigkeiten der Bischöfe anbelangt, wird für billig gehalten, daß die Visitationen mit Vorwissen des Landesfürsten und Zuordnung der fürstlichen Räthe und Commissäre angestellt, und der Landesfürst von solchen wichtigen Sachen, welche in dessen Landen zu verrichten sind, berichtet werde in den drei Fällen: 1) Wann die Laien sammt den Geistlichen visitirt und craminirt werden sollten; 2) wann man in der Visitation von weltlichen Sachen handeln würde; 3) da gleich allein den Geistlichen doch eine gemeine oder durchgehende Visitation anzustellen zu sein erachtet wurde, so gebührt sich, daß auch die fürstlichen Commissarii, welche bei Craminirung der geistlichen Personen sein werden, auch geistlichen Standes seien; es fordern denn bringende Ursachen, daß auch von wegen die Sachen einander anhängig, fürnehmlich so es weltliche Sachen seien, auch weltliche Personen dazu gezogen werden. Aber im vierten Falle, wann die Herren Ordinarii eine Particularvisitation werden fürnehmen und ihres Amtes halber bei der Priesterschaft und beiderlei Geschlechts geistlichen Personen in Sachen die Religion und geistliche Zucht betreffend nachforschen werden, mögen sie solches durch sich selbst allein nach ihrem oder der ihrigen Ermessung verrichten, und in allen oben gemeldeten Visitationsfällen thun Ihro fürstliche Durchlaucht alle fleißige Beförderung und Hilf des weltlichen Armes gnädiglich und willig anerbieten. Wann aber die Prälaten wegen übler Verwaltung der zeitlichen Dinge verdächtig seien, so mögen die Landesfürsten ihr Interesse haben in vermöge eines unfürdentlichen Gebrauchs auch sonderkaren Inhalts, wie auch die Herrn Ordinarii selbst, wann sie visitiren, oder zu anderer Zeit von ihnen die Rechnung erfordern; damit also mit gemeinem Rath und Zuthun der Kirchen Nutzen befördert werde. Doch sollen solche Ort von keinem Theil mit Zehrung über Land beschwert werden. Ebenfalls soll mit gleichem Fleiß gegen denen Pfarrherren und Spitalpflegern, wann sie wegen Verschwendung zeitlicher Güter angegeben worden, in der Visitation oder zu andrer Zeit verfahren werden. Es ist auch denen Geistlichen unverboten, ihren Herren Ordinariis Insul- und Weichsteuer, charitativa subsidia genannt, wie auch andere bischöfliche Gerechtigkeiten zu reichen; allein daß keine Anlag und Forderung, so ungewöhnlich oder wider den Inhalt der alten Verträg ist, fürgenommen werde. Damit auch die Kirchenpröpst und andrer göttlichen Oerter Verwalter derselben Gefäll und Einkommen nicht nach ihrem Gefallen verwenden, so soll es mit denselben gehalten werden, was in der regensburgischen Reformation im Jahre unsers Herrn 1524 publicirt, im 18. Artikul versehen ist und gelesen wird auf diese Weise: Damit auch die Christgläubigen Almosen zu dem Gebrauch, zu welchem man sie reicht, verwendet werden, so solle der Kirchenbau-Verwalter oder Kirchenpropst nicht Macht haben, von den zu den Kirchengebäu oder andern Sachen etwas zu verwenden ohne des Pfarrers Verwissen, sondern sollen es in den Zechschrein legen, wie es bisher gehalten worden, zu welchem man zween oder drei Schlüssel nach jedes Ort Gewohnheit haben, deren einen dem Pfarrer zu verwahren geben', und es mit denen Schlüsseln und Rechnungen gehalten werden sollte, wie es die Fürsten und Obrigkeiten bisher im Gebrauch hergebracht.

II. Von der Wahl und Bestätigung der Prälaten.

Die Erwählung der Prälaten betreffend: Wann ein Prälat verstorben, solle dasselbe der geistlichen und weltlichen Obrigkeit angefüget werden, welche sich mit einander eines Wahltags werden vergleichen, welchem Wahltractat auch die fürstlichen Commissarii beiwohnen, (doch zu der Wahl anderst nicht, sie seien denn zu Spruchleuten oder Scrutatoren erkiest) und wann die Wahl ordentlich fürgangen, und der Erwählte alsbalden soll bestätigt werden, im Namen des Landesfürsten, von dessenwegen sie bei der Wahl sind, ihre Einwilligung thun. Wann aber die Bestätigung oder Institution erst über eine Zeit hernach zu begehren ist, so soll der Erwählte und der zu bestätigen ist, von dem Landesfürsten Bewilligung und Approbationsbrief mit sich bringen. Es soll auch keinem vacirenden Kloster im Namen des Landesfürsten ein Verwalter gegeben oder aufgetragen werden ohne des Herrn Ordinarii Consens und Verwilligung.

III. Von der geistlichen Personen Verbrechen und Strafen.

Man ist der geistlichen Personen wegen dahin verglichen, daß die Geistlichen, wann sie verbrechen, ein jeder zu seinem Ordinario oder der von dem Bischof hiezu verordnet, sollen geschickt werden. Wann dann ihnen eine Geldstraf von den Herren Bischöfen wird auferlegt, soll dasjenige, was außer dessen so darinnen den Notariis und den Pedellen gebührt, übrig ist, zu den Kirchengebäu oder dergleichen gottseliger Gebrauch inner des Landes Bayern verwendet werden. Dahero werden die Herren Ordinarii den Pflegern Anfügung thun, wie hoch sie gestraft haben, damit solch Geld nicht unterschlagen werde. Wann aber die Geistlichen mit verbotenen Währen (Waffen) ergriffen, sollen ihnen dieselben durch die weltliche Obrigkeit genommen werden. Es sollen auch die Laien im Land, wenn aus den Ursachen, welche der Citation einverleibt sind, zu sehen ist, daß es eine geistliche Sache betreffe, zu erscheinen nicht abgehalten, sondern da sie im Erscheinen ungehorsam, zu solchem mit Strafen angehalten und vermögt werden. Wo die Geistlichen um Schlaghandel zu beklagen und zu strafen, ist allbereit oben gemeldet. Daß aber die Laien, wann sie einen Priester schlagen, über die Straf, welche die weltliche Obrigkeit gegen ihnen fürgenommen, auch die geistliche Absolution begehren sollen, wird für rechtmäßig gehalten und angenommen. Da aber ein Geistlicher verbricht, wo die Schwere des Lasters nicht ein anderes erforderte, soll er angeloben sich bei seinem Ordinario oder vom selben dazu Verordneten einzustellen, oder da der Flucht halber ein Argwohn, deßhalben Bürgschaft leisten; wann aber das Verbrechen also gestaltet, daß es die Verhaftung erforderte, so solle doch ein Ueberschicken aller überflüssigen Unkosten auch so viel die Maß und Nothdurft fleißiger Verwahrung erleiden mag, die Entunehrung der priesterlichen Würden verhütet werden. Entzwischen aber auch die Verordnung geschehen, daß der Verhafte in seinem Haus oder an seinen Gütern keinen Verlust oder Schaden leide, es wäre denn, daß er selbst durch die seinigen Verordnung thäte.

IV. Von Verleihung der geistlichen Beneficien.

Das weltliche Lehen der Beneficien betreffend soll das Examen von dem Landesfürsten, welches bisher die Priester, denen die Seelsorg vertraut worden, ausgestanden, unterlassen werden, da anders die Schärfe des bischöflichen Examens und emsige Visitation das in gedachtem fürstlichen Examen gesuchte End erstattet, also daß auch die Priester, welche zur Seelsorg zugelassen, nach Gelegenheit und Nothdurft des Orts, dahin sie zu schicken sind, nochmalen von den Bischöfen examinirt und ihrer Tauglichkeit Kundschaft den Investituren einverleibt werden sollen. Wann dann nun durch eine geistliche Person aus des Bischofs Verordnung einem Beneficiaten der Einsatz gegeben würde, so soll der weltliche Pfleger selbigen Orts mit und bei sein, damit er an des Fürsten Statt ihm die Einwilligung der zeitlichen Administration geb, wie bisher gebräuchlich gewesen, und hiezu sollen die Beneficiaten bei der fürstlichen Regirung jedes Orts die Zulassungsbrief, welche man Possessbrief nennet, erfordern; doch ist man dem Pfleger für seine gehabte Mühe ein mehrers zu geben nicht schuldig außer was die Tax der neuen Landesordnung vermag. Daß aber die Geistlichen ihre Dignitäten und geistlichen Beneficia den Weltlichen ohne Vorwissen und Consens der Herren Ordinarii mögen resigniren, und andere so hiezu befördert, vor des Herrn Ordinarii Bestätigung und Confirmation die Verwaltung derselben annehmen oder daß einem erledigten Beneficio oder Dignität die weltliche Obrigkeit eigens Gewalts Fürsehung thun sollen und mögen, das ist keineswegs zuzulassen. Das Jus des päpstlichen Monats, so den Landesfürst präscribirt, soll auf die Beneficia, in welchen einem andern das Patronatsrecht oder geistliche Lehn gebührt, sich nicht erstrecken, und dieweil vielleicht nur noch von wenigen Beneficien der Streit ist, wird man auf Mittel bedacht sein, solche Irr (Irrthümer) auch gütlich zu vergleichen.

V. Von den Personen der Geistlichen und ihren Gütern.

Von den Personen der Geistlichen und ihren Gütern würde ernstlich der Gebrauch der Scharwerken so gemäßigt werden, daß solcher zu der Kirchen schweren Nachtheil nicht gereiche. Und dann in den Contracten, die man über der Kirchen Güter aufrichtet, ist zu Kraft derselben bei der hohen Obrigkeit Consens zu begehren, und wofern die Weltlichen in Bayern mit dem Opfer, Almosen und andern Kirchengefällen für sich selbst lediglich Anordnung gethan, oder die Pfleger, Richter und andere weltliche Obrigkeiten, als man den Priestern den Einsatz geben oder so jährlich das Bauersvolk wegen der Ehehaft recht zusammen kommt, den Priestern und Pfarrern bisher beschwerlich gewesen, soll es hinfüro nicht mehr geschehen, und werden Ihre Fürstl. Durchlaucht, daß solche Zusammenkunften nicht mehr in Pfarrhöfen fürgenommen werden, mit Fleiß Verordnung thun. Also auch in Erkenntnuß der Zehentsachen soll den Herren Ordinariis ihr Recht verbleiben. Doch gehören dieselben in gewissen Fällen, die in Rechten zugelassen, auch für die weltliche Obrigkeit, nämlich: in den Zehenten, welche nunmehro weltlichen Rechts geworden, auch wo entweder beide Theile oder allein der Beklagte ein Laie ist, item in Contracten so über die Zehenten nur auf eine Zeit gestellt sind, nämlich: wo allein die Frücht des Zehents auf eine Zeit verkauft oder verlassen werden; auch da die Frag ist, ob sie bezahlt oder nicht bezahlt sind. Item da des Inhabers halben die Frage an der bloßen Geschicht steht, und vom Eigenthum nichts eingemischt würdet, und in dergleichen Fällen, in welchen man zum Rechten oder dessen Lehrer soll gewiesen sein. Letztlich der Klag wegen der weltlichen Siglung über geistliche Güter, thut die neue Landesordnung abhelfen, nämlich daß den Prälaten und Geistlichen die Siglung über ihre Gründe insgemein gebühre. Wo aber die fürstlichen Pfleger oder andere von uralten Zeiten diese Gerechtigkeit des Siglens durch Verjährung erlangt, sollen sie auch in solchen Fällen, damit die Kirchen vor Schaden verhütet werden, allein nicht siglen, sondern der Grundherr soll zur Mitsiglung allezeit ersucht werden.

VI. Von der Geistlichen Testamenten.

Wegen der Geistlichen Testamenten ist zu verschiedenen Zeiten nämlich nach der Geburt Christi im Jahre 1539 zwischen Herren Pancratium, Bischofen zu Regensburg und Herzog Ludwigen in Bayern ein Vertrag aufgerichtet worden, und bieweil derselb durch Ihre Fürstliche Durchlaucht, Herrn Cardinal zu Trient, Legaten im jüngsten Reichstag zu Augsburg wie auch Päpstliche Heiligkeit Nuntium für ganz vernünftig und der Billigkeit gemäß erkannt, ist er allhin auch angenommen und soll von allen gehalten werden; der lautet also: Wann Geistliche verstorben, und ein ordentlich Testament gemacht haben, sollen die Testamentarii, sie seien geistlich oder weltlich, die hinterlassenen Güter beschreiben, das

Testament dem Herrn Vicario zu Regensburg um dessen Bekräftigung überschicken und folgends dasselbe vorziehen, doch an keinem andern Ort weder wo der Priester verstorben, und die hinterlassenen Güter gelegen sind. Wo aber einer ohne Testament verstorben, als dann sollen entweder die Herren Vicarii zu Regensburg oder die fürstlichen Beamten, welchen dann der Todtfall am ersten kundgethan würdet, die verlassenen Güter verpetschieren, wann gleich der eine Theil abwesend wäre, welchem es doch alsbalden soll zu wissen gemacht werden, damit man alsdann mit gesammten Rath einen Tag fürnehme, an welchem auf zuvor von ihnen zugleich gemachtes Inventarium die Gläubigen vor allen Dingen bezahlt werden; mit dem übrigen soll man handeln, was die hievon ausgegangene regensburgische Reformation fürschreibt. Es sollen auch große Unkosten und Beschwerden der Erbschaft nicht aufgedrungen noch auch die Gläubigen und andere zu lang nicht beschwert noch gehindert werden, und dieß aus gedachtem Vertrag. Im übrigen soll es bei Verordnung gemeinen Rechtens und jeden Orts Gewohnheit bleiben. Und damit dieß Orts nichts ermangle, hat man auch das angezogene Kapitel der regensburgischen Reformation, welches das 23. ist, hieher setzen wollen, welches also lautet: Wir verbieten über das auch, daß nur füran die Bischöf die ehelich gebornen Priester, wann sie ohne Testament verstorben, in ihren ererbten oder aus eigenem Fleiß eroberten Gütern nicht mehr erben mögen oder sollen.

VII. Von den Ehesachen.

Letztlich werden die Ehesachen sowohl als andere kundblich für die Consistoria gehörige Sachen dem geistlichen Gericht freigelassen; desgleichen soll auch die Gerichtsübung, dem katholischen Volk die Bußen aufzulegen, den Herren Ordinariis und ihren hiezu Deputirten allezeit frei sein. So aber die Gestaltsame des Verbrechens und der Person Beschaffenheit eine Geldstraf erforderte, sollen sie verordnen, daß solch Geld zu gottseligen Werken inner dem Land zu Bayern verwendet werde. Und das sind die Punkte, über welche zwischen den Herren Erz- und Bischöfen zu Salzburg und anderen Herren Ordinariis in Bayern, Ihre Fürstliche Durchlaucht Herzog Wilhelm von Bayern gütlicher Vergleich geschlossen worden, mit Protestation und Vorbehalt aller Theile wie in dem lateinischen Exemplar mit mehreren Begriffen."

Der geistliche Rath, über dessen Einrichtung weder der Receß noch das Concordat eine nähere Bestimmung enthält, wurde nach einer spätern Instruction einer Reform unterworfen. Derselbe hatte aus einem von dem Herzoge zu wählenden Präsidenten, dem Propst, dem Dechant und einem Canonicus des Frauenstiftes, dem Kanzler und zwei weltlichen Räthen zu bestehen, über die Erhaltung des alten Glaubens strenge zu wachen und die landesherrlichen Rechte circa sacra im allgemeinen nach den Concordatsbestimmungen auszuüben. Bezüglich der Einschreitungen der herzoglichen Behörden gegen die Concubinen der Geistlichen, der Aufsicht über die Administration der Temporalien in Kirchen und Klöstern, der Kirchenbauten und Besteuerung des Clerus hatte der Herzog von dem Nuntius besondere Indulgenzbriefe erhalten. Die Kirchenadministration erhielt den herzoglichen Befehl auf die Unterhaltung der Kirchen- und Stiftungsgebäude die größte Sorge zu verwenden. Zu Neubauten und bedeutenden Reparaturen war der obrigkeitliche Consens erforderlich in der Art, daß bei unvermöglicheren Kirchen zu Bau-Posten über 10 und bei vermöglichen über 20 Gulden die Genehmigung der landesherrlichen Regirung oder des Hofmarkts-Herrn, bei Bauten über 50 Gulden aber der Consens des geistlichen Rathes nothwendig war. Bezüglich der Klöster erschien später der Befehl, daß kein Kloster im Lande hinfür ohne des Landesfürsten und seiner zu den geistlichen Sachen verordneten Beamten Wissen und Bewilligung ein neues Gebäude aufführen solle, welches auf 100 oder 150 Gulden zu stehen käme.

Hinsichtlich der Testamentsexecution bei Geistlichen erließ der Herzog folgendes Mandat: „Der Mißbrauch, daß beim Absterben der Pfarrer die Schergen in die Pfarrhöfe abgeordnet werden, daß Richter und Gerichtsschreiber das beßte Roß und was ihnen tauglich und gefällig, der Scherge aber die beßte Kuh oder den beßten Rock aus der Verlassenschaft zu sich nehmen, wird ernstlich abgeschafft und allen landesfürstlichen Beamten, auch den Hofmarkts-Herren geboten, beim Ableben eines Pfarrers nicht mehr die Schergen sondern einen guten ehrlichen Mann gegen gebührenden Lohn, wozu die Landesordnung das Maaß gibt, zur Verwahrung der Verlassenschaft in den Pfarrhof abzuordnen. Sie selbst sollen sich der Wegnahme des beßten Rosses u. dgl. enthalten, auch den Gerichtsschreibern und Hofmarktsrichtern nicht gestatten, etwas aus dem Nachlasse zu nehmen. Landesfürstliche Beamten, die dagegen handeln, werden ihres Dienstes entsetzt, und gegen die Hofmarktsherren will Se. Durchlaucht die Strafe in vorkommenden Fällen vorbehalten." — Die Steuer-Instruction, welche für den von der Besteuerung nicht befreiten Clerus in Bayern erlassen wurde, enthält folgende Bestimmungen: Von den geistlichen Absenten, Locationen, Reservaten, Pensionen, die den bayerischen Stiftungen nicht unirt sind, wird der halbe Theil aufgehoben. Der Pfarrer gibt von 100 Gulden Werth 1 Gulden. Die Verweser der Altäre und gestifteten Messen geben den zwanzigsten Theil ihrer jährlichen Gülten; die vacirenden Pfründen und Messen den halben Theil. Von dem, was Geistliche außer ihrer Pfründe besitzen, werden 3 Gulden vom Hundert des Werths erhoben. Bettelorden zahlen den zwanzigsten Pfennig des jährlichen Einkommens. Von den Klostereien, Fabriken, Gülten, Verwaltungen und Gottesberathungen der Gotteshäuser und Kirchengüter wird der dritte Theil jährlichen Einkommens über den Unterhalt zur Anlag genommen. Prälaten und Adel contribuiren von den Renten, die sie in Städten und Märkten haben, bei der Stadt-Steuer; dagegen zahlen Bürger für das, was sie auswärts besitzen, dort wo sie häuslich angesessen sind. Bei Zinsverschreibungen und Gültbriefen hat der Gültherr (nicht der Debitor) den sechsten Theil der Gült zu zahlen, sowie der Grundherr und nie der Unterthan die Gültsteuer zu tragen hat. Die Prälaten sollen ihre Gerichts- und Hofmarktsleute selbst anlegen; ihre in den fürstlichen Gerichten gesessenen Unterthanen werden durch die geordneten Landsteuer besteuert. Die Geistlichen und gefreiten Personen, Zünfte, Bruderschaften, Ehehalten in Städten und Märkten sollen von dem, die es Alters halben hergebracht, angelegt werden. — Im Concordat ist über die Realien des Clerus nichts erwähnt, weil sich die Ordinariate auch die Personalien aneignen wollten, welche ihnen die bayerische Regirung keineswegs einräumen konnte. Deßhalb erschien im Jahre 1584 folgendes Generalmandat: Was der Prälaten und des Clerus in Bayern Real-Actionen betrifft, so haben sich die Beamten so zu verhalten, daß gegen die landesfürstliche hohe Obrigkeit kein Mißbrauch einreiße und in persönlichen Sprüchen, soviel deren im Recesse nicht specificirt sind, geschehe was Recht und Herkommens ist. Der Possetzgebung halber ist in dem Recesse zwar bestimmt, daß dem Priester dieselbe von der Regirung gefertigt werden solle, in welcher die Pfarre liegt. Da aber die geistlichen Lehenbücher und andere Behelfe zur Handhabung und Erhaltung des landesherrlichen Patronates und Rechtes nur bei der Hofrathscanzlei und dem geistlichen Rathe zu finden sind, so sollen alle Investituren durch eigene Boten auf der Priester Kosten an den geistlichen Rath nach München gesendet werden, worauf dann weiterer Befehl ertheilt werden wird. Nebstdem soll gemeldet werden, was von der Pfarrer vorigem Thun und Leben bewußt ist, und selbes unverweilt in Erfahrung zu bringen, damit die Posseßgebung nicht in die Länge gezogen werde. Wegen der Priestertestamente und Inventuren ist gute Obsicht zu halten, daß der Vergleich eingehalten werde, und wann etwa die Ordinarien die Priester, welche ohne Testament sterben, wie an etlichen Orten bisher geschehen, beerben wollen, soll dieses nicht gestattet, und der Verlauf der Sache unverzüglich an den Herzog gebracht werden; ebenso wann unehelich geborne Priester mit Tod abgehen und gegen deren Verlassenschaft, ehe hierüber Befehl erlassen, von dem Rentmeister nichts vorgenommen werden. Wenn bei den Beamten von der Ordinarien Geldstrafen, welche sie Priestern auferlegen, Anzeigen einkommen, soll der geistliche Rath hievon verständigt und Bescheid erwartet werden, wohin das Geld zu verwenden. Bei der Pfarrer Scharwerke soll gute Bescheidenheit gebraucht, dieselben ordentlich und gleichmäßig nach jeder Pfarre Vermögen eingefordert, keiner vor dem andern nach Gunst gehalten werden. Wenn hierin oder in andern Fällen wegen Ausleihung oder Verrechnung des Kirchengeldes, übermäßiger Zehrung, Posseß- und Inventurgeldes von den Pfarrern Beschwerden und Klagen wider Pfleger, Richter ꝛc. bei den Regirungen einkommen, soll jeder Zeit gebührende Strafe vorgenommen werden; und wenn sich die Ungebühr so groß befände, so soll dieselbe an den Herzog berichtet werden, dessen Absicht durchaus dahin geht, in seinen Landen der Priesterschaft allenthalben den gebührenden Schutz und Schirm angedeihen zu lassen, damit sie dem göttlichen Dienste und der obliegenden Seelsorge desto mehr genug thun möge."

Wilhelm V. fühlte sich durch die Abschließung des Concordates von einer großen Sorge befreit, wie es aus einer Stelle des obenerwähnten Schreibens Fennds erhellt, worin dieser die Hoffnung ausspricht, daß der Herzog, wenn er seinen Vorschlägen Gehör schenken würde, „ruhig und sicher wieder schlafen könne und anstatt sich noch etliche Jahre lang mit Privataudienzen und kümmerlichem großen Nachdenken wehe zu thun." Die ganze Angelegenheit hatte ihm lebhafte Unruhe bereitet, da er weder seinen geerbten Hoheitsrechten noch der kirchlichen Jurisdiction der Bischöfe zu nahe treten wollte.

Die vielen Schwierigkeiten, welche die Bischöfe bei den Concordats-Verhandlungen der bayerischen Regierung entgegenstellten, riefen im Herzog das größte Verlangen hervor, das schon früher entworfene Project, in München ein Bisthum zu gründen, zu verwirklichen. Er suchte die beiden Nuntien Buonhuomo und Ringuarda für seinen Entschluß zu gewinnen. Diese waren dem Vorhaben nicht abgeneigt, und suchten auch den römischen Stuhl zur Gutheißung desselben zu bewegen; allein in Rom scheint der Vorschlag des Herzogs keinen Beifall gefunden zu haben, weil man dort vielleicht Bedenken trug, die alte Diöcesaneintheilung in Deutschland ohne dringende Noth zu ändern. Wilhelm ließ die Sache, nachdem die meisten kirchlichen Anstände durch das abgeschlossene Concordat gehoben waren, auf sich beruhen.

Während die Unterhandlungen wegen des bayerischen Concordates gepflogen wurden, veröffentlichte Gregor XIII. im Jahre 1582 den neuen durch den Mathematiker Aloysius Liglio abgeänderten Kalender, da er schon längst die Absicht hegte, den julianischen Kalender zu verbessern, da derselbe die bürgerliche Zeitrechnung gegen den wahren Stand der Sonne in eine Differenz von 10 Tagen gesetzt hatte. Er ließ den Kaiser durch den Cardinal von Madruz auffordern, durch ein kaiserliches Decret denselben im ganzen deutschen Reiche einzuführen. Die protestantischen Stände, welche die Wahrheit der Verbesserung nicht läugnen konnten, widersetzten sich der Einführung des neuen Kalenders, „weil sie, wie die theologische Facultät in Tübingen erklärte, wußten, daß der Papst nicht ein Hirt der evangelischen Kirche sondern der Antichrist selber sei . . . vor dem Satan sollen wir Thür und Thor verriegeln," und bei dieser Ansicht blieben sie über hundert Jahre stehen. Der Kaiser Rudolph zeichnete sich auch dießmal wieder durch seine Unentschiedenheit aus; er versprach zwar dem Cardinal dem Wunsche des Papstes nachzukommen, ließ sich aber durch den Rath des Kurfürsten August von Sachsen bewegen, das päpstliche Ansinnen vor der Hand zurückzuweisen. Er ließ durch Madruz dem Papste berichten, daß er diese Angelegenheit auf eine günstigere Zeit verschieben müsse; denn die Sache sei so wichtig, daß er hierüber vorher mit allen Kurfürsten, Fürsten und Ständen verhandeln müsse. Herzog Wilhelm hingegen war der erste deutsche Fürst, welcher die verbesserte gregorianische Zeitrechnung in seinen Landen einführte; nur hatte er den Wunsch, daß die benachbarten Bisthümer und Reichsstädte diese Aenderung zugleich mit ihm vornehmen möchten, damit die sonstigen Störungen des bürgerlichen Verkehrs vermieden würden. Gregor sandte an Wilhelm ein Breve, worin er die Furcht ausspricht, daß in mehrern Ländern und Provinzen eine große Zeitverwirrung eintreten würde, wenn er den Termin, an dem der verbesserte Kalender eingeführt werden sollte, schon auf den 4. Oktober 1582 festsetze, da die Annahme desselben auf so unerwartete Hindernisse stoße; besonders liege ihm daran, daß das Osterfest von allen Christen gemeinsam gefeiert werde, denn es wäre für ihn ein betrübender Gedanke, wenn bei der Feier dieses heiligen Tages keine Einheit bestünde. Deßhalb habe er beschlossen, den Termin auf den 10. Februar 1583 zu verlegen, und diesen Termin hielt auch der bayerische Herzog ein, so daß statt des 10. Februars, welcher nach dem alten Kalender auf den Sonntag Quinquagesima fiel, gleich der 20. gezählt wurde. Dem Beispiele Wilhelms folgten der Erzbischof von Salzburg, die Bischöfe von Regensburg, Freising und die meisten katholischen Stände. Dem Herzog lag besonders am Herzen, daß die große Reichs- und Handelsstadt Augsburg die neue Zeitrechnung einführte, theils wegen des lebhaften Verkehres, welcher zwischen dieser Stadt und Bayern bisher stattfand, theils wegen der freundschaftlichen Verbindung, in welcher er mit dem reichen Fugger stand. Dieser berühmte Patricier Augsburgs schickte ihm alle Wochen durch einen Diener die Zeitung nach München und lieh ihm, als er einmal in einer bedeutenden Geldverlegenheit war, eine Summe von über hunderttausend Gulden. Wilhelm besuchte ihn öfters und schickte ihm auch einmal seine Prinzen Mar und Albrecht mit ihren Schwestern auf Besuch, denen die Fugger und andere reiche Patricier als Welser, Hörwarth, Langenmantel und Krafter ein Festturnier, ein Ringelstechen zu Pferd, großes Feuerwerk und mehre Bälle veranstalteten (Steten, Augsburger Chronik).

Als der Pfalzgraf Ludwig von Neuburg von der Einführung des gregorianischen Kalenders Nachricht erhielt, sandte er einen Abgeordneten an den Stadtrath von Augsburg mit der Frage, was derselbe hinsichtlich der neuen Zeitrechnung zu thun gesonnen sei. Der Rath fragte den damals in der Reichsstadt lebenden, berühmten Mathematiker Dr. Georg Henisch, welcher demselben erklärte, daß diese Kalenderverbesserung ganz richtig sei. Dieses Gutachten überschickte der augsburger Rath dem Pfalzgrafen und eröffnete dem benachbarten Herzog von Bayern den Beschluß, den neuen Kalender einführen zu wollen, wenn der Bischof von Augsburg denselben in seinem Hochstifte annehme. Wilhelm ließ hierüber beim Bischof Marquard anfragen, welcher sich zur Einführung sogleich bereit erklärte. Am 8. Januar 1583 beschloß der Magistrat Augsburgs mit Beistimmung der meisten protestantischen Rathsherrn, mit Bayern und dem Bisthum Augsburg zu gleicher Zeit den neuen Kalender anzunehmen. Als dieß die lutherischen Prediger erfuhren, erklärten sie auf der Kanzel, daß sie niemals zugeben können, die Festtage ihrer Kirche nach dem vom Papste publicirten Kalender umzuändern, und forderten die protestantischen Kirchenpfleger auf, beim Magistrat Protest dagegen zu erheben. Der Rath wies sie ab mit der Erklärung, daß die Einführung der neuen Zeitrechnung keine Sache der Religion sondern eine Nothwendigkeit der socialen und mercantilen Verhältnisse sei. Im September schickte der Kaiser ein Rescript nach Augsburg, worin er dem Rathe befahl, mit Beginn des Oktobers nach seinem Beispiel den verbesserten Kalender einzuführen. Dieses Rescript wurde in den Straßen der Stadt bekannt gegeben; allein die lutherischen Kirchenpfleger reichten beim Reichs-Kammergericht eine Protestation ein mit der Forderung, die Sache auf einem Reichstage zu berathen. Die protestantischen Prediger fuhren fort, auf der Kanzel das Volk gegen die papistische Neuerung aufzureizen, und fanden an dem Kurfürsten von der Pfalz und dem Herzog von Würtemberg thätige Unterstützung; allein der Stadtrath ließ sich nicht von dem einmal gefaßten Beschluß abbringen. Indessen war auch zwischen den protestantischen und katholischen Bürgern Spannung und zuletzt eine Erbitterung eingetreten, so daß der Magistrat öffentlich ausrufen ließ, jeder, der wegen des neuen Kalenders einen Erceß begehe, werde strenge bestraft. Sämmtliche Metzger der Stadt, von denen sich die meisten zur lutherischen Lehre bekannten, wurden auf das Rathhaus citirt und gefragt, ob sie sich in ihrem Schlachten nach dem neuen Kalender richten wollen. Als die meisten derselben es verneinten, wurden sie gefangen genommen, und fremde Metzger nach Augsburg berufen. Einige protestantische Rathsherren verlangten sogleich die Freiheit ihrer Religionsgenossen, und als ihnen dieß verweigert wurde, schlugen sich fast alle protestantische Rathsherren auf die Seite der Kirchenpfleger.

Die Opposition der protestantischen Geistlichkeit wurde noch um so gereizter, als der Magistratsrath zwei Prediger, welche von den Kirchenpflegern angestellt waren, wieder absetzte und zwei andere berief. Die Observanz war zwar für die Kirchenpfleger; allein das Besetzungsrecht stand nur dem Rathe zu, was der lutherischen Geistlichkeit unlieb war, weil sie in ihrer Unabhängigkeit von einem Magistrate beeinträchtet war, der in der Mehrheit aus katholischen Mitgliedern bestand. Der Superintendent Dr. Mylius verweigerte, die beiden Prediger als seine Collegen anzuerkennen. Als Herzog Wilhelm diese confessionelle Bewegung in Augsburg erfuhr, bot er dem Magistrat zur Herstellung der Ruhe seine bewaffnete Macht an. Im Mai 1584 traf das Urtheil des Reichskammergerichtes ein, welches dahin lautete, daß die Protestanten in Augsburg den neuen Kalender anzunehmen haben. Als die lutherischen Prediger auf Anstiften des Dr. Mylius beim Magistrat die schriftliche Erklärung einreichten, daß sie die Festtage nach dem alten Kalender feiern werden, beschloß der Rath, den Superintendenten, als Urheber dieser Unruhen, heimlich durch den Stadtvogt aus Augsburg zu schaffen. Kaum hatte ihn dieser in einer Kutsche von dem Hause entfernt, als dessen Frau und Kinder aus den Fenstern das Volk zusammenschrieen und händeringend die Leute um Hilfe riefen. Die herbeigeeilten Leute holten schnell den Wagen ein, schnitten die Stränge ab und befreiten gewaltsam den Mylius. Die ganze Stadt kam in Aufregung; der Stadtvogt wurde am Arme von einer Kugel verwundet und konnte sich sammt seiner Mannschaft nur mit Noth das Leben retten; einigen friedliebenden Bürgern gelang es, das tumultnöse Volk zur Ruhe zu bringen. Der Rath berichtete den ganzen Verlauf an den Kaiser mit der beigefügten Bitte, hierüber eine Commission niederzusetzen; auch der Herzog von Bayern wurde hievon benachrichtigt. Dieser und der Erzherzog Ferdinand von Oesterreich erließen sogleich ein Mandat, daß jeder Augsburger, der sich bei diesem Tumulte betheiligte, in ihren Landen gefangen genommen werde. Der Magistrat fuhr fort die Sache durch einen gütlichen Vergleich zu schlichten, welcher auch durch die Vermittlung des Herzogs Ludwig von Würtemberg, der auf die Protestanten einzuwirken suchte, zu Stande kam. Kaum war die Ruhe wieder hergestellt, als Dr. Mylius einige protestantische Bürger zu Schmähreden und zur Feier der Festtage nach dem alten Kalender aufreizte; auch wollte man die neu berufenen Prediger nicht dulden. Der Stadtrath, welcher einen neuen Aufruhr befürchtete, wendete sich abermals an den Kaiser Rudolph; dieser ertheilte dem Herzog Wilhelm und dem Grafen Wilhelm von Oettingen den Auftrag die Sache zu untersuchen und möglichst auf gütlichem Wege zu entscheiden. Wilhelm sandte am 29. Juli als Abgeordnete den Grafen Heinrich von Schwarzenberg, den Grafen Wilhelm von Marelrain und Dr. Christoph Elsenheimer nach Augsburg, wo auch Graf von Oettingen an demselben Tage eintraf. Diese Commission berief einen Ausschuß der Bürgerschaft auf das Rathhaus und ließ sich von beiden Partheien die Beschwerden vorlegen. Nachdem die Commissäre die beiderseitigen Klagepunkte geprüft und untersucht hatten, entwarfen sie ein Vergleichsproject, mit welchem der Magistrat ganz übereinstimmte. Die meisten Patricier und Kaufleute aber waren damit nicht zufrieden, sondern verlangten, da die protestantische Bürgerschaft numerisch stärker sei als die katholische, wenigstens Parität im Rathe, das Ernennungs- und Bestätigungsrecht für die protestantische Kirchenverwaltung, die Einsetzung neuer Scholarchen und Aufhebung jener Clausel, daß bei Rathswahlen die Bürger der alten Religion den Vorzug haben sollen. Wiewohl ihnen einige dieser Forderungen bewilligt wurden, so verweigerten sie doch ihre Zustimmung; deßhalb beschlossen die Commissäre eine neue Rathswahl vorzunehmen, bei welcher 29 katholische und 19 protestantische Bürger gewählt wurden. Der Vertrag konnte nun ungeachtet der Einsprache des großen Ausschusses abgeschlossen werden. Nach demselben wurde bestimmt: kein Bürger dürfe rücksichtlich seiner Confession in Ausübung seiner Rechte gehindert werden; das Ernennungs- und Bestätigungsrecht der Prediger und Geistlichen sei den Stadtpflegern je nach ihrer Confession eingeräumt; vierzehn evangelische Prediger sollen von der Stadtkasse besoldet werden; es sollen drei Kirchenpfleger aufgestellt werden, welchen die Aufsicht über die Geistlichen und die Kirchengebräuche anvertraut sei, und die carolingische Wahlordnung solle genau eingehalten werden. Nachdem dieser Vertrag in der ganzen Stadt publicirt worden war, reisten die Commissäre ab und statteten hierüber dem Kaiser den Bericht ab, welcher den Vertrag sogleich bestätigte. Nach kurzer Zeit entspann sich ein neuer Streit wegen der Ernennung des Kirchendieners.

Während dieser neuen Zwistigkeiten kamen im August 1585 die Commissäre Graf Schwarzenberg und Dr. Elsenheimer wie auch Graf von Oettingen wieder nach Augsburg, um der Bürgerschaft die kaiserliche Bestätigung des Vertrags zu melden und jeden Rathsherrn vorzuladen, um ihn zu fragen, ob er denselben halten wolle oder nicht. Alle katholischen Mitglieder des Rathscollegiums erklärten sich für den Vertrag, die meisten lutherischen aber verweigerten die Annahme desselben wegen der Ernennung der Kirchendiener, welche bisher der Stadtrath anstellte; diese mußten die Stadt verlassen. Sie wendeten sich in ihrer mißlichen Lage an die beiden Kurfürsten von Sachsen und Brandenburg und an den Herzog von Würtemberg, welche die verbannten augsburger Rathsherrn beim Rudolph II. so eifrig vertraten, daß dieser dem Magistrat der Reichsstadt befahl, nicht nur die vertriebenen Bürger wieder in ihre früheren Rechte und Güter einzusetzen, sondern auch die Parität ihrer Mitglieder einzuführen. Der Magistrat hievon in Kenntniß gesetzt, sandte eiligst den Deputirten Dr. Gailkircher nach Prag zum Kaiser, welchen jener dahinzubringen wußte, daß er dem Stadtrathe unbeschränkte Vollmacht in dieser Angelegenheit ertheilte. Derselbe befahl, daß auch jene eilf Geistliche, welche immer gegen den vom Kaiser bestätigten Vertrag opponirten, die Stadt

verlassen mußten. Da diese in Verbindung mit den erilirten Rathsherren die protestantischen Fürsten Deutschlands zu bewegen suchten, bei
Rudolph eine Reichscommission zur Entscheidung dieser Angelegenheit zu
verlangen, so suchte der Magistrat beim katholischen Herzog von Bayern
Gegenhilfe. Dieser trat nun mit solcher Energie beim Kaiser und den
lutherischen Fürsten auf, daß jener jedes Bittgesuch zurückwies, und diese
jeden Versuch zu Gunsten ihrer verbannten Glaubensgenossen aufgaben.
Den endlichen Sieg, welchen der Magistrat in Augsburg im Jahre 1587
nach vielen Kämpfen und Verhandlungen errang, hatte er nur der thätigen Vermittlung des Herzogs Wilhelm zu verdanken.

Obgleich die Regirungsthätigkeit Wilhelms V. durch auswärtige
und innere Ereignisse vielfach in Anspruch genommen war, so blieb er
doch wie sein Vater ein elfriger Gönner

der Wissenschaften und Künste.

Er bereicherte die von Albrecht V. gegründete Hofbibliothek durch
den Ankauf neuer Sammlungen. Er kaufte von den Hörwarth'schen Erben
in Augsburg die ganze Bibliothek Hörwarths mit den besten Ausgaben
des sechzehnten Jahrhunderts. Eine große Anzahl mathematischer Bücher,
kosmographischer Karten und spanischer Ausgaben wurde unter seiner Regirung erworben, so daß die Bibliothek durch den Zuwachs der Bücher-
sammlung des gelehrten Leibarztes Meermann sehr vermehrt wurde. Dazu
kam die nicht unbeträchtliche Bibliothek des Johann Georg von Wer-
denstein, Domherrn zu Eichstädt und Augsburg. Dieselbe enthielt ein
kostbares Manuscript, die vier Evangelien, welche auf einem mit Purpur
gefärbten Pergament und zwar die drei ersten mit goldenen und das letzte
mit silbernen Buchstaben geschrieben sind. Von Crusius, dem durch
seine griechischen Sprachkenntnisse berühmten Geschichtschreiber Schwabens,
kaufte Wilhelm seine ansehnliche, sogenannte tübingische Bibliothek. Unter
den griechischen Handschriften derselben hat besonders ein griechisches altes
Testament, welches der Herzog Christoph von Würtemberg von Toxites
erhalten und demselben hiefür hundert Dukaten geschenkt hatte, wie auch
eine Sammlung von griechischen, alten Kirchensatzungen einen hohen
Werth. Unter den gedruckten Werken befindet sich die schönste Bibelaus-
gabe Martin Luthers, gedruckt im Jahre 1560 zu Wittenberg. Dieselbe
ist auf Pergament gedruckt und besteht aus zwei großen Foliobänden.
Die Titelblätter des ersten und zweiten Bandes sind mit sächsischen Wap-

reuschilbern verziert. Der erste Theil enthält die Porträte des Kurfürsten August von Sachsen, des Martin Luther und Philipp Melanthon, welcher mit eigener Hand eine kurze Biographie Luthers und acht lateinische Disticha de monarchiis beigesetzt hatte; die Gemälde sind von Lucas Kranach dem Jüngeren ausgeführt. Unter den andern Bibeln in polnischer, slavischer und hebräischer Sprache hat die sogenannte allererste deutsche Mainzer Bibel, welche im Jahre 1462 in Mainz gedruckt worden sein soll, den größten Werth.*) Von einem Griechen kaufte der Herzog 50 Bände griechisches Manuscript um 312 Gulden; dem Ceremonienmeister Waldram Thumler zahlte er für ein von ihm selbst geschriebenes Buch 300 Gulden; der berühmte Mediciner Hollyng gab ihm einige Bücher um 25 Gulden zu kaufen. Durch den Erwerb dieser Büchersammlungen vermehrte Wilhelm die Hofbibliothek um 11,000 Werke.

Dem von seinem Vater angelegten Münzkabinet entzog der Herzog seine Aufmerksamkeit nicht, sondern vermehrte dasselbe mit vielen seltenen Münzen und bereicherte die Antiquitätensammlung durch eine große Anzahl werthvoller Alterthümer und Marmorbilder aus Venedig und ließ sie durch zwei Schüler des berühmten Carolo Pelagi ordnen.

Die Gelehrten aus allen wissenschaftlichen Fächern fanden zu München an Wilhelm V. denselben wohlwollenden Freund wie an seinem Vater, und es begegnen uns in dieser Periode Männer von hohem Rufe, welche unserm Vaterlande zur schönsten Zierde gereichen. Unter diesen mögen erwähnt werden: Dr. Joh. Fickler, aus der Stadt Weil gebürtig, Doctor der Theologie und Jurisprudenz, diente als Hof- und geistlicher Rathsassessor unter vier Erzbischöfen von Salzburg. Seine Lieblingsneigung in der Wissenschaft war die Numismatik und auf seinen vielen officiellen Reisen durch Oesterreich, Kärnthen, Steiermark sammelte er überall um theures Geld Münzen, welche er dem bayerischen Herzog Albrecht V. anbot, der sie mit Freuden annahm. Im Jahre 1587 verließ er das Amt eines erzbischöflichen Rathes in Salzburg und trat in die Dienste des Herzogs Wilhelm, welcher ihn zum Privatlehrer seines Erbprinzen Maximilian in der Rechtswissenschaft ernannte. Wir besitzen von ihm einen Katalog über alle römischen und griechischen Münzen, welche bis zu seiner Zeit das Münzkabinet in München enthielt, in vier von eigner Hand geschriebenen Foltanten und ein Manuscript über seine

---

*) Gerhoh Steigenberger, historisch-literarischer Versuch von Entstehung und Aufnahme der churfürstlichen Bibliothek in München, 1784.

Reise nach Rom. Im Drucke erschien von ihm ein theologisches Civilrecht, eine Abhandlung über das Rechtsverhältniß der Obrigkeit zu den Unterthanen und umgekehrt, eine Biographie des Cardinals Stanislaus Hesius und „Historien der mitternächtlichen Völker." Er hinterließ auch ein Manuscript über das tridentiner Concil, welches in der Hofbibliothek in München aufbewahrt ist. Er wollte dasselbe dem Druck übergeben und dem Erzbischof Wolfg. Dietrich dediciren; welcher jedoch die Veröffentlichung widerrieth. Dr. Joh. Georg Hörwarth war in Augsburg geboren und hatte den reichen und angesehenen Patricier Joh. Paul Hörwarth zum Vater und die Magdalena Welser, gleichfalls aus einem berühmten Patriciergeschlechte dieser Stadt, zur Mutter. Dieser verkaufte in Augsburg alle seine Güter und begab sich 1576 mit seiner Familie auf sein Schloß Hohenburg in Bayern, während sein Sohn in Ingolstadt die Rechte studirte. Dort erwarb sich dieser die juridische Doctorwürde und wurde wegen seiner Gelehrsamkeit und tiefen Einsicht sogleich im bayrischen Staatsdienst angestellt, wo er sich bis zum Landschaftskanzler und geheimen Rath emporschwang, welche Würde er 45 Jahre lang bekleidete. Wegen seiner juridischen Kenntnisse und seines großen Wissens war er von Wilhelm V. und seinem Nachfolger hochgeachtet und stand mit mehreren ausgezeichneten Männern als Jakob Pontan, Matth. Rader, Mark. Welser, David Höschel, Johann Kepler und andern in freundschaftlichem Briefwechsel. Er starb in München 1622 und wurde in der Stiftskirche zu U. L. Frau begraben, wo sein Epitaphium noch vorhanden ist. Er hinterließ eine reiche Literatur. Durch seine „arithmetischen Universaltabellen" wurde er der Erfinder der Logarithmen; denn Neyer gab seinen arithmetischen Kanon vier Jahre später heraus. Ferner besitzen wir von ihm eine Chronologie des astronomischen Calculs, den „Schatz von Hieroglyphen" aus 26 in Kupfer gestochenen Blättern ohne beigesetzten Text, und eine berühmte Vertheidigungsschrift für den Kaiser Ludwig IV. dem Bayer in zwei Quartbänden. Von diesem Werke, welches mehrmals im Drucke erschien, sagt Leibnitz, daß der Jesuit Jakob Keller der Verfasser dieses unter Hörwarths Namen herausgegebenen Werkes sei; allein aus der Dedication an den Herzog Maximilian erhellt, daß Hörwarth der Urheber und Leiter dieser Schrift war. Dr. Wiguläus Hundt stammte aus einem alten Adelsgeschlechte Bayerns; sein Vater war Migul. Hundt von Kaltenberg und Lauterbach und seine Mutter Anna Glockner, beide sehr verständige Eltern, welche ihrem Sohne schon frühzeitig einzuschärfen suchten, daß auch der älteste Ahnenadel ohne Adel der Seele keinen wahren Werth habe, daher sein stetes ernstes Streben, sich durch persönliche Verdienste auszuzeichnen. Sein rastloser Eifer war von einem ausgezeichneten Talente und berühmten Lehrern unterstützt, welche er in Ingolstadt und Bologna fand. In einem Alter von 23 Jahren docirte er an der bayerischen Universität über die Institutionen und erhob sich durch seine Kenntnisse und Gewandtheit zum Hofrathspräsidenten. Allgemein verehrt, reich an Verdiensten und geliebt von seinem Regenten Wilhelm starb er 1588 in München. Er verewigte seinen Namen durch die Geschichte des Erzbisthums Salzburg, welche in mehreren Auflagen erschien und von dem gelehrten bayerischen Rath und Archivar Christoph Gewold fortgesetzt wurde, und durch das bayerische Stammenbuch, von dem zwei Theile in Folio mit 178 Wappen von allen bayerischen Fürsten und Adeligen im Druck erschienen sind; der dritte Theil ist Manuscript, welches in wenigen Bibliotheken gefunden wird. Außer diesen Gelehrten ist noch der Secretär des Herzogs Wilhelm, Dr. Andr. Perneder zu nennen, welcher mehre juridische Werke in deutscher Sprache verfaßte: „Halsgerichtsordnung," „Tractat von den Lehenrechten nebst einer gerichtlichen Practika aller Malefizsachen," „Gerichtlicher Proceß aus den weltlichen und geistlichen Rechten nach Gebrauch deutscher Nation," und „Auszüge etlicher geschriebener kaiserlicher und des heil. römischen Reichs Rechte nach Ordnung der vier Bücher kaiserlicher Institutionen." Dr. Wimpinäus promovirte in der Philosophie und Medizin, war in der theologischen Wissenschaft erfahren und ein vortrefflicher Redner. Nachdem er einige Jahre in Ingolstadt Philosophie gelehrt hatte, rief ihn Herzog Wilhelm als Leibarzt nach München. In der Arzneikunde bahnte er sich einen eigenen Weg, indem er nicht nur die damals herrschenden Theorien der Medizin verwarf, sondern auch den Systemen des Hippokrat, Galen und Theophrast wenig Autorität beilegte; denn er suchte aus der Vergleichung der arabischen, griechischen und lateinischen Mediciner die Wahrheit zu finden, indem er damit ein eifriges Studium der Natur verband. Dadurch machte er die meisten Aerzte zu seinen Gegnern, welche ihn durch Schmähschriften auf das heftigste verfolgten; er wußte sich jedoch in seiner Broschüre „die Vertheidigungsausfälle" durch zermalmende Ironie und klare Darstellung der Wahrheit zu rächen. Unter seinen hinterlassenen Schriften erregte sein Werk über Theophrast, worin er bisher unbekannte, geheimnißvolle Naturkräfte aufgedeckt und die spagyrische Bereitung der Medicamente gelehrt hatte, was bis zu jener Zeit noch nicht veröffentlicht war, das größte Aufsehen. Außerdem schrieb er eine Anleitung über das medicinische Studium und eine Widerlegung gegen Cyriacus Spangenberg über die wahre Erkenntniß der göttlichen Offenbarung.

Der Kreis berühmter Gelehrter blieb auf der Residenz- und Universitätsstadt nicht beschränkt, sondern die Wissenschaften fanden unter der Regirung Wilhelms V. in Bayern eine allgemeine Pflege. In Straubing lebte damals Dr. Joh. Eisengrein, Domherr von Passau und Propst des Collegiatstiftes zu Straubing, beider Rechte Doctor. Er war in Stuttgart geboren und ein Bruder des berühmten Martin Eisengrein, bayerischen Universitätsprofessors und herzoglichen Rathes, welcher ihn wahrscheinlich zur Annahme der katholischen Religion bewogen hatte. Im Jahre 1579 promovirte er in Ingolstadt zum Doctor der Jurisprudenz und wurde nach wenigen Jahren zum Rector Magnificus gewählt. Bald darauf wurde er Canonicus zu Passau und Generalvicar in Regensburg. Nach einem Jahre resignirte er auf diese Würde und wurde von Herzog Wilhelm 1581, als das Collegiatstift von Pfaffenmünster nach Straubing verlegt wurde, zum ersten Propst dortselbst ernannt; dieses Amt bekleidete er 27 Jahre lang mit ruhmvollen Verdiensten. Er machte schöne Stiftungen sowohl zur Hebung des Gottesdienstes und zum besten der Armen als auch zur Förderung der Wissenschaften, indem er unter andern ein Legat von jährlich 40 fl. zum Unterhalt eines armen Studenten testirte und seine Bibliothek dem Stifte schenkte. Er starb in Straubing 1608 den 8. November im 60. Jahre seines Alters und wurde in der Stiftskirche begraben. Er schrieb außer einem lateinischen Gedichte und einer Abhandlung über die Geschichte des canonischen Rechtes mehre Pastoralbücher. Gleichzeitig mit Eisengrein verweilte in Straubing der sehr eifrige Literat und Stadtschreiber Simon Schwarz, welcher zu München geboren und beim Herzog Albrecht V. Secretär war. In der lateinischen, italienischen und spanischen Sprache kundig übersetzte er viele Schriften über die Entdeckungen neuer Länder und Inseln aus fremden Sprachen in die deutsche. Diese Uebersetzungen sind unter den Manuscripten in der königlichen Hofbibliothek zu München aufbewahrt. Zu diesen literarischen Erzeugnissen gehören: Schifffahrt des Ludwig Vartoman aus Bologna nach Egypten, Arabien und Indien; Schifffahrt des Columbus, Pinzoni und Americi Vesputii, Sendbrief des Maximilian Transylvanus an den Erzbischof von Salzburg von den Inseln Moluccas und andern wunderlichen Dingen, wahrhaftige Beschreibung der Landschaften und Inseln gegen Mitternacht, der Tartaren Ursprung, Religion und Regirung ꝛc. In Andechs genoß der Abt David Aicheler, aus Mindelheim gebürtig, einen großen Ruf; sein Wirken war nicht blos auf die religiöse Ausbildung seiner Untergebenen sondern auch auf die wissenschaftliche gerichtet, weßwegen er sie auf die Hochschulen von Dillingen und Ingolstadt schickte, um mit der Tugend auch Wissenschaft zu verbinden. Als Visitator des Klosters Wessobrunn drang er im Jahre 1588 darauf, daß man, ohne Rücksicht auf Vermögen, tugendhafte und geschickte Leute aufnahm und nach der Profeß auf eine Universität schickte. Im Jahre 1595 sandte ihn Herzog Wilhelm als Deputirten zu dem Leichenbegängnisse des Königs von Spanien und der Königin Polens. Er starb im Jahre 1596 zu früh für die Abtei und zu früh für die Wissenschaft; sein Leben hat sein Nachfolger und Vetter Chrysostomus Huttler in Versen beschrieben. Zu seinen Schriften gehört die Chronik von Andechs und die allgemeine Geschichte vom Beginne der Welt bis auf seine Zeit; über dieses letztere Werk sagt Maurus Feyerabend in seinen Jahrbüchern von Ottobeuern: „Die große Belesenheit und eine ausgebreitete Geschichtskunde, die sich in diesem Werke zeigt, verdient viele Bewunderung." Von den Gelehrten, welche während der Regirung Wilhelms V. in Altötting lebten, sind besonders zu erwähnen: Minutius v. Minucii, Erzbischof von Zara, Propst des Collegiatstiftes zu Altötting, Secretär des Papstes und geheimer Rath Wilhelms V., war in Friaul geboren, in allen Wissenschaften wohlunterrichtet und besaß vorzügliche Geschichtskenntnisse. Die Propstei in Altötting bekleidete er bis zum Jahre 1604, wo er zu München starb und in der Jesuitenkirche begraben wurde. Von seiner Literatur besitzen wir nur die in italienischer Sprache erschienene „Historia degli Uschochi," welche von Fr. Paolo Sarpi fortgesetzt und von Amelot de la Honsaye ins Französische übersetzt wurde. Sein Vorgänger Dr. Andreas Fabricius erhielt einen großen Ruf als Tragödiendichter; er war in einem Dorfe bei Lüttich geboren, studirte in Löwen Philosophie und Theologie, wo er zum Doctor promovirte. Hierauf machte er eine Wallfahrtsreise nach Rom, wo er einige Jahre blieb und bei großem Auditorium über Rhetorik Vorlesungen hielt. Papst Pius V. empfahl ihn dem Herzog Albrecht V. als Hofmeister für seinen Sohn Ernest. Im Jahre 1580 verlieh ihm Herzog Wilhelm in Rücksicht seiner Verdienste die Propstei in Altötting, welche er nicht lange besaß, da er schon im folgenden Jahre starb. Von seinen

Tragödien sind zu erwähnen: „Die geduldige Religion," „Samson," „der evangelische Zweifler," „der rebellische Jeroboam;" außerdem schrieb er eine Abhandlung über den römischen Katechismus, über die Augsburger-Confession und eine Broschüre unter dem Titel: „Brille auf dem evangelischen Augapfel."

Wenn wir auf der Regirungsbahn Wilhelms V. nach der Pflege der Künste forschen, so finden wir in ihm den innigsten Freund der Musik; er selbst spielte die Laute, die Zither, Lyra und andere Instrumente mit großer Vollkommenheit. Daher war der große Tonmeister Orlando di Lasso, dessen hehre Melodien sein religiöses Herz mächtig anzogen, einer seiner liebsten Freunde. Orlando di Lasso, mit seinem Familiennamen Roland de Lattre*) genannt, war zu Mons im Hennegau geboren und erregte durch seine reine und melodische Stimme als Chorknabe in der St. Nikolaikirche allgemeine Aufmerksamkeit. Als sein Vater der Falschmünzerei überwiesen wurde, veranlaßte ihn dieses Familienunglück seinen Namen zu ändern und seine Vaterstadt zu verlassen. Er begab sich nach St. Didier zum kaiserlichen General und Vicekönig von Sicilien, Ferdinand Gonzaga, welcher ihn nach Beendigung des niederländischen Krieges nach Mailand nahm. Nach einem zweijährigen Aufenthalt daselbst reiste er nach Neapel zum Marquis de la Terza. Diesen verließ er nach kurzer Zeit und ging nach Rom, wo er wegen seiner glänzenden Talente an der Kirche St. Giovanni im Laterano als Kapellmeister angestellt wurde. Die Kunde von der Erkrankung seiner Eltern führte Orlando nach seiner Heimath, wo er seine Eltern nicht mehr am Leben traf. Er verließ bald sein Vaterland und machte eine Reise nach England und Frankreich. Reich an Erfahrung und Bildung nahm er in Antwerpen seinen Wohnsitz, wo er im Jahre 1545 seine Compositionen im Druck bekannt machte und dadurch seinen künstlerischen Ruf begründete. Herzog Albrecht V. stellte ihm im Jahre 1557 den Antrag, in seine Dienste zu treten und mehre andere tüchtige Künstler nach Bayern mitzunehmen, um seine Kapelle in besseren Zustand zu bringen. Diese Aufgabe löste Orlando in fünf Jahren so gut, daß ihn Albrecht zum Kapellmeister ernannte, und die Kapelle in München die erste in Deutschland wurde. Sein erstes meisterhaftes Werk, die Bußpsalmen Davids, ließ der Herzog in 2 Foliobänden auf Pergament abschreiben und vom Maler Hans Mielich mit Abbildungen ausstatten;

---

*) Hormayer, Taschenbuch für vaterländische Geschichte 1852 u. 53.

die Erklärung derselben lieferte Dr. Samuel Quickelberg in zwei kleineren Foliobänden. Das ganze Kunstwerk ist in der k. Hof- und Staatsbibliothek zu München aufbewahrt. Ein Jahr nach seiner Ankunft in München verheirathete er sich mit der herzoglichen Kammerdienerin, Regina Weckinger, welche ihm 1562 das erste Kind gebar und vom Herzog einen silbernen Gürtel als Kindbettgeschenk erhielt. Da sich die Familie Orlandos vermehrte, und er zwölf Singknaben zu unterrichten hatte, so wünschte Albrecht, daß er ein eigenes Haus besäße und versprach ihm eine Beisteuer von tausend Gulden. Der Erbprinz Wilhelm, der eifrigste Gönner Orlandos, erinnerte seinen Vater an das dem Künstler gegebene Wort im folgenden Briefe: „Es hat mich auch Orlandus gebeten, Eure Fürstl. Gnaden unterthänigst zu berichten, wenn Dieselben seiner bedürfen, daß er wollte alsobald gehorsamlich erscheinen, wiewohl er am Schenkel noch nicht gar heil und auch gern bei den kleinen Buben wollte bleiben, dieweil sonst Niemand ob ihnen ist, und sie der Zucht und des Lernens gar wohl bedürfen. Zu dem andern, dieweil E. F. G. ihm mit Gnaden eine Haussteuer bewilligt, hat er auf Deroselben Befehl schon ein Haus überkommen und den Kauf schon abgemacht bis an die Bezahlung; ist derhalben seine unterthänige Bitt, wofern es sein kann, daß Sie ihn wollten zufrieden stellen, damit er dem Besitzer das Haus könnt entrichten; denn das Haus, wofern es nicht bezahlt würde, in andere Händ kommen möcht." Der Kapellmeister, welcher von der Wittwe Katharina Steiner in der Graggenau ein Haus sich angekauft hatte, widmete aus Dankbarkeit seinem Fürsprecher die erste Composition deutscher fünfstimmiger Lieder. — Orlandos Ruf verbreitete sich durch die ganze gebildete Welt, so daß ihn Kaiser Maximilian II. auf dem Reichstag zu Speier (1570) in den Adelsstand erhob. Im Jahre 1572 reiste er nach Paris, wo er von dem Pracht liebenden König Karl IX. sehr ehrenvoll aufgenommen und für seine musikalischen Productionen mit reichen Geschenken belohnt wurde. In Paris ließ er fünfstimmige Lieder drucken und sandte sie dem Herzog Wilhelm, welcher nach dessen Rückkehr aus Paris die bisher von ihm componirten Kirchengesänge in fünf Regalfoliobänden auf seine Kosten in München drucken ließ. Den ersten Theil derselben widmete Lasso dem Erbprinzen, den zweiten dem Papste Gregor XIII., zu dem er eine eigene Reise nach Rom machte, um ihm persönlich sein Werk zu überreichen. Der hl. Vater zeichnete ihn sehr ehrenvoll aus und ernannte ihn zum Ritter des goldenen Spornes. Einen Ruf an den französischen Hof schlug er ab, da er, wie er erklärte, nur bei einem Fürsten Kapellmeister sein wolle, welcher ein Kenner der Musik, und nicht bei einem, der nur ein Liebhaber derselben sei. Den dritten Band seiner Kirchencompositionen widmete er dem Bischof von Augsburg, Johann Egenolph von Knöringen. Nach dem Tode Albrechts fand Orlando bei Herzog Wilhelm gleiche Vorliebe. Dieser Fürst, welcher ausgezeichnete Talente wohl zu schätzen wußte, erhielt einst von Palestrina eine Messe mit obligaten Instrumenten, um seine Gunst zu gewinnen; allein der Herzog, welcher zwischen beiden Künstlern keinen zu großen Abstand fand, entließ den einmal liebgewonnenen Lasso nicht. — Die Compositionen trugen dem Kapellmeister große Summen Geldes ein; er kaufte sich in der Hofmark Maisach und zu Pußbrunn (Landger. Wolfrathshausen) mehre Güter und hatte die damals hohe Summe von 4,400 Gulden bei der herzoglichen Kassa gegen fünf Procente angelegt. Diese große Zinsenrechnung, welche von der Kirche als Wucher strenge gerügt wurde, verursachte ihm Gewissensscrupel, und er übersandte den Betrag der bisher erhaltenen Interessen dem Herzog „aus christlichem guten Eifer und Gewissen, bevorab auf unserer heiligen allgemeinen Mutter, der Kirche vorgehenden, gottseligen Unterricht und getreuen Sorgfältigkeit, so sie um unsrer Seelenheil und ewigen Seligkeit willen trägt." Wilhelm nahm die Summe an, stellte ihm aber zu seiner Gewissensberuhigung eine Urkunde aus, worin er ihm die empfangene Summe unter einem anderen Besitztitel zum Geschenke machte. Damit sich Orlando von seinem anstrengenden Dienste erholen und die Tage seines Alters erleichtern konnte, schenkte ihm Wilhelm einen Garten zu Schöngeising und enthob ihn des täglichen Kapelldienstes; allein Lasso machte hievon keinen Gebrauch, sondern erwiderte dem Herzog: „Weil ihm Gott Gesundheit gebe, könne und möge er nicht feiern." Er fuhr in seinem Dienste und Componiren so eifrig fort, daß er geistig ganz erschöpft wurde und jeden Umgang mit Menschen mied. Wilhelm, hievon in Kenntniß gesetzt, sandte seinen Leibarzt Dr. Meermann sogleich zu Orlando. Dieser erfahrne Arzt stellte den Kranken bald wieder her. Der Herzog, welcher an dem Geschick des verdienstvollen Meisters den regsten Antheil nahm, setzte ihm eine Besoldung von 800 Gulden und für die Hofkleidung den jährlichen Bezug von 40 Gulden fest. Lasso wurde durch diese fürstliche Obsorge von neuem zum Componiren angeeifert und widmete dem Papste Clemens VIII. das Werk: Lagrime di S. Pietro wenige Wochen vor seinem Tode, welcher den 14. Juni 1594 erfolgte. Er schien die Nähe seines Todes geahnt zu haben; denn er stiftete für die Armen in dem hl. Geistspital zu München eine ewige Spende und zu Schöngeising einen Jahrtag und zwei Messen. Er wurde im Friedhofe des ehemaligen Franziskanerklosters begraben, wo sechs Jahre später seine Gattin, die ihm ein Denkmal setzen ließ und für ihn und sich im genannten Kloster einen Jahrtag fundirte, neben ihm ihre Ruhestätte fand. Die Verdienste des herzogl. Kapellmeisters wußte König Ludwig I. in Bayern zu würdigen und setzte ihm neben der Statue Glucks ein herrliches Denkmal auf dem schönen Odeonsplatz. Orlando di Lasso wird unsterblich bleiben; schon seine Zeitgenossen reden voll Wärme von dem Zauber seiner Töne. Seine Gesänge, deren Anzahl unglaublich ist, wurden im Jahre 1604 von seinen beiden Söhnen Ferdinand und Rudolph unter dem Titel: Magnum opus musicum Orlandi di Lasso in München in 6 Bänden herausgegeben, wozu noch später ein siebenter Band mit der Orgelstimme von einer andern Hand hinzukam; es enthält dieses Werk 516 Motetten von 2—12 Stimmen. Schon im Jahre 1597 erschienen zu Heidelberg seine 50 Psalmen Davids zu 5 Stimmen und 1619 gab sein Sohn Rudolph hundert Magnificats zu 4 bis 10 Stimmen heraus. Der größte Theil seiner Werke befindet sich theils gedruckt theils als Manuscript auf der Hofbibliothek zu München. Am Ende des vorigen Jahrhunderts fand man in der Residenz zu München bei der Untersuchung einiger bisher unbekannten Schränke eine eiserne mit vielen Schlössern wohl verwahrte Kiste, worin mehre in Sammt prächtig gebundene Handschriften enthalten waren. Darunter fand man auch von Orlando verschiedene Kirchengesänge, lateinische Oden des Horaz in Musik gesetzt und die sieben Bußpsalmen Davids, welche mit vielen Miniaturen geschmückt für fünf Stimmen mit zwei-, drei- und vierstimmigen Zwischensätzen und sechsstimmigen Schlußverse: sicut erat etc. gesetzt und in ihrer Ausführung bewundernswerth sind. Orlando war einer der größten und der letzte große niederländische Meister; würdig beschließt er die lange Reihe ruhmwürdiger Vorgänger. Die Tonkunst Orlandos verbreitete sich am Ende des 16. Jahrhunderts nach allen Ländern und errang mit Ausnahme der Instrumentalmusik die Suprematie in Europa. In diesem und dem kommenden Jahrhundert hörte man in allen Kirchen und Fürstenhöfen nur die Compositionen des Lasso, welche in der folgenden langen Kriegsperiode den edlen Ton der Kirchenmusik in Bayern erhielten. Orlandos erhabene Melodien erklangen in den Klöstern und Seminarien, während außerhalb derselben der Schlachtenruf ertönte, und das Schwert die schönsten Gefilde mit Blut vertilgte.

Die Hofkapelle in München, welche mit ehrgeiziger Vorliebe alles pflegte, was damals die italienische Musik Großes und Herrliches brachte, blieb unter Wilhelm V. und seinem Nachfolger die erste in Europa. Das Personal bestand aus 14 vorzüglichen Sängern, von denen mehre Italiener waren, aus einer Anzahl gutgeschulter Knaben, 12 ausgezeichneten Instrumentisten, 9 Hoftrompetern und 2 Paukenschlägern; Organist war Wilhelm Pichler, ein geborner Münchner. Im Ganzen zählte die Hofkapelle 48 Personen. Nach Orlandos Tod ernannte Wilhelm Ivo di Vento zum Kapellmeister, welcher sich durch die Herausgabe seiner drei-, vier- und achtstimmigen Cantionen, mehrer Motetten, Madrigalen und vierstimmiger deutschen Lieder berühmt gemacht hatte. Von den vier Söhnen Lassos wurde Ferdinand, welcher bei Eytel Friedrich Grafen von Zollern in Diensten stand und später in Graz sechsstimmige Kirchengesänge herausgab, unter Kurfürst Maximilian I. Kapellmeister. Ihm folgte sein Bruder Rudolph, ein Organist von hohem Rufe. Er componirte vierstimmige Cantionen, eine Reihe von Symphonien, Marienliedern ꝛc. und erwarb sich durch sein Musiktalent einen so großen Ruhm, daß ihn Gustav Adolph bei seiner Anwesenheit in München (1632) in seiner Wohnung mit einem Besuche beehrte und ihm verschiedene Tonstücke zum componiren auftrug. Von den beiden andern Brüdern erhielt Johann eine Stelle als Hofmusikus in München und Wilhelm wurde Mauthbeamter in Regensburg. Die Familie Orlando di Lasso erlosch in der Mitte des achtzehnten Jahrhunderts. Von den andern Tonkünstlern der herzoglichen Kapelle ist der Neapolitaner Massimo di Trojano zu erwähnen, welcher gleichzeitig mit Orlando an der Hofkapelle angestellt war und die Vermählungsfeier Wilhelms V. in einer anziehenden italienischen Sprache beschrieb. Von ihm erschien noch ein Werk zu München unter dem Titel: Discorsi di Trionfi etc. Nicht zu übergehen ist Georg Victorin, Musikdirigent in der St. Michaelskirche; von ihm sind 70 vier- bis zehnstimmige Lytaneien und zwei- bis vierstimmige Cantionen erhalten. Er componirte die Musik zu dem großen Melodram: „Der Kampf des Erzengels Michael mit dem Lucifer," welches bei der oben beschriebenen Einweihung der Jesuitenkirche aufgeführt wurde. Als Compositeur hatte der Hofmusicus Cäsar di Zaccariis, aus Cremona in Italien gebürtig, einen nicht unbedeutenden Namen; er gab vierstimmige Kirchengesänge und die Hymnen des ganzen Kirchenjahres für fünf Stimmen heraus.

Die bildenden Künste, welche unter Albrecht V. eine hoffnungsvolle Pflege fanden, erhob Wilhelm V. zu einer Höhe, auf welche jeder Bayer mit freudigem Gefühle zurückschaut. Denn dieser Herzog berief alle berühmten Bildhauer, Maler, Goldarbeiter ꝛc. aus ganz Deutschland und Italien nach München und ertheilte ihnen ehrenvolle Aufträge zu Kunstarbeiten; für die Malerei allein bestimmte er jährlich bedeutende Summen. Er schickte mehre talentvolle Söhne der Künstler nach Rom zur Ausbildung in der Sculptur und Malerei, erfreute seine Künstler bei ihren Hochzeiten mit sinnigen Geschenken, machte ihren Frauen bei der Entbindung kostbare Präsente und ließ manchen ihrer Söhne bei den Jesuiten studiren. Eine ebenso freundliche Gönnerin der Künste war seine Gemahlin Renata; sie unterstützte die kranken Künstlerfrauen und sandte einst dem Dr. Meermann einen silbernen Becher als Geschenk, weil er die Gattin des Kunstmalers Thonauer bei ihrer Entbindung vom Tode gerettet hatte.

Von den zahlreichen Künstlern, deren Namen uns ihre Werke bis in die spätere Nachwelt erhalten werden, ist vor allen der berühmte Candito (italienisch), eigentlich Peter de Witte, zu nennen. Er ist zu Antwerpen oder Amsterdam geboren und machte seine Studien in Italien, wo er sich dem Claude Lorrain zum Vorbilde nahm. Er ist zu den geistreichsten Künstlern seiner Zeit zu zählen; seine Gemälde ragen weniger durch gutgewähltes Colorit als durch Größe der Zeichnung hervor. Ehe er in München mit dem jährlichen Gehalte von 500 fl. angestellt wurde, arbeitete er in Rom mit Vasari im päpstlichen Palaste und verfertigte mit ihm für den Großherzog von Toscana einige Patronen zu Tapeten. Er ging später wieder nach Rom, wo er starb und zu St. Croce begraben liegt. München besitzt von Candit viele Kunstwerke: ein schönes Oelgemälde „die Familie Christi," welches sich bei den Kapuzinern in München befand und später in die königliche Bildergallerie gebracht wurde, ferner die Tochter des Jephte, wie sie ihrem Vater als Sieger entgegengeht, die Prinzessin Magdalena, Tochter Wilhelms V. und Gemahlin des Pfalzgrafen Wilhelm von Neuburg, Esther, den Achasverus um Gnade für ihr Volk bittend. Das Choraltarblatt in der Metropolitankirche zu U. L. Frau in München „die Himmelfahrt Mariens" ist von seinem Pinsel gemalt. Die St. Michaelskirche besitzt mehre Altarblätter von ihm, wie wir oben verzeichnet haben. In die ehemalige Franziskanerkirche zu München lieferte er die Altarblätter Agnes, Cäcilia ꝛc. und in die dortige Augustinerkirche die hl. Anna und Ursula. Candit malte für verschiedene Kirchen Altarblätter, unter denen besonders jenes im Dom zu Freising, „Mariens Heimsuchung" zu nennen ist. Im Schlosse zu Schleißheim malte er drei allegorische Plafondgemälde: die Besänftigung des Gemüthes, die Mässigung und den Morgenthau, die fruchtbringende Natur, die Tonkunst u. s. w. Der Springbrunnen in der k. Residenz zu München und die ihn umgebenden Figuren sind nach seiner Zeichnung gegossen.

Als Landschafts- und Thierzeichner hatte Georg Höfnagel, zu Antwerpen 1545 geboren, einen weiten Ruf. Auf seiner Reise nach Italien kam er auch nach Innsbruck, wo er einige Zeit arbeitete. Von hier begab er sich nach München, wo er beim Herzog Albrecht und Wilhelm eine freundliche Aufnahme fand. Am herzoglichen Hofe malte er ein sehr schönes Gebetbuch mit Bildern und zierlichen Initialen. Für Kaiser Rudolph II. verfertigte er ein kostbares Werk in 4 Quartbänden auf 227 Blättern, auf welchen er 1339 Stücke aus den vier Reichen der Natur in Miniatur getreuest nach dem Leben und mit schönstem Farbenreize malte. Für den Erzherzog Ferdinand zierte er in 8 Jahren ein Meßbuch so meisterhaft, daß er neben seinem Jahresgehalt noch ein Geschenk von 4000 Goldkronen erhielt. Er begab sich später in die kaiserlichen Dienste nach Prag, wo er im hohen Ansehen stand und 1600 starb.

Als geborner Bayer ragte in der Malerkunst zu jener Zeit Christoph Schwarz hervor. Ueber den Ort und die Zeit seiner Geburt sowie seine früheren Lebensverhältnisse läßt sich nichts mit Gewißheit bestimmen; wahrscheinlich ist er zu Ingolstadt oder in der Umgebung gegen das Ende der ersten Hälfte des 16. Jahrhunderts geboren. Sein Künstlertalent wurde zu seiner Zeit und auch später so hoch gerühmt, daß man ihn „den deutschen Raphael" nannte. Zu seiner weitern Ausbildung begab er sich nach Venedig, wo er, wie man aus seiner venetianischen Manier schließen kann, dem Meister Tintoretto nachzuahmen strebte. Als er wieder nach Deutschland zurückkehrte, erwarb er sich bald einen großen Ruf; denn seine Gemälde erregten im Vergleich zu den Werken der frühern deutschen Schule durch den Reichthum der Composition, durch Frische des Colorits und Leichtigkeit der Behandlung großes Aufsehen. Herzog Wilhelm V., welcher zur Zierde der neuen Jesuitenkirche gute Künstler suchte, wußte das Talent des jungen Schwarz wohl zu schätzen; er ernannte ihn zum Hofmaler und bewies ihm stets eine ehrenvolle Freundschaft. Der Herzog ertheilte ihm sogleich den Auftrag, den Sieg des Erzengels Michael als Choraltarblatt für die Jesuitenkirche zu malen.

14*

Das Bild steht auf dem jetzigen Altar viel zu hoch, weil es Schwarz für den ersteren Altar malte, der durch den oben erwähnten Einsturz des Kirchthurmes zerschlagen worden war. Die Ausführung dieses Gemäldes soll zur folgenden Anekdote Veranlassung gegeben haben. Als Schwarz dasselbe malte, saß er auf einem hohen Gerüste, so daß seine Füße herabhingen, sein oberer Körper aber rückwärts durch eine aufgespannte blaue Leinwand bedeckt war. Wilhelm, welcher das Hochaltarblatt bald vollendet zu sehen wünschte, besuchte öfters den Künstler, um die Fortschritte seiner Arbeit zu sehen; er gebot aber Jedermann, sich stille zu halten, damit er nicht gestört werde. Allein Schwarz war nicht so fleißig als der Herzog glaubte, sondern malte nur, wenn er Lust dazu empfand. Um dieß dem Herzog zu verheimlichen, hing er während seiner Abwesenheit ausgestopfte Füße über das Gerüste herab. Wenn sich daher Wilhelm in sein Atelier schlich, entfernte er sich eben so stille in der festen Meinung, daß Schwarz mit ununterbrochenem Eifer und voll Begeisterung arbeitete. Die Wahrheit dieser Anekdote kann nicht nachgewiesen werden; denn daß Schwarz ein fleißiger Arbeiter gewesen sein mußte, geht aus der großen Anzahl seiner Werke hervor, obgleich er kaum ein Alter von fünfzig Jahren erreichte. Die Jesuitenkirche besitzt von ihm außer dem Hochaltarblatt die Kreuzigung des hl. Andreas. Bei der Ausführung dieses Bildes überraschte ihn der Tod, und es wurde von Peter Candit vollendet. Für die Herzogin Renata malte er die Leidensstationen Christi und das jüngste Gericht. Im Auftrage des Herzogs Wilhelm malte er den Tod Mariens und ihre Himmelfahrt für die St. Jenokirche zu Ingolstadt. Das schöne Altarblatt des hl. Sebastian in der Klosterkirche zu Fürstenfeldbruck, die berühmte Kreuzigung Christi in der Martinskirche zu Landshut, das jüngste Gericht in der Pfarrkirche zu Eichstädt, die Kreuzigung im Dom zu Augsburg, das Choraltarblatt mit der Himmelfahrt Mariens in der alten Residenzkapelle und der Ecce Homo in der Metropolitankirche zu München sind von seiner künstlerischen Hand gemalt. Schöne Compositionen sind: die Fußwaschung der Jünger, Simon von Cyrene und Christus am Kreuze zwischen den beiden Missethätern. Außer diesen sind noch vornehmlich hervorzuheben: die hl. Familie; Engel spielen mit dem Jesukinde, während Joseph zimmert; die hl. Maria und Anna liebkosen das zwischen ihnen stehende Kind Jesu; Christus am Kreuze mit Maria, Johannes und Magdalena; die hl. Maria auf den Wolken mit dem Jesukinde sitzend, welches ihr eine Rose darreicht; die Geburt Christi ꝛc. Außer diesen religiösen Bildern besitzen wir von dem großen Meister noch das Porträt des Herzogs Wilhelm V. und dessen Gemahlin Renata in Lebensgröße; ein Philosoph unterrichtet einen Jüngling; die Fortuna auf einer geflügelten Kugel in einer auf dem Meere schwimmenden Muschel; die Entführung der Proserpina; die Buhlerin mit der Laute an einer Fontaine, wie sie einen Jüngling an sich zu ziehen sucht, den aber ein Greis zurückhält; ein Kind, welches in einer Landschaft sitzt und sich auf einen Todtenkopf lehnt ꝛc.

Im Jahre 1583 erließ Wilhelm V. ein Ausschreiben, worin er mehrern Künstlern den Auftrag ertheilte, 34 Städte Bayerns nach der Natur aufzunehmen und zu malen. Ein solches Mandat erhielten Friedrich Seyfried in Nördlingen für die Stadt Wemding, Kaspar Stoßberger in Vilshofen für die beiden Städte Osterhofen und Vilshofen, Christian Tegler, Maler in München, für Landau. Michael Ersinger, berühmter Maler in Straubing, wurde beauftragt die Städte Deggendorf, Furth, Grafenau, Kelheim, Dietfurt und Stadtamhof zu malen. Michael Gschwendtner in Salzburg lieferte das Gemälde der Stadt Reichenhall. Die Zeichnung von Traunstein lehnte er ab, deßhalb gab der Pfleger dieser Stadt einem dortigen ungenannten Goldarbeiter den Auftrag, Traunstein aufzunehmen. In Landshut wurde der berühmte Kunstmaler Engelhard de Pay beauftragt, eine Zeichnung der Stadt Dingolfing zu liefern, welche ihm so gut gelungen war, daß ihm der Herzog auch die Aufnahme von Landau übertrug, was er aber wegen zu vieler Arbeit ablehnen mußte. Dieser Künstler hatte einen großen Ruf als Portrait- und Historienmaler und arbeitete in Landshut, München und Neuburg. Johann Pressel in Ingolstadt zeichnete die Städte Ingolstadt und Neustadt an der Donau.

Am herzoglichen Hofe in München waren unter Wilhelm V. auch vorzügliche Kupferstecher angestellt; unter diesen besitzt vor allen einen glänzenden Namen: Johann Sadeler, welcher um das Jahr 1550 zu Brüssel geboren war. In seinem zwanzigsten Jahr verließ er das väterliche Haus, wo er sich zum Damascirer herangebildet hatte, und begab sich nach Amsterdam, wo er die ersten glücklichen Versuche in der Kupferstecherkunst machte. Wiewohl seine Werke großen Beifall fanden, so scheint ihm doch seine Kunst einen geringen Erwerb gebracht zu haben, weil er von Amsterdam nach Köln und Frankfurt reiste. In beiden Städten blieb er nur ein Jahr und kam 1588 mit leerer Börse in München an, so daß er beim Gastwirth die Zeche schuldig bleiben mußte.

Als Herzog Wilhelm von dem Talente Sadelers erfuhr, nahm er ihn mit einem Jahresgehalt von 200 Gulden in seinen Dienst und bezahlte ihm seine Schulden. In der bayerischen Residenzstadt eröffnete sich für den Künstler ein großer Arbeitskreis; dazu gaben vornehmlich die Patres der Gesellschaft Jesu Veranlassung, welche die berühmten Werke des Christoph Schwarz, Peter Candit, Johann von Aachen, Friedrich Sustris ꝛc. durch den Kupferstich zu vervielfältigen wünschten. Auch Wilhelm ließ sich durch Sadeler mehre Bücher und von ihm selbst ausgewählte lateinische Gebete mit Vignetten und heiligen Darstellungen verzieren. Im Jahre 1595 verließ Sadeler aus unbekannten Gründen die herzoglichen Dienste uud begab sich nach Venedig und Rom, wo er dem Papste Clemens VIII. die Sammlung seiner Kupferstiche überreichte. Allein dieser nahm das Kunstwerk mit so geringschätzender Miene auf, daß Sadeler, in seinem Ehrgeize verletzt, sogleich bei höchster Sommerhitze nach Venedig zurückkehrte, wo nach einigen Jahren der Tod seine künstlerische Laufbahn schloß. Von seinen zahlreichen Kupferstichen verdienen wegen ihrer meisterhaften Vollendung eine rühmliche Erwähnung: Der Triumph der Engel oder die Verkündigung der Geburt Jesu durch die Engel bei den Hirten; der Sohn Gottes zur Rechten des Vaters auf Wolken, umgeben von Engeln; der Papst mit dem Clerus, der Kaiser mit vielen Fürsten auf den Knien vor dem Namen Jesu; die Himmelsbraut, ihr Handeln und Wirken bis zur Vollendung; der hl. Dominicus und Franciscus; Christus erscheint der Magdalena als Gärtner, Christus läßt die Kleinen zu sich kommen; Maria mit dem Kinde in einer Laube, rechts Joseph auf den Stab gestützt ꝛc. Unter den Profanbildern zeichnen sich durch schöne und reiche Composition aus: die sieben freien Künste; die vier Jahreszeiten; eine Gebirgslandschaft mit einem Liebespaar, nach welchem der Tod zielt; Ludwig XIII. als Apollo mit Bogen und Köcher tödtet ein Ungeheuer, welches rechts vor der Höhle lauert; im Grunde breitet sich die Stadt Paris aus, und über derselben schwebt Heinrich IV. als Jupiter mit dem Blitze, links zieht ein Heer; der bayerische Kurfürst Maximilian I. als Herkules am Scheideweg. Der Prinz schlägt den rauhen Pfad der Tugend ein und verschmäht den lockenden Weg des Lasters; in den obern Regionen der Luft sind fast alle Götter und Göttinen versammelt; Pallas liegt zu Jupiters Füßen und vernimmt mit ehrfurchtsvoller Freude des Gottes Befehle, dem Prinzen in seiner Wahl beizustehen; unter dem Jupiter schwebt die Bavaria, den edlen Prinzen schützend und warnend.

In der Kupferstecherkunst machte sich ferner berühmt der herzogliche Münzwardein zu München, Peter Weiner, dessen Arbeiten größtentheils in die Regirungszeit Wilhelms V. fallen. Er hatte das Bildniß desselben sowie die Porträte der Herzoge Ernest, Ferdinand und Wilhelm in Form von Medaillons auf Kupfer gestochen. Gegen das Ende der Regirung Albrechts stach Weiner die von dem großen Mathematiker Applan entworfenen Landkarten von Bayern in 24 Blättern auf Kupfer. Während der Regirung Wilhelms V. befaßte er sich noch viel mit dem Kupferstich. Unter seinen Bildern sind besonders hervorzuheben: Christus vor Pilatus; der Triumphbogen mit dem Heilande, welcher unter der Last des Kreuzes sinkt; der Triumphbogen mit dem Heilande der Welt; das Mausoleum des Herzogs Albrecht V., welcher auf dem Sarge liegt, von den allegorischen Figuren des Glaubens, der Hoffnung, Liebe und Geduld umgeben; Herzog Albrecht V. auf dem Paradeleichenbette, rechts und links brennende Kerzen und acht betende Geistliche.

Als Kupferstecher hatte zu damaliger Zeit Kaspar Freisinger einen nicht ruhmlosen Namen. Seine Geburtszeit ist unbekannt; er lebte in Ingolstadt, wo er wahrscheinlich gegen das Jahr 1600 starb. Seine sämmtlichen Werke gehören in das religiöse Gebiet, nämlich: die heil. Jungfrau am Fuße des Kreuzes und zu ihren Füßen der Leichnam des Sohnes; der leidende Heiland, sitzend auf einem Steine, umgeben von seinen Mördern und Soldaten; Maria auf einem Halbmonde mit dem Jesukind, in einer Glorie von Engeln; der leidende Heiland, dessen Mantel zwei Engel halten, oben steht in einer Glorie das Wort „Divinitas", von Engeln, Cherubim, vom Vater und dem hl. Geiste umgeben; ein allegorisches Bild, die Unschuld vorstellend, welche die Laster verfolgen, im Vordergrund links steht ein Dämon am Eingange der Hölle, in welche auf Geheiß des vom Himmel niederschwebenden Heilandes ein Engel den Cupido stürzt.

Unter den Bildhauern und Erzgießern damaliger Zeit nehmen einen ehrenvollen Platz ein: Hubert Gerhard, ein Niederländer, welchen Wilhelm V. nach München an seinen Hof berief, wo er von 1586 bis 1596 arbeitete. Die meisten mit künstlerischer Gewandtheit ausgeführten Stukkaturarbeiten in der St. Michaelskirche sind aus seiner Werkstätte hervorgegangen. Er fertigte das Modell für die Statue des Erzengels Michael zwischen den beiden Portalen der Jesuitenkirche, wofür ihm 800 Gulden ausbezahlt wurden. Von seinen Sculpturarbeiten ist noch eine Pieta: Maria mit dem Leichnam Jesu auf ihrem Schooße bekannt, von Johann Sadeler in Großformat auf Kupfer gestochen. Die Metropolitankirche zu U. L. F. in München besitzt von ihm das schöne Grabmal des Dr. Thomas Meermann, des vielgepriesenen und verdienstvollen Leibarztes am herzoglichen Hofe, aus Bronce und die Erweckung des Lazarus. Die metallenen Statuen des in Augsburg auf dem Perlachplatze stehenden Augustusbrunnen sind von Gerhard gegossen. Seine vorzüglichste Kunstarbeit ist die kolossale Gruppe des Jupiter, der Juno und des Ganymed, welche er mit Pallago modellirte und der Italiener Pietro di Nere und der Niederländer Cornel Anton Manu in Bronce gossen. Dieses Bildwerk, eines der schönsten des 16. Jahrhunderts, zierte einst den Schloßhof zu Kirchheim bei Mindelheim und ist seit 1823 im Besitze des Freiherrn von Schätzler in Augsburg.

Unter den Namen der, während der Regirung Wilhelms V. und Maximilians I. lebenden Bildhauer, Erzgießer und Architekten ragt besonders Hans Krumper aus Weilheim gebürtig, hervor. Viele seiner Kunstproducte zieren die Residenzstadt München. Die ersten Arbeiten dieses Künstlers finden wir in der St. Michaelskirche: Christus am Kreuze, zu seinen Füßen die kniende Magdalena und ein Engel mit dem Weihwassergefäß; beide von Bronce, die vier Löwen an den Seiten der beiden Eingänge der Residenz, die über den Portalen derselben stehenden allegorischen Figuren der Justitia, Fortitudo, Temperantia und Prudentia, die hl. Jungfrau als Patrona Bavariae in der Mitte der Façade, die am Brunnen der alten Residenz stehenden Gestalten von Seegöttern sind aus der künstlerischen Hand des weilheimer Erzgießers hervorgegangen. Die Metropolitankirche zu U. L. F. besitzt von ihm zwei Werke: das eherne Monument des Jakob Burkhard und das imposante Monument des Kaisers Ludwig des Bayers. Wilhelm V. gab seinem Sohne Max den Auftrag, den von ihm seit mehreren Jahren gefaßten Entschluß auszuführen, Ludwig dem Bayer ein großes Denkmal aus Erz zu errichten. Der Kurfürst erfüllte den väterlichen Wunsch und beauftragte den Peter Candid die Zeichnung zu entwerfen. Das Modell wurde von Krumper ausgeführt und der Guß geleitet, welcher so gut gelang, daß er jedem Erzbild jener Zeit an Reinheit gleichkommt. Sein letztes Werk war die Statue der hl. Jungfrau auf der marianischen Säule am alten Schrannenplatz (jetzt Marienplatz genannt) zu München.

Während unter Wilhelm V. Kunst und Wissenschaften in schönster Blüthe standen, wurden

die Landwirthschaft, Gewerbe und Handel
mit großem Eifer betrieben. Die Stände klagten zwar besonders auf dem Landtage von 1583, daß der Ackerbau durch die große Besteuerung leide; die Regirung aber entgegnete, daß die Agricultur jetzt besser gepflegt werde als vor Jahren, „welches aus dem abzunehmen, daß jetzt allenthalben und schier mehr denn gut ist, neue Getreid gemacht und zum Ackerbau umgerissen wird." Begründeter dagegen waren die Klagen der Landschaft über das allmählige Sinken des Handels und der Gewerbe; allein dieser Uebelstand traf nicht nur Bayern sondern alle deutschen Länder. Denn Deutschland war wegen Mangel an Meeresküsten von dem großen Verkehr zur See, welcher sich im 15. und 16. Jahrhunderte neue Handelswege öffnete, ausgeschlossen; dieß gereichte den deutschen Städten, welche bisher durch den Handel große Reichthümer sich erworben hatten, zum steigernden Verfall. Ungeachtet dieser mißlichen Veränderung treffen wir in Bayern in der zweiten Hälfte des 16. Jahrhunderts noch einen hohen und fest begründeten Wohlstand an. Der Adel, welcher nach Beendigung der Kriegsverheerungen seine Grundholden und Hinterjassen schnell wieder aufrichtete, stand im Glanze; diese befanden sich besser als die freieigenen Gutsbesitzer, welche mit Scharwerken und Diensten für den Landesfürsten überhäuft waren. Die Lage der Bauern war durch Geld und Gut so gebessert, daß unter denselben Luxus herrschte. Die geistlichen Stifter und Klöster waren im ungekränkten Genusse ihres Besitzes. Städte und Märkte erfreuten sich einer gewissen Wohlhabenheit. Die vielen Städte, Flecken, Schlösser, Paläste, Klöster und Spitäler mit ihren schönen Kirchen, Altären, Grabmälern, reichen Kunstschätzen und Prachtwerken, wie sie uns die topographischen Beschreibungen und Zeichnungen überlieferten, waren gewiß ein sicheres Zeichen von einer hohen Lebensfülle des Landes. Der land- und hauswirthschaftliche Zustand der bayerischen Gauen war in diesem Jahrhundert in seiner vollen Kraft und in seinen Grundlinien für lange Zeit vollendet. Bayern hatte damals als Ruralstaat in den unentbehrlichsten Stoffen der Wirthbarkeit, Nahrung und Bekleidung nicht nur seinen vollen Bedarf, sondern auch einen beträchtlichen Ueberschuß. Holz, Vieh und Getreide waren die Hauptbestandtheile der innern Production und Reproduction und des Verkehrs nach außen. Bayern verbürgte sich noch selbst in allen Zweigen der naturgemäßen Landwirthschaft und war deßhalb keinem auswärtigen Staate zinsbar. Dadurch bildete sich ein stetiges, eng gebundenes

Boden- und ein inniges und zugleich großartiges Familien- und Staatsverhältniß. Dieses die ganze Gesellschaft umschlingende Band wurde durch die sogenannten nutzbaren Regalien vom Landesfürsten bis zum letzten Hintersassen des grundpflichtigen Bauern gewissenhaft gewahrt.

Bayern hatte im 16. Jahrhundert, die bischöflichen Besitzungen unberechnet*), einen Flächeninhalt von 514 ☐ Meilen und war in die vier Rentämter München mit 219 ☐ M., Burghausen mit 74 ☐ M., Landshut mit 99 ☐ M. und Straubing mit 122 ☐ M. eingetheilt. Die Zahl der Einwohner belief sich auf 1,800,000 Seelen, welche auf 150 fürstlichen unmittelbaren Stammgütern, auf 2000 eigenen und lehenbaren Gütern der geistlichen und weltlichen Stände, in 200 burgrechtlichen Städten und Flecken und auf 36,000 leib- und erbrechtlichen Bauernhöfen lebten. Die zweckmäßige Vertheilung und Verbindung des Bodens sicherte immer die Grundlage der gesellschaftlichen Ordnung; die Krone mit seinen Regalien, der Adel durch seine genealogische Verzweigung und Thätigkeit und das Kirchen- und Stiftungsgut förderten alle familiären und socialen Zwecke. Als im 15. und 16. Jahrhunderte der alte zahlreiche niedere Landadel allmählig erlosch, rückten einerseits die Bauern-Majorate andrerseits die Patriciate in den Städten und Märkten an der Stelle desselben vor; der Landesfürst half durch einen wohlbemessenen Briefadel nach. Bayern zählte gegen das Ende des 16. Jahrhunderts über 2000 Pfarr- und Curatkirchen und gegen 8000 Filialen und Kapellen. Von diesen dem Gottesdienst und der Lehre geweihten Bauwerken war keines ohne einigen Besitz; denn sie waren gleichsam die ältesten Sparkassen und wirkten förderlich für den moralischen und gemeinnützlichen Bestand der Familien. Die Kirchen und Bruderschaften gründeten Schulen, ohne Zwang und ohne Steuer. Das Kirchen- und Stiftungsgut, welches keiner Zersplitterung im gewöhnlichen Gange der Verlassenschaften ausgesetzt ist, war in seiner wohlthätigen Wirksamkeit die nächste Erbschaft der großen Masse. Dieser floß ein großer Theil der Bodens- und Kapitalserträgnisse aus sichern und leicht erschwinglichen Natural- und Geldrenten zu. Wenn der Pfründenbesitzer gut leben wollte, so mußten seine Grundholden und Hintersassen gut leben.

Das Verhältniß zwischen den Hoheitsrechten des Landesfürsten und der Vorrechte der Stände in ihren Forderungen und Anträgen war durch die „Reformation des bayerischen Landrechts" und die „baye-

---

*) Mit den Bisthümern hatte damals Bayern ein Areal von 900 ☐ Meilen.

rische Landesordnung" geregelt. Ohne gegenseitiges Verständniß durfte der Herzog sein Land, der Gutsherr sein Obereigenthum, der Bauer seinen Hof nicht verschreiben. Die Oberhofbeamten und Pfleger sollten selbst mit Schlössern und Sitzen im Lande beerbt sein. Das sogenannte Weltgeld — im Gegensatze zur Landmünze — und die Juden durften nirgends im Familienhaushalt eingreifen. Jeder Bauer konnte zwei Hintersassen haben. Die Zehentrechte wurden erneuert. Die Gemeindeweiden waren den Grundherren und Gemeindegliedern jedem nach seinem Wintervichstande gesichert. Das Weiden auf ganzen Holzschlägen war nur in den ersten drei bis vier Jahren verboten. Der mercantille und commercielle Gewerbsbetrieb blieb den Städten und Märkten vorbehalten. In den Tarordnungen, Scharwerken, Diensten und Gülten wurde öfters zeitgemäß eingelenkt, und die Siegelmäßigkeit war ein ausschließliches Recht der Standesehre und reeller Bürgschaft.

Um das ganze materielle, ökonomische und politische Leben und Wirken des Landes wohlthätig zu vermitteln und zu sichern, bestanden viele topographisch vertheilte Centralorgane, die **Pfleggerichte**, **Kammer** und **Kastenämter** der fürstlichen Personen und Gutsbesitzer. In Bayern hatten sich im richtigen Verhältniß in fruchtbaren Gegenden auf einer Quadratmeile 6, auf weniger fruchtbarem Boden 4, in bergigen und sumpfigen Gegenden 2, im Hochgebirge 1, also durchschnittlich auf die Quadratmeile $3\frac{1}{4}$ Burggebiete, Hofmarken, Kastenämter, Kirchen- und Pfarrsprengel ausgebildet. Die Kastenämter hatten die Obliegenheit, die nutzbaren Regalien zweckmäßig zu vertheilen; alle Aemter aber waren verpflichtet, die Landwirthschaft durch Sicherung des Credits und Betriebscapitals nach allen Richtungen zu fördern.

Die wohlgegliederte Organisation des Landes hatte zur Folge, daß die bayerischen Gaue, welche zwar durch Kriege gelitten hatten, aber durch keinen Bauernaufstand verwüstet wurden, obwohl der Bauer in Bayern wie in den angrenzenden Ländern unter dem Edelmann, dem landsässigen Prälaten und Pfarrherrn stand und nur durch den Clerus und Adel vertreten war. Während ringsherum die Sturmglocken heulten und aus Flecken und Burgen die Feuersäulen gegen Himmel loberten, lag Bayern in tiefer Ruhe. Die innern Kriege und Fehden, wodurch Bayern litt, sind niemals von den Bauern ausgegangen, während in den benachbarten deutschen Ländern die Zertrümmerung des Eigenthums, die schnelle Circulation des Geldes, die Anhäufung heimatloser und landfremder Menschen, im Gebirge die Zügellosigkeit der Knappschaften, die Spaltung des Glaubens, die Bedrückung und Willkür gefährliche Bewegungen hervorrief. Die socialen Verhältnisse Bayerns waren auf ein herrschaftliches und wirthschaftliches Local- und Provincialprincip basirt, welches dem Ober- und Nutzeigenthümer zum Unterpfand des beiderseitigen Interesses, zur Bürgschaft des gegenseitigen Wohlstandes und zur berathenden Vertretung auf dem Landtage diente. Diese Stabilität des organischen Staatslebens hat ihren aus der Natur und der legislatorischen Gewalt hervorgegangenen Schwerpunkt in dem großen Grundbesitz und dessen gedeihlichen Abgliederung, in der angestammten Sitte, in dem auf Eigenthümlichkeit des Bodens und Volkes gebauten Landrecht und in der streng erhaltenen Einheit des Glaubens.

Die Landwirthschaft wurde im 16. Jahrhunderte in der Regel noch rationell und frei von jeder problematischen Bevormundung betrieben. Dazu kam, daß damals der Boden sehr geschätzt, wenig den Elementen preisgegeben und gut bewirthschaftet wurde, weil die fürstlichen Residenz- und Pflegschlösser, die zahlreichen Edelsitze, Abteien und Convente über ganz Bayern verbreitet und die Städte und Märkte mit weiten Burgfrieden noch bei Kraft und Ehre waren. Mehr als ein Drittheil des Areals, wovon wieder ein Theil brach blieb, wurde zu Getreide, Hanf und Flachs bebaut. Der Garten- und Gemüsebau wurde eifrig gepflegt; dagegen der seit uralter Zeit betriebene Hopfen-, Obst- und Weinbau ist durch die Kriege verheert worden. In Bezug an Holz, Streu und Weide aus dem Bereich der Regalien und Precarcien erfreute sich der Landmann der fürstlichen und herrschaftlichen Milde. Traten Mißjahre und Unglücksfälle ein, so halfen die Pfleg- und Kastenämter sicher und schnell aus. Der nicht cultivirte Boden, welcher über 24 ☐ M. umfassen mochte, rentirte sich auf dem Wege der Regalien durch die höhere und niedere Jagd, durch ergiebige Fischereien, durch Salz- und Bergbau und durch Vogelfang, welcher vor dem Gebrauch des Schießpulvers sehr wichtig war.

Die Viehzucht, welche zu Anfang des 16. Jahrhunderts sehr gelitten hatte, erholte sich durch die autonome und betriebsame Landwirthschaft bald wieder, so daß Bayern unter Herzog Wilhelm V. einen kräftigen und zahlreichen Viehstand besaß. Zur Hebung desselben erließ Wilhelm im Jahre 1594 eine Steuerinstruction, wornach die Grundsteuer nicht blos nach dem Viehstande sondern nach einem arithmetischen Principe und dem durch die Bonität modificirten Flächenraum berechnet war. In den Normalzahlen ist zu Gunsten der Landwirthschaft nur das Minimum gewöhnlich ein Drittheil weniger angenommen. Nach dieser Instruction nährte ein Bauernhof 6 Pferde, 1 Füllen, 8 Kühe, 6 Rinder, 1 Zucht- und Mutterschwein, 6 Frischlinge, 24 Schafe und etwa ein Dutzend Ziegen. Hühner, Gänse, Enten, Tauben, welche jeder Hof in Fülle besaß, waren steuerfrei. Der Gesammtviehstand Bayerns auf den Besitzungen des Herzogs, der geistlichen und weltlichen Stände und der Bauerschaften betrug unter der Regirung Wilhelms V. gegen den Schluß des 16. Jahrhunderts 318,000 Pferde, 972,000 Rinder, 2,136,000 Schafe und 393,000 Schweine. Die Anzahl der Ziegen kann gegen 20,000 angenommen werden. An zahmen und wilden Geflügel war überall Ueberfluß, da die noch weniger zerstückelten und besser arrondirten Bauernhöfe hinreichend Raum und Futter boten. Die Fischzucht und Blutegel wurden in zahlreichen Weihern und Teichen gehegt, und das Edelwild von der Gemse und dem Hirsche bis zum Marder fand sein reichliches Fortkommen. Den Wildschaden vergüteten die Kassenämter durch Gültennachlässe auf dem kürzesten Weg.

Bei dem reichen Viehstande hatte Bayern einen großen Ueberschuß an Schafwolle und Leder. Der Wollenertrag deckte nicht nur den großen inländischen Bedarf der höhern und aller niedern Klassen, sondern Tausende von hanseatischen Matrosen, wälschen Mönchen, auswärtigen Soldaten u. s. w. kleideten sich von bayerischer Wolle. Der Loden und Flanell Bayerns ging durch ganz Europa, und nur wenig niederländisches Tuch wurde eingeführt, da man für den feinern Bedarf auch aus Lämmerwolle und Leinfaden die schönsten Zeuge zu weben verstand. Die herrschaftlichen Schäfereien, woran die Grundholden ebenfalls Theil hatten, bildeten in jedem bayerischen Gaue einen wichtigen ständigen Besitz. Da man aber für den durch Krieg verwüsteten Boden immer mehr Neuland umbrach, so wurde die Weide für die Schafe geschmälert, und die Errichtung von Schäfereien im 16. Jahrhundert sehr beschränkt. Hingegen nahm die Pferdezucht und die Ochsenmast auf den herzoglichen Meyerhöfen und adeligen Sedelhöfen immer mehr zu, so daß auf den bayerischen Pferdemärkten sich die Ausländer die schönsten Follen in Schaaren zu 300 bis 400 Stück holten. Dieser reichliche Vorrath von Pferden kam besonders dem Kurfürsten Maximilian im dreißigjährigen Krieg wohl zu statten. Bei dem großen Rinderstande war die Käseproduction in Bayern sehr bedeutend, jedoch im 16. Jahrhunderte nicht mehr so beträchtlich als früher, da sich der Bedarf desselben auf den Genuß der einzelnen Familien beschränkte.

Von hohem Werthe waren für den Bayer die Waldungen. Da der Wald eines der ersten Bedürfnisse des Menschen ist, das Gedeihen der Landwirthschaft bedingt und als Umtriebszeit ein dreifaches Menschenalter fordert, so kann für die Erhaltung und ersprießliche Ausnutzung der Wälder nur eine Corporation Ziel und Maß gebend sein. Daher stand das Obereigenthum derselben nur dem Grundherrn zu, und in der Regel gehörte nur das Nutzeigenthum und niemals das Areal selbst zum Bauernhof. Aber jeder Bauer war berechtigt, von der Regalien- und Grundherrschaft den nothwendigen Holz-, Streu- und Weidebedarf zu fordern; wo das Eigenthum nicht hinreichte, durften die Precareien nicht vorenthalten werden. Bei den ausgedehnten Waldungen war der Holzhandel wie der Getreidehandel ein altes Attribut der bayerischen Landwirthschaft, welche leicht mit allen Nachbarn verkehren konnte, da kein Prohibitivsystem in die Handelsfreiheit eingriff, und die Stände auf den Landtagen mit eifersüchtigem Auge über dieses Vorrecht wachten. Der in- und ausländische Holzhandel wurde besonders auf dem Lech, dem Inn, der Isar, Loisach, Salzach, dem Regen, der Raab, Laber und Ilz betrieben, jedoch nur in solcher Ausdehnung, daß der Bedarf des Volkes in allen seinen häuslichen, wirthschaftlichen und gewerblichen Verhältnissen vollkommen gedeckt war. Holz und Getreide wurde erst dann eine verkäufliche Waare, wenn das Heimathleben gesichert war. Da in der ersten Hälfte des 16. Jahrhunderts gegen diese Staatsmaxime von den fürstlichen Kammer- und Wald- wie von den grundherrlichen Kastenämtern wegen schnellen Geldgewinnes gehandelt worden war, so wendete Wilhelm V., welcher einen wohlbestellten Bauernhof für die unversiegbarste Geldquelle hielt, der Boden- und Forstcultur eine besondere Aufmerksamkeit zu. Er ertheilte dem Kammerpräsidenten Christoph Neuburger, auf dessen staatsmännische Einsicht und Thätigkeit er stets das vollste Vertrauen setzte, den Auftrag, einen Versuch mit der Trockenlegung der Moorgegenden bei Freising und Erding zu machen, um die Waldcultur zu heben. Er schrieb ihm hierüber folgende eigenhändige Instruction: „Es scheint nicht allein ein merklicher Abgang im ganzen Lande an Holz, sondern man besorgt, es werde solcher Abgang je länger je größer, so daß das Holz in kurzem schwer zu bekommen und viel theurer sein werde, als das liebselige Getreide. Es ist also davon zu reden, wie diesem Sach zu helfen sei, wie man mehr Holz ziehen und den Ueberfluß desselben in Gebirgen auf die Ebene bringen könne. Es soll untersucht werden, ob man nicht Oefen errichten könne, die sich mit halben Holz heizen lassen, und ob nicht auch Erde und andere Materie zum Brennen tauglich wäre."

Das Salz war zu allen Zeiten ein Regal des Herzogs, da die ersten gemeinsamen Bedürfnisse eines Volkes überall geweihte Bürgschaften hatten. Das Salz ist für Menschen und Vieh ein nothwendiger Lebens- und Wirthschaftsbedarf, welcher im möglichst wohlfeilen Preise und in Quantität und Qualität dem Volke mit größter Gewissenhaftigkeit bewahrt wurde; erst der Ueberschuß unterlag dem Marktpreise. Wie im Laufe der Zeit in den deutschen Provinzen viele geistliche und weltliche Körperschaften und Geschlechter, Städte und Märkte am Betrieb des Salzregals Theil nahmen, so bestanden auch in Bayern viele Verordnungen über den inländischen und auswärtigen Salzverkehr; die Hallgrafen, die Herren v. Playn und Beilstein waren die Würdenträger dieses Regals. Der Salzpreis stand unter Wilhelm V. so niedrig, daß das Pfund 1 Pfennig bayr. Währung kostete; daher war es damals allgemeines Sprichwort, daß der Bauer mit dem Erlöse eines Kalbes und eines Hammels die jährlichen Gebühren für Holz, Weide, Streu und Salz bestreiten, und die Bäuerin mit dem Verkaufswerthe vom Geflügel ihren und ihrer Kinder vollen Sonntagsstaat und dazu noch andere häusliche Geräthschaften leicht anschaffen konnte. Herzog Wilhelm, welcher die Wichtigkeit des Salzhandels für Bayern erkannte, sorgte eifrig für die Förderung desselben. Seine Unterthanen fühlten es seit langer Zeit lästig, daß sie in Augsburg vom Stadtrathe genöthigt wurden, ihre Salzlieferungen aus Tyrol in dieser Stadt abzulagern. Wilhelm verlangte von Augsburg freie Durchfahrt, und als dieß verweigert wurde, drohte er dem Magistrate mit dem Verbote der Getreideausfuhr und mit der Verlegung des Salzhandels nach Friedberg. Der Bürgermeister Rembold und Dr. Mayer reisten nach München und baten um Aufhebung dieses Verbotes. Der Herzog ließ sich bewegen, jedoch nur unter der Bedingung, daß seine Unterthanen ungehindert ihre Salztransporte durch die Reichsstadt führen dürfen.

Die bürgerlichen Gewerbe, welche zwar in dieser Periode zu sinken begannen, waren noch so geregelt und geordnet, daß sich die Bewohner der Städte eines gesicherten Wohlstandes erfreuten. Die Innungen hatten damals nicht nur Pflichten und Lasten sondern auch ein ansehnliches Gewerbsvermögen. In den Werkstätten war eine große Anzahl von Gesellen und Arbeitern beschäftigt; man lebte überall corporativer, also auch wohlfeiler. Wilhelm V., welcher überallhin sein sorgfames Auge richtete, war auch auf die Hebung der Industrie bedacht. Er brachte in Burghausen, Eggenfelden, Altötting, Ried, Pfarrkirchen, Schärding u. f. w. den Barchent, Woll- und Leinwandhandel in Aufnahme. In Rain ließ er eine neue Loherei anlegen und an der böhmischen Grenze Stationen für den Meſſinghandel errichten. Ein großer Uebelſtand für die Manufactur und den Verkehr war in jener Zeit der Umlauf verſchiedener, geringhaltiger Münzſorten, welche mehre kleine Fürſten und Stände zur allgemeinen Klage Deutſchlands prägten. Wilhelm berief gemäß einem an alle Fürſten ergangenen Mandate des Kaiſers ſeine Landſtände (1585) nach Landshut, um über die Einführung gleichförmiger und vollgehaltiger Münzen zu berathen. Es wurde hier beſchloſſen, daß kein bayeriſcher Stand einer ſchlechten Münzſorte den Eingang in ſeinem Gebiete geſtatte; weder gemünztes noch ungemünztes Silber oder Gold dürfe aus Deutſchland geführt werden; Halbbatzen und Dreikreuzerſtücke zu prägen ſei verboten, da dieſelben am meiſten verfälſcht würden, ſo lange es nicht der Verkehr erfordere. Die halben Batzen, welche vom Pfalzgrafen Richard zu Simmern, dem Biſchof von Salzburg, Straßburg u. a. geprägt worden, ſeien wegen des geringen Gehaltes verboten, ebenſo die niederländiſchen Thaler und die venetianiſchen Münzen. Bei großen Meſſen und Märkten ſollen eigene Münzbeamte aufgeſtellt werden, um dieſe Beſchlüſſe durch Conſiscirung ſolcher Münzen in Ausführung zu bringen. An Bayern ſchloß ſich hierin der fränkiſche, ſchwäbiſche und öſterreichiſche Kreis an, wodurch in dieſen Provinzen vielſeitigen Klagen abgeholfen und die Communication befördert wurde.

So ſehr Wilhelm V. die Künſte des Friedens liebte und für die Orthodoxie des alten Glaubens thätig war, ſo entzog er

der Wehrkraft und der Sittigung

ſeines Volkes die nöthige Sorge nicht. Die bayeriſche Nationalmiliz befand ſich gegen das Ende des 16. Jahrhunderts in einem ſehr guten Zuſtande; dieſelbe war dem alten Heerbann, vermöge deſſen jeder freie Deutſche gegen den Feind des Vaterlandes als Wehrmann ſich ſtellen mußte, ſehr ähnlich und wurde der „Landfahnen" genannt. Bürger und Bauern wurden, jene von ihren Obrigkeiten, dieſe von den Landbeamten, welche Hauptmänner hießen, unabläſſig in den Waffen geübt; es wurden von Zeit zu Zeit Muſterungen angeſtellt und im Nothfalle der dreißigſte, zehnte auch der dritte Mann aufgefordert. Der Herzog erließ hierüber ein Militärmandat an alle Beamten Bayerns mit dem Befehle, daß jeder den dreißigsten, zehnten, fünften und dritten Mann seines Amtsbezirkes in folgender Weise auswähle: „Es sollen allezeit dreißig Mann herausgenommen werden, und von diesen wieder einer, welcher ein Dreißiger genannt wird, mit dem Verstand, daß wann allein der dreißigste Mann im Land aufgeboten wird, dann allein derselbe zu erscheinen schuldig ist. Wann nun also dieser dreißigste von den herausgenommenen dreißig Mannen abgezogen wird, so bleiben noch neunundzwanzig. Von diesen sollen zween gewählt und Zehner genannt werden mit dem Verstand, daß wann ein Aufgebot geschieht, des dreißigsten und zehnten Mannes oder welches eben ein Ding ist, wann man den zehnten Mann auffordert, so sollen von den fürgenommenen dreißig Mannen der dreißigste und die zween Zehner also in allem ihr drei zu erscheinen schuldig sein; die übrigen anheims bleiben. Wann dann nun von den fürgenommenen dreißig Mannen der dreißigste und die zweien Zehner abgezogen werden, so bleiben noch sieben und zwanzig Mann; aus denen sollen wieder ihr drei gewählt werden, so man nennt die Fünfer, mit dem Verstand, wenn das Aufgebot auf den fünften Mann geht, daß der dreißiger, die zween Zehner und diese drei Fünfer und also von dreißig Mann ihr sechs zu erscheinen schuldig seien. So man nun von den Anfangs fürgenommenen dreißig Mann diese sechs abzieht, bleiben noch vier und zwanzig; aus diesen vier und zwanzig Mann sollen letztlich vier gewählt werden, so man die Dreier nennt, mit dem Verstand, wann man das Aufgebot auf den dritten Mann ergehen lasset, daß alsdann der Dreißigste, die zween Zehner, die drei Fünfer und die vier Dreier und also in einer Summa von dreißig Mann ihr zehn erscheinen sollen: auch sollen hierin, so viel sich thun läßt, die vermöglichsten gewählt werden."

Da bei mehreren Musterungen die Wahrnehmung gemacht wurde, daß die Bewaffnung sehr ungleichartig war, so befahl der Herzog, „daß für den dreißigsten und zehnten und später für den fünften und dritten Mann taugliche Rüstungen und Wehren um nachfolgende Tare aus dem gemeinsamen Zeughaus abgegeben werden sollen: Einen ganzen Harnisch sammt Blechhandschuh per 7 Gulden, einen halben Harnisch sonder Handschuh per 5 Gulden 30 Kreuzer, einen langen Spieß per 1 Gulden, eine Hellebard per 1 Gulden, ein Schlachtschwert per 4 Gulden, ein Paar Blechhandschuh per 1 Gulden 30 Kreuzer, eine Sturmhaube per 1 Gulden, eine Muskete sammt Flasche und Gabel per 4 Gulden, ein einfaches Rohr sammt Flasche und Sturmhut per 3 Gulden 10 Kreuzer, ein Paar Panzer Aermel per 5 Gulden. Bezüglich der Kostenvertheilung dieser Waffen verordnete Wilhelm, daß ein Pfarr-, Schwaig- und Amthof eine ganze Rüstung sammt Schlachtschwert oder gutem Seitengewehr zu liefern habe, ein gewöhnlicher Hof oder ein wohl vermöglicher Bauer sei zu einem Harnisch für einen gemeinen Lanzknecht sammt einem langen Spieß und gutem Seitengewehr verpflichtet. „Auf einen gemeinen Bauern soll eine Muskete mit aller Zugehör, auf einen Halbbauern (Hüber) ein halber Hacken mit aller Zugehör sammt der Schützenhaube und Seitenwehr, auf einen Viertelsbauern (Lehner) ein halber Hacken mit aller Zugehör außer der Schützenhaube, auf einen, so weniger Vermögens ist, ein langer Spieß sammt Sturmhaube, Blechhandschuh und Seitenwehr oder nach Gelegenheit des Vermögens die Sturmhaube oder Handschuh allein sammt der Ober- und Seitenwehr, auf einem gemeinen Söldner, so ein blos Söldnerhaus hat oder nur ein Inmann ist, ein langer Spieß oder taugliche Hellebard und Seitenwehr verordnet, zugeeignet und auferladen werden."

Die bayerische Mannschaft wurde im Jahre 1593 von den herzoglichen Räthen nach den sogenannten Heerbstätten auf beiläufig 120,000 Krieger angeschlagen, wobei die Landstände meinten, daß im Rentamte Landshut allein gegen 30,000 streitbare Wehrmänner seien. Die ganze Armee war in Rotten getheilt, und eine gewisse Anzahl von Rotten hatte ihre Fahne und ihren Hauptmann, und soviele Aemter oder Gerichte es gab, so viele Regimenter zählte man. Wilhelm V. schaffte die von seinem Vater eingeführte Fahnen mit weißen und blauen Rauten ab und gab seiner Armee eine neue ganz von weißer Farbe mit blauen Streifen, in deren Mitte die Mutter Gottes mit dem Jesukinde angebracht war. Hinsichtlich der Uniform herrschte die größte Varietät; Niemand bekümmerte sich um die Kürze oder Länge des Rockes, Niemand um die Hutstülpen, um die Form der Haarlocke, des Bartes oder der Zöpfe. Dagegen machte damals ein offener Gemeinsinn und eine bis zum Tode treue Liebe für Fürst und Vaterland das bayerische Heer stark und durch seine Siege berühmt. Von einer andern Miliz außer der kleinen Leibwache des Landesfürsten und der Stadtsöldlinge wußte man in jener Zeit nichts, wo die Fürsten auf die Treue der vom religiösen Bewußtsein tief durchdrungenen Unterthanen sich sicherer stützen konnten, als auf die zahllosen Bajonette unsres Jahrhunderts.

Großen Eifer entwickelte Herzog Wilhelm in Aufrechthaltung und strenger Durchführung der **Sittengesetze**. Hierin bewies er sich als strengen und gerechten Regenten. Er war nicht zufrieden, daß seine Beamten die Rechtspflege übten, sondern er durchreiste unbekannt und verkleidet Dörfer und Städte, um sich persönlich von dem Wohl und Wehe seiner Unterthanen zu überzeugen. Er forschte jene, die ihn nicht erkannten, gerne und umständlich aus, ob sie in seiner Regirung nichts tadelwerthes fänden, um sich von der Wahrheitsliebe seiner Räthe zu überzeugen. Die verschiedenen Antworten erheiterten oft seine ernste Miene. Eine Geißel damaliger Zeit waren für die bayerischen Gauen die vagirenden Lanzknechte, welche besonders das Landvolk durch ihre rohe Brutalität drückten und in beständigem Schrecken erhielten. Zu diesen gesellte sich eine Menge von sectischen Schwärmern, welche das Reich durchzogen und die Unterthanen gegen ihre Obrigkeit aufreizten. Eine unerträgliche Last für den Bürger und Landmann waren die drückenden Schwärme herumziehender Bettler, welche entweder durch Unglücksfälle oder Leidenschaften, die durch die reformatorische Bewegung besonders genährt wurden, an den Bettelstab kamen. Der Herzog verordnete, daß nur den eingebornen Bettlern in ihrem Gerichtsbezirk das Betteln gestattet werde, wenn sie ein legales Zeugniß ihrer Dürftigkeit besitzen und nicht über 10 und nicht unter 70 Jahre alt seien. Die gesunden Bettler wurden zu Scharwerken und zum Festungsbau in Ingolstadt verwendet, wo sie um geringen Lohn arbeiten mußten. Alle Bettler des Landes wurden conscribirt, und die arbeitsunfähigen mußten von der zuständigen Gemeinde unterhalten werden. Zu diesem Zwecke wurde wöchentlich eine verschlossene Almosenbüchse zu den einzelnen Gemeindegliedern geschickt, und eine solche auch in den öffentlichen Gasthäusern aufgestellt. Schwer wurde der Müssiggang bestraft, und die Heimatbolicenz strenge gehandhabt; junge, vermögen- und handwerklose Leute durften sich nicht ehelichen. Zu den Städten und Märkten, wo die Gewerbe so überfüllt waren, „daß der eine dem andern gleichsam das Brod vor dem Munde abgeschnitten hatte," wurde die Ausübung der Professionen von der Obrigkeit sorgsam überwacht und nach dem numerischen Verhältniß der Gemeindeglieder geregelt.

Eine trübe Schattenseite bietet uns das 16. Jahrhundert in dem noch allgemein verbreiteten Glauben an Hexen und Zauberer, an ein Bündniß der Männer und Frauen mit dem Teufel. Derselbe findet sich im ganzen Mittelalter und begann im 14. und 15. Jahrhundert allgemein zu werden, wozu besonders die schrecklichen Auswüchse und unnatürlichen Laster beitrugen, welche bei den Häresien der zweiten Hälfte

15*

des Mittelalters z. B. bei den Brüdern des freien Geistes hervortraten. Im 15. und den folgenden Jahrhunderten wurde vorwiegend das weibliche Geschlecht des Bundes mit dem Teufel oder der Hexen beschuldigt. Tausende von alten Weibern und jungen Mädchen fielen auf die Verdächtigung eines feindlich gesinnten Nachbars, auf die Anzeige einer bereits processirten Hexe und durch die schauerliche Qual der Folter als schuldlose Opfer des Wahnes. In München wurden 1590 drei Wittwen und eine ledige Weibsperson zum Tode verurtheilt, weil „sie in die Blindheit und Vergessenheit der Ehre Gottes, der Lieb ihres Nächsten und ihrer selbst dermassen gerathen, daß sie sich demselben Laster unterwürfig gemacht, dem leidigen Satan eines Theiles von vielen Jahren mit Leib und Seel und Gut als sein eigen ergeben, verschrieben und mit dem Blut bestätigt, daneben auf sein Begehren alle christlichen Werke, die Heiligen Gottes und das ganze himmlische Heer verlaügnet haben. Dazu haben sie auch vergiftete teuflische Salben von ihm genommen, mit des Bösen Hilf mehrmalen über Feld und in unterschiedliche Weinkeller ausgefahren und in Summa solche Händel geführt, die nicht alle zu verzählen, wie sie dann solches mit allen Umständen peinlich und gütlich ausgesagt und bekannt haben .... Diese vier Weibspersonen haben ihrer bekannten Hexerei und Zauberei halber die auf Zauberei statuirte Strafe des Feuers wohl verdient; in Erwägung aber ihres hohen Alters auch auf gnädigster Intercession und Fürbitt hoher gefürsteter Personen sollen sie alsbald an den gewöhnlichen Ort der Gerichtsstatt geführt und daselbst mit dem Strange vom Leben zum Tode gerichtet werden, doch sollen folgends ihre Körper verbrannt werden." Ebenso wurden in Weilheim einige Hexen unter fürchtlichem Geheul verbrannt. In keiner Gegend Bayerns aber war das Volk und die Justizbehörde so tief in dem blinden Hexenglauben versunken als in der Herrschaft Schongau, welche dem Herzog Ferdinand gehörte. Vom Jahre 1587 bis 1592 wurden allgemeine Klagen laut, daß das schädliche Laster der Zauberei zum Verderben der Einwohner immer mehr um sich greife. Als man Ferdinand diese Klagen überbrachte, ertheilte er den Befehl: „auf die Zaubereien zu inquiren," was die Schongauer mit größter Freude vernahmen und sogleich zweihundert Gulden zu den allgemeinen Processkosten beisteuerten, „damit alle Unholden ausgereitet werden." In diesem merkwürdigen Hexenprocesse (S. Oberbayer. Archiv. XI. Bd.) setzte sich der damalige Stadt- und Landrichter von Schongau, Hans Friedrich Hörwarth von Hohenburg, ein ganz unrühmliches Denkmal, da er in seinem Richteramte sich von schmutziger Habsucht leiten ließ. In dem an Herzog Ferdinand hierüber erstatteten Bericht erklärte er: „der Herzog vertraue ihm wie die Leiber so auch die Güter der Hexen; gegen 63 Hexen seien ungefähr in zwei Jahren zu des Herzogs großen Ruhm in- und außerlands zu Schongau hingerichtet worden, und viele davon unter lautem Dank zu Gott, für eine Obrigkeit, die der geheimen Sünden und Laster so fleißig nachgeforscht habe. Nirgends hätte man solche Justitien gesehen wie Gott Lob in Schongau, und wiewohl der durchlauchtige Bruder, Herzog Wilhelm von Bayern, zu Abensberg, München, Tölz und Weilheim auch dergleichen Hexenprocesse für Handen genommen, so kommen doch diese, weil sie bald wieder geendet, mit dem Schongauer Proceß als dem Werke einer stattlichen Justiz in keinen Vergleich." *)

Der untern Volksschichte, welche seit der Reformation eine leidenschaftliche Sucht nach Neuerung befallen hatte, war im 16. Jahrhunderte nichts willkommener als Zauberer und Wundermänner aus fremden Ländern. Dieselben fanden überall fruchtbaren Boden; die einen bereiteten den Stein der Weisen und gruben Schätze aus der Erde, die andern beschworen den Teufel oder machten Gold und kurirten die Kranken durch die seltsamsten Mittel. Je staunenswürdiger und unbegreiflicher das Spiel ihrer Comödie war, desto anziehender für den Pöbel. Am gefährlichsten für die Menschheit waren die Wunderdoctoren, Quacksalber und Waldhausen, welche durch ein oder zwei Universalmittel, durch Goldwasser, Balsam, kostbare Wurzel, Elixier Paracelsi etc. die Kranken zu heilen suchten. In München gab es für diese fahrenden Aerzte zur Ausübung ihrer öffentlichen Praxis keine bessere Gelegenheit als die Jakobidult, wo man um wenige Kreuzer von jedem Uebel schnell geheilt werden konnte. Doctor der Medicin zu werden war damals nicht schwer; wenn Jemand einen Beruf zu dieser wunderbaren Kunst in sich fühlte, trat er als Geselle bei einem berühmten Meister in Dienst und lernte ihm durch Geld und Schlauheit die Kunstgriffe ab. Lebten beide in Harmonie, so konnten sie mit Sicherheit und einträglichem Erfolge ihr Handwerk treiben; wenn sie sich aber entzweiten, enthüllten sie sich gegenseitig ihre Unwissenheit und Betrügerei. Mehre herzogliche Mandate bestimmten, daß einige belegirte Aerzte die Medicamente der fremden

---

*) Der Jesuit Friedrich Spee, der Erretter des weiblichen Geschlechtes vom Hexentode, war damals noch nicht geboren; er erblickte 1595 das Licht der Welt.

Heilkünstler untersuchen und approbiren sollten; allein diese Verordnungen wurden wenig geachtet. Wenn aber ein solcher Wundermann auf offenem Betrug entdeckt wurde, so blieb ihm nur mehr die Wahl zwischen Flucht oder Strang. Mit diesen Schwarzkünstlern durchwanderten zahlreiche Comödianten, Savoyarden, Zigeuner ꝛc. alle Gauen und mißbrauchten die abergläubische Gutmüthigkeit der Einwohner, welche sie um hohe Summen betrogen. Wilhelm V. erließ die strengsten Befehle und drohte in einem Mandate von 1584, diese Landstreicher am nächsten besten Galgen aufzuknüpfen, auf den Pranger zu stellen oder die Ohren abzuschneiden.

Grauen erregend ist dagegen ein flüchtiger Blick in die damalige Rechtspflege der protestantischen Juristen und Staatsmänner. Von Jahr zu Jahr wurden immer mehr Weiber ersäuft, lebendig begraben oder verbrannt, die Verbrecher an den vier Ecken der Stadt oder des Marktes mit glühenden Zangen gerissen, vor ihrem oder des Ermordeten Hause durch Abhauen der Hand verstümmelt und sodann lebendig gerädert. Kurfürst Friedrich III. von der Pfalz ließ den Inspector zu Ladenburg, Joh. Silvan, auf Antrag der von ihm niedergesetzten Commission reformirter Theologen in Heidelberg enthaupten, „weil er Gott gelästert," d. h. dem Arianismus gehuldigt habe.*) In dem einzigen Fürstenthum Ansbach, welches gegen 100,000 Einwohner zählen mochte, haben vom Jahre 1575 — 1603 über 1440 Menschen die Qualen der Folter, 309 die Strafe des Prangers, 474 den Tod durch das Schwert, Galgen, Rad oder Feuer gelitten, ohne die übrigen grausamen Verstümmlungen an Ohren, Händen und Fingern zu rechnen. Niemals und nirgends wurden so viele Hexen und Zauberer verbrannt als zu jener Zeit in protestantischen Staaten.**) Herzog Heinrich Julius von Braunschweig ließ in der Nähe von Wolfenbüttel so viele Hexen verbrennen, daß die Pfähle, an welchen die Unglücklichen angebunden waren, einem Walde glichen.***) In der kleinen Reichsstadt Nördlingen wurden 1590 bis 1593 zwei und dreißig Hexen verbrannt. Diese schauerlichen Qualen wurden von den Untersuchungsrichtern, welche das Foltern und Hinrichten wissenschaftlich behandelten und sich gegenseitig in der Wahl der Kunstausdrücke für die verschiedenen Straf- und Todesarten zu überbieten such-

---

*) Häußer, Rheinpfälzische Geschichte, II. Bd.
**) Die letzte Hexe wurde 1783 im protestantischen Glarus hingerichtet.
***) K. Menzel. Neuere Geschichte der Deutschen, III. Bd.

ten, mit diabolischem Scherze und bei dem geringsten Vergehen ausgeübt. So erlitten auf Befehl des Kurfürsten August von Sachsen Grumbach und Brück den gräßlichen Tod des lebendigen Vierttheilens; letzterer deßhalb, weil er seinem Fürsten in den Tagen des Unglücks treu geblieben und den Dienst als Kanzler versah.*)

Alle Verordnungen, welche Albrecht V. zur Hebung der Sittlichkeit in Bayern veröffentlicht hatte, wurden von seinem Nachfolger nicht nur erneuert, sondern noch mehr geschärft. Die Gotteslästerung und Trunkenheit, worin sich früher das männliche und weibliche Geschlecht der untern Volksschichten wetteifernd auszeichnete, wurde theils mit Geld und Gefängniß theils mit Durchbrennung und Ausreißung der Zunge bestraft. Es befanden sich bei Tag und Nacht auf den Straßen und in den Wirthshäusern Polizeiagenten, welche für ein Fluchwort die Strafe von 6 Kreuzern zu fordern hatten. Wer sich gegen die Sittengesetze verfehlte und einem polizeilichen Verweis nicht Folge leistete, wurde nicht selten zur Galeerenstrafe verurtheilt. Der Weg von Bayern nach Lissabon schien in früherer Zeit nicht zu entfernt gewesen zu sein, um strafbarer Personen los zu werden. Vor der Abreise mußten die Verurtheilten einen Revers unterschreiben, daß sie weder auf dem Transport nach Portugal noch auf den Galeeren selbst die Flucht ergreifen, sondern die wohlverdiente Strafe erstehen wollten. Im Jahre 1584 hatte der Magistrat in München den Bürger und Weinwirth Leonhard Soyer „mit andern verschickten strafmässigen Galloten auf drei Jahr lang zur Meerfahrt der Galeeren condemnirt und verurtheilt." Die Ursache seiner Strafe war, „daß sich Soyer eine gute Zeit her eines gottlosen und verschwenderischen Lebens und Wandels aller Gebühr und Ehrbarkeit zuwider unterfangen und gebraucht, sich vielmals beweint, gespielt, gerumort und gehadert, dadurch dann wider der hohen Obrigkeit Gebot und Verbot, des verschwenderischen Verspielens und Volltrinkens halber, unzulässiger Unterschleif statt gethan worden, deswegen ein ehrsamer Rath schon vor dieser Zeit durch gute, väterliche, wohlmeinende Drohworte gestraft und von diesem gottlosen Leben abzustehen vermahnt." Als ein besonders gravirender Anklagepunkt wird in der Verurtheilung hervorgehoben, „daß er in öffentlichen Bierhäusern hoch verächtlicher Weis wider Gott und die heilige Messe sträflich sich versündigt habe."

Mit strengen Strafen schritt Wilhelm V. gegen die Unzucht ein

---

*) A. Menzel. Neuere Geschichte der Deutschen, III. Bd.

und hob sogleich nach seinem Regirungsantritte die Bordelle auf. Die Herzoge Ernest und Wilhelm erlaubten im Jahre 1433 der Stadt München „ein Frauenhaus zu machen den gemeinen Töchterlein, daß sie hier bei der Stadt desto baß bleiben mögen;" als Grund dieser Bewilligung fügten sie bei, „daß dadurch viel Uebels an Frauen und Jungfrauen verhütet werde ... und alle Zucht und Ehrbarkeit an Mannen und Frauen gefördert werde." Der Magistrat, welcher vier Jahre später hievon Gebrauch machte, führte für dieses Institut eigene Gesetze ein, die sogenannte „Frauenwierts-Ordnung," worin die Lebensverhältnisse zwischen dem Frauenwirth oder Wirthin und den gemeinen Weibspersonen in 13 Punkten bestimmt waren. Die Bordellbesitzer waren verpflichtet, „die Töchter zu den heiligen Zeiten gen Kirchen zur Meß und Predigt gehen zu lassen." Zur Errichtung eines solchen Bordells wurde ein Haus bei der Schleifmühle am Anger angekauft. Die Frequenz war nach einigen Jahren so groß, daß man ein „zweites Frauenhaus in Unsrer Frauenpfarre an der Ringmauer bei Unsers Herrn Thor gelegen" errichtet wurde, wie es eine Verkaufsurkunde von 1507 nachweist. Die Zunftmeister sahen sich veranlaßt, für jene Gesellen, „welche täglich in dem Frauenhaus liegen," eine Gesellenstraf festzusetzen. Die Vorstände oder Vorsteherinen waren größtentheils Nichtbayern und aus Thüringen, Straßburg, Nürnberg, Augsburg, Tyrol ꝛc. gebürtig. Nur zwei Frauenwirthinen aus Landsberg und Landshut finden sich in den Urkunden; dagegen trifft man vom Jahre 1540 an keine einzige Münchnerin. Bei der Aufhebung der Bordelle nahmen sieben Mädchen den Schleier, um für ihre Sünden zu büssen; der Herzog nahm diese Nachricht sehr freudig auf, gab aber den Befehl, daß man auf dieselben ein wachsames Auge richten sollte, damit sie nicht wieder in die frühere entehrende Lebensweise zurückfielen. Die übrigen wurden von Wilhelm mit Heirathsgütern beschenkt und verehelichten sich mit jungen Männern.

Die unzüchtigen Handlungen wurden mit Geld und Gefängniß und beim wiederholten Uebertretungsfalle mit Verschärfung bestraft. Die gefallenen Weibspersonen wurden außerdem in die sogenannte Geige geschlagen, durften nicht mehr bei öffentlichen Processionen erscheinen, und sich bei der Trauung nicht mehr mit dem Brautkranz schmücken. Der Ehebruch wurde das erste und zweite Mal mit fünf- und siebenjähriger Landesverweisung und das dritte Mal mit der Enthauptung bestraft; der Adelige und Beamte verlor bei diesem erstmaligen Vergehen allen Rang und Titel. Die fünfjährige Verbannung wurde später dahin abgeändert, daß der Verbrecher fünf Jahre beim Artilleriefuhrwerk dienen mußte.

Die Verdienste Wilhelms V. um die Förderung der Sittlichkeit treten noch größer hervor, wenn wir während seiner Regirungsperiode den moralischen Zustand in den protestantischen Ländern betrachten, wo wir eine progressive Versunkenheit des sittlichen Lebens treffen. In Sachsen, wo die Wittenbergische Reformation vom Jahre 1545 bereits über die Verderbtheit der Zeit und Verwilderung der Sitten klagt, erließ der Kurfürst 1580 ein strenges Mandat, worin er die bittere Erfahrung ausspricht, daß die Laster täglich überhand nehmen. Auf den General-Synoden in Hessen forderten die Superintendenten zur strengsten Strafe gegen das immer mehr sich verbreitende Unwesen der Zauberei und des Aberglaubens auf. In Würtemberg, wo bei einer reichlichen Wein=ernte vom Herbste bis zum Beginne der Fastenzeit über 400 Personen durch bachantisches Zechen um das Leben kamen, brachte der Herzog Christoph die Klage an den Landtag, daß seine Unterthanen die Heiligkeit des Eides so gering schätzen, daß es zum Sprichwort geworden sei: „Es sei so gering Eide zu schwören als Rüben essen." Die Sittenmandate, welche die Kurfürsten von der Pfalz erließen, enthalten strenge Strafen gegen die Gotteslästerung, und bei der oberpfälzischen Visitation vom Jahre 1583 wurde dem Kurfürsten die wiederholte Klage überbracht, daß auf seine Befehle keine Lebensbesserung folgen wolle. In der Rheinpfalz wurden die Kirchenbesucher mit Fluch und Schimpfworten insultirt, so daß Kurfürst Friedrich III. nach einer Polizeiverordnung einen jeden Verspötter mit der damals hohen Summe von 30 Kreuzer bestrafen ließ*). In Brandenburg wuchsen die Verbrechen und Frivolität gegen die heiligsten Traditionen zu einem so hohen Grade, daß der Kurfürst Joachim Friedrich auf seinem Sterbebette ausrief: „Gott muß das Land strafen!" Die westphälische Kirchenordnung vom Jahre 1581 befiehlt den Predigern, die Zuhörer ernstlich zur Buße zu ermahnen und an das jüngste Gericht zu erinnern, welches demnächst zu erwarten sei. In der Markgrafschaft Brandenburg=Ansbach griff die Sittenlosigkeit in allen Volksschichten so tief, daß das Consistorium zu Bayreuth im Jahre 1582 die Einführung des gregorianischen Kalenders deßhalb verhinderte, „weil aus Gottes Wort und anderen Zeugnissen bewußt sei, daß der jüngste Tag nahe vor der Thür stehe**)."

---

*) Häußer, Rheinpfälzische Geschichte II. Bd.
**) Döllinger, die Reformation II. Bd.

Herzog Wilhelm suchte seine Absicht, die Moralität der Unterthanen nach Kräften zu heben, am sichersten durch eine aus der Religion fließende Sittenlehre zu erreichen. Wenn die Sittlichkeit im Herzen Wurzeln fassen soll, so muß zuvor der Glaube festen Boden haben; deßhalb war es des Herzogs eifrigstes Streben, seinen Bayern den katholischen Glauben in seiner Reinheit zu erhalten. Diese Aufgabe war für ihn um so schwieriger und wichtiger, je mehr ketzerische Proselytenmacher im Stillen das Land durchzogen, häretische Tendenzen und Schriften verbreiteten und das in den Glaubenswahrheiten noch nicht vollkommen unterrichtete Volk für die reformatorischen Lehren zu gewinnen suchten. Die nächste Folge dieser religiösen Wühlerei war wechselseitige Zwietracht, Unfriede, Gährung, so daß einen katholischen Fürsten politische Motive nöthigten, in seinem Staate protestantische Unterthanen gar nicht oder nur sehr beschränkt zu dulden. Eine Menge Häretiker besonders phantastischer Wiedertäufer durchwanderte Bayern und lehrte dem Bauern die unsinnigsten Vorstellungen von Recht und Pflicht, Glaubens- und Sittenfreiheit. Das thörichtste, was je ein menschliches Gehirn ersonnen, wurde von den aufgereizten Bauern in den Bierschenken an das Tageslicht gebracht. Die Polemik dieser Leute über die sociale und religiöse Stellung im Staate war nur das Product eines leidenschaftlichen Materialismus. Diese herumschleichenden Häretiker fanden im Lande Anhang und wußten mehre hundert Personen aus Bayern fortzuschleppen. Um diesen gefährlichen Umtrieben Einhalt zu thun, ließ Wilhelm 1584 ein Mandat veröffentlichen, welches den Beamten strengstens befahl, nicht nur im Inlande sondern auch an den Gränzen eine fleißige Spähe auf die Wiedertäufer zu halten. Er versprach jedem, der hierin eine erfolgreiche Forschung anstellen würde, eine Belohnung von vierzig bis fünfzig Gulden.

Wiewohl die Secte der Wiedertäufer durch Edicte des Kaisers und des Herzogs Albrecht V. selbst mit Vollziehung der Todesstrafe unterdrückt werden sollte, so mußte Wilhelm doch mit höchstem Unwillen erfahren, „daß Vorgeher, Lehrer und Diener dieser verdammten Secte nach Deutschland und in unser Fürstenthum Ober- und Niederbayern abgefertigt und ausgesandt werden, andere Leute durch ihre falsche, vergiftete Lehre aufzuwiegeln, zu ihrer Secte zu bewegen und mit sich fortzuführen." Trotz der strengen Verfolgungsmaßregeln wußten die listigen Wiedertäufer in Bayern ihre Proselytenmacherei fortzusetzen und führten in wenigen Jahren über 600 Personen aus dem Lande, so daß der Herzog im Jahre 1587 ein neues Mandat erließ, worin er nicht nur den Polizeibeamten, sondern auch den Förstern und Ueberreitern zur Pflicht machte, die Zusammenkünfte dieser Secte in den Häusern, Scheunen und Wäldern auszuforschen. Da er ferner erfahren hatte, daß zwei Hauptagitatoren nämlich: Zuckerhammer aus Salzburg und Segenschmidt aus Tyrol verkleidet längere Zeit in Bayern verweilen, ohne ihrer habhaft zu werden, so setzte er auf den Kopf dieser beiden Rädelsführer eine Belohnung von hundert Gulden und für die Gefangennehmung eines gemeinen Wiedertaüfers einen bis dreißig Gulden.

Menschen, welche gerne im weiten Meere des Humanismus und Indifferentismus der Gegenwart schwimmen, mögen diese Decrete des bayerischen Herzogs intolerant und grausam nennen, weil es ihnen nicht möglich ist, sich in die Lebensweise und Verhältnisse der Vergangenheit zu versetzen. Damals handelte es sich nicht blos um freie Religionsübung sondern um die Wahrung der Autorität und Unverletzbarkeit der landesfürstlichen Person. Sobald Religionssecten auftauchen, welche Lehren huldigen, die diesem ersten Staatsprincip gefährlich werden könnten, so ist es für die Regirung die höchste Pflicht, dieselben ohne Rücksicht auszumerzen. Die reformatorischen Aufwiegler beschränkten sich nicht auf dem religiösen Gebiete sondern suchten die traditionelle, auf Religion basirte Achtung gegen die Heiligkeit des Regenten bei den Bauern zu untergraben, die vom Freiheitsschwindel bethört waren. Keine Staatsregirung unsers humanistischen und toleranten Jahrhunderts würde eine Secte mit solchen Bestrebungen dulden. Niemand wird den großen Schwerpunkt verkennen, den sich das religiöse Element im Staate setzt. Wer die periodische Entwicklung des Völkerlebens überschaut, erkennt, daß die Einheit oder Mehrheit der Confessionen die Festigkeit des innern Staatsverbandes wesentlich bedingt, und daß jeder große Herrscher, dem die Stabilität seines Reiches am Herzen lag, eine Religion als Staatsreligion zu constituiren suchte. Man ist sehr geneigt, den bayerischen Regenten von Wilhelm IV. bis Kurfürsten Max I. wegen ihrer unerschütterlichen Aufrechthaltung des Katholicismus eine cäsareo-papistische Regirung zum Vorwurfe zu machen. Wer dieß behauptet, der kennt die tiefe Religiosität dieser Fürsten nicht, welche den katholischen Glauben mit strenger Consequenz erhielten, da sie von der Wahrheit desselben fest überzeugt waren. Die Wittelsbacher in Bayern hätten ein solches Regime durch die Einführung des Protestantismus, nach Lostrennung von Rom, viel freier und bequemer üben können, da der größte Theil Bayerns jubelnd die neue Lehre angenommen hätte.

Nachdem Wilhelm sein Herzogthum von den aufrührischen Religions-
neuerern soviel wie möglich gesäubert hatte, schickte er an alle Polizei-
behörden ein Mandat, worin er von den Beamten eine strenge Büchercensur forderte, weil die tägliche Erfahrung und fleißige Nachforschung
bestätigte, „daß die schädlichen, verdammten Irrthümer, Zwiespalt, Verwüstung vieler Königreich, Fürstenthum und Lande und Abfall von der
wahren katholischen Religion mehrentheils und schier allein aus den verbotenen, falschen, ketzerischen Büchern, Tractatlein und Schriften, welche
Gott und seiner hl. Kirche zuwider, allen Christgläubigen zum höchsten
Schaden und Verderben ihrer Seele entspringen und herfließen." Es
wurden Commissäre ernannt, welche ganz Bayern durchreisen, nicht nur
die Buchhandlungen sondern auch die Bücher in jedem Hause untersuchen,
die verbotenen confisciren und die erlaubten eigenhändig unterschreiben
mußten. Die Besitzer religions- und staatsgefährlicher Schriften wurden
dem Rentmeister des Bezirkes überliefert und von diesem nach Größe
ihrer Schuld bestraft. In allen Orten wurden einige Personen gericht-
lich verpflichtet, nach dem Ableben eines jeden Inwohners die hinterlassenen Bücher zu untersuchen, die nicht unterschriebenen wegzunehmen und
von den Relicten die gesetzliche Geldstrafe zu vollziehen.

Niemand durfte ohne Vorwissen der Regirung weder ausländische
Schulen und Werkstätten besuchen, noch an fremden Höfen in Dienste
treten. Wer mit Bewilligung der Regirung in die Fremde ging, mußte
von den Eltern oder Verwandten strenge ermahnt werden, daß er bei
seiner Wiederkehr keine häretische Religion mitbringe, und wenn er eine
solche sollte angenommen haben und nicht aufgeben wollte, so sollte er
lieber nicht mehr nach Bayern zurückkehren. Derjenige, dem die Regirung die Reise ins Ausland gestattet hatte, wurde wo möglich an einen
katholischen Agenten gewiesen und mußte die hl. Sakramente nur in katholischen Kirchen empfangen. Dadurch erreichte Wilhelm seinen Zweck,
Bayern von dem Einflusse fremder, religiöser Tendenzen rein zu erhalten; allein die eben so nothwendige Sittigung seines Volkes konnte er
ungeachtet seines beßten Strebens nicht überall durchführen, obgleich er
jedes Hinderniß der Moralität zu beseitigen suchte. Die Schuld lag damals in der Methode, womit der Clerus sein Lehramt ausübte: die Ka-
techeten in der Schule und die Prediger auf der Kanzel beschäftigten
sich meist mit Dogmatik, jedoch mit so ängstlicher Gewissenhaftigkeit, daß
sie bei dem todten Buchstaben stehen blieben und jedes freie Denken aus-
schlossen. Solche ermüdende Verstandespredigten konnten natürlich für

die Laien nichts weniger als anziehend sein, so daß es den zahlreichen Mönchen, welche mehr auf das Gefühl einwirkten, nach kurzer Zeit gelang dem Säularclerus den Vorrang im Predigtamte abzugewinnen. Die Mönche aber, welche verschiedenen Orden mit mehr oder minder gesteigerter Ascese angehörten, konnten sich nicht über die Sphäre ihres klösterlichen Lebens erheben, priesen das contemplative Leben höher als das thätige und wußten ihren Zuhörern keinen andern Heiligen zur Nachahmung vorzuführen, als einen heiligen Klostermann. Dazu kam noch die verderbliche Eifersüchtelei, womit die einzelnen Orden durch Erfindung neuer Andachten die Gläubigen von andern Kirchen in die ihrige zu ziehen suchten; dadurch aber führten sie die Gefahr herbei, daß die Menschen andächtiger und gebetseifriger, aber nicht frömmer und gesitteter wurden. Der Herzog erkannte diese Mängel des religiösen Lebens und wußte, daß das Predigeramt von Niemanden mit besserem Erfolge ausgeübt werde, als von den Jesuiten; allein diese konnte er von den Lehrstühlen nicht entfernen, und jene, welche der Orden entbehren konnte und die sich in der Prädicatur hervorthaten, hatten die Predigtstühle in den größern Städten Bayerns inne.

Wenn Wilhelm V. am Ende seiner achtzehnjährigen Regirung einen Blick über seine Herrschertätigkeit zurückthat, so mußte sein Herz das Bewußtsein beglücken, daß er vieles und großes für das allgemeine geistige und materielle Wohl seiner Unterthanen geschaffen, und daß es nicht seine Schuld gewesen, wenn manches, was er mit edler Absicht anstrebte, nicht zur Ausführung kam.

Sechstes Kapitel.
Der Landtag in Landshut 1593 — Wilhelms Abdankung 1598.

Bei dem erfreuenden Emporblühen des geistigen und religiösen Lebens in Bayern drückte eine schwere Sorge das wohlwollende Herz Wilhelms, nämlich die höchst mißliche Lage der Finanzen. Die großen Bauten, die vielen Unterrichtsanstalten, die Pflege der Kunst und Wis-

senschaft und die glänzende Hofhaltung forderten jährlich hohe Summen.
Dazu kam, daß Gewerbe und Handel in Verfall geriethen, dagegen Luxus
und ein früher nicht gekanntes Bedürfniß ausländischer Erzeugnisse immer mehr zunahmen; die Anforderungen und der Aufwand der Höfe
steigerten sich, und der Werth der edlen Metalle sank. Die sämmtlichen
Einkünfte des Herzogs beliefen sich nicht viel über 300,000 Gulden,
womit er nicht nur sein Hofwesen sondern alle Regirungs- und Staats-
ausgaben bestreiten mußte. Wenn in früheren Zeiten eine geringe Summe
hinreichend war, den Hof mit fürstlichem Anstande führen zu können, so
war dieß im 16. Jahrhunderte wegen der veränderten Zeit- und Lebensverhältnisse nicht mehr möglich. Es ist daher erklärlich, daß Wilhelm V.
bei so geringen Mitteln, indem die jährlichen Ausgaben die Einnahmen
weit um 150,000 fl. überstiegen, sich nicht anders zu helfen wußte, als
immer neue Schulden zu machen. Diese drückende Lage ging dem frommen Herzog tief zu Herzen; mit bekümmertem Gemüthe schrieb er hierüber an den geheimen Rath und Kammerpräsidenten Christoph Neuburger: „Mir liegt der Abfall des Landes je mehr je länger im Sinne,
und ich wollte fürnehmlich gern wissen, was doch die Ursache des allgemeinen Abnehmens im ganzen Lande sei; denn was das Uebelhausen
oder Schuldenmachen betrifft, da würde Niemand die Schuld haben, als
ich und meine lieben Vorfahrer. Es ist mein endlicher Wille, ihr wollet
mich ehestens umständlich berichten, was ihr vermeint, daß die Ursache
dieses Verfalles sei, da ich den Grund hievon keineswegs in dem sehe,
was gemeinhin davon geredet wird." In der Antwort spricht sich Neuburger offen dahin aus, daß es weder an Geld oder Arbeit sondern nur
an der rechten Ordnung fehle; „denn Eure fürstl. Durchl. wissen
selbst überflüssig, wo und was für Haupt-Unordnungen vorgehen, und
wie ich dagegen immerdar abmahne und treibe." Der Herzog klagte
selbst öfters „über Verschwendungen und Betrügereien", welche in mehrern Zweigen des Hofhaltes überhand nähmen.

Wilhelm hatte zwar seinen Haushalt bedeutend eingeschränkt; allein
die Ausgaben überstiegen die Einnahmen so hoch, daß die Schulden der
herzoglichen Kammer im Jahre 1593 auf anderthalb Millionen ange-
wachsen waren. Er fand kein anderes Mittel, sich von der großen Schuldenlast zu befreien, als die Landstände einzuberufen, wiewohl ihn dieselben beim letzten Landtagsabschied gebeten hatten, sie vor sechs Jahren nicht
zu versammeln. Die Landschaft wurde für den 7. November 1593 nach
Landshut berufen. Die Mitglieder trafen sehr spärlich ein; es waren

anfangs 280 persönlich anwesend; auf ein zweites Ausschreiben kamen noch 73 nach. Der Herzog erschien selbst mit seiner Gemahlin und einem Gefolge von 238 Personen und 280 Pferden, sein Bruder Ferdinand mit 32 Personen und 35 Pferden, Erbprinz Maximilian mit 29 Personen und 27 Pferden. Wilhelm eröffnete persönlich den Landtag und stellte an die versammelten Landstände folgende Proposition: „Da die bewilligten Hilfen nun ihre Endschaft erreichen, aber die Schulden noch nicht getilgt seien, so müsse von diesen letzten tractirt werden. Aber man müsse einmal ernstlich die Hand an ein Fundament legen, da die Ursache aller Verlegenheiten schlechthin an der Unzulänglichkeit der fürstlichen Einkünfte liege. Vor allem müsse der fressende Wurm der immer wachsenden Zinsen vertilgt werden." Es wurde hierauf der große Ausschuß gewählt, und die Verordneten zur Redaction der Beschwerden ernannt. Es wurde hierüber bis zum 12. November berathen und folgende Antwort beschlossen: „An fleißiger Betreibung und richtiger Verwendung der Hilfen habe man es nicht erwinden lassen und nur die unglaubliche Ersteigerung des Landes sei Schuld, daß die Schuld dennoch nicht ergiebiger geringert worden als zu einem Vierttheil. Sollte man jedoch mit besondern Unfällen und neuen Ueberbürdungen verschont werden, so sei Hoffnung da, vielleicht Wege zu finden, nach und nach an ein besseres Ende zu kommen. Aber Mittel zur Erhöhung der Einkünfte wisse man keine zu ersinnen. Dem Bauer könnten neue Auflagen ohne Befürchtung eines Aufstandes und Reizung des Zornes Gottes nicht aufgebürdet werden, da er ohnedem schon hart am Bettelstabe sei. Fast ebenso verhalte es sich mit den übrigen Ständen, und der Aufschlag erleide auch keine Erhöhung mehr. Also müsse die Hauptwurzel des Verfalles dadurch gehoben werden, daß die Ausgaben mit den Einnahmen in ein billiges Verhältniß gestellt werden. Dieß und die neuerdings drohende Türkengefahr bitte man zu bedenken, und sei übrigens bereit, andere Vorschläge gerne in Berathung zu nehmen."

Auch Herzog Ferdinand reichte wieder ein Postulat ein, worin er seine geldarme Lage darstellte und erklärte, „daß er in eine Schuld von 28,000 fl. gerathen sei, um deren Uebernahme er bitte."

Herzog Wilhelm erwiderte in der Replik: „Er habe bereits alle Ausgaben einer genauen Revision unterwerfen lassen und sei entschlossen, alle möglichen Ersparungen eintreten zu lassen; es zeige sich aber durchaus, daß das Einkommen auch den nothwendigsten dieser Ausgaben nicht gerathen sei. Er Gnaden tragen herzlich Mitleiden an des Landes Ersteigerung, seien aber gerade deßhalb der so festen Ueberzeugung, daß einem gänzlichen Verderben nur dadurch abgeholfen werden könne, daß das Uebel der Schulden einmal aus dem Grunde gehoben werde. Dieß sei auch allerdings möglich, wenn sich die Stände etwas stärker angreifen, und wenn 1) die Steuer etliche Jahre hindurch continuirt und erhöht, und 2) der Aufschlag gleichfalls erhöht und auf andere Pfennigwerthe ausgedehnt werde; dagegen sei der Herzog erbötig zur Aufnahme der Gewerbe und des Landvermögens die Polizei und deren Declaration zu erneuern und zu verbessern. Denn dadurch könnten ohne Zweifel allerlei Dinge geordnet und angestellt werden, die dem Prälaten- und Ritterstande zu gutem Nutz und Aufnahme gereichten. Städten und Märkten könnten noch mehr Mittel und Wege gezeigt und an die Hand gegeben werden, nützliche Gewerbe anzurichten und zu treiben. Wie Sr. Gnaden schon mehrmals geahndet und noch ahnden, daß die Gewerbe in diesen Landen so gar klein und wenig seien, da doch wie bekannt und wissentlich Bayern von Gott und der Natur dermaßen gesegnet und begabt sei, daß andere Städte und Länder in großer Anzahl und Menge Sachen daraus abholen und ziehen, damit gar nützlich handthieren und sich bereichern. Alles dieses könnten die Landesunterthanen gleicherweise thun, wenn man nur wollte und den gebührenden Fleiß daran wende. Den armen Unterthanen und Bauern könnte man ebenfalls allerlei Sachen zum besten setzen und verordnen insbesondere aber auf Mittel denken, wie den Bauern die gartenden Landsknechte, Bettler, Stationirer, ungehorsame Ehehalten und dergl. vom Halse geschoben werden möchten."

Auf diese Replik duplicirten die Stände hinwieder: „Man höre mit Bekümmerniß, daß das fürstliche Einkommen, obwohl man auf dem letzten Landtag das Kammergut freigemacht, dennoch immer nicht ausreichen wolle. Nun reichen die Steuern und Aufschläge nicht einmal zur Deckung der Schulden, viel weniger zu einer Besserung des Kammergutes hin. Die vorgeschlagenen Mittel könne man aber um so weniger auf sich nehmen als die drei Stände ganz verschuldet und verarmt und die Bauersleute ohnehin am Rande des Verderbens seien; denn seit dem Jahre 1577 sei nun schon zum zwölftenmal der zwanzigste Theil des Vermögens als Steuer erhoben worden. Mancher Artikel der Steuer-Ordnung sei wirklich dem geistlichen und weltlichen Rechte, der hl. Schrift, der Vernunft und Billigkeit und dem Gewissen zuwider. Der Aufschlag aber erleide um so weniger eine Erhöhung, als Auflagen dieser Art um so weniger ertragen, je höher man sie spanne; neue Belegungen anderer

Pfennigwerthe seien schon so oft als unthunlich dargestellt worden. Was die Polizei betreffe, so dürfte es zwar genügen, wenn die bestehende Ordnung gehandhabt würde, man sei aber bereit zu einer Revision und Verbesserung derselben mitzuwirken. Man bitte übrigens den Herzog zu bedenken, daß die Steuerfähigkeit eines Landes nicht nach seiner Ausdehnung und seinem Ruhme, sondern nach seinen innern Quellen zu berechnen und daß also zu verwundern sei, wie Bayern, das außer Salz, Getreid, Vieh und Schmalz nichts in den Handel bringe und für fremde Waaren und Zinsen an Ausländer soviel Geld hinaussende, sich habe so lange erhalten können; das bitte man den Herzog zu erwägen und nicht weiter mit Bürden in die Stände zu bringen sondern mit einigen Verordneten offen und gründlich, wie zwischen Vater und Kindern die Natur des Uebels und die Mittel der Hilfe in Berathung nehmen zu lassen. „Weil denn, gnädigster Fürst und Herr! sagten die Stände am Schlusse ihrer Duplikschrift, wir über die hievon bereits übernommenen und noch obliegenden ansehnlichen Schulden diese Zeit weiter je nicht schreiten, noch die von Eurer Fürstl. Durchl. uns vorgeschlagenen Mittel außer unsers und unsrer Unterthanen wissentlichen Verderbens bewilligen könnten viel weniger zu tragen uns getrauten oder auch gegen den ewigen Gott, der sein väterliches Auge ob den Armen hält, zu verantworten wüßten, wenn wir denselben noch höher als bisher belästigen und bedrücken sollten; so wollen wir Er. Fürstl. Durchl. unterthänigst und gehorsamst bitten, Sich Selbst, Ihre geliebte junge Herrschaft und uns als Ihre getreueste gehorsamste Landschaft nach so vielfältigen Contributionen, wodurch wir und die Unterthanen in der letzten und höchsten Noth stecken, gnädigst zu bedenken, in uns mit den vorgeschlagenen unerträglichen Mitteln und Bürden weiter nicht zu bringen, sondern vielmehr so vieler hoch verarmter Unterthanen und Landleute, die außer Gott allein zu Ew. Fürstl. Durchl. ihre unterthänigste Zuflucht haben, auch um Ringerung der Bürden flehen und anrufen, sich gnädigst zu erbarmen und ihre Anliegen mit Fürstlichen milden Augen so anzusehen, daß sie nicht allein sich selbst, Weiber und Kinder in diesem Fürstenthum noch länger hinbringen, sondern auch wir mit göttlichem Beistande unsere obliegende Last mit der Zeit von uns schütten und sobald wir in unsern alten Stand gesetzt oder uns nur zum Theil wieder erholet haben werden, Er. Fürstl. Durchl. mit weiterer unterthänigster Hilfe und vielleicht zu besserm Gedeihen beispringen mögen. Wir wollen auch nicht zweifeln, daß, wofern Ew. Fürstl. Durchl. Ihrem gnädigsten Erbieten nach selbst Hand anlegen und die Ausgaben dem jährigen Einkommen gemäß richten und anstellen, zu vorhabenden Zwecken und zu Verhütung ferneren Schuldenmachens wohl und zwar mit ergiebigerm Segen gelangt werden könne, als wenn man sich auf unsere Contributionen, welche aus der Unterthanen Schweiße erzwungen werden, verlassen müßte."

Der Ausschuß brachte noch in Nebenschriften vor: „Der Kanzler habe Befehl vom Herzog mit Hinausgabe der Landschaftsbücher an sich zu halten. Sie bäten nun Sr. Gnaden sich zu erinnern, was über die Landschaftsbücher auf dem letzten Landtag gehandelt worden und sie, da man diese Bücher nicht entbehren könne, bei Herkommen zu lassen." Allein Wilhelm, der stets gegen die Veröffentlichung der Landschaftsbücher war, schrieb hierüber an seinen Kanzler: „Er wolle je länger je weniger zugeben, und sollte sich auch die Landschaft darüber zerstoßen, daß seine und des Landes Handlungen und Schriften sowie bis jetzt Jedermann freigegeben würden, zumal in dieser Landschaft vielleicht noch Sachen möchten von ihm auf die Bahn gebracht werden, welche billig nicht unter die Leute kommen dürften, was auch nie Noth sondern bloßer Fürwitz wäre. Er zweifle zwar nicht, sie werden sich nicht wenig darauf fussen, daß sie es jüngsthin herausgepoltert haben; dießmal aber werde er nicht nachgeben, denn wenn ihm die Hände so sehr gebunden sein sollten, so wollte er lieber einer aus der Landschaft als ihr Fürst sein."

Außerdem bat der Ausschuß den Herzog in einer weitern Nebenschrift: „den Landsassen außer ehrhafter Ursache keinen Urlaub zu ertheilen, da ohnehin schon viele ausgeblieben."

Wilhelm sah, daß es auf diesem Wege nicht möglich sei, zum erwünschten Ziele zu kommen; er beschloß daher auf beiden Seiten eine Commission zur Berathung der beschwerlichen An- und Obliegenheiten des Landes zu ernennen. Es wurden von Seite des Herzogs der Ober-Kanzler Dr. Joh. Georg Hörwarth, der Kammerpräsident Christoph Neuburger, der Hofkanzler Dr. Joh. Gailkircher, der Rentmeister Theodor Viehbeck und der Secretär Dr. Christoph Gewold, von Seite der Stände der Propst Dr. Lauther, Johann Abt zu Allersbach, Freiherr Stephan von und zu Gumpenberg, Graf Christoph Schwarzenberg, Wilhelm v. Freiberg, Hans Jakob v. Closen, Andreas Ligsalz, Kaspar Hauszeller, der Landmarschall und Landschaftskanzler abgeordnet, um sich mittels mündlicher Unterhandlungen näher zu vereinigen. Als beide Commissionen am 26. November zusammengetreten, eröffnete der Oberkanzler im Namen des Herzogs den Abgeordneten der Stände: Sr. Fürstl. Durchl. wären gänzlich und ernstlich entschlossen, in allen Ihren Ausgaben sich einzuschränken; aber es wäre bei aller Ihrer Einschränkung schlechterdings nicht möglich, ohne weitere Hilfe oder Schuldenmachen die nothwendigsten Ausgaben bestreiten zu können. Da es das Ansehen habe, als wären die Stände hierin ungleich berichtet, so wollen Sie ihnen über die Beschaffenheit ihrer Einnahmen und Ausgaben die nöthigen Aufschlüsse geben, die jedoch in höchster Stille geheim gehalten werden sollen. Hierauf ergriff der Kammerpräsident Neuburger das Wort und legte den Abgeordneten eine umständliche Finanzrechnung vor, woraus sich ergab, daß das jährliche Einkommen des Herzogs nicht ganz 300,000, dagegen die ordentlichen und außerordentlichen Ausgaben über 635,000 Gulden betrugen; das Höchste, was in diesen erspart werden könne, wurde auf 150 bis 170,000 Gulden angeschlagen, so daß in der Bilanz die Ausgaben die Einkünfte jährlich um 150,000 Gulden übersteigen würden. Die Commissäre der Landschaft erwiderten, daß die Stände seit dem Jahre 1563 für Schulden und Zinsen an 10 Millionen bezahlt haben und jetzt noch eine Schuldenlast von 3,200,000 Gulden zu tilgen hätten, zu deren Verzinsung jährlich die Summe von 160,000 fl. erforderlich sei; unter solchen Verhältnissen wisse man zu einer Kammergutsbesserung kein Mittel vorzuschlagen. Bei einer Bewilligung derselben wäre es unvermeidlich, daß man bei dem geringen Ertrag der landschaftlichen Gefälle auch nicht einmal das Hauptschuldengut mehr verzinsen könnte. Die Folge wäre Verlust allen Kredites, und Land und Leute müßten unwiederbringlich zu Grunde gehen.

Die Räthe überreichten diese Erklärung dem Herzog und brachten den andern Tag an die ständischen Abgeordneten die Antwort: „Sr. Gnaden ließen es bei Ihrer Eröffnung bewenden und würden solche Mittel ertrachten, wodurch Ihr zu einer austräglichen Intrada verholfen werde, sich tröstend, daß die Landschaft sie in jetzt obliegenden Nöthen nicht verlassen werde. Die Mittel, auf welche der Herzog jetzt denke, seien: 1) eine Höherung des Salzsatzes, 2) die Einbringung des alten Umgeldes im ganzen Fürstenthum; dieß solle zur Besserung verwendet werwerden. Seit dem letzten Landtage sei aber der Herzog in eine neue Schuld gerathen, welche im Ganzen 1,500,000 Gulden betrage; diese Schuld möchte die Landschaft auf sich nehmen. Die Abgeordneten der Stände machten den herzoglichen Räthen geringe Hoffnung, daß so große Forderungen bewilligt werden möchten; denn die Einführung des Umgeldes schien ihnen sehr bedenklich, weil dadurch die Privilegien der

Stände gefährdet seien. Die Prälaten, Adeligen und Deputirten der Städte protestirten gegen die Forderung des Umgeldes, weil sie dadurch die Hälfte ihrer bisherigen Erträgnisse verlieren würden. Die Abgeordneten suchten jedoch die Stände dahin zu bringen, daß sie dem Herzog folgenden Beschluß übersandten: So beschwerlich es auch dem nach Erleichterung seufzenden Lande fallen müsse, wolle man sich dennoch dahin verstehen, daß wenn die Beschwerden gewendet, die Stände vor neuen Fractionen assecurirt, der Landschaftsbücher halber keine Neuerung vorgenommen und ein stattlicher Schadlosbrief ausgestellt werde, man 1) die neue Schuldenlast von 1,500,000 Gulden übernehmen, 2) jährlich 50,000 Gulden Kammergutsbesserung reichen und 3) darein willigen wolle, daß der Herzog von jeder Scheibe verkauften Salzes 24 Kreuzer beziehe unter dem Vorbehalt, diese Auflage nach Umständen mit 100,000 Gulden Besserung wieder einzulösen. Dagegen hoffe man, Sr. Gnaden würden so stattlichen Bewilligungen mit ernstlichen Maßregeln zur Vermeidung überflüssiger Ausgaben entgegenkommen, um dem Lande wieder zum Wohlstand zu verhelfen. Am Schlusse der Quadruplik fügten sie bei: „Wie denn hiemit abermal an Ew. Fürstl. Durchl. unser unterthäniges Bitten gelangt, daß Sie Ihrem von Gott begabten hocherleuchteten Verstande auch weit gepriesener christlichen Gottesfurcht nach alles dieses vornehmlich aber des armen Mannes Betrübniß, höchste Noth und Bürden fürstmildiglich bedenken, daneben auch die so vielfältig, mit unsrer der Stände und Unterthanen äußerster Erschöpfung geleisteten Hilfen, die noch unbezahlte merkliche Schuldenlast und was dieselbe, wenn der allmächtige Gott uns mit Krieg oder anderer Widerwärtigkeit heimsuchen sollte, für Spott, Nachtheil, Unrath und endliches Verderben gewiß verursachen, ingleichen auch die schwere Verantwortung, die uns wegen größerer Beschwerung des armen Mannes obliegen würde, und wofür wir einst vor dem Allmächtigen schwere Rechenschaft geben müssen, erwägen und zu Herzen führen, und dann als ein gnädiger Vater, Beschützer und Beschirmer, Ew. Fürstl. Durchlaucht von Gott untergebener Land und Leute alle Ausgaben insgemein dergestalt einziehen mögen, daß Ew. Fürstl. Durchl. mit Ihres löblichen Fürstenthums beständigen jährlichen Einkünften sammt jetzt bewilligter Kammergutsbesserung auch stattlichen Zusatz des Salzverkaufes und Aufschlags ohne Aufbringung fremden Geldes weithin gelangen, und Ihre getreuen Stände und arme Unterthanen mit Aufladung mehrer Bürden und Schulden, welche sie keineswegs weiter annehmen noch erschwingen könnten, in Zukunft väterlich verschonen möchten."

Am folgenden Tag den 4. Dezember traf in Landshut eine Deputation der Domkapitel Eichstädt, Freising und Passau ein und überreichte dem Landschaftsausschuß eine Beschwerdeschrift mit dem Inhalte, daß sie gegen die Besteuerung ihrer in Bayern gelegenen Renten Protest einlegen. Sie behaupteten, durch Recht und Verträge von dieser Besteuerung befreit zu sein, und baten die Landschaft, die Sache dahin zu dirigiren, daß sie künftig damit verschont blieben.

Als die Verhandlungen so weit vorgeschritten waren, daß man auf beiden Seiten eine erwünschte Vereinigung hoffen konnte, zogen die Landstände einen Gegenstand in die Debatte, welcher so stürmisch geführt wurde, daß es zwischen dem Herzog und der Landschaft fast zu einem förmlichen Bruch gekommen wäre. Wilhelm hatte nämlich seit dem letzten Landtag 1588 von allem Getreide, welches ins Ausland geliefert wurde, eine gewisse Abgabe erhoben; dadurch glaubten sich die Stände in ihren Privilegien und Freiheiten verletzt und verlangten die Abschaffung einer so willkürlichen Besteuerung. Der Herzog erklärte, daß sie kein Recht hätten, eine solche Forderung an ihn zu richten, und daß dieser Gegenstand nicht in die gegenwärtigen Verhandlungen gezogen werden dürfe; er sei jedoch geneigt, einigen Abgeordneten der Landschaft durch seine Räthe hierüber Aufschlüsse zu ertheilen. Allein die Stände weigerten sich, einen mündlichen Bescheid anzunehmen, und überreichten dem Herzog eine ausführliche Schrift, worin sie seine Räthe anklagten, daß deren „subtile Inventionen und beschwerliche Neuerungen mehr zu ihrem eigenen Privatnutzen, Vortheil, Aufnahm und Bereicherung als zum Lobe des Allmächtigen und zur beständigen Wohlfahrt, Ehre und ersprießlichen Gedeihen des fürstlichen Hauses und gemeinen Vaterlandes dienen und ausschlagen." Wofern diese Last nicht gehoben würde, so erklärten sie, die bereits bewilligte Hilfe schlechterdings weder leisten zu können noch zu wollen. Der Herzog, welcher diesen gehässigen Ausfall auf seine Räthe nicht ungeahndet lassen konnte, tadelte die Stände, sich Ausdrücke bedient zu haben, die zunächst für ihn selbst beleidigend seien; zu solch leidenschaftlichen Aeußerungen besäßen sie weder Fug noch Recht noch Ursache. Ihm als Staatsoberhaupt könne niemals das Recht streitig gemacht werden, irgend eine Polizeiverordnung zu treffen; es sei aber unbestreitbar Polizeisache, dafür zu sorgen, daß durch die freie Ausfuhr des Getreides ins Ausland nicht Mangel im eigenen Lande entstehe. Die Erfahrung habe bewiesen, daß Fremde das Getreide in Bayern wohlfeil gekauft und später, wenn im Inlande Theuerung eingetreten, dasselbe wieder eingeführt und um weit höhere Preise verkauft haben. Er sehe hierin keine Verletzung der ständischen Privilegien, da es niemanden verwehrt gewesen sei, mit seinen Früchten ohne alle Abgabe freien Handel zu treiben. Diese energische Sprache Wilhelms vermochte jedoch die stürmische Bewegung der Stände nicht zu unterdrücken, sondern führte zu einem erbitterten Principienstreit. Der Herzog behauptete, das Recht, die Ausfuhr des Getreides zum Vortheile des Inlandes zu verbieten oder einen Zoll auf dasselbe festzusetzen, sei ein von Kaiser und Reich wohl erworbenes Regale, dessen Ausübung von den Ständen nicht beschränkt werden könne. Die Stände dagegen suchten ihr vermeintliches Recht dadurch zu begründen, daß sie behaupteten, kein Regent könne ohne Bewilligung der Stände neue Steuern und Auflagen erheben. Das Getreide sei eine Gabe Gottes, mit welcher man allen Menschen zu Hilfe kommen müsse, und die Beschränkung der Getreideausfuhr würde für das Land die verderblichsten Folgen bringen, da der arme Landmann an den Bettelstab kommen müsse, wenn ihm hinsichtlich des Getreideverkaufes Schranken gesetzt würden. Nur unter dem Vorbehalt, daß die Privilegien der Stände bewahrt, und der Getreidezoll abgeschafft werde, hätten sie dem Herzoge so große Concessionen gemacht; sollte daher diese Beschwerde nicht gehoben werden, so lasse man die nur eventuell geschehene Bewilligung auf sich beruhen und alles dem lieben Gott anheim stellen.

Wiewohl der Herzog sich bewußt war, daß er bei der Beschränkung des Getreidehandels, wozu er als Staatsoberhaupt befugt war, nur das beßte seines Volkes im Auge hatte, und aus den hierüber gepflogenen Verhandlungen erkannte, daß die Stände nicht das allgemeine Wohl sondern ihre Interessen vertraten, so ließ er sich doch durch die mißliche Lage, in welche ihn die Finanznoth versetzte, bewegen, höhere Staatszwecke zu opfern, um für den Augenblick dem Bedürfnisse abzuhelfen. Er ließ der Landschaft durch seine Räthe hinterbringen, daß er die Getreidesperre und das Politengeld für die nächsten 12 Jahre aus Gnaden und unter der Bedingung abstellen wolle, daß die Stände des Herzogs Ferdinand Schulden übernehmen und die Summe von 50,000 Gulden baar sogleich überliefern. Dieß wurde von der Landschaft sogleich bewilligt.

Nachdem der Landtag bereits über einen Monat gedauert hatte, reiste Wilhelm nach Altötting ab und ließ den Ständen eröffnen, daß er sich entschlossen habe, seinem Sohne Maximilian als künftigem Erbherrn und Landesfürsten eventuelle Erbhuldigung leisten zu lassen. Der-

selbe sei bereit, die Privilegien der Landschaft in hergebrachter Form zu
bestätigen; auch habe er ihm die Vollmacht gegeben, die weitern Verhandlungen mit der Landschaft zu pflegen.

Für den Herzog Maximilian bot sich nun die erste Gelegenheit dar,
sein künftiges Herrschertalent zu beurkunden; denn obwohl alle Verhandlungen mit den Ständen nur im Namen seines regirenden Vaters geführt wurden, so konnte er doch die gegenseitigen Verhältnisse des Regenten zu seinen Ständen und theilweise die Beschaffenheit jenes Landes
kennen lernen, über welches er einst regiren sollte.

Mit dem Beginne des Jahres 1594 entwickelte Maximilian seine
Landtagsthätigkeit und ließ dem Ständeausschuß ein Schreiben folgenden
Inhaltes überreichen: „Nachdem der Erbfeind gemeiner Christenheit sich
seit einiger Zeit in Ungarn, Kroatien und andern angrenzenden Ländern
mit Einfall, Nahm, Raub, Mord, Todtschlagen, Wegführen der armen
Christen und in all andern ihm nur möglichen Wegen dergestalt erzeigt,
sich auch täglich einkommenden gewissen Zeitungen und allem Vermuthen
nach für künftigen Sommer mit einer starken Heereskraft gefaßt macht,
obgenannte Länder und dann das gemeine Vaterland, das heilige Reich
deutscher Nation feindlich zu überfallen — daß man sich deßwegen nothwendig zur Gegenwehr zu richten haben wird — nun aber diejenigen
nicht unbillig am meisten sich wehren und das ihrige, ja Leib, Gut und
Blut gutwillig aufsetzen sollen, die diesem Feinde am nächsten gesessen
sind; nachdem es ferner einem Fürsten zur Zier und Ehr gereicht, ihm
auch ein großes Ansehen und Reputation wie nicht weniger einem ganzen Lande besondern Trost gibt, wenn einer in Kriegssachen erfahren ist;
nachdem auch dieses sonst durch die Gnade Gottes glückliche Land erst-
gedachtem Türken nahe gelegen, man auch bei so vielen täglich entstehen-
den Uebeln vor neuen Unruhen, die auch dieses Land berühren möchten,
nicht sicher sein kann; — so seien Sr. Fürstl. Durchlaucht mit gnädigstem Vorwissen und Gutheißen ihres geliebten Herrn Vaters entschlossen,
auf den Fall, daß es wider übelgedachten Türken zu einem Feldzuge
kommen sollte, es als ein junger Herr, dem, so ferne ihm Gott das
Leben schenkt, diese Länder und Fürstenthümer zu regiren und zu beschützen zustehen werde, bei so guter Gelegenheit zu versuchen und sich
mit einer namhaften Anzahl Pferde wider diesen gemeinen Feind der
Christenheit freiwillig zu gebrauchen, in der tröstlichen Hoffnung und
Zuversicht, der Allmächtige werde Sr. Fürstl. Durchl. Gnade und Segen
verleihen, um dießfalls zu Ihrem sowohl als dieser Lande und ganzen

Landschaft Ruhm, Trost und Lob, Ehre einlegen zu können. Wie denn Sr. Fürstl. Durchl. weder an sich noch an alle dem, was ein junger Fürst dießfalls immer thun mag, nichts erwinden oder sich von einiger Ungelegenheit, die dergleichen Wesen auf sich trägt, abhalten lassen wollen. Da nun aber zu einem solchen Werk und Vorhaben nebst der Gnade Gottes auch eine Anzahl Geldes von Nöthen ist, weil damit sowohl redliche gute Leute bestellt und besoldet, als auch Pferd, Rüstung und so viel anders angeschafft werden kann; und da Sr. Fürstl. Durchl. nicht wohl alles von Ihrem geliebten Herrn Vater begehren oder erwarten dürfen oder sollen, an diesem Werke aber sowohl des gemeinen Vaterlandes Ehre, Trost und Wohlstand als Sr. Fürstl. Durchlaucht und der versehentlich mitreisenden Landleute Nutzen, Erlernung und etwas Sehung hoch gelegen ist; so wollen sich Sr. Fürstl. Durchl. gnädigst getrösten, eine gemeine löbliche Landschaft und ihr Ausschuß werde, weil Sr. Durchl. wegen Erhaltung und Wohlstand des Vaterlandes auf den Fall der Noth Leib und Leben zu wagen willig und bereit sind, das ihrige auch dabei thun. Denn obgleich eine gemeine Landschaft Sr. Fürstl. Durchl. geliebten Herrn Vater in Unterthänigkeit ein stattliches bewilligt hat, wird dennoch ein solches Sr. Fürstl. Durchlaucht gegebenes Geld so angelegt und verwendet werden, daß so Gott will! des Landes Bayern Ruhm, Ehre, Ruhe und Aufnahme davon zu erwarten sein wird. Es ersuchen demnach Sr. Fürstl. Durchl. die Stände ganz gnädigst, Ihr zu Ihrer Ausstaffirung und allerlei Bestellung wie nicht weniger zur Erhaltung von 500 Pferden auf drei oder vier Monat, wie es Ihr Fürstl. Stand auch der Sachen Wichtigkeit und Nothdurft erfordern, eine Summe Geldes dergestalt zu bewilligen, daß wofern und sobald dieser Sr. Fürstl. Durchlaucht vorhabende Zug ins Werk gerichtet und seinen gewissen Fortgang erreicht, solche Summe erlegt werde; wie denn Sr. Fürstl. Durchl. diese anderer Gestalt gar nicht als nur auf den Fall des wirklichen Fortziehens begehren. Damit aber die Stände hiebei auch ihren eigenen Nutzen, Wohlstand und Aufnahm um so mehr sehen und genießen mögen; so sind Sr. Fürstl. Durchl. des Fürstlichen, gnädigen und sonderbaren Erbietens diejenigen vom Adel und von der Bürgerschaft in Städten und Märkten oder auch sonst im Lande geborne, welche mit Sr. Fürstl. Durchl. fortzuziehen Lust und Neigung haben und sich jedoch mit Pferd und Rüstung staffiren können, von Männiglich mit Sich auch in Ihre besondere Gnade und Schutz zu nehmen. Wie es denn Sr. Fürstl. Durchl. gar lieb und angenehm wäre, wenn Sie nur viele

Landleute haben könnten und wie Sr. Fürstl. Durchl. mit denselben gerne alle Widerwärtigkeiten, so der liebe Gott verhängen möchte, ausstehen wollten; so sind Sie auch aus Fürstlichem getreuen Gemüthe mit allen Gnaden bereit und erbietig, denselben alle Wohlfahrt, Ehre und Nutzen, so der streitbare siegbafte Gott verleihen möchte, mitzutheilen. Was aber Sr. Fürstl. Durchl. im Lande nicht wird haben können, das werden und wollen Sie an andern Orten erobern und aufbringen lassen. Wie denn eine löbliche Landschaft ohne allem Zweifel selbst nicht rathen oder es gerne sehen würde, wenn S. Fürstl. Durchl. sich etwas bloß und ohne gute kriegsverständige, erfahrne, treuherzige Leute auch ohne eine namhafte Anzahl Pferde hinauslassen sollten, und dieses auch Sr. Fürstl. Durchl. um so weniger zu thun gemeint sind, weil an diesem Ihrem Feldzuge des Namens Bayern insgemein nämlich des uralten Königlichen, Kur- und Fürstlichen Hauses und auch des weitberühmten Landes Reputation und desselben Stände Ehre etlicher Maßen hoch gelegen ist; so wollen Sr. Fürstl. Durchlaucht die Stände unter anderem erinnert haben, daß gleichwie dasjenige allezeit für das beste Kriegen gehalten wird, so außer Land geschieht, also Sr. Fürstl. Durchl. wie zu Gott zu hoffen sei, mit Ihrem beistehenden, getreuen, mannhaften Häuflein neben und mit andern Christen dem Türken solchen Abbruch werde thun helfen, daß dieses unser allgemeines Vaterland, die Fürstenthümer Ober- und Niederbayern vor seiner Tyrannei gesichert sein sollen. Würde sich aus Verhängniß Gottes je zu tragen, daß dieser Feind über Hand nehmen und in Zukunft gar heraufstreifen sollte, so würde ja Männiglich viel beherzter, getröster und unverzagter sein, wenn Sr. Fürstl. Durchl. als der angehende Herr und Landesfürst und so viele Ehrliche vom Adel auch andere redliche Inwohner und Landleute den Feind bereits zuvor unter Augen gesehen und seine Griffe auch die Mittel, ihm Widerstand zu thun, selbst erfahren und gelernt hätten. Und da der bayerische Adel und Bayern insgemein das altgehabte gute Lob des Kriegswesens und der Kriegserfahrenheit eine Zeit her eben nicht wenig verloren hat, so möchte dieser Ruhm auf solche Weise ziemlich wiederholt und hergestellt werden. Schließlich sind Se. Fürstl. Durchl. neben alledem gnädigst erbietig, diese einer löblichen Landschaft zuversichtliche Willfährigkeit gegen die Stände und gegen Jeden insbesondere in allen Gnaden jetzt und in Zukunft zu gedenken und zu erkennen, des Versehens, ein solches Begehren würde Sr. Fürstl. Durchl. um so weniger abgeschlagen, nachdem dasselbe Sr. Fürstl. Durchl. erstes Begehren an die Landschaft und dem Vaterlande allein zur Ehre und zum beßten gemeint ist. Es begehren auch Sr. Fürstl. Durchl. auf solchen Fall alle mitziehenden Bayerische nicht allein mit der Besoldung der Gebühr nachzuhalten, sondern auf vorfallende Gelegenheit so viel Sie nur immer sollen und thun werden können, zu befördern. Und nachdem leichtlich zu erachten, daß bei vorstehender und je länger je mehr zunehmender Kriegswerbung eben so wenig gute versuchte, gemeine Reiter als Oberste und Rittmeister zu bekommen sein werden, so erfordert die Nothdurft, wie es denn auch Se. Fürstl. Durchl. hiemit gnädigst begehren, daß diejenigen aus der Stände Verwandten, welche obgehörtermassen mit Sr. Fürstl. Durchl. also fortziehen und sowohl als Dieselbe etwas versuchen wollen, sich in den nächsten sechs Wochen nach Beendigung gegenwärtigen Landtages bei Sr. Fürstl. Durchl. schriftlich anmelden. Worauf sie dann aller Nothdurft nach um Sr. Fürstl. Durchl. und ihrer selbst Nachrichtung willen unverlängt Bescheid erhalten sollen."

Diese Rede, in der ein jugendlicher kriegerischer Geist weht, machte auf die Stände einen so guten Eindruck, daß sie einstimmig beschlossen, es sollen 30,000 Gulden zur Auszahlung des Soldes und Bestreitung anderer nothwendiger Kriegskosten aus den landschaftlichen Kassen erhoben werden. In der Bewilligungsschrift sprachen sie dem jungen Herzog ihren Dank aus für das feste Vertrauen, welches er auf seine Bayern setzte und für seinen Soldatenmuth, Gut und Blut dem Vaterlande zu opfern; sie seien überzeugt, daß, wenn es zum Kampfe kommen sollte, aus allen Ständen viele tapfere Bayer sich um seine Banner schaaren werden, welche bereit seien, mit ihm zu siegen oder zu sterben. Schließlich setzten sie die Bitte bei, der Herzog möchte, damit die bayerische Mannschaft gut eingeübt und ruhmvoll geleitet werden könne, tüchtige Officiere aus dem Auslande berufen. Dem Kurfürsten von Köln wurde eine Verehrung von 25,000 Gulden zugesagt, um dem nächsten Reichstag seinem hohen Range gemäß beiwohnen zu können.

Nach Beendigung dieser Verhandlungen vollzogen die Landstände den von Wilhelm ausgesprochenen Wunsch, seinem Sohne Maximilian die eventuelle Erbhuldigung zu leisten, nachdem dieser die ständischen Privilegien und Freiheiten durch einen Confirmationsbrief folgenden Inhaltes bestätigt hatte: „Von Gottes Gnaden Wir Maximilian, Pfalzgraf bei Rhein, Herzog im Obern- und Niedernbayern ꝛc. bekennen mit vorgehender Autorität auch gnädigstem Wissen und Willen des durchlauchtigsten Fürsten, Herrn Wilhelms, Pfalzgrafens bei Rhein, Herzogs

im Obern- und Niederubayern ꝛc. Unsers gnädigsten geliebten Herrn
Vaters und thun kund all Männiglich mit diesem offenen Brief: Als
die Würdigen und Ehrsamen, in Gott Wohlgebornen, Edlen, Ehren-
festen, Fürsichtigen und Weisen, unsere liebe, treue gemeine Landschaft
von allen Ständen, den Prälaten, Grafen, Freien, Rittern, vom Adel,
Knecht und derselben Zugewandten, auch Städte und Märkte, im Ober-
und Niederland zu Bayern, Uns als ihren nächst zukünftigen rechten
natürlichen Erbherrn und einigen regirenden Landesfürsten jetzt gegen
diesen unsern Bestätbrief Eventual-Erbhuldigung gethan haben; darum
Wir denn aus fürstlicher angeborner Güte und Mildigkeit auch um der
getreuen unterthänigen und willigen Dienste willen, die sie hoch ermel-
detem Unsern gnädigsten lieben Herrn Vater, auch andern unsern Vorfahrern, Fürsten und Herzogen von Bayern mehrmals in allem gehorsam, gutwillig und unverdrossentlich gethan haben, auch füran Uns, Unsern Erben und Nachkommen in viel Wegen wohl thun mögen und sollen, mit zeitigem Rath und guter Vorbetrachtung, den Vorbemeldeten,
Allen und Jedem dieser Herzogthümer, Prälaten und Geistlichkeit auch
Grafen, Freien, Herren, Rittern, von Adel, Knechten und derselben Zugewandten, dazu den Städten und Märkten, derselben Bürgern, Bauern,
Armen und Reichen geistlichen und weltlichen Standes, alle und jede
ihre Handfesten, Privilegien, Freiheiten, Gnadenbriefe, Gerechtigkeiten,
unwidersprechliches löbliches altes Herkommen und gute Gewohnheit con-
firmirt, erneuert und bestätigt haben; confirmiren, erneuern und bestätigen
ihnen auch die sammt und sonders wissentlich und in Kraft dieses Briefes
in und mit allen Ehren, Rechten und Würden, wie sie dieselben von weiland
hernach genannten Unsern Voreltern, Kaisern, Königen, Fürsten und Fürsti-
nen von Bayern und allen unsern Vorfahrern löblichster Gedächtniß haben
und damit begnadet, auch ihnen insgemein und besonders gegeben und
verschrieben sind, nämlich: die grosse Handfeste vom König Otto
von Ungarn um den Kauf der Gerichte, vom Herzoge Stephan, seinem
Bruder Heinrich, Kaiser Ludwig, Markgrafen Ludwig, Stephan und Ludwig dem Römer, Herzoge Albrecht und Johann von Holland, Stephan
Friedrich und Johann Gebrüdern, Herzoge Ludwig, Heinrich, Albrecht
und seinem Bruder Wolfgang sammt andern desselben Mitvormündern,
desgleichen von unserm Urahnherrn Herzog Wilhelm und dessen Bruder
Herzog Ludwig so dann von weiland unserm lieben Ahnherrn Herzog
Albrecht in Bayern, christlobselig zu gedenken, von wegen der Hofmarkts-
freiheit auf einschichtigen Tafernen und Gütern im Jahre 1557. Bei

solchen ihren Handfesten, Privilegien, Freiheiten, Gnadenbriefen, Gerechtigkeiten, löblichen alten Herkommen und guten Gewohnheiten, auch bei der Declaration, Erläuterung und Erklärung, deren sich vorgenannter Unser Urahnherr Herzog Wilhelm und Sr. Liebden Bruder Herzog Ludwig seligen Gedächtniß, als der Zeiten regirende Fürsten, mit gemeiner Landschaft darüber mit sonder gehabten und zeitigem Rathe beiderseits wissentlich vereint, aufgerichtet und am St. Georgentag von Christi unsers lieben Herren Geburt 1516 durch Unsern Ahnherrn, christselig zu gedenken, erneuert, auch Wir hieneben ein besonders Libell gleichlauts abgeschrieben mit Unserm Handzeichen und anhangenden Insiegel verfertigt haben, darauf als ihr nächst angehender einiger und mittels geleisteter Erbhuldigung angenommener Erbherr und Landesfürst gnädigst schützen, schirmen und halten wollen ohne Gefährde. Wir wollen auch vormeldeter Landschaft von allen Ständen, den Prälaten, der Geistlichkeit, vom Adel und derselben Zugewandten auch Städten und Märkten, ihnen jeder ihre alte Freiheit und Gnadenbriefe, so sie sonderlich haben, führan auch gnädigst insonderheit bestätigen, und sie alle und einen jeden dabei auch gnädig schirmen und halten als ihr gnädigster Herr. Es sollen auch ihnen, allen ihren Erben und Nachkommen, dies mit allen und jeden Punkten, Artikeln, Ehren und Rechten, so daran begriffen und geschrieben sind, von Uns, Unsern Erben und Nachkommen ewiglich, stets ganz und unzerbrochen sein und bleiben. Wir bestätigen ihnen auch in dem Oberlande und dem Gebirge das Rechtbuch, das ihnen von unsern Vorfahrern gegeben ist, wie denn solches ihre Briefe, so darüber ausgegangen, inhalten. Und nachdem dasselbe verwichene Jahre durch wohl obgemeldete Unsere freundliche liebe Urahnherrn und Vettern, Herzog Wilhelm und Ludwig mit Rath der Landschaft verbessert worden, wollen wir ihnen dasselbe Buch, wie das gebessert ist, hiemit auch bestätigt haben. Wir wollen auch zu künftiger Antretung Unserer Regirung alle Unsere Vizthume, Amtleute und andere der Unsern dazu halten und mit ihnen schaffen, daß sie ihnen dieselbe ihre Brief und Handfesten, die sie von ehebemeldeten Unsern Vorfahrern haben mit sammt angeregter Declaration in allen Punkten und Artikeln, Ehren und Rechten stät halten. Wäre, daß Jemand in den vorgemeldten Landen von Uns oder Unser Amtleuten, wie die genannt oder geheißen sein mögen, dawider beschwert würde, der oder dieselben sollen uns dessen erinnern und fürbringen durch sich selbst oder Unsere Räthe, so wollen Wir ihnen dann das nach Unserer Räthe Erkenntniß, deren zum mindesten fünf Unserer Landleute und vom

Abel sein sollen, oder wie deßhalben vorberührte Declaration weiter Maß und Ordnung setzet, gnädig ohne Verziehen abthun und abschaffen ohne Gefährde. Und ob das nicht geschehe, so haben Wir ihnen vergönnt, daß bei einander zu bleiben, ihnen gänzlich unentgolten und ohne Schaden nach laut ihrer Freiheit und Gnaden, darauf bei Unsern Fürstlichen Ehren und Würden, für Uns, all unsere Erben und Nachkommen, daß Wir vorbemeldeter Unserer lieben und getreuen Landschaft, Geistlichen und Weltlichen, in was Würden und Stande die seien, und ihr jedem insonderheit alle und jede obgeschriebene Meinung, Punkte und Artikel stät und fest halten sollen und wollen in solcher Maaß, daß Wir und Unsere Erben bei Unsern künftig anfallenden Fürstenthümern und Herrschaften bleiben sollen, und sie bei dero und allen ihren Gnaden, Rechten, Freiheiten, Briefen und Siegeln auch bleiben lassen wollen, sie auch zu Recht schützen und schirmen als unsere getreue Landleute und Unterthanen, und daß auch sie und alle ihre Erben Uns und allen Unsern Erben dienstlich und beiständig sein sollen als getreue Biederleute gegen ihre rechten Herrschaften billig und durch Recht thun sollen, wie das alles bei Unsrer und ihrer Vorfahrer Herkommen ist, nach Inhalt ihrer Freiheit, treulich ohne alle Gefährde. Deß haben Wir obgenannter Fürst zu wahrer Urkund und ganzer Gezeugung diesen Brief für Uns, alle Unsere Erben und Nachkommen mit Unserm anhangenden Insiegel besiegelt."

Da die Stände durch dieses Schreiben Maximilians ihre Privilegien bestätigt sahen, leisteten sie am 11. Januar 1594 die Erbhuldigung; der geistliche Stand legte seinen Eid nach altem Herkommen in die Hände des anwesenden Propstes Georg Lauther, der weltliche Stand reichte bei seinem Schwur dem Erbprinzen die Hand. Die Eidesformel lautete damals: „Wir alle Prälaten, auch Grafen, Freiherren, Ritter, vom Adel, Knechte und Zugewandte, hier gegenwärtig auch alle Städte und Märkte geloben in gemein und besonders bei unserer wahren Treue an Eides statt, daß wir dem durchlauchtigsten, hochgebornen Fürsten und Herrn Maximilian, Pfalzgrafen bei Rhein, Herzog im Obern- und Niedernbayern ꝛc. als nächst künftigen einigen regirenden, unserm rechten natürlichen Erbherrn und Landesfürsten, unterthänig, gehorsam, getreu und gegenwärtig sein, Sr. Fürstl. Durchl. Frommen fördern und Schaden wenden, auch in allen Sachen, was getreue Landleute und Unterthanen ihrem rechten Erbherrn und Landesfürsten — doch unvorgreiflich unserer Freiheit zu thun schuldig sind, getreulich thun sollen und wollen. All Arglist und Gefährde hierin ausgeschlossen."

Nach diesem feierlichen Acte wurde der Landtag, welcher zu beiderseitiger Zufriedenheit endigte, mit einem Te Deum geschlossen.

Als Wilhelm V. von Altötting nach München zurückgekehrt war, traf ein kaiserliches Ausschreiben zu einem Reichstag nach Regensburg ein. Die religiös-politische Opposition der protestantischen besonders der calvinischen Fürsten gegen das Reichsoberhaupt und damit der allmählige Untergang der Macht Deutschlands trat am Ende des sechzehnten Jahrhunderts immer schärfer hervor. Das Wanken des deutschen Staatsbaues, den der Abfall von der alten Religion und die Vergrößerungssucht der eigenen Bewohner aus seinen Fugen gerissen hatte, entging dem politischen Scharfblicke des französischen Königs Heinrich IV. nicht. Um die innere Ruhe seines Landes aufrecht zu erhalten, hielt es der Bourbone für das geeignetste Mittel, die Ruhm- und Eroberungssucht der Franzosen durch Einmischung in auswärtige Staats-Angelegenheiten zu nähren. Er entwarf den Plan eines allgemeinen christlich europäischen Staatenbundes, an dessen Spitze ein von allen Staaten gemeinsam zu ernennender Senat in oberster Instanz stehen sollte. Nach diesem Projecte sollte der deutsche Kaiser auf alle Vergrößerung durch Lehenanfall verzichten, und die Kurfürsten verbunden sein, nie zwei Fürsten aus demselben Hause nacheinander zu wählen. Die Habsburger sollen Italien und Belgien verlieren und mit der pyrenäischen Halbinsel sich begnügen, der österreichische Kreis theils mit Ungarn theils mit Italien vereinigt und Böhmen mit den Nebenländern zu einem eigenen Wahlreich gemacht werden; das übrige Deutschland sollte durch einen Wahlkaiser aus einem andern Fürstenhause zunächst aus dem bayerischen regirt werden. Um diesen zum offenen Verderben Deutschlands gemachten Entwürfen mehr Nachdruck zu geben, hielt Heinrich den deutschen Protestanten das Schreckbild der Uebermacht des habsburgischen Hauses vor, welches früher oder später die deutsche Reichs- und Religionsfreiheit unterdrücken würde. Diese diplomatischen Kunstgriffe fanden bei den Protestanten vorzugsweise bei den Anhängern des Calvinismus, der seinen Ursprung auf nicht deutschem Boden hatte, immer mehr Anklang. Nichts war daher dem Franzosenkönig erwünschter, als die außerordentlichen Rüstungen, welche Sultan Murad nach der Niederlage von Sussel machte. Es drohte dem deutschen Reiche neuerdings ein gefährlicher Einfall der Türken. Der Termin, bis zu welchem die Reichsstände den Tribut bewilligt hatten, womit man von den Türken zur Schmach Deutschlands und des Kaisers den Waffenstillstand erkaufte, war schon seit einigen

Jahren abgelaufen. Kaiser Rudolph II. hatte den Muth nicht, sogleich eine Reichsversammlung zu berufen, weil er fürchtete, es möchte sich bei den Verhandlungen eine confessionelle Spaltung auch im politischen Gebiete geltend machen. Erst im April des Jahres 1594 schrieb er den Reichstag nach Regensburg aus und lud die Reichsstände dringend ein, persönlich zu erscheinen. Ehe die Protestanten dieser Einladung Folge leisteten, verbanden sie sich mit dem Kurfürsten Friedrich IV. und beschlossen unter seinem Vorsitze zu Heilbron, dem Kaiser nicht eher eine Beisteuer zum Türkenkriege zu bewilligen, als bis alle Beschwerden, welche die Protestanten vor und seit dem letzten Reichstage (1582) vorgebracht hatten, gehoben seien. Der Kaiser erbat sich vom bayerischen Herzog den Rath, wie dieser Gefahr vorgebeugt werden könne. Wilhelm, welcher sich während des kölnischen Krieges von der Unzuverlässigkeit und Lauheit der geistlichen Reichsstände überzeugt hatte, wußte kein besseres Mittel als jenes, welches er schon früher vorgeschlagen hatte, nämlich eine Defensiv-Einigung zwischen allen katholischen Fürsten oder die Reconstituirung des landsberger Vereins. Allein dieser Vorschlag fand auch diesmal am kaiserlichen Hofe keinen Anklang, theils weil die protestantisch gesinnten Geheimräthe des Kaisers dem katholischen Wilhelm stets abgeneigt blieben, theils weil man nicht zugeben wollte, daß Bayern durch einen solchen Verein das politische Uebergewicht erlangen sollte. Der Kaiser ließ dem Herzog erwidern, daß er auf sein Project nicht eingehen könne, weil ein katholisches Bündniß unfehlbar einen Gegenbund hervorrufen würde. Allein Wilhelm, welcher einen richtigeren Blick in die nächste Zukunft der deutschen Politik hatte, erwiderte dem Kaiser, er habe die festeste Ueberzeugung gewonnen, daß in kurz oder lang die Protestanten auch ohne katholische Alliance sich verbinden werden; er sehe nicht ein, wie die Gefahr größer werden könne, als sie ohnedies schon sei; ein Schwert müsse das andere in der Scheide halten; wenn die Protestanten ihre Gegner gerüstet und zum Widerstand bereit sähen, würden sie kein Unternehmen wagen.

Herzog Wilhelm faßte daher den Entschluß, ohne den Kaiser den landsberger Schirmverein in der größten Ausdehnung zu erneuern und trat mit dem vortrefflichen Erzbischof von Salzburg, Georg von Kienburg, hierüber in Unterhandlung; allein dieser edle Fürst, welcher mit Wilhelm von gleichem Streben beseelt war, starb nach kaum zehnmonatlicher Regirung und sein Nachfolger, der unruhige Wolf Dietrich v. Raitenau war gegen Bayern feindlich gesinnt.

In gleicher Zeit erhielt Rudolph II. die Nachricht, daß die Kurfürsten von Sachsen und Brandenburg sich mit den protestantischen Ständen dahin vereinigt hätten, auf dem nächsten Reichstage die kaiserlichen Forderungen nur dann anzunehmen, wenn die Beschwerden der Protestanten gehoben würden. Der Kaiser, welcher sich durch diese Drohung einschüchtern ließ, eröffnete mit den kurfürstlichen Gesandten einen weitläufigen Schriftwechsel, welcher jedoch ohne Erfolg blieb. Die sämmtlichen Acten dieser Angelegenheit übersandte er dem Herzog von Bayern und verlangte von ihm sein Gutachten. Da dieser zu jener Zeit in München nicht anwesend war, so zogen die geheimen Räthe unter dem Vorsitze des Erbprinzen Marimilian die Sache zur Berathung. In einem ausführlichen Berichte an seinen Vater sprach sich der junge Herzog dahin aus, daß es sich nicht blos um die katholische Religion sondern auch um die kaiserliche Autorität handle; die Wichtigkeit der Sache erfordere es daher, daß die katholischen Stände mit mehr Vertrauen und Einigkeit zusammenhielten. Allein bei der gegenwärtigen Erkaltung der Gemüther seien keine günstigen Erfolge zu hoffen; es sei daher nothwendig, daß man auch auf katholischer Seite alle Beschwerdepunkte sammle, um den Protestanten auf dem künftigen Reichstag thatkräftig entgegen treten zu können.

Marimilian, welcher Anfangs mit seinem Vater oder ohne denselben den Reichstag in Regensburg zu besuchen beabsichtigte, hatte sich durch die eben erwähnte Schrift Erstenbergers auf alle vorkommenden Fragen gründlich vorbereitet und mit den geheimen Räthen reiflich erwogen. Herzog Wilhelm war damit noch nicht zufrieden sondern verlangte, daß man diesen Reichstag dazu benützen sollte, vom Kaiser zum Vortheile Bayerns Concessionen zu erlangen, welche um so eher durchgesetzt werden könnten, da es im Fürstenrathe über die Stimmen von Köln, Hildesheim, Freising, Regensburg, Münster, Lüttich, ꝛc. verfügen könne. Allein die Räthe erklärten dem Herzog, daß hierin bei der gegenwärtigen politischen Lage Deutschlands wenig erreicht werden würde; sie hielten es für besser, daß auch dießmal das bayerische Haus, getreu den Traditionen der Ahnen, nur für die Vertheidigung des Katholicismus handeln solle. Wilhelm folgte dem Gutachten derselben und ließ alle Privatrücksichten fallen; deßhalb verlangte er, daß die damals wichtige Frage, ob er persönlich beim Reichstage erscheinen sollte, in Berathung gezogen werde. Es waren nämlich gleich nach dem Regierungsantritte Wilhelms Rangstreitigkeiten zwischen ihm und dem Hause

Oesterreich eingetreten; dieses hatte durch die Erwerbung großer Königreiche nicht nur in Deutschland sondern auch in ganz Europa ein überwiegendes Ansehen gewonnen, so daß die Erzherzoge bei allen öffentlichen Gelegenheiten die Präcedenz vor den regirenden deutschen Herzogen verlangten. Der bayerische Herzog ließ sowohl beim Einzuge Rudolphs als auch bei andern Feierlichkeiten dem ältesten Erzherzog den Vortritt, erklärte jedoch dem Kaiser, daß er dieß nur aus Reverenz gegen seinen Oheim gethan habe und protestire gegen jede Verletzung der Rechte, welche dem Hause Bayern aus uralter Ueberlieferung gebühren; er halte es für seine heiligste Pflicht, nichts zu dulden, was in der Folge das Ansehen Bayerns verringern könne. So gut als jetzt das Haus Habsburg könne heute oder morgen ein anderes Haus zur Kaiserwürde gelangen, sich besondere Privilegien aneignen und wieder den Vorrang vor Bayern in Anspruch nehmen, so daß dieses auf solche Weise immer mehr von seinem althergebrachten Platze hinabsinken müsse. Die Herzogin-Mutter Anna nahm sich der Rechte ihres Sohnes eifrigst an, obgleich sie eine österreichische Prinzessin war, und gerieth hierüber mit ihrem Bruder, dem Erzherzog Karl, in heftigen Briefwechsel, wobei sie offen ihre Meinung aussprach: Obwohl sie sich ihres Ursprunges erinnere und daher nicht Ursache habe, dem Hause Oesterreich abzulegen, so müsse sie doch der Wahrheit nach bekennen, daß man wohl wisse, wer Oesterreich sei und wer Bayern sei; es wäre auch unvergessen, daß die von Bayern Fürsten gewesen, ehe die von Oesterreich es geworden, und daß Oesterreich bei Bayern gedient habe. Der Kaiser Rudolph sandte den Freiherrn von Trautson an sie, um sie zu bewegen, bei ihrem Sohne auf einen gütlichen Vergleich hinzuwirken; allein diesem erwiderte sie: "Das Haus Oesterreich möchte die Sachen beim gleichen bleiben lassen, denn seinem Vorhaben und Prätendiren nach müßte ein jeder regirender Herr von Bayern ungeachtet seines uralten Herkommens auch dem geringsten Schützling von Oesterreich nachgeben. Will der Kaiser meinen Söhnen nicht geben, was ihnen gebührt, so müssen sie sich wohl wehren und ihre Befugniß gebrauchen."

Die Sache ließ man ruhen bis zum Jahre 1589, wo sie wieder angeregt wurde. Herzog Wilhelm wollte zwar dem Erzherzog Ferdinand zu Innsbruck als dem älteren Erzherzog aber nicht dem Erzherzog Karl zu Graz, obgleich er ein regirender Fürst war, die Präcedenz zugestehen. Die Oesterreicher suchten den Vorrang der Erzherzoge durch folgende Begründung nachzuweisen: Zwischen den Erzherzogen und Herzogen sei in Dentschland dasselbe Verhältniß wie zwischen Erzbischöfen und Bischöfen, zwischen Erzmarschällen, Erztruchsessen und Marschällen und Truchsessen. Keinem deutschen Fürstenhause wären so hohe Privilegien verliehen worden als dem österreichischen, und außer den kurfürstlichen Häusern sei kein anderes Oesterreich vorgezogen worden. Wenn in früheren Zeiten die Prinzen dieses Hauses sich nicht Erzherzoge sondern nur schlechthin Herzoge nannten, so wären sie doch stets auf die Erhaltung der mit dem erzherzoglichen Titel verbundenen Rechte bedacht gewesen. In allen öffentlichen Urkunden seien die österreichischen Erzherzoge vor den andern Fürsten des Reiches verzeichnet und nahmen auf den Reichstagen ihren Sitz nach den Kurfürsten. Dieser Vortritt komme auch den nicht regirenden Erzherzogen zu, wie es das Beispiel Marimilians II. beweise, welcher, wiewohl ohne Landesregirung, am Hofe Karls V. dem regirenden Herzog Albrecht V. von Bayern vorgezogen wurde; deßhalb könne der Kaiser fordern, daß jedem seiner Brüder derselbe Vorzug eingeräumt werde. Gleiche Observanz werde auch in Spanien, Frankreich und den andern Ländern beobachtet, wo die Prinzen vom königlichen Geblüte allen andern präcediren. Wenn hierin nur die wirkliche Reglrung entscheiden würde, so könnten auch die Pfalzgrafen am Rhein, die Markgrafen von Baden, die Fürsten von Anhalt u. s. w. den Vorrang über die nicht regirenden Herzoge sich anmaßen.

Von bayerischer Seite stützte man sich hauptsächlich auf folgende Gründe: das Herzogthum Bayern sei älter als das Herzogthum Oesterreich, welches zwar wegen seiner Verdienste um die ganze Christenheit von den Kaisern mit manchem Privileg belohnt worden sei, aber unbeschadet der Rechte eines Dritten. Die ersten Herzoge von Oesterreich wurden nie Erzherzoge genannt; Kaiser Rudolph I. habe zwar nach der Besiegung des Böhmenkönigs Ottokars Oesterreich gewonnen, aber nie den Titel eines Fürsten von Oesterreich geführt. Sein Sohn Albrecht nahm Anfangs den Titel eines Statthalters von Oesterreich und später eines Herzogs an. Albrecht V. sei der erste gewesen, welcher, nachdem er König von Ungarn und Böhmen und später römischer König geworden wäre, sich Erzherzog von Oesterreich nannte; sein Sohn Ladislaus habe sich niemals und die Kaiser Friedrich III. und Marimilian I. erst später dieses Titels bedient. Aeneas Sylvius sage in seiner Geschichte des Herzogthums Kärnthen, daß Kaiser Ludwig der Bayer, als er den Herzog Albrecht IV. den Weisen von Oesterreich mit dem Herzogthum Kärnthen belehnte, demselben auch das Privileg eines Erzherzogs verliehen habe, so daß die österreichischen Prinzen diese Begünstigung Ludwig dem Bayer zu verdanken hätten. Endlich gebühre den bayerischen Herzogen nicht nur wegen ihrer uralten Abstammung sondern auch wegen ihrer Macht der Vorrang vor den Erzherzogen.

Die Zeit zur Anregung dieses Streites war nicht gut gewählt, da die schwierige Lage, in der sich die katholische Kirche damals in Deutschland befand, die festeste Einigkeit unter den altgläubigen Reichsständen erheischte; deßhalb erklärten auch die Räthe dem Herzog Wilhelm: „Es sei nicht rathsam, sich in weitläufige Disputation und Gezänk, vielweniger in einen Proceß einzulassen, aus vielerlei Ursachen und Bedenkung sonderlich in Ansehung der nahen Blutsverwandtschaft, item gleichmässiger katholischer Religion, dann zur Verhütung aller Unlust, Feindschaft und Mißtrauens, so daraus leichtlich entstehen und andere vielleicht nicht ungern sehen möchten." Kaiser Rudolph, welcher die Sache mit sämmtlichen Räthen wohl erwog, beschloß an diesem für Oesterreich ungünstigen Streit keinen Antheil zu nehmen und ermahnte auch den Erzherzog Karl, wo möglich jeden Schriftwechsel oder Rechtsstreit hierüber mit Wilhelm V. zu vermeiden, jedoch die erzherzoglichen Vorrechte getreu zu wahren. Sollten die Herzoge Bayerns ihre angeblichen Rechte weiter geltend zu machen suchen und hierüber beim Reiche Klage erheben, so würde man denselben per exceptionem fori declinatorium entgegentreten, und die ganze Angelegenheit einer reiferen Erwägung unterziehen.

Dieser Rangstreit, welcher hiemit ruhig verlief, hatte jedoch die unmittelbare Folge, daß Herzog Wilhelm nach dem Gutachten seiner Räthe sich entschloß, den Titel „Durchlaucht" für sich und alle bayerischen Prinzen anzunehmen. Diese Titulatur führten seit mehr denn hundert Jahren nur die Erzherzoge von Oesterreich, während sich die Kurfürsten, Herzoge und Fürsten in Deutschland mit dem einfachen Titel „Kurfürstliche und Fürstliche Gnaden" begnügten. Im Jahre 1591 erschien an sämmtliche Behörden Bayerns das Mandat, daß man sich bei allen gerichtlichen Schreiben und Eingaben an den Herzog der Benennung „Durchlaucht" zu bedienen habe. Dem Beispiele Wilhelms folgten auch die übrigen weltlichen Fürsten, welche entweder diesen Titel selbst annahmen oder sich ihn vom Kaiser verleihen ließen. Jene geistliche Kurfürsten und Fürsten, welche keinem regirenden Fürstenhause angehörten, mußten den früheren Titel „Kurfürstliche oder Fürstliche Gnaden" beibehalten.

Als die Zeit der Eröffnung des regensburger Reichstages heranrückte, hatte Wilhelm bereits den Entschluß gefaßt, weder selbst persönlich zu erscheinen noch sich durch seinen Sohn und Nachfolger vertreten zu lassen, um jede Rangdifferenz zu vermeiden, da er vorhersah, daß weder die Erzherzoge von Oesterreich noch der alte Pfalzgraf Philipp Ludwig dem jungen noch nicht regirenden Herzoge Bayerns die Präcedenz eingeräumt hätten. Wilhelm bevollmächtigte daher den Landhofmeister Grafen v. Helfenstein, den Oberkanzler v. Hörwarth, den Hofkanzler Dr. Gailkircher und den Hofrath Fickler als Reichstags-Gesandte. Maximilian sollte nur als Gast und gleichsam dem Kaiser zum Dienste den Reichstag besuchen; der Hauptzweck seiner Anwesenheit war jedoch, durch seinen politischen Einfluß und seine geistige Gewandtheit das Gewicht der protestantischen Stände zu schwächen.

Am 9. Mai 1594 hielt Maximilian mit einem Gefolge von 488 Personen seinen glänzenden Einzug; Wilhelms Wille war, daß sein Sohn mit dem Glanze eines regirenden Herrn auf dem Reichstag erscheine. Wiewohl Maximilian damals erst einundzwanzig Jahre zählte, so war er doch die Seele aller Verhandlungen auf katholischer Seite; er versammelte in seiner Wohnung zu St. Emmeram die katholischen Stände, um mit ihnen die gemeinsamen Angelegenheiten zu berathen; sein Einfluß machte sich auf dem ganzen Reichstage geltend.

Die Protestanten, besonders die Calvinisten blieben beim Herannahen des Reichstages nicht unthätig; sie beschlossen dießmal gegen den geistlichen Vorbehalt einen Hauptangriff zu machen. An die Spitze dieser Opposition stellte sich der Kurfürst von der Pfalz, welcher in Speier und Heilbron eine Versammlung mehrer protestantischer Fürsten veranstaltete. Als nächste Veranlassung zur Ausführung ihres Planes benützten sie den Streit des Straßburger=Domkapitels. Nach dem Tode des straßburger Bischofs im Jahre 1592 wählten die katholischen Domherren den Cardinal von Lothringen und die protestantischen den Markgrafen Georg von Brandenburg; es kam zwischen beiden Partheien zu offenen Feindseligkeiten. Herzog Wilhelm gab sich vergebliche Mühe, alle katholischen Stände zu einem gemeinsamen Schritt bei dem Kaiser zu Gunsten der katholischen Mitglieder des straßburger Kapitels zu bewegen, „damit man sehen möchte, daß den Katholischen die Erhaltung empfangener Wahrheit nicht weniger als dem andern Theil seine Neuerung am Herzen liege." Allein die drei geistlichen Kurfürsten blieben gleichgiltig, und der Kaiser begnügte sich Friede zu gebieten und eine

Vermittlungscommission zu ernennen. Die in Heilbron versammelten protestantischen und calvinischen Fürsten und Stände hingegen faßten unter dem Einflusse des französischen Gesandten Bongars mehre Beschlüsse, welche das Vorspiel zu dem großen Drama des dreißigjährigen Krieges gaben. Während sie sich verabredeten, dem Kaiser jede Geldhilfe gegen den Erbfeind des christlichen Glaubens zu verweigern, bewilligten sie Bongars für den König Heinrich die Summe von 400,000 Gulden gegen das Versprechen, daß derselbe die Ansprüche des brandenburgischen Prinzen auf das Bisthum Straßburg unterstützen und den Cardinal von Lothringen nöthigen wolle, von seinem Rechte abzustehen.

Am 2. Juni eröffnete der Kaiser in Person den Reichstag; ehe er seine Proposition den versammelten Reichsständen zur Berathung vorlegte, wollte er eine Angelegenheit, welche am letzten Reichstag unerledigt blieb, zur Entscheidung bringen. Der protestantische Markgraf Joachim Friedrich von Brandenburg war gegen die Bestimmung des geistlichen Vorbehaltes im Besitze des Erzbisthums Magdeburg und machte als Reichsstand Anspruch auf Sitz und Stimme im Fürstenrathe. Die katholischen Stände, welche voraussahen, daß bei fortwährender Nachgiebigkeit die Protestanten sich bald eines großen Theiles der geistlichen Stimmen bemächtigen würden, widersetzten sich diesem Begehren. Rudolph II., dem es auf diesem Reichstag nur um die Bewilligung der ersehnten Türkenhilfe zu thun war, suchte die Sache durch gütliche Mittel zu vergleichen. Der Erzbischof von Salzburg, welcher eine geheime Abneigung gegen Bayern besaß, wollte sich beim Kaiser verdient machen und schlug vor, dem Markgrafen als Administrator des ersten geistlichen Hochstiftes den ersten Sitz auf der weltlichen Fürstenbank einzuräumen. Als dieß der Onkel Maximilians, der Kurfürst von Köln erfuhr, erklärte er dem Erzbischof, daß er den Religionsfrieden beschworen und niemals dulden werde, daß gegen denselben gehandelt werde, eher würde er Regensburg verlassen. Die Protestanten erinnerten dagegen, daß das Erzstift Magdeburg als Reichsstand zum Reichstag durch ein kaiserliches Rescript einberufen worden sei und bis zur Stunde gleich den übrigen Ständen die Reichsanlagen entrichtet habe; nach dem Passauer-Vertrage könne demselben Sitz und Stimme im Reichsrathe nicht verweigert werden. Mit gleichen Ansprüchen traten die beiden Kurfürsten von der Pfalz und Brandenburg auf, indem sie erklärten, daß man von ihnen keine Hilfeleistung erwarten könne, wenn nicht die doppelte Bischofswahl in Straßburg zu Gunsten des Markgrafen Georg entschieden werde.

Als im Vertrauen auf diese große oppositionelle Richtung der Protestanten der magdeburgische Kanzler im Namen seines Herrn wiederholt die Forderung stellte, demselben die Session zu gewähren, protestirten sämmtliche katholische Fürsten und Gesandten und verließen den Sitzungssaal. Sie versammelten sich in der Wohnung des bayerischen Erbprinzen und beschlossen auf den Antrag des Kurfürsten von Köln, den Kaiser aufzufordern, er solle den Magdeburger wegen wiederholten Ungehorsams gefangen setzen. Der Kaiser, dem nur die Türkenhilfe am Herzen lag, befand sich in einer höchst schwierigen und zweifelhaften Lage, und es schien, daß die Protestanten den Sieg über die Katholiken errungen hätten, wenn unter ihnen mehr Eintracht gewesen wäre. Der Administrator von Kursachsen, Herzog Friedrich Wilhelm von Weimar, war vom tiefsten Hasse gegen den Calvinismus beseelt, welchen er mit so fanatischem Eifer aus den sächsischen Landen verbannte, daß er sich viel lieber mit den Katholiken vereinigen wollte als mit den Protestanten, weil diese den calvinischen Kurfürsten von der Pfalz an ihre Spitze stellten. Schon bei der Eröffnung des Reichstages machte er dem Kurfürsten von Köln die Erklärung, daß er mit den Katholiken in gutem Einvernehmen bleiben wolle und zog auch noch andere protestantische Fürsten auf seine Seite. Zwei lutherische Hofprediger, welche der Administrator mit nach Regensburg brachte, erklärten jede Gemeinschaft mit den Calvinisten für verwerflich und mißriethen die Unterschrift der Religionsbeschwerden, weil sie hauptsächlich von dieser verhaßten Secte ausgegangen sei. Dadurch war der mächtige Einfluß der Kurpfalz und deren Anhang gebrochen, und es wurde den kaiserlichen Räthen möglich, mit den magdeburgischen und kurbrandenburgischen Gesandten zu unterhandeln und sie zu bewegen, daß sie für dießmal ihre Ansprüche aufgaben und sich mit einem Reverse begnügten. Herzog Wilhelm von Bayern war mit der Fassung des Reverses, welchen der Kaiser ohne Wissen der katholischen Stände ausstellte, nicht zufrieden, sondern schrieb ihm, daß er sich mehr auf die katholischen Stände verlassen, seine kaiserliche Autorität thatkräftiger gebrauchen und alsdann den allmächtigen Gott walten lassen solle; „denn ihm dünke, daß Seine Majestät nicht fehlen könne, wenn sie nur auf dem alten Weg und klaren Buchstaben und Verstand des Religionsfriedens nach Pflicht und Gewissen beständig und ernstlich verbleibe."

Rudolph II. bekümmerte sich wenig um die Vorstellungen des bayerischen Herzogs, da er seinen Zweck, eine momentane Beruhigung der Religionspartheien glücklich erreicht hatte; er konnte daher am 2. Juni sein Postulat bezüglich der Türkenhilfe der Reichsversammlung vorlegen.

Die Nothwendigkeit derselben wurde sogleich von allen Ständen anerkannt, und man beschloß, daß sie in Geld geleistet werden sollte; hinsichtlich der Summen aber zogen sich die Verhandlungen in die Länge, da mehre Gesandte nach ihren Instructionen angewiesen waren, eine viel geringere Summe zu bewilligen als verlangt wurde, und viele Stände besonders die Reichsstädte über Verarmung und Verfall des Handels und der Industrie klagten. Es wurde jedoch nach beendigter Debatte mit großer Stimmenmehrheit beschlossen, die Geldhilfe auf achtzig Römermonate zu bewilligen mit dem Zusatze, daß zur Verpflegung und Unterstützung armer und verwundeter Soldaten eine allgemeine Kirchencollecte veranstaltet werden sollte.

Herzog Wilhelm, welcher schon im verflossenen Jahre dem Kaiser einen bedeutenden Beitrag an Geld und Munition zum Türkenkriege geleistet hatte, ermächtigte seinen Gesandten, die Bewilligung der Geldhilfe bis auf hundert Römermonate zu steigern, wornach Bayern die damals beträchtliche Summe von fast zweimalhunderttausend Gulden beizusteuern sich verpflichtet hätte. Ungeachtet dieser seltenen Opferwilligkeit entstand zwischen dem Herzog und Kaiser eine mißtrauische Spannung. Es wurde nämlich Rudolph hinterbracht, daß der französische König Heinrich IV. wieder die Politik Franz I. angenommen hätte und sich bemühe, ein Bündniß mit Herzog Wilhelm anzuknüpfen, welchem er versprochen habe, für ihn die römische Königswürde durchzusetzen (Mémoires de Sully. t. VI. p. 421.). Der Kaiser, welcher deßhalb mit eifersüchtigem Auge auf das bayerische Haus sah, ließ Maximilian seine Unzufriedenheit fühlen, welche der intriguante Erzbischof Wolf Dietrich von Salzburg zu nähren wußte. Rudolph II. verlangte nämlich in seiner Proposition, daß die Türkensteuer als die unter dem Namen des gemeinen Pfennigs gewöhnliche Reichsanlage bewilligt, und die sogenannte „eilende Hilfe" geleistet werden möchte; über das letztere Begehren stellten die bayerischen Räthe den Antrag, daß dasselbe einem besondern Ausschuße zur Berathung übertragen werden sollte. Als beide Propositionen verworfen wurden, suchte der salzburger Kirchenfürst die Ursache Bayern zur Schuld zu legen und den Kaiser zur Ueberzeugung zu bringen, daß die bayerischen Herzoge eine systematische Opposition gegen die Anträge des Kaisers befolgen und hierin nichts anderes im Schilde führen, als die römische Königskrone zu erlangen. Die protestantisch gesinnten Hofräthe säumten nicht, die einmal im Kaiser wachgerufene Mißstimmung gegen das verhaßte jesuitische Bayern zu nähren, und der Kämmerer Freiherr Christoph v. Lobkowitz, welchen Herzog Maximilian den „Augapfel" Rudolphs nannte, ging so weit, daß er in Gegenwart des auf den Herzog wartenden Gefolges in gemeinsten Ausdrücken über die „losen jesuitischen Buben" schmähte, „welche dem Kaiser den Reichstag verbürben und dem Hause Habsburg nach der Krone trachteten." Dem jungen Herzog Maximilian, welcher sich und seinen Vater von jeder solchen Beschuldigung rein wußte, lag an der vereinten Kraft Deutschlands gegenüber einem wohlgerüsteten Feinde mehr als an einer schwächenden Entzweiung und bat brieflich seinen Vater, ihn auf einige Zeit von Regensburg abzurufen, um dadurch den Argwohn zu beseitigen, als wollte er wegen der römischen Königswürde intriguiren. Allein Wilhelm hielt das Verbleiben seines Sohnes für nothwendig, weil er mit seinen Räthen nicht zufrieden war, da sie so unklug gewesen seien, den Verdacht nicht vermieden zu haben, als suche Bayern die Türkenhilfe zu verhindern oder wenigstens zu beschränken. Er schrieb ihm hierüber: „Wir sind ein christlicher Fürst und wie können wir Christum mehr ehren, wie können wir uns um unsern heiligen christlichen Glauben besser verdient machen, als wenn wir den Feinden Christi und seiner Gläubigen allen möglichen Widerstand thun, sonderlich wann dieselben, wie man sieht, so stark und mächtig auf sind? Denn so weiß Jedermann, wie nahe wir diesem Tyrann, und daß wir bei ermangelndem Widerstand zum Verderben und Untergang unsers löblichen Hauses auch unserer von Gott uns verliehenen getreuen Lande und Leute unter den ersten sein würden, welche herhalten und eine verderbliche unwiederbringliche Streife ausstehen, oder — was der Allmächtige in Ewigkeit verhüten wolle — gar unter dieses unmenschliche Joch uns beugen müßten. Wir sind doch sonst als ein eifriger Fürst berühmt und bekannt, welcher sich das **gemeine Wesen** angelegen sein läßt, und wir möchten nicht gerne dieses Lob verlieren oder unsere Schuldigkeit eben in dieser rechten Noth unterlassen, wie es uns denn gegen Gott schwer möchte zu verantworten sein." In diesem Briefe, welcher keine diplomatische Denkschrift, sondern das vertrauliche Schreiben eines Vaters an seinen Sohn ist, weht ein ächt christlicher und ächt deutscher Geist; **hätte Deutschland damals und in der Folge mehre solche Fürsten besessen, wie Wilhelm V. war, dann wäre unser deutsches Vaterland niemals unter das schmähliche Joch fremder Regenten gekommen.**

Der Kaiser, welcher sich später von den redlichen Absichten des münchener Hofes überzeugte, näherte sich wieder den bayerischen Räthen und es wurde das gute Einvernehmen zwischen beiden Höfen wenigstens äußerlich hergestellt; Herzog Wilhelm schrieb daher seinem Sohne, beim Kaiser besondere Vortheile für das Haus Bayern durchzusetzen. Allein Maximilian, welcher bereits die Ueberzeugung hatte, daß hierin auf dem Reichstage kaum mehr etwas zu erzielen sei, antwortete seinem Vater, er habe oftmals die Erfahrung gemacht, daß der kaiserliche Hof, je mehr man demselben nachgebe, um so größere Forderungen stelle; er halte es daher für zweckmässiger, den kaiserlichen Räthen in Zukunft nicht mehr so viele gute Worte zu geben sondern bei allen Verhandlungen jene Drohungen durchblicken zu lassen, mit denen andere Stände gegen den Kaiser auftreten.

Nach Erledigung der Türkenhilfe reichten die protestantischen Reichsstände, obgleich sich der Kurfürst von Sachsen und der Pfalzgraf von Neuburg aus Mißstimmung gegen das kurpfälzische Haus von ihnen getrennt hatten, ein umfangreiches Beschwerde-Libell beim Kaiser ein. Die katholischen Stände, welche schon vor Eröffnung des Reichstages von dem Herzoge Wilhelm durch ein besonderes Schreiben aufgefordert wurden, ihre Religionsinteresse wohl zu beherzigen, waren bereits gefaßt, dem Libell der Protestanten mit gewichtigeren Gegenbeschwerden zu antworten. Die Katholiken hatten sich unter der Leitung Maximilians zu einer thatkräftigen Oppositionspartei gegen die Protestanten geeinigt, so daß die Beschwerdeführung derselben erfolglos blieb. Der Kaiser hielt es für das rathsamste, den Religionspunkt gar nicht in die Verhandlung zu ziehen sondern denselben auf den nächsten Deputationstag zu verweisen. Die katholische Sache Deutschlands hat durch diesen regensburger Reichstag einen großen Sieg errungen, und die hoffnungsvollen Pläne der calvinischen Partei wurden vernichtet. Das Verdienst dieser für den Katholicismus so günstig geschlossenen Reichsversammlung gebührt größtentheils dem Lande Bayern, dessen Herzoge mit unermüdeter Thätigkeit für die Ausbreitung und Befestigung der katholischen Religion arbeiteten.

Der bayerische Erbprinz verließ noch vor dem Reichstagsabschied Regensburg und begab sich wieder an den Hof seines Vaters. Hier gerieth das ganze zahlreiche Personal seit dem letzten Landtage zu Landshut in große Bewegung. Obgleich die Stände bedeutende Summen bewilligt hatten, so waren dieselben doch nicht hinreichend, das Gleichgewicht zwischen Einnahmen und Ausgaben herzustellen. Die Hofämter, das Bauwesen und die Hofschneiderei wurden weder in der nothwendigen Ordnung noch mit gewissenhafter Treue verwaltet. Da die Waaren für den Hof nicht mit gleich baarer Bezahlung angekauft werden konnten, so wurden nicht selten unbrauchbare und zu theure Stoffe abgeliefert. In der Administration der Hofkammer herrschte noch größere Unordnung, da die Kammerräthe, welche in ihrer Amtsführung an keine besondere Instruction gewiesen waren, mit vielen fremden Geschäften überhäuft wurden, so daß der Geschäftsgang langsam war und selten ein Rechnungs-Abschluß gemacht wurde. Von vielen Seiten wurden ohne Wissen der Kammerverwaltung Anweisungen für Geld-, Holz- und Waarenlieferungen ausgefertigt, und viele Hofämter und Dienste waren mit unfähigen Personen besetzt. Man drang oft in den Herzog, das Hofpersonal zu verringern; allein die Dienstesentlassung, wodurch mancher Beamte sammt Familie unglücklich geworden wäre, widerstrebte seinem Gerechtigkeitsgefühl. Wilhelms weiches Gemüth ließ es nicht zu, daß er sich zu einer durchgreifenden Reform des Staatshaushaltes entschließen konnte; denn es fiel ihm schon schwer, seinen Beamten ein strenges Wort zu sagen, und wenn er mit einem derselben unzufrieden war, so überschritten seine Verweise nie die Grenzen väterlicher Ermahnungen. So hatte er den Landhofmeister, Grafen von Schwarzenberg, wegen seiner leichtsinnigen Oekonomieführung und übermässigen Aufwandes, wodurch er sich in große Schulden stürzte, öfters mit den liebevollsten Worten zu Rede gestellt; unter andern schrieb er ihm: „Es ist eine Nothdurft, daß Ihr der Sachen nachdenket und den Fuß nach der Decke strecket; so werdet Ihr Euch und mir in vielen Dingen besser nutzen und ruhiger dienen. Das ermahn ich Euch und bitt noch einmal treulich zu beherzigen und nicht in die lange Truhe zu legen und die heilige Zeit nicht ohne Furcht abgehen zu lassen; dabei werdet Ihr zeitlichen und ewigen Lohn empfinden. Die Sach ist nicht unmöglich: expertus loquor, hab das Lerngeld schon gegeben. Kann ich dazu rathen und helfen, will ich's gern thun." In gleich milder Weise ermahnt er den Landhofmeister in einem zweiten Schreiben: „Lieber Graf! Ich zieh auf etlich Tag dahin und mach mich unsichtbar, begehr auch, daß meiner mit negotiis verschont werde, so viel sein kann. Eh ich aber weiter meine Meinung hinterlasse, soll ich Euch nicht bergen, doch im Vertrauen, daß ich mehr propter spiritualia quam alia negotia hinauszieh; solche bringen unter andern mit sich charitatem proximi, die ich Euch bisher, Gott weiß, gern erzeugt habe und noch. Ich spür aber, daß Ihr anderst sinistre und dahin verstehet, als geschehe es alles Euch zu Ungnaden, aus ungleichem Bericht und weiß nicht was. Gott weiß, daß ich Euch mit solchen Zeitungen ungern komm, dieweil ich weiß, wie es einem in seinem Herzen thut, wenn einer also getroffen wird. Ich hoffe aber noch, Ihr werdet's oder sollet's noch erkennen, aus was Herzen es herkommet, und da Ihr Gott um Gnade bitten werdet, Euch bessere Erkenntniß zu geben, so werdet Ihr anders von Sachen denken, schreiben und reden und noch darum dankbar sein. Ich bitt Euch derhalben aufs höchst, Ihr wollet alles wohl und besser, als ich ex tempore schreib, beherzigen."

Wegen der fortwährenden Sorge, welche dem Herzog die drückende Finanznoth*) machte, entschloß er sich, seinen Sohn, der schon seit einigen Jahren den thätigsten Antheil an der Regirung des Landes genommen hatte, zum Mitregenten zu ernennen; er übergab daher am Ende des Jahres 1594 seinen Räthen folgendes Decret: „Wir wollen Uns hiemit und zu endlichem und beständigem Bericht dahin erklärt haben, daß Wir Unserm geliebten Sohne mit Eingang des 1595sten Jahres sowohl die hiesigen als an andern Orten im Lande befindlichen Räthe und Regirungen, Beamte und alle Unsere Officiere und Diener, jedoch unerlassen ihrer Pflicht, womit sie Uns als regirendem Fürsten verbunden, dergestalt übergeben, und sie dahin gewiesen, ihnen auch befohlen haben wollen, daß sie gemeldetem Unsern Sohne als auch künftigen natürlichen regirenden Landesfürsten von nun an nicht weniger als Uns selbst in allem gehorsam und gewärtig sein sollen, indem Wir gemeldetem Unsern Sohne die Regirung zu administriren und alles nach seinem besten Verstande mit voller Gewalt zu disponiren, und daß er frei ohne alle andere Rücksicht, als wenn es seine eigene Sache wäre, handeln möge, übergeben und befehlen; wie Wir denn auch nicht bedacht sind, so lange die Sachen im rechten Schwunge gehen, demselben darin Eintrag zu thun, es wäre denn Sache, daß Unserm Sohne das Werk zu schwer werden wollte, und Wir solches merkten. Auf einen solchen Fall wollen Wir, wie billig als Vater, selbst das Unsrige dabei thun und nichts unterlassen. Es sollen auch alle Expeditionen in Unsers Sohnes Namen mit seiner Unterschrift aber mit Unserm Secret und Insigel gefertigt werden, ausgenommen was unmittelbare Landschaftssachen betrifft; diese sollen mit Unserem Vorwissen und Willen tractirt und ohne Uns nichts gehandelt werden. Was dann ferner noch insbe-

---

*) Diesen schlechten Stand der Finanzen finden wir damals auch an andern deutschen Höfen, besonders am kaiserlichen, wo eines Tages unter Rudolph II. die ersten Hofbeamten wegen Geldmangel Hunger leiden mußten.

sondere und mehreres bei dieser Administration für Zweifel und Fragen vorfallen möchten, welche sich auch meistentheils erst aus der Praxis finden werden; diese wollen Wir hernach jeder Zeit nach Gelegenheit entscheiden und darauf, so oft es nöthig sein wird, Bescheid geben, bis alles in eine richtige Ordnung gebracht wird. Und soll diese Erklärung nur statt einer Publication Unsers Vorhabens gelten, welche aus mehr beweglichen Ursachen diesesmal anderer Gestalt nicht hat geschehen sollen, besonders aber auch darum, damit es bei andern nicht das Ansehen habe, als sei es förmliche Resignirung. Und wenn man aber je viel thun wollte, so möchte man diese Unsere Meinung und Vorhaben, wo nicht den Regirungen doch derselben jeden Orts Vizedom und Kanzler zu schreiben und sie informiren, damit auch alles hinfür an Unsern Sohn und nicht an Uns selbst dirigirt werde. Wir wollen Uns auch ferner sonst etlichen Sachen diesfalls mit Unserm Sohn vergleichen, welche ohne Zweifel den Sachen nicht wenig Beförderung geben wird. Wenn auch sonst was wichtiges vorfiel, wozu Maximilian Unsers Rathes und Beistandes bedurfte, so hat er sich darum, so oft er will, bei Uns deßhalben anzumelden, und wollen nach Gelegenheit jeder Zeit Uns darauf Unsers Gemüthes erklären."

In dieser Resolution behielt sich Wilhelm vor, die Zügel der Staatsregirung wieder zu ergreifen, wenn er es für das Wohl des Landes nothwendig fände; auch in den Landschaftsverhandlungen durfte nichts ohne seine Zustimmung beschlossen werden. Zu diesem Schritte scheint den Herzog außer der finanziellen Zerrüttung auch ein leidender Gesundheitszustand bewogen zu haben, wie es aus jener Instruction ersichtlich ist, welche der Herzog dem Administrator des Bisthums Regensburg, Dr. Jakob Müller als Gesandten nach Rom übergab, und worin es heißt: „Da nun Seine Fürstliche Durchlaucht auf vorgehenden, reifen und zeitigen Bedacht gänzlich entschlossen seien, sich der Regirung der ihnen von Gott befohlenen Lande und Leute als einer schweren Bürde mit gewissem Maße abzuthun, und sich, sonderlich weil sie immerdar so übel auf seien, sammt ihrer Gemahlin zu etwas Ruhe zu begeben und auch Gott fortan mehr als sie sonst Gelegenheit hätten, zu dienen: so schicken sie demnach zu Ihrer Heiligkeit, derselben von solchem Entschlusse Anzeige zu thun und den rechten Grund zu sagen."

Wilhelm begnügte sich mit einem Jahresdeputat von 52,000 Gulden in baarem Gelde und mit einer auf 8000 Gulden geschätzten Natural-Lieferung in Getreide, Salz, Fische, Wildpret, Schmalz, Wein,

Wachs und Honig; außerdem behielt er Schleißheim und Mühlfelden mit den dazu nöthigen Scharwerken und in der Nähe von München zwei Fischweiher, einen Krautacker, einen Hopfen= und Holzgarten. Alles übrige wurde dem Reichsverweser zur unbedingten Verfügung überlassen. Der Herzog, welcher glaubte, es möchte die Entrichtung dieser Summe seinem Sohne schwer fallen, erklärte sich bereit, von derselben noch etwas nachzulassen; allein Maximilian antwortete seinem Vater: „Was Eurer Durchlaucht Deputat anbelangt, dünkt mich solches nicht allein nicht zu hoch gerechnet, sondern Eure Durchlaucht werden gewiß nicht viel übriges dabei haben; wie ich denn unterthänigst bitte, Euer Durchlaucht wollen sich rücksichtlich meiner nicht die mindeste Ungelegenheit machen; denn ich verhoffe dennoch so viel übrig zu behalten, daß ich damit werde fortkommen können."

Im März 1595 trat Maximilian als Mitregent seines Vaters mit umsichtiger Thätigkeit an das Staatsruder; allein wenige freudige Augenblicke versüßten seinen hohen Beruf. Die finanzielle Erschöpfung Bayerns beunruhigte sein Herz und mit sorgenvollem Auge blickte er in die Zukunft. Sein Vater, dem die melancholische Gemüthsstimmung Maximilians auffiel, suchte ihn in einem Briefe, den er ihm eigenhändig von Dachau aus schrieb, zu trösten und zu ermuthigen; derselbe lautet: „Lieber Sohn! Ob Du mir gleich gestern nichts gesagt, wie Du Dich befindest, so merke ich doch, daß Du nicht so wohl auf seiest, als Du Dich stellest. Dieses sehe ich gar nicht gerne, und ob ich gleich nicht weiß, wie der Handel beschaffen sei, so kommt mir doch vor, es möchten, im Falle Du so übel disponirt bist, wie ich es fast selbst wahrgenommen, vielleicht zwo Ursachen daran schuld sein. Erstlich Melancholie und Kummer und dann Unordnung im Essen, Trinken und andern Ercessen, es sei bei Tag oder bei Nacht. Ich habe deßwegen den Dr. Meermann zu Dir hineingeschickt, um zu sehen, was Dir fehle. Verhehle ihm nichts, was er zu wissen braucht; das übrige aber vertraue mir. Gesetzt also, daß ich die Ursache errathen habe, so meine ich, Du sollst Dich diese Sachen, die, wie ich leicht ermessen kann, hauptsächlich den Zustand unsers Kammerwesens betreffen mögen, so hoch nicht zu Gemüthe ziehen; denn wenn es gleich so heillos wäre, als es das Ansehen hat, so ist doch mit Kümmernissen der Sache noch gar nicht geholfen; denn dadurch kämest Du neben diesem Schaden zu noch größerm an Deinem Leib. Du thust Dir, was doch kein Verständiger thun soll, dadurch selbst Abbruch. Ich hoffe aber, wie so viele andere gute Leute, zu Gott, es sei der Sache noch gar wohl mit der Gnade Gottes zu helfen." Herzog Wilhelm, welcher seinem Sohne den Antritt seiner Regirung zu erleichtern wünschte, entschloß sich, einen entscheidenden Schritt zu thun und setzte am 19. Juni 1597 eine Commission nieder, welche aus dem Ober-Hofmarschall v. Pollwill, dem Ober-Kanzler Dr. Hörwarth, Kammer-Präsidenten Neuburger, Hofkammerrath Amaßmayer, Rentmeister Schrenk und Hofkammerrath Stengel bestand. Diese beauftragte er, die gegenwärtige Lage der Staatsverhältnisse, ohne Rücksicht nach Pflicht und Gewissen, zu berathen und solche Mittel vorzuschlagen, wodurch nicht nur das Kammerwesen sondern jeder Verwaltungszweig gebessert werden könne.

Nachdem die Commission mehre Conferenzen gehalten hatte, übertrug sie dem Oberkanzler die Fassung ihrer Berathungen, welche dahin lautete: Die finanzielle Lage des Landes sei so tief gesunken und die Landschaft mit einer so hohen Schuldenlast überbürdet, daß bei einem andauernden Türkenkrieg der Staatsbankerott drohe; zur Hebung dieser Uebelstände erkenne man es für zweckdienlich, daß der Herzog die Leitung des Staates seinem Sohne allein übertragen möchte, da nach der Geschichte aller Völker eine Doppelregirung für das Wohl des Landes niemals ersprießlich gewesen sei. Bei der Bestimmung der Deputate möchte Se. Fürstl. Durchl. erwägen, daß das Kammerwesen seit vielen Jahren nicht mehr revidirt worden sei; der Herzog möchte daher die jährlichen Einnahmen und Ausgaben in richtige Rechnung bringen lassen. Die Deputate sollen in Rücksicht der ganzen Hofhaltung so bestimmt werden, daß in der Folge bei unvorhergesehenen Fällen keine Aufbesserung für nothwendig erscheine. Bezüglich des Hofstaates könnten viele nützliche Reformen eingeführt und manche unbrauchbare Personen und überflüssige Ausgaben entfernt werden. Ebenso nothwendig sei es, die kostspieligen Gesandtschaften abzuschaffen, da dieselben dem Lande große Ausgaben verursachen und doch keinen Nutzen bringen. Ferner möchte der Herzog drei oder vier geheime Räthe stets bei sich am Hof haben, um mit ihnen die wichtigen Staatsangelegenheiten zu berathen. Alle Beamtenstellen und der Hofrath sollen mit guten und tüchtigen Männern besetzt und diese so besoldet werden, daß man sich auf ihre Treue und Diensteifer verlassen könne; Besoldungsabzüge solle man nicht an brauchbaren Staatsdienern sondern in andern Dingen vornehmen. In der Kammergutsverwaltung könnten manche Summen erspart werden, wenn nicht durch den ungeregelten und langwierigen Geschäftsgang unnöthige Ausgaben gemacht werden würden. Daher erheische die Verwaltung des Salzverlages, der Hofküche und Kellers und der Hofschneiderei eine dringende Abänderung. Das ungeordnete Bauwesen solle der Hofkammer anvertraut und für das Ober- und Unterland zwei Baumeister angestellt werden, ohne deren Genehmigung kein Gebäude aufgeführt werden dürfe, damit nicht wie bisher, „nur auf Flickwerk" über 20,000 Gulden jährlich verwendet werden. Die Stände einzuberufen, um ihnen die Reorganisation des Landes zu publiciren, halte die Commission nicht für rathsam, da sie nicht wüßten, wer eigentlich Regent in Bayern wäre. „Sie könnten vielleicht auch bei Ansicht des neuen Hofstaates es ahnden und hoch empfinden, wenn etwa nur Landesleute und Deutsche von den Diensten abgeschoben, hingegen Ausländer behalten werden würden; denn hierüber hätten die Stände von jeher und immer geklagt." Keine Dienst- oder Amtsstelle solle ohne Gutheißung der Hofkammer besetzt, und die Leibgarde und Pagerie auf je acht Mann verringert werden. Die Hofmusik könnte ganz aufgehoben und die Gottesdienste in der Frauenkirche oder bei den Augustinern besucht werden. Viele Personen, welche im Hofstaate angestellt sind, könnte man leicht entbehren, besonders so vieler Künstler, welche hohe Besoldungen genießen, z. B. Friedr. Sustris 600, Emanuel Sadeler 320, Hans Werl 150 Gulden u. s. f. Die Beschreibung der bayerischen Geschichte, wofür Mar Walser jährlich 300 Gulden beziehe, könnte ebenfalls eingestellt werden. Die Pensionen, welche sich jährlich auf 10,000 Gulden beliefen, sollen nur den bedürftigen Staatsdienern ausbezahlt werden, den vermögenden aber sollen sie ganz entzogen werden.

In dem Bescheid, welchen Herzog Wilhelm auf dieses Gutachten der Commission ertheilte, legte er ein merkwürdiges Bekenntniß ab; er schrieb eigenhändig an dieselbe:

„Ich habe wohl verstanden, was in Anstellung eines neuen guten Regiments euer Gutachten ist, und ist mir der Uebelstand, in welchen alles gerathen, leider nur gar zu viel bewußt, und so viel ich dazu Ursache gegeben habe, noch viel leider und hoch angelegen. Ich begehre auch zum höchsten, daß solches remedirt werden möge, wobei ich denn, so viel mir immer möglich und nach Gelegenheit meines jetzigen Wesens wird sein können, das meinige dabei zu thun erbietig, wenn ich besonders verspüren werde, daß auch andere, die es billig thun sollen und neben mir angeht, gleichfalls das ihrige dabei werden thun wollen. Was den ersten Punkt betrifft, habe ich nicht allein meinem Sohne sonbern auch dem Ober-Kanzler und andern vielmal davon Meldung gethan. Ich habe aber mein Vorhaben bisher noch nicht gänzlich auskommen lassen sondern mich zuvor entschließen wollen, worauf ich fussen könnte. Jetzt aber und bei dieser Gelegenheit will ich nicht unterlassen, mich eines Theils zu erklären, daß ich nämlich gänzlich und endlich entschlossen sei, meinem ältern Sohne Land und Leute, auch ganz und vollkommene Regirung zu resigniren und abzutreten. Ich hätte dieses längst schon dahin birigirt, wenn man mich nicht mit andern Sachen stets occupirt und molestirt hätte. Es ist deßwegen mein Wille und Meinung, daß ihr mir zur Beförderung der Sache förderlich euer Gutachten über folgende Punkte und was euch weiter dabei einfällt, schriftlich zukommen lasset. Erstlich ob es nöthig sei, hiezu einen Landtag auszuschreiben? Ich hielt es für rathsam und nothwendig. Zweitens: Da der Artikel mit der Primogenitur nicht alt auch noch nicht wohl fundirt ist, da auch hierüber allerlei Discurs und Reden durch meine Brüder auf die Bank kommen, welche allerlei Nachdenken verursachen möchten, da auch durch unruhige Köpfe inskünftig meinen Kindern allerlei möchte vorgebildet und gerathen werden, wie solcher Artikel umzustoßen sei, weil das Exempel zu unsers Ahnherrn Zeiten vor Augen und im Gedächtniß ist, so frägt es sich, ob es nicht rathsam und nothwendig wäre, zuvor dießfalls etwas zu disponiren und zu verordnen, auch wie und auf welche Conditionen und Personen die Erbfolge, im Falle mein älterer Sohn keine männlichen Erben bekommen sollte, welches bei Gott dem Herrn steht, gerichtet und geordnet, desgleichen ob nicht einer aus den andern meiner Söhnen inner gewisser Zeit und Jahren sich auch verheirathen, besonders wenn der älteste in bemeldeter Zeit ohne männliche Erben bliebe, und welcher Sohn dann heirathen sollte, und was sonst noch mit diesem Artikel der Erbfolge in Verbindung stände? Ebenso lasse ich mir auch den andern Punkt, so viel die Reformation des Kammerwesens und Aufnehmung der Rechnungen, Erkundigung und Wissenschaft der nothwendigen Sachen betrifft, gar wohl gefallen. Ich hätte es längst gerne gesehen, habe es auch oft wie anders getrieben, und ist noch meine Meinung, daß es so geschwind als immer möglich ins Werk gerichtet werde und besonders daß es noch vor der Resignation geschehen möge, welche ich meinerseits gar nicht verschieben will."

„Was den dritten Punkt betrifft, ist recht und billig auch nothwendig, daß alle Deputat an sich selbst klar, lauter und undisputirlich seien, und ordentlich versichert und assignirt werden, damit es keine Difficultät abgebe. Wenn ihr aber vermeint, dieselben bei allen unsern Kindern auf alle sowohl ordentlichen als außerordentlichen Fälle, sie mögen beschaffen sein wie sie wollen, zu richten, so gebe ich euch nur dieses allein zu bedenken, daß meiner Kinder Deputate ziemlich hoch und auf große Summen gespannt werden müßten, weil sich bei meinen andern noch unverheiratheten Kindern sowohl geistlichen als weltlichen Standes zu ihrer großen Aufnahme, Nutzen und Wohlfahrt noch wohl solche Fälle und Gelegenheiten könnten und vermuthlich werden ereignen, wo sie einer ansehnlichen Summe Geldes wohl von Nöthen haben würden. Und auf solche Fälle würde nicht allein ich als Vater sondern auch sie die Kinder selbst in der Assignation ihrer Deputate billig ein großes Aufsehen haben, und würde meines Erachtens den andern Kindern damit gar nicht gedient sein, wenn man blos obenhin meldete, der ältere Bruder würde ihnen aus brüderlicher Liebe zu allen Zeiten beispringen, und daß man sie also mit schlechtem Deputate auf alle ordentlichen und außerordentlichen Fälle, wie diese immer beschaffen sein mögen, hintanrichten wollte und sie mit Recht und Fug weiter nichts zu erwarten hätten. Auf diesen Fall wäre zu besorgen, sie würden eher mit Recht ihren ganzen natürlichen Theil abfordern oder doch mit verbittertem Gemüth die Sache bis auf mein Absterben verdrücken, hernach aber gegen einander in Uneinigkeit gerathen. Aus dieser Ursache wäre in allweg von Nöthen, daß man jetzt gegen sie also handelt, daß sie freiwillig ganz wohl zufrieden und begnügt würden. Dieses könnte meines Erachtens am besten dadurch geschehen, wenn man für ihre ordentlichen Einkünfte gleichwohl nicht gar so große Deputate assignirte, ihnen aber daneben zu verstehen gäbe, man wollte sie sonst in ihrer Noth, soferne sie dieselbe nicht selbst unnothwendiger Weise verursacht hätten, so viel immer sein könnte, nicht lassen. Ich will aber euer Gutachten hierüber noch weiter vernehmen. Ueber den vierten Punkt hab ich aus demjenigen, was ihr meinem Sohn des Hofstaates wegen übergeben, euere Meinung gerne vernommen. Befleißet euch nur, daß alles ehest ins Werk gerichtet werde, im Fall mein Sohn darin kein Bedenken hat. So habt ihr auch vor diesem wie jetzt nicht weniger verstanden, wie ich gedenke, die ganze Regirung und die ganze landesfürstliche Hoheit und Regiment auf meinen ältern Sohn allein zu richten. Und eben dieser Ursache wegen hätte ich gerne, daß auf diesen Fall und Weg viele Sachen eingezogen werden könnten, die sich sonst nicht leicht würden einziehen lassen. Wie die gesandtschaftliche Correspondenz vor diesem practicirt worden, darüber habt selbst ihr nicht ganz recht berichtet. Ob aber dieselbe in Zukunft und auf welche Weise zu praktieiren sei, stelle ich meinem Sohne, welchem es hauptsächlich angeht, gänzlich anheim. Ich glaube aber, daß die Correspondenz, sofern sie recht und gebührlicher Weise angeordnet würde, vielen Nutzen schaffen könnte. Das Kammerwesen betreffend ist bereits mit dem Schrenk ein Anfang gemacht worden, wobei es denn auch verbleibt."

„Den sechsten Punkt habe ich ziemlich verstanden, kann aber nicht unterlassen, was mir vor diesem hierüber schon eingefallen ist, auf weiteres Nachdenken zu vermelden nämlich: daß ich nicht nur allein für gut sondern auch für eine Nothdurft achte, daß man um gute, beständige arbeitsame und verständige Leute trachte. Und vermeine gänzlich, daß es wenn man dergleichen gute Leute hätte, und sie mit Besoldung und der Gebühr noch unterhielte, nicht nur allein nicht mehr kosten sondern daß man sogar dabei etwas ersparen würde, indem nicht wenig faule und unnütze Personen sowohl unter den Räthen als sonst, deren man mehr als zu viele hat, mit Nutzen abgeschafft werden könnten. Ich hätte vermeint, wenn man auf der Kammer neben dem Präsidenten noch drei gute Räthe hätte, die sich sämmtlich der Sache ernstlich annähmen, denen auch der regirende Fürst, so oft es sein könnte, beiwohnte, sie aufmunterte, mit ihrem sämmtlichen Rath und Gutachten alles handelte, es wäre eben genug, da doch jetzt eine Zeit her wohl noch so viele lauter junge unerfahrene Leute gewesen. Bei dem Hofrathe sind auch nur zu viele schlechte und ungeschickte faule Leute. Wenn man auf der Doctorbank sammt dem Hofkanzler zum meisten sechs gute arbeitsame Personen und auf der Ritterbank auch so viele erfahrne und gute und soviel möglich solche Leute hätte, die zugleich Hofämter bekleiden könnten, wäre es auch hinreichend genug. Alles übrige unnütze Gesindel könnte abgeschafft werden. Wenn dann überdieß der Fürst oder doch die geheimen Räthe dem Hofrathe selbst oft beiwohnten, alle Räthe selbst anhörten, dieselben animirten und antrieben, würde er sich auf diesem Wege selbst bald gute Leute ziehen; denn es würde sich ein jeder doch befleißen, im Referiren und Votiren bei dem Fürsten wohl zu bestehen und sich einen Namen zu machen. Ebenso würde der Fürst auf diese Weise seine Leute auch sein kennen lernen, und worin er sich also auf den einen oder den andern verlassen könnte, so daß er nicht einem oder zweien allein stets in die Hände sehen oder sich nur an Einen bürden dürfte. Der geheime Rath ist, wenn er je also verbleiben soll, wohl in Acht zu nehmen und in allweg meines Erachtens genug, daß man zum meisten vier gute Männer in allen dabei habe, nämlich zwei Doctoren oder Rechtsgelehrte, wie denn bereits neben dem Kanzler Dr. Gail-kircher oder, wenn dieser beim Hofrathe verbleiben sollte, Donnerberg oder ein anderer, wenn er nur ein arbeitsamer Mann ist und die Sache sich angelegen sein läßt, genommen werden könnte, und dann zwei auf der Ritterbank, die zugleich Hofämter daneben haben und gleichfalls arbeitsame und solche Leute sind, die eine Lust dazu haben. Denn den geheimen Rath mit vielen Personen mehren wollen, ist nichts weiter als multiplicare otium, sumptus et ambitiones, und daß sie um so weniger übereinstimmen. So klagt man auch, daß man viele Sachen in den geheimen Rath ziehe, die nicht unmittelbar dahin gehören und den andern Räthen entzogen werden. So ist es auch gut, daß wenige seien, damit alles in größerem Geheim bleibe. Bei den drei Regirungen im Lande bedarf es auch bessern Einsehens. Denn auch daselbst sind meines Wissens nur zu viele untaugliche und ungeschickte Leute. Wenn man bei jeder Regirung zum meisten vier gelehrte gute Leute und vier vom Adel und Beamte hätte, wäre es auch genug. Das andere unnütze Gesindel könnte man ganz abschaffen und die andern um so besser unterhalten. So muß man auch allweg künftig dahin sehen, daß man **nicht die Leute mit Aemtern sondern vielmehr die Aemter mit guten Leuten** versehe. Es hat sich aber eine Zeit her schier das Gegentheil eingerissen; denn man hat fast nur denjenigen Aemter gegeben, welche am meisten **Geld darauf geliehen** haben, sie mochten dazu tauglich gewesen sein oder nicht. Dieses taugt aber nichts und kann der Gerechtigkeitspflege unbeschadet nicht prakticirt werden, indem durch solche Ignoranten viel negligirt wird."

„Was das Kammer- und Salzwesen betrifft, hätte ich längst gerne gesehen, daß man darin mit Ernst Hand ans Werk gelegt hätte; man hat aber alle Zeit nur viel daran geschrien, viel discurirt und disputirt, gejammert und geklagt und gleichwohl Hände und Füße fallen lassen. Wie es mich denn dünkt, man wolle fast in der Hauptsache **gar verzweifeln**; dieses wäre doch wohl zum Erbarmen, daß **Wir und Unsere Leute nicht so viel Gehirns** haben sollten, um Uns recht schwingen zu können, da doch gewiß ein anderer bei solchem Land und Leuten sich dabei nicht grausen ließ. Ich versehe mich daher gänzlich, Ihr werdet nach Gott neben meinem Sohn bei dem ganzen Kammer- und Salzwesen euch ganz dahin bearbeiten, daß allen Sachen auf den Grund gesehen und alles in eine rechte beständige Verbesserung gerichtet besonders auch bei Küche und Keller, bei welchen meines Erachtens gar zu viel verschwendet und erspart werden könnte, eine bessere Ordnung eingeführt werde. So höre ich auch gerne, daß den deputirten Rechnungsaufnehmern befohlen werde, mit Fleiß wahrzunehmen, in welchen Sachen und Fällen aller Orten im Lande hin und wieder die Ausgaben geringert und die Einkünfte vermehrt werden mögen, und daß man darauf besonders in der General-Kammerrechnung Rücksicht nehmen soll. Oft ist mir auch eingefallen, daß zur Vermehrung der Einkünfte nicht wenig dienen würde, wenn man auf die anfallenden Lehen, Kammer= und Urbargüter besser Acht gebe, dieselben zum Nutzen des fürstlichen Einkommens fleißig und unabläßlich zu Handen brächte und ohne große erhebliche Ursache nicht von sich gäbe; wenn man ferner auch alle Laster, z. B. das Lesen verbotener Bücher, das Fleischessen an verbotenen Tagen, das Halten der Pfarrerköchinen, desgleichen die Hurerei, Ehebrüche, Gotteslästerungen, Fluchen und Schwören, Vollsaufen, ferner diejenigen hinlässigen und untreuen Pfleger= und Amtleute, welche in den Spitälen übel hausen, die Waisengelder und das Almosen veruntreuen, endlich auch die nachgesetzten Officiere, die ob den Mandaten die Landespolizeiordnungen nicht halten, dergleichen sträfliche Handlungen man täglich, wenn man nur die Augen aufthun will, sehen kann; — wenn man alle diese Verbrechen und Laster, wie in den Reichsstätten und an andern Orten mit großen Nutzen geschieht, mit starker Geldstrafe abstrafen würde, könnte das **Einkommen dadurch gar viel vermehrt** werden, zu verschweigen, daß daneben die Laster ausgereutet, die Gerechtigkeit befördert und die Unterthanen geschützt würden, damit sie alsdann auch desto baß contribuiren könnten. Dieses alles und noch mehreres werdet ihr zu bedenken wissen. Ebenso will ich mir bei diesem Punkt gar gerne gefallen lassen, daß die Kammer ungehört mit vielen Decreten in Abforderung des Geldes nicht leicht beschwert werde, sondern daß der regirende Fürst, wenn Geld abzufordern Noth vorfällt, auf der Kammer oder wo es ihm sonst gefällig sein mag, bei Zeiten mit allen Kammerräthen persönlich und mündlich handle, und ob solche Ausgabe nützlich und von Nöthen auch ob woher man das nothwendige Geld erheben möge, ausführlich berathschlage und nicht mit dem Präsidenten allein insbesondere handle. Denn dadurch würde dem Präsidenten nur Ursache gegeben, alles nach dem Gefallen seines Kopfes, ungehört der übrigen Räthe, zu disponiren. Daher diese dann **faul und verdrossen**, und in vielen Kammersachen so **unerfahren** würden, als wenn sie nie dabei gewesen wären. Wenn hingegen alles in vollem Rathe ventilirt wird und besonders wenn der Fürst selbst dabei ist, werden die Räthe soviel erfahren als der Präsident selbst, wenn sie anders die Leute sind, die sich in die Sachen schicken können."

„Bei dem Bauwesen ist es eine gute Meinung. daß dasselbe hin und wieder im Lande der Kammer anvertraut werde; dabei muß man aber sehen, daß die fürstlichen Häuser und was allenthalben nothwendig zu bauen ist, bei Zeiten in gutem Wesen und Wohlstand erhalten werden, ehe der Plunder gar einfällt oder doch in solchen Abschleif kömmt, daß man hernach koppelte und dreifache Kosten aufwenden muß, da man es doch zuvor mit einem geringen hätte verbessern können. Wie ich denn zu Landsberg und Friedberg auch an andern Orten und hier selbst so viel gesehen, daß wenn man nicht zusieht alles in großer Gefahr ist. Daß man bei der Schneiderei besser zuschaue, ist eine große Nothwendigkeit nicht blos deßwegen, daß alles in beßere Ordnung komme, sondern auch damit das viele Anschaffen so viel möglich abgestellt werde. So hör ich gar gern, daß ihr nunmehr auch für eine unumgängliche Nothdurft haltet, nicht nur allein bei dem Hofstaate sondern auch bei den vornehmen Räthen und andern Dienern und Beamten sowohl in den Regirungen als in den Pflegen alle Einziehung und Gespärigkeit anzustellen. Und obgleich bei des Staates Reformation deffen auch fernere Meldung geschieht, so sollt ihr doch insbesondere noch erwägen, wo, wie und in welchen Stücken und Sachen, auch bei wem, wie weit und sonst mit vielen Umständen solche Einstellung und Gespärigkeit in's Werk zu richten, damit es nicht wie ehemals bei dem bloßen Disputat und Discursen verbleibe, sondern in den möglichen Effect und Execution gerichtet werde. Wenn nun die Räthe und vornehmen Diener reformirt und eingezogen werden, wird man dann um so leichter mit den andern Dienern und Unterthanen fertig werden können. Denn bei denselben wird übler als übel im Ueberflusse und sonst gehauset, wie es sich denn beispielsweise befindet, daß bei gar vieler Adelspersonen Hochzeiten von sechs bis in zehntausend Gulden aufgehen und verschlämmt werden. Gleichen Ueberfluß spürt man bei allen Ständen sogar auch bei dem gemeinen Bauersmann in Kleidern, Gastereien, Kirchtagen, Hochzeiten, Mahlzeiten und andern. Alles dieses soll billig nicht ungestraft hingehen."

„Was die Verhinderungen eines künftigen Landtages betrifft fällt der erste Grund von selbst hinweg, indem ich mich bereits erklärt habe und noch erkläre, meinem Sohne Land und Leute, die ganze Regirung und hohe Obrigkeit auch was mit derselben in Verbindung steht, zu übergeben. Diese Uebergabe könnte wohl auch gleich im Anfange des Landtages geschehen. Wenn ihr besorgt, daß durch starke Einziehung des Hofstaates die Handelsleute vielmehr offendirt als contentirt würden, indem diese Ringerung mehr über Deutsche und Landesleute als über anderer fremder Nationen Hofdiener und Beamte gehen möchte, ist dieses gar nicht meine Meinung, wiewohl es mehr Inländer als Ausländer treffen muß, weil der Inländer vielmehr als der Ausländer in Diensten stehen, sondern meine Meinung ist, daß man solche Ringerung mit und gegen Personen vornehmen, die man am leichtesten entbehren kann, die am wenigsten nützen und doch am meisten kosten, sie seien dann gleich wer sie wollen. Doch kann und soll allzeit ein natürlicher Landesunterthan einem Fremden vorgezogen werden, wie man sich denn auch mit den Unterthanen viel eher behelfen soll, wenn sie sich gleich nicht so viel krümmen und bücken können als andere fremde Nationen. Denn bei den Unterthanen ist viel mehr Liebe und Treue zu hoffen und lassen sich auch leichter mit geringen Besoldungen beschlagen als die Fremden und Ausländer, die nur große Summen Geldes und sonst was stattliches haben wollen, wie es denn also mit unserm Schaden prakticirt worden. So wird sich auch ein regirender Fürst auf diesem Wege wohlgeneigte, getreue und liebreiche Unterthanen ziehen, eine ganze Landschaft gewinnen und sich im Nothfalle bei ihr wohl etwas zu getrösten haben. So bleibt auch Alles, was er auf die Unterthanen verwendet, fein im Lande, da hingegen die Ausländer, so bald sie ihren Beutel gefüllt, das Kapital aus dem Lande schicken und hernach selbst mit dem übrigen nachziehen. Solches würde ein natürlicher Unterthan nimmermehr thun. Was das dritte Impediment eines künftigen Landtages betrifft, ist ja freilich mein endlicher Wille, daß man sogleich und unverzüglich alle gute Hauswirthschaft im Werke selbst anstelle, alle überflüssigen und zum Theil selbst nothwendigen Unkosten einziehe und verschiebe und dieses nicht allein bei schlechten Dingen, wodurch wenig gewonnen wird, sondern vom meisten bis auf das geringste. Daher ist es meine Meinung, daß ihr alles, was auf die Reformation des Hofstaates Beziehung hat, wie auch noch anderes mehr, was wohl zu finden sein wird, sogleich wirklich anrichtet und mit meinem Sohne, welchen es nun bald am meisten treffen wird, mündlich handelt, wo, wie, bei wem, auf welche Weise alles anzustellen und in's Werk zu richten sei. Ich glaube, man könnte in kurzer Zeit bald einige Demonstrationen thun, wodurch sich mein Sohn bei der Landschaft und sonst bald einen guten Namen machen könnte, weil er nicht so viel suspect ist als ich."

„Dieses ist mir auf eure Schrift zu antworten eingefallen; ihr werdet auch nebst meinem Sohne der Sachen recht zu thun wissen."

Herzog Wilhelm hat in dieser Replik selbst die Ueberzeugung ausgesprochen, daß die Verwaltung des Hofstaates einer durchgreifenden Reform bedarf; er erkannte auch, daß eine Doppelregirung manche Uebelstände für das Land nach sich ziehen würde. Deßfalls faßte er den seltenen Entschluß, abzudanken und die Regirung seinem ältesten Sohne allein zu übertragen. Man schritt auf beiden Seiten zu Unterhandlungen und verglich sich sowohl über die Deputate, welche der künftige Regent seinem Vater und Geschwistern jährlich bezahlen sollte, als auch über verschiedene Punkte, welche Wilhelm in sein Testament aufzunehmen wünschte. Nach drei Monaten waren die Verträge geschlossen; am 15. Oktober 1597 wurde der Hofrath Ulrich Speer mit der Resignations- und Uebergabs-Urkunde nach Prag gesandt, um die Einwilligung des Kaisers zu erholen, welche sogleich erfolgte. Im folgenden Monat begaben sich Graf Schweikart von Helfenstein, der Vizedom zu Landshut, Haus Georg von Frauenberg und der Kanzler Joachim von Donnersberg an den kaiserlichen Hof, um sämmtliche Reichslehen im Namen des neuen Landesfürsten zu empfangen; die Gesandten waren beauftragt, besonders dahin zu wirken, „daß die Kur und Wahl des heiligen römischen Reiches und die Pfalz am Rhein" im Lehenbriefe ausdrücklich aufgeführt würden."

Herzog Wilhelm suchte die ganze Angelegenheit geheim zu halten und setzte seine Schwester, die Erzherzogin Marie erst nach der Unterzeichnung der Abdicationsurkunde unter dem Siegel der Verschwiegenheit in Kenntniß, daß es sein fester Entschluß sei, der Herrschaft zu entsagen. Die Erzherzogin, welche diesen Schritt ihres Bruders für übereilt glaubte, wollte ihm noch Gegenvorstellungen machen und schrieb ihm: „Du wirst sehen, daß du ohne Arbeit nicht sein kannst, wäre auch nicht gut; denn Herzog Mar hätte wohl keinen besseren Rath als den deinen."

Als die Gesandten mit der kaiserlichen Belehnung für den neuen Regenten in München angekommen waren, wurde am 4. Februar 1598 feierlich verkündet, daß Herzog Wilhelm die Regirung gänzlich niedergelegt habe und Herzog Maximilian von nun an allein regirender Landesfürst sei. Die vom Kaiser bestätigte Abdicationsurkunde lautet: „Von Gottes Gnaden Wir Wilhelm Pfalzgraf bei Rhein, Herzog im Obern- und Niedern-Bayern u. s. w. bekennen und thun kund jedem Männiglich mit diesem offenen Brief, wer denselben lieset oder lesen höret, daß Wir aus beweglichen Ursachen und freiem ungezwungenen Unsern Willen und wohlbedachten Gemüth, auch mit allergnädigstem Vorwissen des Allerdurchlauchtigsten, Großmächtigsten Fürsten und Herrn Herrn Rudolph II. erwählten römischen Kaisers, zu aller Zeit Mehrer des Reiches, in Germanien, zu Ungarn und Böhmen 2c. Königs, Erzherzogs zu Oesterreich, Herzog zu Burgund und im Obern- und Niederschlesien, Markgrafen zu Mähren, Unsers allergnädigsten lieben Herrn und Vetters und auf Ihrer Kaiserl. Majestät Consens und Verwilligung, so Wir vermittelst ordentlicher Auffendung und Kündung der Reichslehen und Regalien, durch genugsam bevollmächtigte Gesandten und Gewalthaber erlangen sollen und wollen, dem Durchlauchtigen Fürsten, Unseren freundlichen lieben ältern Sohn Maximilian, auch Pfalzgrafen bei Rhein, Herzog im Obern- und Niedern-Bayern 2c. als dessen Liebden ohne das kraft weiland Unsers Herrn Vaters, Herzogs Albrechts 2c. hochseligen Gedächtniß aufgerichtet und von Ihrer kaiserl. Majest. confirmirten Testament, auch darauf mit unsern freundlichen lieben Brüdern erfolgten und aufgerichteten Vertrag, die ganze völlige Regirung Unsers Landes auf Unser zeitlich Ableben an- und zufallet, derowegen dann Sein Liebden von Unserer lieben und getreuen Landschaft die Eventual-Erbhuldigung empfangen und aufgenommen, an jetzo alsobald in Unserm Leben jetzt ermelte ganze völlige Regirung an- und übergeben haben. Uebergeben auch, cediren und transportiren Seiner Liebden hiemit und kraft dieses Briefes die ganze völlige Regirung Unserer Lande und Leute, die Kur und Wahl des heiligen Reiches, das Pfalzgrafenthum bei Rhein, das Herzog- und Fürstenthum Obern- und Niedernbayern auch insgemein all Unser Herzog- und Fürstenthum, Land-, Graf- und Herrschaften, die Wir besitzen und inne haben mit allen ihren Zugehörungen auch alle Recht, Würdigkeit, Gnad, Freiheit, Gewohnheit und Herkommen, so zu gemelten Unsern Fürstenthumen, Graf- und Herrschaften und Herrlichkeiten gehören, Pfandschaften, Lehenschaften, kaiserliche Erspectanzen und Verschreibungen, deßgleichen alle und jede unsere Privilegia, Handvesten und Brief, Lehen und Regalien, womit Wir von Ihrer Majest. und dem Reich insgemein und sonder begabt und befreit sind, wie im gleichen alle Unsere Lehen und Afterlehen, so Wir verliehen auch jetzt und ins künftige andern zu verleihen haben oder gewinnen werden, auch durchgehender Weise alle und jede Unsere eigenthümliche und angehörige Land und Leut, Hab und Güter liegend und fahrend, ausständige Schulden, so man Uns zu thun verbleibt, Recht, Zuspruch, Würdigkeit und Gerechtigkeiten, wie die Namen haben mögen, nicht anders als ob die sammt und sonders specificirt und benannt worden wären (ausgenommen dessen, so Wir Uns kraft Unsers freundlichen lieben ältern Sohnes Gegenverschreibung ausgenommen und bevor behalten). Wollen darauf und ebnermassen hiemit auch kraft dieses Briefes alle und jede Unsere Räth und Diener (außerhalb deren so Wir absonderlich haben und ins künftig für Uns und Unsre bevorbehaltene Güter haben, bestellen oder aufnehmen werden) wie auch alle und jede Unsere in- und ausländischen Lehenleut, auch alle und jede Unsere Landsassen, Landleut und Laudunterthanen und insgemein ganze und völlige Unsere liebe und getreue Landschaft, ihre Räthe, Dienerschaft, Lehen und Erbpflicht, Huldigung und Eide, soviel Uns und Unsere Person betrifft, insgemein und durchgehenden Weise (außer dessen so Wir Uns kraft obgedachten Unsers freundlich lieben Sohnes Gegenverschreibung bevorbehalten) begeben, erlassen, frei und ledig zählen auch allerdings absolute an mehr und obgedachten Unsern freundlich lieben Sohn mit allen und jeden ihren Raths, Dienerschaft, Lehen und Erbpflichten, Huldigung und Eiden respective anweisen und Seiner Liebden dieselben hiemit cedirt und übergeben haben; alles mit dem Verstand, daß die Regirung des Fürstenthums Obern- und Niedernbayern sammt andern Unsern Land und Leuten, Graf- und Herrschaften, den Nutzungen, Nießungen, Gilten, Renten, Zinsen, Einkommen, Recht und Gerechtigkeiten jeder Zeit und in ewig, so lange der Namen und Stammen Unsers löblichen Hauses Bayern nach dem Willen des Allmächtigen in esse sein werde, immerwährlich dem ältesten weltlichen Standes und dessen männlichen Erben in absteigender Linie ehelicher Geburt allein zustehen und gebühren, und jeder Zeit der jüngere dem ältern weichen und durch denselben von der Regirung ausgeschlossen werden, jedoch daß des ältesten anderen jüngeren Brüdern ein gebührlich Jahrgeld nach Gelegenheit und Fälle der Personen auch Beschwerung des Landes sammt dem Ort der Wohnung, Hofhaltung und anderm verordnet, auch die Schwestern fürstlich und wie bei dem Haus-Herkommen unterhalten, ausgeheirathet und ausgesteuert werden sollen."

„Entgegen haben wir uns bevorbehalten und ausgenommen, auch vielbedachter Unser freundlicher lieber Sohn Herzog Maximilian Uns entgegen versprochen und verschrieben, wie solches alles und jedes in Seiner L. Gegenverschreibung, so diesem Brief gleich datirt, unterschiedlich begriffen und einverleibt. Und ob Wir wohl Unsern Sohn, dieweil er sich mit Unserm väterlichen Rath, Wissen und Willen verehelicht, die Eventual-

Erbhuldigung unserer lieben und getreuen Landschaft mit Unserm Willen an- und aufgenommen, auch anjetzo die ganze völlige Regirung von Uns empfangen, hiedurch ipso facto et jure pro emancipato filio Unserer väterlichen Gewalt entlassen haben und halten: so wollen Wir ihm jedoch kraft dieses Briefes, damit er alles dessen um so viel mehr fähig und Gegenverschreibung von sich zu geben mehr mächtig, zu allem Ueberfluß emancipirt und unsrer väterlichen Gewalt, so zu Latein patria potestas genannt wird, begeben und erlassen, auch pro emancipato declarirt und erklärt haben, Uns aber jedoch und in allweg die Zeit Unsers Lebens, gleich einen Weg als den andern, zu ihm ungezweifelt getrösten und versehen, er werde Uns als den Vater mit söhnlicher getreuer Affection und Zuneigung jeder Zeit respectiren und Unsern väterlichen getreuen Rath, Erhortation und Vermahnungen in Obacht nehmen. Wie Wir denn auch gleichergestalt und aus ebenmäßigem Bedenken die hochwürdigsten, ehrwürdigen in Gott und durchlauchtige Fürsten, Unsere freundlichen lieben Söhne, Herrn Philipp, der hl. röm. Kirch Cardinal, Bischof von Regensburg und Herrn Ferdinand, Coadjutor des Erzstiftes Köln und Administrator des Stiftes Berchtesgaden, beide Pfalzgrafen bei Rhein, Herzog im Obern- und Niedern-Bayern 2c. sowohl ihrer habenden geistlichen ansehnlichen Stand, Prälatur, Dignität und Würden halber pro emancipatis filiis halten, als auch zugleich und damit ihre Unterschrift und Bekräftigung dieser Uebergab und der Gegenverschreibung um so viel mehr statt habe, mit gleichmäßiger Zuversicht, wie hieob vermeltet, declariren und erklären. Zu dessen Urkund haben Wir diesen offenen Brief mit eigener Hand unterschrieben und Unserm Secrete verfertiget, darunter Wir Uns diese Unsere General-Universal-Resignation, An- und Uebergab wahr, fest und stets zu halten, dawider selbst nichts zu thun noch durch andere, so viel an Uns zu geschehen gestatten, bei Unsern fürstlichen Würden und wahren Worten verobligiren und verbinden, also daß Uns dawider einige Privilegien, Freiheit, Gnad, Restitution, Absolution, päpstliche oder kaiserliche Indulte, Rescripte, noch sonst Ich anders wie das genannt, und durch Menschen-Sinn erfunden und erdacht werden möchte, nicht schützen, freien oder helfen solle, sondern Wir wollen in demselben allen sammt und sonders eben mit der Kraft als ob es alles und jedes in Sonderheit specificirt und ausgedruckt und gänzlich auch freiwillkürlich verzigen sein und bleiben, wie Wir Uns dann solches alles hiemit verzeihen und vergeben, alles und jedes in allem besten, kräftigsten Maß, Form und Gestalt, wie es von Rechts, Billigkeit und Gewohnheit wegen immer geschehen kann, mag oder soll, alles treulich ohne Gefährde."

„Geschehen zu München den fünfzehnten Tag des Monats Octobris, als man zählte von Christi Unsers lieben Herrn und Seligmachers Geburt, im fünfzehnhundert sieben und neunzigsten Jahre." Wilhelm.

Da die Primogenitur in Bayern eine noch neue Landesinstitution war, so nahm Wilhelm hierauf eine besondere Rücksicht; die drei Brüder Maximilians mußten deßhalb der Abdicationsurkunde und der Gegenverschreibung des neuen Regenten ihre Unterschriften beifügen und eidlich versprechen, alles darin Enthaltene unverbrüchlich zu halten. Ueber diese Eidesleistungen wurden eigene Notariats-Instrumente aufgenommen und den Urkunden angeheftet. Seinen Nachfolger ermahnte Wilhelm, wie sein Vater Albrecht V. in seinem Testamente, dringendst, die katholische Religion aufrecht zu erhalten, die geistliche Gerichtsbarkeit, die Kirchengüter und überhaupt den Clerus zu schützen wie auch für strenge Kirchenzucht zu sorgen, sich der katholischen Einwohner vor andern Confessionisten in Friedens- und Kriegssachen von Jugend auf zu bedienen und die Anstellung von Ausländern aber soviel als möglich zu vermeiden. Maximilian bewies sich auch während der achtundzwanzig Jahre, welche der Vater nach seiner Abdankung noch lebte, stets als einen gehorsamen und ehrfurchtsvollen Sohn; sein Vater blieb ihm der vertrauteste Rathgeber und er that in keiner wichtigen Sache einen Schritt, ohne ihn um seine Meinung gefragt zu haben; niemals sprach er mit ihm anders als mit entblößtem Haupte.

Siebentes Kapitel.

Wilhelm V. als Familienvater — als Privatmann.

Da Wilhelm V. von der Bühne seiner thätigen, in Kunst, Wissenschaft und Religion verdienstvollen Regirung abgetreten ist, so wollen wir ihm in den Kreis seiner geliebten Familie und seines frommen, heiligen Privatlebens folgen. Hier entdecken wir in seinem Herzen einen Reichthum von so zarten und edlen Gefühlen, daß jeder Bayer unwillkürlich mit innigster Liebe zu ihm hingezogen wird und in ihm das schönste Beispiel treuer Nachahmung findet.

Wilhelm besaß eine zahlreiche Familie: den 8. Dezember 1574 wurde ihm **Maria Anna**, den 22. September 1576 **Philipp**, den 6. Oktober 1577 **Ferdinand**, den 18. April 1583 **Albrecht** und den 4. Juli 1587 **Magdalena** geboren; die im Jahre 1578 und 1580 gebornen Kinder Eleonora Magdalena und Karl starben in frühester Kindheit. Sowohl die Prinzen als die Prinzessinnen waren in ihren ersten Kinderjahren der weiblichen Pflege anvertraut und wurden unter den Augen der Herzogin Renata erzogen, welche als höchst liebevolle und sorgsame Mutter berühmt war. Als Maximilian das siebente Jahr zählte, übergab ihn sein Vater dem frommen und gelehrten **Wenzeslaus Peträus** zur Erziehung, welcher aus Budweis in Böhmen gebürtig, zu Ingolstadt mit Auszeichnung studirt hatte und zu Prag in den Diensten des Erzbischofs war. Herzog Wilhelm wählte ihn wegen seines sanften und gutmüthigen Charakters zum Lehrer seines in noch zartem Alter stehenden Erbprinzen. Die Berichte, welche Peträus über seinen fürstlichen Zögling an seinen Vater schickte, sind voll des Lobes über die seltene Lernbegierde und Frömmigkeit desselben; besonders hebt er das gerechte Mitgefühl, welches der junge Prinz schon als Knabe beurkundete, hervor. Als derselbe in Menzing, wo er bei seiner Großmutter, der Herzogin Anna, gerne verweilte, von seinem Fenster aus in einem nahegelegenen Weiher öfters sah, wie ein großer Hecht den kleinen Fischen nachstellte und sie verschlang, so that dieß seinem kindlichen Herzen wehe und bat seinen Lehrer den grausamen Raubfisch mit einer Angel zu fangen; es gelang dem edelfühlenden Knaben, denselben in seine Gewalt zu bekommen und der Großmutter zu präsentiren. Seine Freude über die gemachte Beute war so groß, daß er den Fisch abmalen und die Abbildung dem Vater schicken ließ. Viel Vergnügen machte es dem jungen Prinzen „auf seinem Rapple" mit seinen Gespielen und Dienerschaft eine Wallfahrt nach Thalkirchen zu machen; wenn er in die Nähe des Dorfes kam, stieg er vom Pferde und ging mit den übrigen zu Fuß, wobei er eine lateinische Litanei sang. In der Messe betete er den Rosenkranz und für alle diejenigen, deren er im Gebete eingedenk war, ein Vaterunser. In München hatte Maximilian sein Studir-Zimmer, das sogenannte Museum, im alten Hof, wo ihm im folgenden Jahre außer seinem Lehrer Peträus, **Wilhelm Schlüderer** als Hofmeister beigegeben wurde. Derselbe stand früher in Diensten des Bischofs von Speier und war weltlicher Administrator des regensburger Bisthums;

der päpstliche Nuntius Ringuarba empfahl ihn dem Herzog Wilhelm als „einen Mann von seltener Frömmigkeit, Klugheit, Eifer und Talent." Unter der Leitung beider Männer machte der Erbprinz in den Anfängen der Wissenschaft besonders in der lateinischen Sprache staunenswerthe Fortschritte und schrieb schon als Knabe von neun Jahren lateinische Briefe an seinen Vater.

Im Jahre 1583 erhielt Maximilian an seinem Bruder Philipp im Altenhof einen siebenjährigen Studiengenossen. Sein Vater, welcher nach der politischen Maxime Albrechts V. die Primogenitur in Bayern dadurch aufrecht zu erhalten suchte, daß er allen seinen Söhnen außer dem Erbprinzen eine Infel zu verschaffen wußte, besaß beim Domcapitel in Regensburg ein so großes Ansehen, daß sein dreijähriger Sohn Philipp gegen die kanonischen Satzungen zum Bischof von Regensburg ernannt wurde. Der finanzielle Zustand dieses Stiftes war so tief herabgekommen, und der Protestantismus erhielt einen so großen Anhang in dieser Stadt, daß das Domcapitel fürchtete, es möchte das ganze Bisthum eingehen. Deßhalb wählte es den jungen Prinzen Philipp zum Bischof, um während dessen Minorität die Infelrevenuen zur Abzahlung der Schulden zu beziehen und in Religionsangelegenheiten an dem mächtigen katholischen Bayern eine feste Stütze zu haben. Der junge Bischof war sehr lebhaften Geistes und bewies sehr frühzeitig die vortrefflichsten Anlagen. Ueber seine Naivität schrieb sein Lehrer Ulrich von Preysing, als er erst im fünften Jahre stand, an Herzog Wilhelm folgenden Brief: „Als ich heute die junge meine gnädige Herrschaft unter dem Essen in ihrem Zimmer besuchte, und, ob nicht dieselbe irgend am Essen und Trinken Mangel habe, gehorsamlich fragte, antwortete mir sogleich mein gnädiger Herr, Herzog Philipp, mit großer Klage: an Essen habe er keinen Mangel aber an Trinken; denn man gebe ihm nur Wasser zu trinken. Darauf habe ich Sr. Gnaden angezeigt, es gehöre derselben als einer geistlichen Person und einem Bischof nichts anders zu trinken als Wasser. Se. Gnaden antworteten mir gar geschwind darauf: „Ei! so will ich wohl nimmer Bischof sein." Und da ich Sr. Gnaden hierüber vorstellte, es lasse sich das Bischofsamt nicht um so geringer Ursach willen wie die auffagen; ich sei selbst auch ein Bischof und müsse Wasser trinken; Se. Gnaden müßten auch Geduld tragen und sich was besseres bedenken: darauf folgte mir dieser kurze Bescheid: Ich möge wohl Wasser trinken und Bischof bleiben, aber Se. Gnaden nicht, und sobald die Frau Mutter hereinkomme, wolle er ihr's sagen; wenn man ihm nicht Wein geben wolle, so wolle er auch nicht mehr Bischof sein." Philipp entwickelte seine großen Talente so rasch, daß ihm sein Vater, als er zwölf Jahre zählte, ein Thema zur Ausarbeitung einer Predigt schickte. Der junge Prinz übersandte ihm dieselbe nach kurzer Zeit und legte folgendes Briefchen bei: „Ich überschicke hiemit unterthänig die deutsche von Eurer Fürstl. Gnaden mir auferlegte Predigt, welche, wie ich selbst wohl weiß, gar schlecht und kindisch gestellt, jedoch mit meiner grossen Mühe und Arbeit zusammengeraspelt ist. Derhalben bitt ich demüthlich E. F. Gn., Sie wollen diese meine geringschätzige Arbeit nicht verachten; so mir Gott das Leben wird fristen auch seine Gnad mittheilen, will ich's einmal besser machen."

Der zehnjährige Maximilian, welcher seinen Bruder Philipp sehr liebte, hatte große Freude, als er erfuhr, daß derselbe zu ihm in den Altenhof zum Unterricht komme, und schrieb ihm folgenden scherzhaften und kindlich frommen Empfangsbrief: „Maximilian von Gottes Gnaden Herzog von Bayern wünscht dem hochwürdigen durchlauchtigen Fürsten, Herzog Philipp, seinem freundlich geliebtesten Herrn Bruder ein glückselig neues Jahr und alles Gute. Nachdem Gott Lob die Sache nun einmal dahingekommen, daß Ihr von der Kinder- und Weiberzucht weggezogen und zu mir in die männliche freie Schule dergestalt gegeben seid, auf daß Ihr Euer Studiren mit diesem neuen dreiundachtzigsten Jahre anfangen sollt, kann ich nicht unterlassen, Euch dieß kleine Brieflein zu schreiben und in demselben anzuzeigen, daß mich diese Eure Ankunft höchlich erfreuet und daß auch mir dieser Zeit nichts liebers noch angenehmeres hätte widerfahren können; wie ich dann hingegen auch leichtlich glauben will, daß Ihr dießmals in keinem Ort lieber als bei mir zu Altenhof bleiben und studiren wollt. Damit aber diese unsere brüderliche Freude langwierig und doch für beide Theile nützlich sowohl als auch unsern gnädigsten herzliebsten Eltern tröstlich sei, so wollen wir oft einer den andern durch vertrauliche Schreiben unterweisen, wie wir uns nicht allein gegen einander sondern zuvörderst gegen Gott als dann auch gegen jeden Männiglich halten sollen. Unterdessen so gehabt Euch wohl! Gegeben München zu Altenhof Mondtag den 7. Januar des alten Kalenders Anno Christi 1583." Damit die beiden Prinzen in ihren Studien mehr angeeifert werden möchten, ließ Herzog Wilhelm mehre adelige Knaben, welche von der größten Sittenreinheit waren, mit ihnen unterrichten.

Im Jahre 1584 entwarf der herzogliche Vater eine ausführliche Generalinstruction, welche er den beiden Erziehern seiner Prinzen, Peträus und Schlüderer übergab, und in mehrfacher Beziehung von hoher Wichtigkeit ist. Diese lautet:

„Unser väterliches Begehren, Unsere Wart und Hoffnung stehet dahin, daß Unsere geliebten Söhne nach äußerstem möglichsten Fleiße auf die Ehre und Furcht Gottes, auf Gehorsam gegen ihre Eltern, auf Demuth, Tapferkeit, in wahrhaften Worten und ehrbaren züchtigen Gebärden insonderheit auch auf ein nüchternes mäßiges Leben angeführt, unterwiesen und gehalten und weit von Hoffahrt, von Ueberfluß im Essen und Trinken abgezogen und verhütet werden. Daher es von Nöthen sein wird, sich der Natur und Neigung ihres Gemüthes allen Fleißes zu erkundigen, dasselbe, wo es aus eigener Bewegniß den jetzt gemeldeten und andern löblichen Tugenden nachgeben will, auf solchen guten Weg zu erhalten oder aber, wo es menschlicher Gebrechlichkeit nach auf einige Unart ausschlagen wollte, durch gute Aufsicht, Lehre, Beispiel und Zucht auf sichere Bahn zu leiten und darauf zu beharren. Hiezu ist der göttliche Segen nöthig; daher wollen und befehlen Wir, daß mit Einpflanzung aller Gottesfurcht der Anfang gemacht und Unsere geliebten Söhne zu ordentlichem Gebet und Andacht sowohl in ihrem Zimmer als in der Kirche fleißig unterwiesen und angehalten werden. Und dieses soll nun bei Anbruch des Tages vor allem andern, so bald sie angekleidet sind, und Abends ehe sie sich wieder zur Ruhe begeben, mit gebogenen Knieen in der Hauskapelle und in Gegenwart des Präceptors fleißig und unvergeßlich geschehen. Zum voraus sollen sie beim Amte der heiligen Messe ein Gebetlein haben, und damit sie des heiligsten Gottesdienstes desto mehrern Verstand und Nutz bekommen, sollen sie dahin unterwiesen werden, daß sie dem Priester nicht allein zu dienen sondern auch zu antworten wissen, wodurch sie zu mehrer Andacht und Aufmerken gerathen. Sobald sie nun an Verstand und Lernung der Sprachen etwas zunehmen, sollen sie kleine brauchbare Meßbüchlein erhalten, Introitum und Collecten und anders mit dem Priester doch in der Stille beten, gleichfalls Episteln und Evangelien lesen und folglich von Jugend auf gewöhnen, sich in ihrem Gebete mit der eingeführten Kirchenordnung gleichförmig zu halten. Bei der Vesper soll es mit der Zeit eben diese Meinung haben. Dadurch können sie nicht allein lernen, Gott den Allmächtigen mit Gebet zu loben sondern auch alles dasjenige, was ein ganzes Jahr hindurch in der Kirche geschieht und vorgeht, in ein Wissen und Verstand kommen, folglich auch was sie recht verstehen, alle die Tage ihres Lebens um so mehr lieben, gebrauchen und vertheidigen. Die Erinnerung des Ave Maria-Geläuts Morgens und Nachts auch das Geläute der Mittagsglocke, wobei viel Geheimniß und Gedächtniß unsrer heiligen Religion getrieben wird, sollen sie wohl verstehen und nicht versäumen, oder ohne öffentliche Andacht, es treffe sie gleich an welchem Orte es wolle, vorübergehen lassen. Etwa in der Woche sonderlich an Samstagen und Feierabenden sollen sie die gemeine oder lauretanische Litanei, eine nach der andern abgewechselt etwa den Rosenkranz beten und überhaupt in allen Dingen, die ihnen zur Andacht vorgeschrieben und verordnet sind, sobald es nur ihr Verstand ertragen kann, wohl unterrichtet werden, damit sie nicht allein beten sondern auch wissen, was sie beten, wozu jetzt Anfangs nicht undienlich sein kann, wenn ihnen neben Verdeutschung der feiertäglichen Evangelien die Introiten und Collecten auch erklärt werden, weil diese nicht lang und gleichsam ein Kern des Inhalts der Episteln und Evangelien sind."

„Bis sie inzwischen einer Ordnung und steten Betzeit in Brauch und Gewohnheit kommen, soll ihnen das Officium Beatä Virginis unter Hand gegeben und sie zu demselben durch Mitbeten des Präceptors oder eines Kaplans angeführt werden, welches sie auch, indem es ordentlich und kurz ist, bald in Kopf bringen und gar auswendig gebrauchen werden. Einen solchen täglichen Gebetdienst werden sie dem Allmächtigen billig schuldig sein, um Hilf und Stärkung im christlichen, tugendsamen Leben zu erhalten, welches sie nicht allein wie alle andern Gläubigen in der Taufe angetreten, sondern in welchem sie auch Standes und Berufes halber vor andern zu leben und zu arbeiten haben. Und damit sie bei dem allen um so lustiger und williger erhalten werden, sollen sie von ihren Gubernatoren von Andacht und Gottesfurcht gute Beispiele sehen und lernen. Sie sollen auch von Zeit zu Zeit Kirchenfahrten gehen als nämlich zu Gotteshäusern in der Stadt, auf dem neuen Gottesacker, wo ein ansehnlicher Schatz von immerwährendem Ablasse ist, nach Thalkirchen, nach Ramersdorf und etwa mit Unserm Vorwissen nach dem heiligen Berg Andechs, nach Tuntenhausen, Altötting u. s. w. und ihnen in allweg dabei Erinnerung geschehen, was es mit solchen Kirchgängen und Wallfahrten für eine Meinung und was sie dabei zu betrachten haben, damit sie des Herrn Joch von Jugend auf tragen, den Weg desselben suchen und darunter sich selbst und die elende Pilgrimschaft dieses Lebens erkennen und betrachten lernen. Was dann zur Reizung christlicher Andacht immer dienlich ist, es sei von Büchlein, von Gemälden, Paternoster, Agnus Dei und dergleichen, das alles sollen sie ordentlich halten und sonderlich die Agnus Dei mit Ehrerbietung brauchen, von welchen den Menschen Gnaden und Segen widerfährt; dem heiligen Kreuze, wo sie dasselbe antreffen in Kirchen oder über Land als dem Zeichen unserer

Erlösung allzeit mit entblößtem Haupte Ehre erweisen und etwas nützliches dabei gedenken lernen. Freche, unschambare Gemälde, Büchel, Lieder soll ihnen unter Augen nicht gelassen werden. Wenn dann Hofmeister und Präceptor in unsern Söhnen gewahr werden, daß sie etwa zu einem ziemlichen und ehrlichen Dinge als zu einer sichern und gottseligen Reise, zu einem Geschenke oder was sie von Uns und Unserer geliebten Gemahlin gern bitten, oder heut oder morgen in ihrem Leben von Gott und dem Glücke gerne haben und genießen wollten, dieses alles solle man sie durch Andacht etwa mit einem gewissen Gebete suchen lernen, damit sie wissen und verstehen, daß sie alles und jedes allein von Gott erbitten und erwarten müssen. Bei Hörung und Ergreifung der Predigten haben gleichwohl Unsere Söhne aus Jahren und Verstande noch wenig Behelfs. Damit sie sich aber zu einem fleißigen und ernstlichen Aufmerken selbst treiben, sollen sie allzeit über oder vor dem Tisch angefragt werden, was sie aus der Predigt begriffen und behalten haben. Zu den Feiertagen sollen sie aus dem Leben der Heiligen, welches Surius und andere beschrieben, ein auserlesenes gutes Exempel, für ihren Stand und Alter dienlich, hören und es der Memorie also empfehlen, daß sie es andern oder dritten Tages wieder nachsagen mögen. Da daran allerhöchst gelegen, daß unsere Söhne in dem Grunde unserer heiligen wahren, katholischen Religion wohl unterwiesen und berichtet werden, so soll jetzt sogleich der deutsche und über eine Zeit der lateinische kleine Katechismus und darauf die Capita Doctrinae Christianae Canisii gleich mit und neben dem täglichen Brod als die geistliche Speise stets in Handen sein, dem Gedächtniß und Verstand so eingewurzelt werden, daß bei mehrern Jahren anderes und wichtigeres mit Nutz und Beständigkeit darauf gebaut werden möge. Die Liebe und Neigung zum göttlichen Dienste kann viel bei Unsern Söhnen anreizen und mehren, wenn sie von den herrlichen und schönen Ceremonien und Kirchengebräuchen einen Verstand bekommen. — Dieses ist nun beiläufig, was zur Pflanzung der Ehre Gottes und christlicher Andacht dienen mag; dabei werden aber Hofmeister und Präceptor die Gelegenheit der Zeit, des Alters, des Ingeniums und anderer Umstände jeder Zeit fleißig und treulich erwägen und sich nach Beschaffenheit derselben ferner darein schicken. Und ob es wohl mit dem Gebet und Anführung zu demselben mit Unserm jüngern Sohne, Herzog Philipp, welcher zum geistlichen Stande und Wesen verordnet und bereits mit dem Stift Regensburg versehen ist, etwas anders und ernstlicher angestellt und getrieben werden muß, so achten Wir doch bei noch währender seiner Kindheit genug zu sein, ihn auf jetzt verstandenem Maß zu Gottesfurcht und christlicher Andacht zu unterweisen, bis Wir zu seiner besondern Disciplin und Erziehung andere und weitere Verordnung thun. Inzwischen soll ihm vom Gebet und christlicher Uebung, wann der Verstand mehr wächst und zunimmt, von Zeit zu Zeit etwas, das seinem Stand gemäß und ihn auch zur Liebe desselben antreibt, unter die Hand gerichtet werden."

„Was dann weiter die Demuth belangt, ist dieselbe eine solche Tugend, wodurch alles fürstliche Lob größer und herrlicher wird, ohne welche sich auch eines Fürsten Gemüth weder zum göttlichen Dienste noch heilwärtigem Gebrauche seines Standes recht ordnen und treiben kann. Es ist kein Zweifel, daß zur selben von allen Dingen die christliche Beicht nütze und fördere, in welcher nämlich der Mensch sich selbst erkennen, vernichten, anklagen, vor Gott und seiner Kirche demüthigen lernt. Dazu sollen nun Unsere Söhne nicht nur einmal im Jahre sondern mehrmal als zu Anfang und Ende der Fasten, zu Pfingsten, auf das Fest der Himmelfahrt Mariä auch aller lieben Heiligen und zu Weihnachten gewöhnt und dabei jeder Zeit der Beichtvater erinnert werden, wozu er sie fürnehmlich ermahnen und anhalten solle. Wann nun dieser Grund christlicher Beichtfurcht und Gehorsams bei ihnen gelegt und in Gebrauch gekommen ist, dann soll mit täglicher Lehre, Ermahnung, Exempeln und also mit der Praktik des ganzen Lebens nachgedrückt, das Gemüth von Erhebung, Stolz, Uebermuth, von Zorn, Unwillen, Neid im Nothfalle durch gebührenden Ernst und mit Hilfe der Ruthen abgehalten werden. Daher wird es von Nöthen sein, Unsere Söhne nicht allein gegen sich selbst untereinander und gegen ihre übrigen Geschwister sondern gegen die Diener und das Gesinde in gar kein Gezänk gerathen zu lassen; denn daher kann leicht geschehen, daß die jungen Gemüther in noch größere Unart fallen. Vielmehr sollen sie aus mehrberühmtem Grunde geschöpfter Demuth und Gehorsams zur Güte, Sanftmuth und Freundlichkeit gegen Männiglich also vor allen Dingen zur Ehrerbietung gegen die Priester und geistliche Personen als Statthalter Gottes auf Erde, gegen alte ehrbare und sonderlich ansehnliche Landleute und Räthe, gegen fremde Personen, und wo es die Nothdurft und Gebühr ihres Standes allenthalben erfordert und mit wiederholter Erinnerung angewiesen werden, daß sie von Gott und der Welt anders nicht zu erlangen haben, für groß und ansehnlich gehalten zu werden, als wenn sie sich zuvor selbst erniedrigen und demüthigen. Es kann dabei von Nutzen sein, darauf zu achten, daß sie dasjenige, was ihnen lieb oder anmuthig ist, eher und leichter auf Bitten und durch Demuth als einiges ihres Rechthabens oder Fugs wegen bekommen und erlangen. Dabei werden aber gleichwohl Hofmeister und Präceptor das Aufmerken haben, daß Unsere Söhne in keine furchtsame, verzagte Weise getrieben werden, sondern ihre Nothdurft und Gebühr fein tapfer, unerschrocken reden und handeln, indem künftiger Zeit von ihnen sowohl im geistlichen als weltlichen Stande das gehandelt und ausgerichtet werden soll, wozu Ernst, Tapferkeit und ein männliches Gemüth gehört. Und weil an Unserm ältern Sohne gespürt wird, daß er zum voraus bei unvorhergesehenen Reden etwas erschrocken und zaghaft sei, so erfordert die Nothdurft, ihn davon abzuziehen und auf jetzt verstandene Meinung fein tapfer und beherzt zu machen."

„So viel nun von löblichen guten Sitten, Zucht und Geschicklichkeit des Leibs bei der Sache thun mag, daran auch hoch und viel gelegen ist, da sollen Hofmeister und Präceptor, wie Wir Uns auf ihre Pflicht und nach Unserer besondern gnädigen Zuversicht, indem Wir ihnen diese hohen Pfänder, einen gewissen Theil unsers Herzens, vor andern anvertraut, zu getrösten haben, alles Ernstes darob sein, daß unsere Söhne feine, bescheidene, freundliche Gebährden gebrauchen, im Essen und Trinken auch in allem Thun und Lassen aufmerksig, züchtig, ehrbar, wahrhaft und tapfer seien; besonders sollen sie sich durchaus keines Schwörens weder bei Gott noch der Seele noch andern hohen Dingen annehmen oder gewöhnen, auch ehrlichen Leuten, die sie besuchen, fremden und inländischen mit Zucht und Gebühr nach eines jeden Stande freundlich zusprechen. Demnach wird von Nöthen sein, sie zu keiner Zeit gar allein zu lassen, daß nicht entweder der Hofmeister oder Präceptor oder in ihrer Abwesenheit jemand anderer ansehnlicher bei ihnen sei. Deßwegen ist auch auf unbekannte fremde Leute gutes Aufmerken zu halten, damit nicht Gaukler, Springer und besonders ärgerliche betrunkene Geistliche einen Zutritt gewinnen also auch damit nichts von ärgerlichen Gesprächen in der Religion auf die Bahn komme oder von verführerischen Büchlein und dergleichen eingeschleicht werde. Und wenn sie gleich zu Uns selbst, zur Frau Mutter oder zur Ahnfrau zu kommen Erlaubniß haben, sollen in allwegen der Hofmeister, Präceptor oder ein anderer Erwachsener mit ihnen gehen, auch verziehen und warten, bis sie wieder in ihre Wohnung zurückgeführt werden."

„Von Leibesübungen werden Hofmeister und Präceptor wissen, was sich für solche schickt, nämlich: Ballspiel, Kugeln, Tafelschießen, mäßiges Umlaufen und Reiten. Sorgliches Ringen aber, Wasserschwimmen, weit in die Wette laufen und dergleichen sollen ihnen nicht gestattet, desgleichen auch Karten und Würfel keineswegs zugelassen, ihnen aber zuweilen das kleine Stähel= oder Rohrschießen und zur Kurzweil das Schachspiel wie auch das Fischen erlaubt werden. Anderes und mehreres mit Roßtummeln und Ritterspielen, mit Hetzen und Jagen kann ihr wachsendes Alter und wie es zu jedes künftigem Stande und Wesen meistens von Nöthen und tauglich sein wird, unsere weitere Bewilligung hernach geben."

„Was Unserer Söhne Studiren betrifft, wird der Präceptor seinem Verstande nach alle Gelegenheit vorzunehmen wissen, indem Wir auch dießmal um so viel weniger vorzuschreiben haben, weil es eben nur um den Anfang und um Austheilung des Tages zu thun ist. Unser Befehl ist hiebei, daß die ordentliche Stunde zum Aufstehen Morgens um sechs oder halb sieben Uhr bestimmt werde. Wann sie nun mit Anziehen, Säubern und dergleichen dreiviertel Stunden zugebracht, sollen sie sich zum Gebet in ihr Oratorium verfügen und zuvor überall nichts anfangen oder unter die Hand nehmen, damit auf solche Weise der ganze Tag vom heiligen Gebet einen glücklichen Anfang und Fortgang nehme. Und da wird der Präceptor das Gebet der Nothdurft nach zu formiren und mit den Jahren auf den Verstand zu richten wissen; alles auf katholische Weise und wie dessen ungefähr bei der Societät Jesu Jugend Anleitung und Gebrauch zu finden ist. Von sieben bis acht Uhr soll das Studium Grammaticä angehen, und der Präceptor auf ein Elementar oder Rudiment bedacht sein mit Unserm Vorwissen. Um acht Uhr ist die Zeit, ein Morgensüppel zu nehmen, darauf eine Messe zu hören und dabei ihre Andacht zu üben ohne eines Tages Unterlassung; es wäre denn an Sonntagen und Festen, wo sie das Hochamt besuchen. Denn weil dieses auch dem Namen nach ein Gottesdienst ist, soll derselbe wie billig das nöthigste sein mehr als Essen, Trinken, Schlafen und was man der Natur und dem Leibe schuldig ist. Nach der Messe soll er sie wieder eine Weile studiren lassen voraus in dem, was zur Uebung der Memorie gehört, als da sind lustige gute Verslein, etwas vom Katechismus, von Praeceptis pietatis, sententiis Ludovici Vivis und was diesem Alter am gelegensten sein mag bis ungefähr eine halbe Stunde vor Essenszeit; diese soll vor der Speis frei sein, damit man auch nicht gar so unbedächtlich zum Tische laufe. Das Essen soll mit Gebet angefangen, mit Bescheidenheit und Zucht eingenommen etwa mit einer Predigtfrage oder anderm, was die Jugend zur Lernung und Nacheiferung treibt, gleichsam mit einem guten Gewürz erlustigt und zu End wieder mit Gebet beschlossen und in allweg die erste Richt durchaus zu Tisch gelesen werden jetzt Anfangs deutsch und hernach, wann Unsere Söhne in Studien durch göttlichen Beistand weiter kommen, lateinisch, alles aus katholischen guten Büchern zur Erbauung und Besserung. Und wer sich einst mit Worten oder sonst im geringsten unbescheiden oder ärgerlich erzeigt, voraus mit einem übermässigen Trunk, ein solcher soll an Unserer Söhne Tafel nicht mehr kommen. Nach dem Essen sind ein paar Stunden ungefähr zur Ergötzlichkeit frei; da mögen Unsere Söhne bei Uns, bei der Frau Mutter, bei Unseren Kindern sein oder nach Gelegenheit eine Kurzweil suchen; doch soll der Hofmeister oder Präceptor auch nicht weit davon entfernt sein. Um zwei Uhr geht das Studiren wieder an, und sollen Unsere Söhne auf zweierlei feine lautere Schriften, die eine lateinisch die andere deutsch alle Abend eine Weile unterwiesen werden. Wann sie dann die Feder selbst brauchen können, sollen sie etliche schöne Sprüche, Verse und dergleichen in beiden Sprachen selbst in ein Büchlein schreiben, diese dann oder ein Stück aus dem Katechismus täglich auswendig lernen und anderen Tag recitiren. Zum Abendstudium bis ungefähr eine halbe oder ganze Stunde vor dem Nachtessen soll mit der Zeit die Erlernung der Musik mit Unseren Söhnen für die Hand genommen und geübt werden. Das Nachtmahl hat seine Ordnung wie das Morgenessen gleichfalls die darauf folgende ziemliche Ergötzlichkeit. Um acht Uhr soll man sich zur Ruhe schicken nämlich den Tag mit Gebet und Danksagung beschliessen, allweg mit einem besondern kurzen Gebetlein auf jeden Tag oder aber auf die vornehmsten Stücke des Leidens und Sterbens unsers Herrn und Seligmachers Jesu Christi gerichtet, auch mit andächtiger Grüssung und Befehlung zu Maria der würdigsten Mutter Gottes neben einer Anzahl Pater noster und Ave Marias als ein tägliches Dankopfer für alle empfangenen Gnaden und Wohlthaten. — Damit der Jugend das Studiren nicht gar zu sauer werde, mag der Präceptor wöchentlich, wenn kein Feiertag einfällt, einen Rasttag vornehmen. Was dann der Präceptor nach Beschaffenheit Unserer Söhne, Alter und Fähigkeiten an dieser Studirordnung zu verbessern meint, dessen mögen Wir jederzeit sein Gutachten gnädiglich gerne vernehmen und soll in demselben nichts bergen."

„Der Bücher wegen ist jetzt auch wenig Bedenkens zu machen, weil die Jugend Unserer Söhne noch gar zu groß ist; nur darauf soll gesehen werden, daß weder jetzt noch künftig irgend ein Autor in Unserer Söhne Kundschaft und Gebrauch komme, welcher in Religion und Sitten im geringsten verdächtig ist. Denn weil Wir sie nach allem Vermögen auf unsere alte katholische Religion zu ziehen gedenken, möchten Wir auch ungern leiden, daß andere als katholische Bücher ihnen unter Augen kommen. Was sie also an Bet- und Evangelienbüchern, Katechismen und dergleichen in deutscher und lateinischer Sprache brauchen sollen, darin hat sich der Präceptor nach Gewohnheit der Societät Jesu Schulen zu richten. Bei denselben kann, weil sie mehrerlei Klassen und allerhand Ingenia zu versorgen haben, auch für dieses Ort in allwegen Rath gefunden werden. Nur mag der Präceptor auf eine tägliche leichte Grammatik denken oder dießfalls selbst etwas fürschreiben, weil es gar viele gibt, die sich mit der Societät Grammatiken ganz und gar nicht vergleichen können, indem sie schwer, lang, verdrießlich und vieler Zeit, bis sie recht ergriffen und eingenommen werden, bedürftig sind, da doch eine solche Länge dergleichen Studium sonst nicht erfordern soll. Unter andern wird Uns gerühmt, was etwa Kaiser Karls, Unseres Herrn Vetters lobseliger Gedächtniß Präceptor, Ludwig Vives von mehrerlei kleinen Tractatlein für die Jugend geschrieben hat. Und obgleich bisher in den christlichen Schulen der gelehrten Heiden und Ungläubigen als: Cicero's, Sallust's, Livius', Virgil's, Terenzens, Horazens und vieler anderer Bücher und Schriften nicht allein nicht gescheut, sondern dafür gehalten worden, daß man eben nur aus diesen Autoren und anders nicht zierlich gut latein lernen könnte; so ist doch unläugbar, daß es zu jetzigen unseren Zeiten an christlichen tapferen Autoren nicht mangle, welche bemeldeten allen weder an Zierlichkeit der Sprache, noch an hochvernünftiger künstlicher Tractation nachzusetzen ja auch in etlichen Fällen weit vorzuziehen sind, indem sie neben der Kunst des Wohlredens mehrerlei wichtige jetzt gebräuchige Materien und eben auch die Nothdurft unserer heiligen Religion behandeln und anrichten und überdieß solche Wörter und modos loquendi et scribendi haben, deren man zum täglichen Gebrauch, christlichen Lebens und Thuns hoch bedürftig ist; da hingegen jene das meiste mit heidnischer Phantasie, Götzen- und Buhlwerk oder doch anderm vergebenen Geschwätz und Fabeln zubringen, und auch nicht wenig tractiren, was man jetziger Zeit nimmer verstehen oder brauchen kann. (Herzog Wilhelm besaß nach dieser Instruction eine große Abneigung gegen die alten Klassiker, wiewohl sie in den Jesuitenschulen docirt wurden. Der Präceptor Peträus machte dem Herzog hierüber Gegenvorstellungen; allein dieser milderte seine Ansicht nur dahin, daß man mit größter Vorsicht die alten Klassiker studiren solle. Die beiden Prinzen Mar und Philipp aber studirten dieselben an der Hochschule zu Ingolstadt, wo sie nicht mehr unter der unmittelbaren Aufsicht des Vaters waren.) Dem allen nach ließen Wir Uns gefallen, daß Unsere Söhne bei so merklichem Vortheil christlicher trefflicher Scribenten nicht in den Heiden und Ungläubigen, sondern in christlichen Büchern studiren, also neben den Studiis freier Künste gleich mit einer Arbeit den Glauben, Gottesfurcht und alle Tugenden von den Meistern einnehmen, deren die Kirche und Religion sowohl als gemeiner Nutz eine Ehre hat. Und so könnten den Livius Jovius und Natalis, den Sallust Sadolet und Bembus, den Cicero Osorius ersetzen; dem Virgil, Terenz, Horaz stehen Prudenz, Vida, Samnazar und Mantuan (beide Dichter kommen dem Ovid in gewissen Oden sehr ähnlich!) und viele andere nicht nach und sind dazu voll herrlicher, schöner christlicher Sprüche, Lehren und Exempeln. Daher Wir Uns nicht allein darob freuen, daß in Unserer Söhne Schule keine andern als christlich gute Bücher gesehen und gebraucht werden, sondern Wir wollen auch jetzt genannten und andern mehr um unsere heilige Religion hochverdienten Autoren die Ehre wohl gönnen, daß sie doch bei Uns das Feld behalten, und die heidnischen Schwätzer und Fabelhansen einst von einer Fürstenschule, in welcher besonders auch ein Bischof erzogen werden soll, ausgetrieben werden. Darauf wird nun der Präceptor sein Nachdenken haben, aus den jetzt genannten und andern christlichen Autoren dasjenige zu wählen, was Unserer Söhne Alter und Nothdurft fordern werden."

Außer dieser General-Instruction ließ Wilhelm V. an Peträus und Schlüderer noch besondere Verhaltungsbefehle ausfertigen, in denen er ihnen die schönsten väterlichen Anweisungen ertheilt. In der Instruction an den Präceptor Peträus heißt es: „Unsere Söhne sollen von erster Jugend an oft hören und in ihre Gemüther einpflanzt werden, daß sie, wenn sie einst erwachsen und durch göttlichen Willen zu fürstlichem Stande und Regiment aufkommen, weit mehr als die Unterthanen schuldig seien, sich alles Rechten und Billigen zu befleißen und alles Unrecht und Unziemliche zu meiden, und da sie, wie billig, vor Gott und der Welt hoch und wohl angesehen sein wollen, werden sie aller Unwahrheit, Lüge und Verstellung abhold, hingegen aller Wahrheit, Beständigkeit und Tapferkeit ergeben sein müssen; denn ein unverschlagen aufrichtig Gemüth und wahrhaft beständig Wort gefällt Gott und gewinnt der Menschen Huld, Zuversicht und Vertrauen, dessen vor allen andern die Fürstenpersonen hoch bedürftig sind, die ohne viele Leute nicht leben und regiren könnten. Sie sollen wissen und verstehen lernen, daß Gott aller Orten mit seiner Macht gegenwärtig und ihm ganz und gar nichts verborgen, daher von Nöthen sei, alles ihr Thun und Lassen nicht anders anzustellen als vor dem Angesichte Gottes. Gehet es ihnen wohl und nach Willen, sollen sie lernen, sich um so mehr und ernstlicher zu Gott zu halten und vor Uebermuth zu hüten; denn die Zuflucht zu Gott in Trübsal und Verfolgung ist ein erzwungen Ding und Gott weniger angenehm."

„So ist ihnen mit Lehr und Exempel fürzubilden, was heute oder morgen ihr Beruf sein werde, nämlich daß Fürsten und Obrigkeiten von Gott geordnet seien, den wahren Dienst Gottes und die wahre unverfälschte Religion zu schützen, die Unterthanen nach Recht und Billigkeit zu regiren, gemeinen Fried und Ruhe zu erhalten und Männiglich um Gottes willen zu helfen und zu rathen, indem sie an seiner statt auf Erden andern vorgesetzt sind, damit Jedermann bei ihnen Trost und Zuflucht habe; daß auch große Titel und Namen anders nichts seien als Erinnerungen, was Gott und die Welt von ihnen haben wollen. Um Unserer Söhne Gemüth und Eigenschaft gründlich zu erforschen, ist es nicht ein ungewisser Weg, bei erlaubter Kurzweile und Ergötzlichkeit auf sie Acht zu geben; denn da bricht das Innerste im Herzen unbedächtlich heraus; da sieht man Neigung zu Zorn oder Güte, zu Frieden oder Gezänk, zu Geiz oder Mildigkeit, zu Aufrichtigkeit und Redlichkeit oder List und Betrug. Damit kann dem besorgten Uebel desto besser und gelegener gewehrt werden. Und eben in diesen schlechten, geringschätzigen Sachen soll bei Unsern Söhnen der Fleiß geschehen, sich aller Ehrbarkeit, Wahrheit und Billigkeit zu befleißen und zu halten und ihnen gar zu keinem Vortheil gerechnet werden, daß sie etwas mehr als andere seien, mit denen sie dergleichen üben."

Die Instruction, welche der Hofmeister Schlüderer erhielt, lautet: „Nachdem außer der heiligen, katholischen, apostolischen, römischen Religion keine Seligkeit oder Heil, keine rechte Taufe noch wahre Sacramente sondern gleichwie außer der Arche lauter Sündfluth, ewiger Tod und Verderben also auch hier in Zeit alles geistlichen und weltlichen Wesens unchristliche Zerrüttung ist, so sollen Unsere Söhne, so lieb ihnen Gott und Unsere väterliche Gnade und Huld, auch die ewige und zeitliche Strafe zu vermeiden angelegen ist, sich alles dessen enthalten, was solcher durch rechtmässige Succession auf Uns ererbten Religion zuwider und entgegen ist. Dazu sich denn der Hofmeister mit eifrigem Fleiße bearbeiten und Alles, was zu guter Anweisung gedeihen mag, anzustellen, dagegen aber dasjenige, was mit Gesprächen, Lesen, Tischreden auch sonst die jungen Gemüther, welche zu Vorwitz geneigt und daher durch die listige Schlange bald verführt sind, ärgern kann, ernstlich abzuschaffen und hierin Niemand zu respectiren allerhöchst befleißen, deßwegen auch ein sonderbares Aufmerken haben soll, daß sectische oder in Religion verdächtige Personen, sie seien wes Standes sie wollen, bei ihnen gar keinen Zutritt oder Kundschaft bekommen. Denn wohl Exempel vorhanden sind, daß katholischer Potentaten und Herrschaften Kinder durch Beiwohnung und Gemeinschaft vergifteter böser Leute heimlich und in der Stille, ehe man der Sache recht gewahr wurde, jämmerlich verführt worden, und könnten sich dergleichen schädliche Gesellen mit allerlei Höflichkeit, Lieb und Bedienung als Kinder dieser Welt vor andern meisterlich insinuiren und einschrauben."

„Gleichwie einem jeden Menschen aus dem Gebote Gottes und von der Natur obliegt und befohlen ist, nach Gott seine leiblichen Eltern zu ehren auch mit Liebe und kindlicher Treue und mit aller Ehrerbietung Gehorsam zu leisten, so sollen Unsere Söhne durch den Hofmeister dahin gewiesen und angehalten werden, sich gegen die durchlauchtige Fürstin, Unsere gnädige geliebte Frau Mutter, auch gegen Uns und die durchlauchtige Fürstin, Unsere geliebteste Gemahlin als ihre leiblichen Eltern in allem kindlichen Gehorsam zu erweisen und das zu erwägen, daß sie von Uns nach Gott das Leben empfangen, mit Schmerzen geboren, mit Mühe und großer Treue erzogen, ihren fürstlichen Stand ererbt, auch dessen, wovon sie solchen erhalten, künftig zu erwarten haben. Auch erinnert der Titel, besonders das Wort „durchlauchtig" die Fürsten, daß sie mit allen guten Tugenden überhäuft sein und aus andern Menschen gleichsam herausleuchten und scheinen sollen. Also wäre Uns billig eine Freude, daß Unsere geliebten Söhne in solchen Tugenden andere übertreffen mögen. Wir vertrauen dem Hofmeister und legen ihm auch solches gnädiglich auf, daß er Unsere Söhne nicht allein dazu ermahne sondern auch alle hiezu bequemen Mittel suchen wolle, und denselben insonderheit die Wahrheit und Beständigkeit in Worten einbilde. Sie sollen lernen die heilige Justiz alle Zeit und so viel sich thun läßt mit Barmherzigkeit zu vermischen, milde gegen Arme zu sein, dieselben auch gnädig, willig und also zu hören und ihnen zu Hilfe zu kommen, wie sie von Gott, der solches befiehlt, am Tage der Noth auch gehört zu werden begehren, auch alle fürstlichen Tugenden insgemein zu lieben, sich ihrer zu befleißen und ihnen jetzt in ihrer Jugend fürzubilden und in ihr Herz wie in ein weiches Wachs einzudrücken und zu verschließen. Es geben die Exempel und tägliche Erfahrung, daß große Potentaten mit Humanität und Freundlichkeit die Herzen und Gemüther der Menschen zu ihrem Nutzen und großer Wohlfahrt also gewonnen, daß sie durch solche Mittel das erlanget, was ihnen sonst gewiß nicht gedeihen möge, weil die Tugend der rechten Demuth, je größer der Herr, der damit begabet, von Herkommen und Stand ist, um so mehr an ihm gelobt und gerühmt wird. So sollen auch Unsere Söhne durch ihren Hofmeister dahin gewiesen werden, daß sie sich nicht allein gegen Ihresgleichen auch höheren Standes und Herkommens sondern gegen Männiglich doch der Gebühr nach freundlich, holdselig, gegen die Ihrigen aber gnädig und hilfreich erzeigen und dadurch sich für Glücks- und Unglückszeiten einen Schatz sammeln und Freunde machen."

„Wie denn bei christlichen Herrschaften an sich selbst schon heilsam, wohlständig und löblich ist, daß sie gegen Männiglich voraus gegen ihre von Gott untergebenen und vertrauten Unterthanen ein liebreich, wohlwollend und väterlich Gemüth tragen und sich allzeit selbst erinnern, daß sie ja nicht etwa alten, heidnischen, leibeigenen Knechten sondern Christenleuten, ihren Mitbrüdern und Erben des himmlischen Reiches zu Herren, Vorstehern, Schützern und Versorgern gegeben und vorgestellt seien und an denselben alle ihre ewige und zeitliche Wohlfahrt entweder groß mehren und befördern oder auch hindern, zurückwerfen und verderben mögen. Nicht weniger auch sollen Unsere Söhne in allen freien und löblichen Künsten, die sowohl zum Ernst als zu der Kurzweil dienlich und sonst nützlich sind, unterwiesen, geübt und angehalten werden; daran Wir denn, soviel die Nothdurft fordert, nicht zu sparen gedenken; doch wird auch dießorts der Hofmeister darauf zu denken wissen, daß was weltlichen Stand mehr zieren mag Unserm Sohne Marimilian unter Hand gerichtet, der andere aber, Unser Sohn Herzog Philipp, zu eingezogenerem, stilleren Wesen und Uebungen gehalten werde."

„Ob es gleich Unser Wille ist, daß Unsere Söhne den Studien fleißig obliegen und auswarten, so ist Uns doch nicht zuwider, daß auch zu Zeiten ehrliche und zuläßliche Exercitien und Recreationen zur Erquickung der Gemüther und Lustigmachung zu den Studien gemacht werden; doch soll dieses zur bequemen Zeit und wie es sich gebührt, geschehen, welches Wir zu des Hofmeisters und Präceptors Discretion, Bescheidenheit und Gutachten gestellt haben wollen. Und nachdem Unser Sohn, Herzog Maximilian, von Natur etwas erschrocken und furchtsam erscheint, so soll bei täglicher Uebung über Tisch und sonst aller Orten der Fleiß geschehen, daß er zu seinen Reden, Thun und Lassen herzhaft und tapfer gemacht, deßwegen ihm etwa eine oder die andere Werbung und Ausrichtung, kleine deutsche Vorträge, Grußvermeldungen, Botschaften und was dergleichen mehr, das heut oder morgen seines Thuns oder Wesens sein mag, formirt werden sollen."

„Alles in Kürze zu fassen, liegt dem Hofmeister ob, Unsere geliebten Söhne aller Orten und Enden gebührlichst und fleißigst wahrzunehmen, dieselben an der Tafel, im Zimmer, in der Kirche, zu Hofe, auf der Gasse, im Felde, bei den Exercitien und Kurzweilen zu gutem Aufmerken, fürstlicher Zucht und aller Gebühr zu ermahnen, im Falle nicht geleisteter Folge sie darum zu strafen, und so fern es eines weitern Ernstes bedürfte, ihrem Alter gemäß durch den Präceptor in seiner, des Hofmeisters Gegenwart mit den Ruthen corrigiren zu lassen, dessen sich der Präceptor mit nichten verweigern soll. Demnach hat der Hofmeister mit Unserer Söhne ganzem Staate, bei Aufwarten, Ausgehen, Reiten und anderm allen anzuordnen und zu befehlen, wie die Nothdurft erfordern und ihm für gut anstehen würde."

Es ist ein edler und großer Geist, der in dieser Instruction athmet. Als die Grundlage aller guten Erziehung bezeichnet Herzog Wilhelm die Einpflanzung wahrer Gottesfurcht, gründliche Erkenntniß der Glaubenswahrheiten und religiösen Ceremonien; mit der einnehmenden Demuth soll selbstständiger Ernst und Tapferkeit verbunden werden; mit dem kostbaren Schatze der Zeit soll gegeizt und Geist und Gemüth der Prinzen durch Entfernung aller verderblichen Lecture in Unschuld erhalten werden. Wie schön sind nicht jene Stellen, in denen der Hofmeister angewiesen wird, im Herzen seiner Zöglinge keinen Hochmuth aufkommen zu lassen, da selbst die größten Fürsten sich bemühen, durch Humanität und Freundlichkeit die Herzen der Menschen zu gewinnen, um im Glück oder Unglück treue Freunde zu haben! Den Prinzen soll eingeprägt werden, daß sie einst nicht über heidnische, leibeigene Knechte sondern über Unterthanen herrschen werden, welche Christen, Mitbrüder und Miterben des himmlischen Reiches sind! Wie schön hat nicht unser Herzog hierin die große Idee der im Christenthum begründeten Befreiung und des Verhältnißes zwischen Fürsten und Unterthan ausgesprochen!

Unter dieser vom Vater gegebenen Anleitung machten beide Brüder die erfreulichsten Fortschritte. Maximilians vortreffliche Geistesanlagen entwickelten sich so schnell, daß ihn Herzog Wilhelm nach zurückgelegtem vierzehnten Jahre an die Universität Ingolstadt schickte und ihm den Freiherrn Philipp von Laubenberg als Hofmeister an die Seite gab, da Schlüderer vom Bischof von Speier, seinem frühern Herrn, von München abgerufen wurde. Zum Lehrer des Erbprinzen in der Jurisprudenz ernannte Wilhelm den Dr. Johann Fickler, welcher durch seine theologischen, juridischen und philologischen Kenntnisse sich einen großen Namen erworben hatte; Fickler las mit dem Erbprinzen den Cicero, Tacitus und Xenophon. Zum Lehrer der französischen und italienischen Sprache berief der Vater den Italiener Astor Leoncelli und zum Unterricht in der Kriegswissenschaft den als Ingenieur berühmten Carlo Detti. Ueber die Lernbegierde und Frömmigkeit des jungen Herzogs schrieb Dr. Fickler an Wilhelm folgenden Brief: „Eurer Fürstl. Gnaden geliebtester Sohn schreitet, wie Jedermann hier weiß, glücklich fort in der Bildung des Verstandes, im Studiren und in allem Guten, wozu er durch einen gewissen innern Antrieb und seine natürlichen guten Anlagen, oder damit ich mich richtiger ausdrücke, durch die göttliche Gnade, welche in ihm besonders sichtbar wirkt, für sich selbst geneigt ist; wie er mir denn bisweilen bei allem Unterricht unverdrießlichen Gehorsam leistet und die von Eurer Fürstl. Durchl. vorgeschriebenen Anspornungen, Befehle und Ermahnungen bis jetzt durchaus unnöthig gewesen sind. Ich kann Er. Fürstl. Gn. mit Wahrheit bezeugen, daß er nach genossener Recreation stets mit erneuter Lust zum Studiren zurückkehrt, und daß ich über alles das keine Untugend oder verborgene Fehler sondern vielmehr einen zu jeder Frömmigkeit und Heldentugend sich hinneigenden Geist gespürt habe. Sein keusches Gemüth ist frei von jedem unlautern Gedanken; überdieß besitzt er einen so ernsten und festen Charakter, daß in ihm leichtsinnige Menschen und Spaßmacher Widerwillen und jedes unzüchtige Wort Abscheu erregen. Diese edlen Eigenschaften verdankt er nur der Liebe und kindlichen Furcht, welche er gegen Gott besitzt, der ihn aus Gegenliebe mit so vielen Gnaden überströmt. Hierüber könnte ich noch mehres schreiben, allein ich fürchte in den Verdacht der Schmeichelei zu fallen, obgleich ich nur die reinste Wahrheit Eurer Fürstl. Gnaden berichten will. Ich verlange von Gott nicht mehr, als daß er dem Sohne Eurer Fürstl. Durchl. jenen Geist, welchen er ihm gegeben, mit seiner himmlischen Gnade bewahren möchte; denn dann hoffe ich, daß Bayern an ihm den beßten Fürsten erhalten werde."

Ungeachtet dieses wahren Lobes war Herzog Wilhelm noch immer eifrig besorgt um die höhere Ausbildung seines Sohnes; er war mit den Berichten seines Hofmeisters und seiner Lehrer nicht zufrieden, sondern er zog von allen Seiten über das Leben und Treiben Maximilians stete Erkundigungen ein. Dieselben scheinen ihn in seinen Wünschen nicht befriedigt zu haben, denn er schickte an Laubenberg folgendes eigenhändig geschriebenes Memoriale: „Unsere endgiltige Meinung ist, daß Unser Sohn in dieser Zeit und bis auf weitere Verordnung nicht anders als ein Student und nicht so fürstlich wie bisher gehalten werde. Sonderlich soll der Hofmeister nicht so viel Gepräng und äußerliche Ceremonie mit ihm machen sondern vielmehr die Sachen so anstellen, daß ihm der Bub billigen Respect trage, damit er nicht sein Gesell sei, wie ich es selbst bisher an ihm wahrgenommen. Der Hofmeister vertritt dieser Zeit Unsere Person; so soll der Hofmeister nie Bescheid von ihm nehmen, noch ihn fragen, ob er dieß oder jenes thun wolle, sondern selbst ihm jederzeit sagen, was er thun oder lassen solle. Gleichfalls soll das Gesinde nicht von ihm sondern in dem einen oder andern von dem Hofmeister Bescheid nehmen. Er soll unsern Sohn ernstlich zu den Studien weisen und anhalten, auch ihn antreiben und oft daran erinnern, was Wir selbst dieß oder jenes mit ihm geredet und ihm auferlegt haben, da Ich gänzlich haben will, daß er nicht allein obenhin studire, sondern auch gelehrt werde, was wohl sein kann, wenn er das seinige thun will."

„Der Hofmeister soll auch alles das abstellen und verhindern, was ihn von solchem abhalten mag, und sonderlich nicht gestatten, daß ihm von andern das Widerspiel eingebildet werde. Er soll ihm nicht alles, was er begehrt, zulassen, ob es schon licita wäre, sondern ihm bisweilen auch sine causa ein oder das andere weigern oder abschlagen, damit er auch bisweilen seine mortificationes habe und dieselben lerne, weil es ihm gar nützlich sein wird. Insbesonders aber soll er ihn nicht wie bisher sondern je öfter desto besser ermahnen und strafen, weil allzeit Stoff zum fleißigen Lernen da ist, damit er ihn desto mehr respectire und fürchte; denn mich will bedünken, daß sie beide viel zu gesellig mit einander sind. Der Hofmeister soll auf seine künftige Gnade oder Ungnade gar nicht gehen noch sich mehr nach der aufgehenden als untergehenden Sonne richten oder accommodiren; er werde es weder gegen Gott noch Uns künftig verantworten können und per consequens wohl zu diesem Amte nicht taugen, da er sich befleißen wollte, ihm allein wie man sagt das placebo zu singen. So soll er ihn auch nicht nach Hofsitte oder äußerlicher Ceremonie erziehen, da sich diese selbst nur gar zu bald lernet; dem Gesinde hohen und niedern Standes soll er gleichfalls nicht gestatten zu viel und übriges Gepränge mit ihm zu machen, denn dazu ist es noch nicht Zeit, sondern zu mahnen, zu strafen und von allem auf die Demuth zu weisen. So soll er ihm keineswegs gestatten, daß er die von der Societät Jesu oder andere gute Leute besonders die, von denen er etwas Gutes lernen kann, wie auch von den Ausländern und Fremden, verachte oder ihnen übles nachrede, sondern vielmehr ihn dahin weise, solchen alles Gute zu erzeigen, sonderlich denen, die es vor andern würdig sind. Er soll ihn für das Waidwerk, Schießen und dergleichen äußerliche Sachen, wozu er ohnedem große Lust hat, nicht noch begieriger machen noch andern solches gestatten; das Haus ist, wie uns berichtet wurde, auch voller Hunde und Vögel, bisweilen was für die Studenten sich nicht reimt. Derowegen sind solche und dergleichen Weitläufigkeit abzustellen, damit es mehr einer Schule als Hofwesen gleich sehe."

Nota: „Die Sachen, worin er bisweilen den Maximilian vermahnen solle, kann er zum Theil aus der „Instruction" zum Theil auch aus diesem „Memorial" nehmen; besonders aber soll er ihn ermahnen, daß er seine Sachen mit weit mehr Geduld behandle und nicht so jähzornig noch furiosus sei, wenn er etwas haben wolle, daß es gleich alsbald geschehen müsse; den Dienern und andern nicht Schmähworte noch was ungebührliches zumesse, daß er ferner stets oder doch die meiste Zeit lateinisch, wälsch und französisch spreche, wie der Hofmeister und die andern auch solches bei ihm thun und ihm Ursache geben sollten. Er soll nicht geschwinde reden oder gleichsam anstoßen sondern wohl auf ihn merken, auch soll er aufrecht mit geraden Schenkeln und tapfer aber doch nicht hoffärtig einhergehen."

Dieses Memoriale, welches anscheinend eine wehethuende Strenge gegen den mit so schönen Eigenschaften ausgestatteten Erbprinzen enthält, gibt uns den Beweis, daß Wilhelm V. ein kluger und ein einsichtsvoller Fürst war, der nicht blos seine Kinder liebte sondern auch durch Strenge zu tüchtigen Regenten heranzubilden suchte; daher ist es vorzüglich sein Verdienst, daß der künftige Kurfürst Maximilian in den schwierigsten Lagen seines Lebens und den unglücklichsten Kriegsereignissen jene stets bewunderte Charakterstärke bewies, so daß er mit Recht den Beinamen „des Grossen" verdient.

Im Jahre 1591 berief Wilhelm seinen Sohn nach München zurück, wo ihm der Vater einen Theil seiner Regirungsgeschäfte übertrug, theils um sich selbst die Last der Landesverwaltung zu erleichtern theils um ihn in seinen künftigen Beruf einzuweihen. Als Maximilian das zwanzigste Jahr erreicht hatte, fand es Wilhelm für nothwendig, daß sein Nachfolger sich auch in der Welt umsehe, auswärtige Höfe besuche und fremde Länder und Völker kennen lerne. Zunächst sandte er ihn zu den beiden höchsten Häuptern, dem Papste und Kaiser, um ihnen durch seinen Besuch die gebührende Ehrfurcht zu bezeugen. Der Erbprinz reiste zuerst nach Prag zum Kaiser Rudolph II., der ihn mit so großer Ehrenbezeugung empfing, daß dadurch die Aufmerksamkeit und Eifersucht der fremden Gesandten erregt wurde. Von Prag, wo sich Maximilian durch seinen edlen Anstand und feines, kluges Benehmen während seines sechstägigen Aufenthaltes die Liebe Aller erwarb, begab er sich über München nach Rom. In Innsbruck überreichte ihm ein päpstlicher Abgesandter im Namen des heiligen Vaters den am Weihenachtsfeste geweihten Hut und Degen mit einem Schreiben Clemens VIII., worin ihm dieser die prophetischen Worte schrieb: „Demnach schicken wir Dir, geliebtester Sohn! hier Degen und Hut, wie sie in letzten Weihenachten geweiht wurden, indem Wir Gott anrufen, daß er Dein Haupt mit dem Helme seines Segens und Deine Rechte mit dem Schwerte seines Geistes bewaffne, damit die Zunahme Deiner Tugenden d e r Kirche zum Heile und ihren Feinden zur Bestürzung gereichen möge." Von hier machte Maximilian seine Reise über Mantua nach Florenz und Pisa, wo ihm die großherzogliche Familie einen sehr ehrenvollen Empfang bereitete, da man an diesem Hofe die Absicht hegte, die durch ihre Schönheit berühmte Prinzessin Marie mit dem bayerischen Erbprinzen zu vermählen. Maximilian, in dessen Gegenwart viel über die körperlichen und geistigen Eigenschaften Mariens gesprochen wurde, war von großem Verlangen beseelt, diese schöne Prinzessin zu sehen. Als Wilhelm durch den Oberhofmeister Freiherrn von Polweiler hievon in Kenntniß gesetzt wurde, schrieb er Maximilian, daß er sich „in der bewußten Sache von keinerlei eigenen Affectionen oder Zuneigungen zu weit einnehmen lasse, sondern vielmehr Unsern und Unserer fürstl. lieben Gemahlin Rath und Willen hierin sich conformire. Denn wie Deine Liebden hierin löblich handeln und Uns zu soviel mehr geneigtem Willen hiedurch bewegen, so sollen Sie Uns darum sicherlich und wohl zutrauen, daß es Dieselben nicht reuen werde." Diese letzten Worte des Vaters gingen in Erfüllung; denn die Prinzessin Marie, deren geistige und körperliche Vorzüge übertrieben gerühmt wurden, ward die Gemahlin des Königs Heinrich IV. von Frankreich und wird nach dem Tode desselben von den französischen Geschichtschreibern als eine zänkische, jähzornige Frau und als eine hochmüthige und eigensinnige Regentin geschildert.

Am 10. April 1592 kam Maximilian in der ewigen Stadt an. In Rom traf er seine beiden Brüder Philipp und Ferdinand, welche Herzog Wilhelm für den geistlichen Stand bestimmt hatte. Den Grafen v. Montfort bestimmte er zu ihrem Hofmeister und Quirin Leonin zu ihrem Lehrer, welcher das besondere Vertrauen des Herzogs genoß. Wilhelm hatte das innigste Streben, in beiden Söhnen Kirchenfürsten heranzubilden, welche ausgezeichnet durch Sittenreinheit und Geistesbildung dem gesammten deutschen Clerus zum Muster dienen sollten. Daher empfahl er ihren Lehrern die größte Strenge und schrieb hierüber wiederholt an Montfort: „Ich habe euch sämmtlich andeuten wollen, daß ihr weder jetzt noch künftig euch einige Gedanken machen wollet, euch bei Meinen Söhnen viel zu verdienen, und ihnen deßwegen mehr nachzugeben; im Gegentheil sollt ihr allen Gewinn und alle Gnade zuvorderst von Gott dem Allmächtigen und hernach von Uns erwarten." Die Prinzen und ihr Gefolge mußten alle Monate beichten und communiciren. Nachdem beide die Theologie in Ingolstadt studirt hatten, schickte sie der Vater nach Rom, um unter den Augen des Papstes ihre theologischen Studien zu vollenden. Da sich aber die Unterhaltungskosten der beiden Prinzen auf eine zu hohe Summe steigerten und für die Erhaltung ihrer Unschuld in dem damals verweichlichten Rom eine begründete Furcht vorhanden war, so gab der Herzog seinem Erbprinzen den Auftrag seine Brüder nach Bayern zurückzuschicken. Papst Clemens VIII., welcher sie sehr lieb gewonnen und in seinen Palast aufgenommen hatte, ließ sie ungern scheiden. Als sie nach Rom kamen, wurden sie feierlich empfangen, und ihr jugendlich unschuldiges Aussehen ergriff die Einwohner so sehr, daß sie jubelnd ausriefen: „Das sind Engel aus Bayern."

Maximilian hatte von seinem Vater auch den Auftrag, mit dem Papste jene wichtige Angelegenheit zu bereinigen, welche zwischen dem bayerischen Hause und dem Erzbischof Wolf Dietrich von Salzburg wegen der gefürsteten Propstei Berchtesgaden sich entsponnen hatte. Dieses kleine Ländchen war wegen seiner berühmten Salzbergwerke für die Nachbarn von grossem Interesse. Schon vor zweihundert Jahren hatte das salzburger Erzstift die kleine Propstei sich einverleibt, und nur dem kräftigen Einschreiten der Herzoge von Bayern gelang es, die Selbstständigkeit desselben wieder herzustellen. Der Erzbischof Dietrich, welcher eine stete Abneigung gegen Bayern behielt, faßte abermals den Plan, Berchtesgaden zu gewinnen; er bestach mehre Capitularen und rückte mit einem Corps Söldlinge in die Propstei ein, um mit Gewalt seine Absicht zu erreichen. Allein Herzog Wilhelm, welcher dieses für Bayern ebenso wichtige Ländchen an sein Haus zu bringen und seinem Sohne Ferdinand die Nachfolge in demselben zu verschaffen suchte, versprach dem Propst Jacob Pütrich, einem gebornen Münchner, die von ihm verlangte Hilfe und ließ Dietrich durch bayerische Truppen aus Berchtesgaden vertreiben. Wilhelm ließ zugleich dem Propste durch Abgeordnete eröffnen, er möchte einen bayerischen Prinzen zu seinem Coadjutor ernennen, damit man mit mehr Recht und Thatkraft das Stift beschützen könne. Da Pütrich später vom Erzbischof zu einem nachtheiligen Vertrag gezwungen wurde, entschloß er sich den Vorschlag des Herzogs anzunehmen und den Prinzen Ferdinand zu seinem Nachfolger zu ernennen. Um nun die Propstei der Jurisdiction des salzburger Erzstiftes ganz zu entziehen, sandte Wilhelm den Hofrath Ulrich Speer nach Rom, um von der päpstlichen Curie nicht nur die Bestätigung dieser Macht sondern auch die Eremtion von der geistlichen Gerichtsbarkeit des Erzbisthums zu erlangen; allein Wolf Dietrich bot in Rom alle Mittel auf, um die Absichten des Herzogs zu vereiteln. Erst Maximilian wußte persönlich die Unterhandlungen mit dem Papste so zu leiten, daß die Wahl Ferdinands bestätigt und die Propstei Berchtesgaden eximirt wurde.

Hierauf verließ Maximilian am 11. Mai 1593 mit seinen Brüdern Rom und reiste mit ihnen bis Arimino, wo sie sich trennten. Max ging über Mailand und Einsiedeln nach Lothringen, wo er zu Nancy von seinen Verwandten mit grossem Jubel empfangen wurde; Philipp und Ferdinand setzten ihre Reise über Venedig, Padua und Trient nach München fort.

Der Vater empfing beide Prinzen mit liebevollstem Herzen und schickte sie wieder nach Ingolstadt, um hier die Philosophie zu studiren, nachdem sie sich in Rom gründliche Kenntnisse in der theologischen Wissenschaft angeeignet hatten. Beide Brüder promovirten aus allen philosophischen Disciplinen und disputirten mit den Professoren mit solchem Scharfsinn und Fülle des Wissens, wie man es von einem ebenbürtigen Mann erwartet, der sich durch seine Talente und Fleiß vom niedern Stande zu den höchsten Ehrenstellen emporzuschwingen sucht. Der Rector Magnificus hielt nach geendigter Disputation an die zahlreich versammelten Professoren und Studenten eine Rede über die glänzende Promotion der bayerischen Prinzen und pries die Universität Ingolstadt glücklich, so hohe und vielseitig gebildete akademische Mitbürger zu den ihrigen zählen zu können. Von sämmtlichen Studenten und Professoren begleitet verließen die Prinzen die Musenstadt. Philipp begab sich nach Regensburg, um dort das Bisthum anzutreten, welches ihm schon, wie oben erwähnt wurde, als Knabe von drei Jahren übertragen worden war. Dieses Hochstift verursachte dem herzoglichen Vater seit der Wahl seines Sohnes manche Sorge, und er schrieb im Jahre 1597 hierüber seiner Schwester, der Erzherzogin Marie folgenden Brief: „Es weiß Niemand besser als eben ich, wie hart ich daran gekommen sei, daß Philipp noch so jung, ein Bisthum haben sollte; Papst Gregor, Gott gnad ihm! und unser seliger Vater haben's haben wollen. Ich zweifle aber, ob du weißt, was mein Sohn bei solchem Stift gehabt und gethan hat; der Papst hat allzeit einen Administrator dort gehalten oder doch einen Vicar in den geistlichen Sachen; wie denn der letzte Vicar der Dr. Müller gewesen, der erst diesen Monat gestorben, und hat Philipp noch bis auf diese Stund in geistlichen Sachen keine Gewalt sondern der Papst. Es hat gleichwohl mein Sohn des Jahres 3000 Gulden von dem Einkommen nehmen mögen, bis jetzt fünf Jahr, da ihm Ihre Heiligkeit das weltlich Regiment vertraut und vergönnt haben. Du sollst mir aber glauben, daß mir, ein Jahr in das andere zu rechnen, viel mehr als solche 3000 fl. auf nothwendige Schickung, Commission und anders von des Stifts wegen aufgegangen; also daß ich wohl mit Wahrheit sagen und schreiben kann, daß mir Regensburg eher geschadet als es mir und meinem Sohne genützt." Philipp übernahm die Leitung der Diöcese und gewann in kurzer Zeit durch sein frommes und religiöses Beispiel die Herzen aller Katholiken.

Da man am römischen Hofe seit dem Beginne der Reformation erkannte, daß der Papst wie ganz Deutschland nur an dem wittelsbacher

Hause eine feste Stütze für den Katholicismus finden könne, so suchten mehre Cardinäle dem Fürstbischof Philipp von Regensburg die Cardinal-Würde zu verschaffen. Allein Herzog Wilhelm trug Bedenken, darauf einzugehen, weil deutsche Fürstensöhne aus einem alten Hause höchst selten diese Würde annahmen, und er fürchtete, es möchte dieselbe zur Erlangung deutscher Bisthümer hinderlich sein, da damals die deutschen Domcapitel zu den Cardinälen kein Vertrauen hatten. Der Propst Minutius von Minucci, welcher fast immer als bayerischer Gesandter in Rom verweilte, schrieb ihm hierüber, daß er für die Größe des bayerischen Hauses nichts zweckdienlicher erkenne, als wenn einer seiner Prinzen zu den sieben Wählern des Kaisers und der andere in die Zahl derjenigen gehöre welche den Papst zu ernennen haben; unverkennbar sei der große Einfluß, welchen ein bayerischer Herzog als Cardinal auf die bald zu vermuthende Papstwahl ausüben würde, was für das Regentenhaus nur günstige Folgen haben könne. Mehre Cardinäle schickten den Canonicus Alexander Regini nach München, um den Herzog zu bewegen, daß er vom Papste für einen seiner Söhne die Cardinalswürde verlange. Da Wilhelm endlich darauf einging, so überbrachte ein päpstlicher Abgesandter im Jahre 1597 den Cardinalhut nach München, und Herzog Philipp wurde am Mariä-Lichtmeßtage in der Michaelskirche unter großer Feierlichkeit mit dem Purpur bekleidet. Allein der fromme und gelehrte Cardinal bekleidete diese hohe Würde nur ein Jahr; denn durch einen unglücklichen Sturz vom Pferde zog er sich eine abzehrende Krankheit zu. Der besorgte Vater lud ihn auf sein Schloß Dachau ein, welches er hatte erweitern lassen, so daß sechs bis siebenhundert Personen darin wohnen konnten; das große fürstliche Tafelzimmer ließ er mit kostbaren Gemälden ausschmücken. Nach Ostern 1598 bezog Philipp mit zwei Jesuiten gemäß dem Wunsche seines Vaters diesen ländlichen Aufenthalt. Das Uebel jedoch verschlimmerte sich, und als ihm die Aerzte erklärten, daß sein Lebensende nahe sei, erschrack er nicht sondern erwiderte: „Im Himmel ist es schöner zu leben!" Seine geliebten und liebenden Eltern und Geschwister versammelten sich um sein Sterbebett; mit innigster Andacht empfing er die hl. Sterbsacramente und tröstete die weinenden mit der süßen Hoffnung eines baldigen Wiedersehens. Er betete mit den Priestern die Litanei der heiligsten Dreifaltigkeit und starb mit den Worten: „Ich bitte dich und verlange, o Herr! von Dir nur die Gnade, in Deinem Hause zu wohnen!" in den Armen seines tiefbetrübten Vaters und der weinenden Mutter am 21. Mai 1598 im zweiundzwanzigsten

Lebensjahre. Der Schmerz der hohen Eltern war groß und gerecht; denn der junge Cardinal hatte sich durch seine Tugend und Gelehrsamkeit ein bleibendes Andenken bei allen, die ihn kannten, hinterlassen. Er war liebenswürdig im Umgange, sprach auf den Straßen mit dem gemeinsten Manne die freundlichsten Worte, Milde und Bescheidenheit lagen auf seinen einnehmenden Mienen. Beleidigt ließ er sich leicht besänftigen und gereizt beleidigte er nie. Als er wenige Tage vor seinem Tode aus seinem Tragsessel auf den Boden fiel, geriethen alle in die größte Angst; allein er gab Niemanden hierüber ein hartes Wort. Selbst in seiner Krankheit vertheilte er mit eigener Hand das Almosen an die Armen. Er lebte so rein, daß seine schuldlose Seele niemals von einem unreinen Hauche berührt wurde. Er wurde in der fürstlichen Gruft zu U. L. Frauenkirche in München begraben, und sein Bruder Maximilian ließ ihm im Dome zu Regensburg in der Mitte der Kathedrale ein grosses Denkmal aus Marmor und Erz errichten. Von Philipp besitzen wir mehre kleine interessante Werke über die Kindheit Christi, einen Dialog zwischen den Hirten, welche über die Geburt Christi sprechen, Gedichte an Maria von Altötting, ein lateinisches Gebetbuch, eine Sammlung von Predigten, welche er an das Volk gehalten hatte.

Herzog Wilhelm hegte einige Jahre vor dem Tode Philipps den Wunsch, demselben auch die Infel von Passau zu erwerben, da er schon längere Zeit Domcapitular von diesem Bisthume war. Wilhelm erkannte, daß die Vereinigung der beiden Bisthümer Regensburg und Passau unter einem Oberhaupte nicht nur den zerrütteten Finanzstand Regensburgs aufbessern sondern auch wegen der Lage den politischen Einfluß Bayerns in kirchlichen Angelegenheiten heben würde. Der Herzog sandte deßhalb seinen Sohn Philipp und den Hofrath Ulrich Speer an den kaiserlichen Hof zu Prag; allein beide wurden mit ausweichenden Antworten entlassen, da man in Oesterreich schon längst den geheimen Plan entworfen hatte, einen Erzherzog auf den bischöflichen Stuhl in Passau zu erheben. Auch die Stände des Erzherzogthums Oesterreich ob der Enns, welche der Mehrzahl nach zum passauer Stifte gehörten, suchten durch Aufbietung aller Mittel die Absicht Wilhelms zu vereiteln, weil ihnen als alten Freunden des Lutherthums der bayerische Name einen zu verhaßten jesuitischen Klang hatte. Der österreichische Abgesandte protestirte mit seinen Anhängern bei der Coadjutorswahl so heftig gegen die Ernennung eines bayerischen Prinzen, daß eine Wahl gar nicht zu Stande kam, indem er den versammelten Domherren erklärte, daß es lächerlich sei, dem alten, zum Kinde gewordenen Bischof wieder ein Kind (Philipp war 19 Jahre alt) als Coadjutor an die Seite zu setzen. Um die bayerischgesinnten Domcapitularen einzuschüchtern, ließ Kaiser Rudolph die im österreichischen Gebiete liegenden Güter des Capitels mit Sequestration belegen und dem bayerischen Herzog durch einen Abgesandten eröffnen, daß er die Wahl eines Bischofs aus dem bayerischen Hause nicht zugeben könne, da das Bisthum Passau wegen seiner geographischen Lage und geistlichen Jurisdiction so innig mit den österreichischen Landen in Verbindung stehe, daß die Ernennung eines bayerischen Prinzen zu einem verderblichen Bruche zwischen dem Hause Habsburg und Wittelsbach führen würde. Wilhelm erwiderte dem Gesandten mit freimüthiger Entschiedenheit: „Das gute Einvernehmen zwischen Oesterreich und Bayern könne nicht darauf beruhen, daß man alle Grenzberührungen vermeide, was bei der Lage beider Länder niemals möglich wäre, sondern auf offener und beständiger Treue, so daß kein Land das andere in der Förderung seiner Wohlfahrt hindere. Es würde sicherlich beiden Häusern schaden, wenn sie durch unredliche Politik sich feindlich gegenüber stünden, was Gott hoffentlich in Ewigkeit nicht verhängen werde. Bayern könne auf die Imfel Passau so gut wie Oesterreich Anspruch machen, da ein Theil dieses Gebietes zu einem bayerischen Kreise gehöre. Daß die Stände ob der Enns keinen bayerischen Prinzen zum Bischofe haben wollen, wundere er sich nicht, da dieselben vor einigen Jahren betheuerten, sich lieber dem Türken als einem katholischen Bischofe zu unterwerfen. Die Sequestrirung der domcapitlichen Gefälle auf österreichischem Gebiete gebe den Protestanten das böse Beispiel, daß sie auch in ihren Ländern gleiche Gewaltstreiche ausüben. Er werde von dem einmal begonnenen Weg nicht mehr zurückgehen sondern bitte den Kaiser, das Domcapitel in seiner Wahlfreiheit nicht zu stören." Diese Entgegnung Wilhelms blieb fruchtlos, da man von österreichischer Seite die Wahl zu Gunsten des Sohnes seines Schwagers, des Erzherzogs Karl von Gratz, zu leiten beschloß. Den Herzog schmerzte es, daß ihn hierüber seine Schwester, welche er der Falschheit beschuldigte, nicht in Kenntniß gesetzt habe; allein diese schrieb an ihren Bruder, den Herzog Ferdinand, folgenden Brief: „Die Wahrheit noch einmal zu bekennen; hätte mirs der Kaiser nicht also verboten, solches keinem Menschen zu offenbaren, so hätt ichs nicht unterlassen, sondern wollte ihms nicht verhalten haben, und weiß noch bis dato nicht, warum mirs der Kaiser verboten hat; wie ich denn jetzt abermals hören muß, daß der Kaiser den Erzbischof von Prag nach Passau geschickt; was er aber daselbst zu handeln hat, weiß ich ja nicht; dann hat mir der Kaiser auch kein Wort davon geschrieben, ob er wegen meines Leopolds oder anderer Sachen dahin geschickt worden." Als die zweite Bischofswahl zu Passau abgehalten wurde, hatte man von österreichischer Seite so auf die Wählenden einzuwirken gewußt, daß der österreichische und bayerische Prinz gleichviel Stimmen erhielten. Da jener erst 14 Jahre alt war und der neunzehnjährige Herzog von dem kaiserlichen Abgeordneten als Kind zu einem Coadjutor für untauglich erklärt wurde, ließ Herzog Wilhelm durch seinen Gesandten Verantwortung hievon fordern mit den Worten: „Ich habe gemeint, wir hätten in dieser passauischen Sache zehnmal mehr und billig Ursache zu klagen als andere; aber Gewalt geht für Recht." Da die Stimmen für beide Wahlcandidaten gleich waren, hatte der Papst zu entscheiden, welcher, da unterdessen Herzog Philipp gestorben war, den Erzherzog Leopold als Bischof von Passau bestätigte.

Gleiche Erziehung mit Herzog Philipp genoß sein um ein Jahr jüngerer Bruder Ferdinand, welchen sein Vater nicht bloS zu einem tüchtigen Regenten sondern auch zu einem vortrefflichen Kirchenfürsten ausbilden ließ. Im Jahre 1591 wurde er zum Domherrn zu Mainz ernannt, wo er noch in demselben Jahre sein Canonicat antrat. Nach acht Monaten kehrte er von hier nach Ingolstadt zurück, um daselbst in der Theologie zu promoviren. Der Kurfürst Ernest von Köln, welcher sein hohes Kirchenamt nicht ganz würdig ausübte, und dem die Leitung des Erzstiftes wegen der vielen Schwierigkeiten und Hindernisse schon längst lästig fiel, schloß mit seinem Bruder 1594 in München einen Vertrag, worin er erklärte, daß er sich von seinen Regirungsgeschäften nur die rein kurfürstlichen vorbehalte, dagegen dem künftigen Administrator alle Einkünfte des Erzbisthums mit Ausnahme der Rheinzölle von Kaiserswerth und Berg überlasse. Die Vertragsurkunde lautet wörtlich:

„Ernest von Gottes Gnaden Erzbischof zu Köln und Kurfürst, Bischof zu Lüttich, Administrator der Stifte Hildesheim, Freising und Münster, Fürst zu Stabl, Pfalzgraf bei Rhein, im Obern- und Niedern-Bayern, zu Westphalen, Engern und Bouillon Herzog, Markgraf zu Francimont ꝛc. thun kund Männiglich, auf den Fall einer Unserm freundlichen lieben Vetter der jungen Herzoge in Bayern zu Unserm Coadjutor beim Erzstift Köln erwählt und publicirt sein, auch Seine Liebden die Administration solchen Erzstiftes, so Wir dann derselben eo casu übergeben und in besondern Briefen fürsehen, angetreten haben wird, daß Wir Uns alsdann vorbehalten haben wollen alles dasjenige, was Uns als dem Kurfürsten zu Köln gegen das heilige römische Reich und sonst von des Kurfürstenthums wegen obliegen wird, und daß Uns in diesem Fall des Erzstiftes Räthe gehorsam, treu und gewärtig sein und bleiben. Ferner soll Uns von des Erzstiftes Einkommen die Licenten zu Kaiserswerth und Berg zustehen, folgen und gereicht werden, gleichwohl dergestalt, daß was solche Licenten das Jahr über fünftausend Goldgulden ertragen möchten, wie dann darüber ordentliche Rechnung geschehen soll, dasselbe wohlgedachts Unsers Coadjutors sein und dessen Lbb. geliefert werden soll. Wofern aber die Licenten in Unsern Lebzeiten abgethan und aufgehoben würden, so soll Uns alsdann des Coadjutors Lbb. aus des Erzstiftes andern Gefällen und Einkommen jährlich dreißig tausend Goldgulden zu Unsern sichern Handen zu geben und zu reichen verbunden sein; und obwohl etwa von dieser Pension noch eine andere Schrift aufgerichtet würde, soll dieselbe ungiltig und diese allein bündig sein. Ferner soll Unsers geliebten Vetters, des Coadjutors L. diejenigen Personen, so Wir zu allerhand Diensten, welche S. L. fortan Ihres Gefallens zu verleihen freistehen werden, befördert haben, ohne erhebliche Ursache nicht urlauben oder verstoßen; item sollen S. L. etliche Unsrer Leut, die Wir bisher hierauf vertröstet und solche S. L. auf einen Zettel verzeichnet geben wollen, zu erst angeregten Diensten im Erzstift, dazu jeder tauglich sein würde, befördern und aufnehmen; wie Wir uns gleichwohl versehen, S. L. werde Unsere Recommandationen auch in andern mehr Fällen freundlich in Acht nehmen. Zudem behalten Wir Uns die Freiheit bevor, in Westphalen zu Unsrer Kurzweil und Ergötzlichkeit zu jagen und daß Uns als dann die Unterthanen zu den Diensten verschafft und gehalten werden sollen, so sie bisher zum Jagen geleistet haben, und der Orten der Gebrauch ist."

„Und wenn nun Wir von Gottes Gnaden Wilhelm, Pfalzgraf bei Rhein, Herzog im Obern- und Niedern-Bayern anstatt Unsres geliebten Sohnes, so also zum Coadjutor erwählt werden möchte, als Vater in diesen Vorbehalt gewilligt, so versprechen Wir hiemit, daß dieß wie auch alles andere, dessen sich wohlgedachts Unsers Herrn Bruders und Unsere Räthe noch ferner miteinander vergleichen mögen, durch Unsern Sohn wirklich gehalten und vollzogen werden soll, wie Wir dann Seine und Unsers Sohnes Liebden gänzlich dahinweisen wollen und durch ihn billig geschehen soll und wird. Zur Urkund haben Wir Uns unterschrieben und Unser Secret vorzudrucken befohlen."

Nach Abschluß dieses Vertrages that Herzog Wilhelm beim kölner Domcapitel und römischen Hofe sogleich die nöthigen Schritte, um für einen seiner Söhne die Coadjutorie bald möglichst zu erlangen. Nachdem er die Zustimmung des Papstes erlangt hatte, schlug er dem Capitel seinen Sohn Ferdinand vor, weil er von dessen ruhigem Geiste hoffte, daß er durch Sparsamkeit in der Finanzverwaltung das durch die langen Kriegsunruhen erschöpfte Erzbisthum einer bessern Zukunft entgegenführen werde. Ferdinand, welcher ein kindlich frommes Herz besaß, scheint von Gott selbst zum Priesterstande bestimmt zu sein; schon als Knabe war er sich der Wichtigkeit und des Ernstes seines hohen Berufes bewußt. Eilf Jahre alt schrieb er von der Universität Ingolstadt aus an seine Mutter folgenden Brief: „So haben Wir auch schon wiederum angefangen zu studiren; was aber auf dieser Reis versäumt ist worden, solle alles wieder mit höchstem Fleiße recuperirt und erstattet werden, damit ich, wenn ich einmal zu meinem Alter komme, viel Lutherische und Ketzer bekehren, sie zu der ewigen Freud und Seligkeit bringen, und Eure Fürstliche Gnaden sammt dem Herrn Vater höchlich erfreuen möge. Dessen will ich mich mit göttlicher Hilf befleißen Tag und Nacht, und mir nichts lieber lassen sein als die Frommheit und Geschicklichkeit, welches ich verhoff Eur. Fürstl. Gnaden werden mir solches auch wünschen von ganzem Herzen." Am 31. März 1595 wurde Herzog Ferdinand, welcher damals achtzehn Jahre zählte, vom kölner Domcapitel zum Coadjutor erwählt, und ihm von seinem Onkel die Administration des Erzstiftes vertragsmäßig in unwiderruflicher Eigenschaft übergeben. Er begab sich sogleich nach Köln, wo er bleibenden Wohnsitz nahm. Mit wahrhaft geistlichen Gesinnungen trat er seine Regirung an, welche er mit sicherer und fester Hand in steter Verbindung mit seinem Bruder Maximilian bei allen Gefahren und Stürmen des dreißigjährigen Krieges führte. Die frommen Gefühle, welche er schon als Knabe zur Freude seines Vaters in schönster Blüthe entfaltete, bewahrte er als Erzbischof getreu in seinem schuldlosen Herzen. Dieß beweisen seine Briefe, welche er vom Rhein aus an seine Mutter, die er innigst liebte, schrieb: „Ich habe Gott zum höchsten darum zu danken, daß er mich so treulich und so väterlich oft ermahnen läßt, daß ich mein Leben seinem göttlichen Willen conformiren möge; wie ich mich denn dessen so viel möglich befleißen will, daß ich zuvörderst in Gottes Gnaden und dann auch beider Eurer Durchlauchten als meinen gnädigsten geliebten Eltern Gnade bleiben möge." Als ihn einst seine Mutter ermahnte, er solle sich in seiner Jagdlust mässigen, so schickte ihr Ferdinand folgende Antwort: „Ich bedanke mich unterthänigst gegen Eure Durchlaucht der treuen Ermahnung wegen des Hetzens und Jagens, und wiewohl ich es bisher zu viel gethan und eben mißbraucht, so will ich mich mit Gottes Gnade hinfüran so viel möglich mässigen; denn wenn ich es recht bedenke, habe ich so viel sonst zu thun, daß ich die Zeit wohl hinbringen kann. Ich muß es bekennen, es kömmt mich hart an, aber um so viel mehr will ich mich befleißen, daß ich diesen vitiosum affectum mortificire."

Wilhelms V. „Stolz und Freude" war sein jüngster Sohn Albrecht, dem sein Vater mit besonderer Liebe zugethan war. Diesen hatte der Herzog nicht zum geistlichen Stande bestimmt, damit er, wenn der erstgeborne Prinz Max keine Söhne hinterlassen oder ohne Nachkommenschaft sterben sollte, den männlichen Stamm des wittelsbachischen Hauses in Bayern fortpflanze. Mit eilf Jahren schickte ihn Wilhelm unter der Aufsicht seines Hofmeisters Conrad von Rechberg nach Ingolstadt zum Studium, und aus dieser Zeit besitzen wir von Wilhelm einige eigenhändig geschriebenen Briefe, welche das herzlichste Verhältniß zwischen Vater und Sohn bezeugen. Im ersten Jahre übersandte er ihm mit der Adresse: „Unserm lieben Sohn Albrecht dieser Zeit Student auf der hohen Schule zu Ingolstadt, zu eigenen Händen" folgenden Brief: „Lieber Albrecht! Ich hab dein Schreiben wohl empfangen und gefällt mir gar wohl, hab nicht gemeint, daß du so viel von dir selbst hättest schreiben können; es macht aber solches, daß der Bub halt aller heraus ist, und der Student sich an seine Statt gesetzt. Ich höre auch gar gern, daß du dich so wohl hältst und so fleißig und gern studirst, wie denn dein Hofmeister und Präceptor dir ein gutes Lob geben, und wenn du also wie auch insonderheit in der Gottesfurcht verfahren würdest, will ich dich allezeit lieb haben und dir bald etwas schönes schicken. Grüße mir deine Brüder wie auch deinen Hofmeister und Präceptorem P. Gregorium und sei denen sein gehorsam. Landshut den 6. November Anno 93. Wilhelm." Durch diese freundlichen Ermahnungen des Vaters angespornt machte Albrecht erfreuliche Fortschritte in den Wissenschaften, so daß ihm der Herzog ein sehr schönes Brieflein schrieb: „Meinen gnädigen Gruß zuvor! Lieber Albrecht! Ich höre gerne, daß du in deinem Studiren so fleißig bist und schon einen Preis bekommen hast. Die Frau Mutter wird etwas schicken, ich aber nicht, du schreibst mir denn, was du gern hättest; darnach wollen wir sehen, ob es passend ist, besinn dich darauf! Den Ausstand deiner Leut auf der Kammer habe ich allbereit deinem Bruder Maximilian und gedachter Kammer infinuirt; wäre gut, du schriebst deinem Bruder wie auch dem Kammerpräsidenten. Die Frau Mutter, die Schwester Magdalena und P. Torrentin lassen dich grüßen. Sei gottesfürchtig und fleißig und studire, daß es kracht und daß man's bis gegen München hören könnte; so kommst du gewiß zu grossem Ruhm und letzlich in den Himmel, deßwegen es wohl der Mühe werth ist, kann es daselbst gar schöne Preise absetzt, und wann du dieß thust, so hast du auch allhier an uns, solange wir beide leben, einen getreuen Vater und Mutter. München den 6. November 1596. **Wilhelm Herzog.**" Nachdem Albrecht die Universität verlassen hatte, soll ihm sein Vater das Schloß Planeck bei München, welches er in einer reizenden Gegend an der Würm für ihn erbauen ließ, zu seinem Wohnsitz eingeräumt haben. Im Jahre 1612 vermählte er sich mit **Mechtildis**, der Tochter des Landgrafen Georg Ludwig von Leuchtenberg. Als im Jahre 1646 ihr Bruder Marimilian Adam ohne Nachkommen starb, erbte Albrecht diese Landgrafschaft, welche er später an seinen Bruder Marimilian gegen die Graffschaft Haag abtrat. Albrecht erreichte das hohe Alter von 82 Jahren und war nach dem Tode des Kurfürsten Marimilian I. während der Minderjährigkeit Ferdinands Maria Reichsverweser in Bayern.

Die beiden Prinzessinen Maria Anna und Magdalena genossen unter der sorgsamen Pflege der Herzogin Renata eine ihrem hohen Stande angemessene Bildung. Der Herzog suchte in die gefühlvollen Herzen seiner geliebten Töchter besonders der Religion als dem beßten Anker in allen Stürmen des Lebens eine bleibende Grundlage zu geben. Die durch viele weibliche Vorzüge hervorragende Anna zog bald die Aufmerksamkeit mehrer Fürsten auf sich, welche um sie freiten; vornehmlich wünschte sie der Herzog von Parma zu seiner Frau. Allein dem Herzog Wilhelm wurde von seinem Bruder davon abgerathen; er bat ihn, er möge „**die Maria Anna keinem Wälschen geben.**" Wilhelms Schwester, Maria Marimiliana, welche unverheirathet am münchener Hofe lebte, mochte vielleicht in dem jungen Erzherzog Ferdinand von Gratz bei seinen Besuchen in München eine geheime Neigung dieses Prinzen zur Schwester seines theuern Universitätsfreundes Marimilian entdeckt haben; sie schrieb an ihre Schwester, die Erzherzogin Marie einen Brief, worin sie ihr ein Heirathsproject zwischen ihrem Sohne und der bayerischen Prinzessin Anna entwirft. Die Erzherzogin stimmte mit diesem schwesterlichen Vorschlage sogleich überein und setzte von dieser bevorstehenden Verehelichung alle Agnaten des österreichischen Hauses in Kenntniß. Als sie von dem verwandten madrider Hofe mehre Antworts-Schreiben erhalten hatte, benachrichtete sie ihre Schwester und meldete ihr, daß aus Spanien mehre Briefe angekommen seien, „darunter einer von Khevenhüller, darin er mir schreibt wie auch dem Ferdinand, daß der König die Heirath mit meinem Ferdinand und der Herzogin Maria Anna bewilligt, wie du hiemit Abschrift hast; ich bitt dich, du wollest also dem Bruder Wilhelm anzeigen. Ich hab ihms selbst nicht schreiben wollen; weil du ein Anfang zu dieser Heirath bist gewesen, so vollends gleich gar. Sobald wir etwas von Rom haben, so laß ich dich's wissen; der Ferdinand ist gar froh." Die Einwilligung sämmtlicher habsburger Agnaten und die Erlangung der päpstlichen Dispens wegen des nahen Verwandtschaftsgrades erheischte mehre Jahre, so daß die Vermählung Annas mit dem Erzherzog Ferdinand, dem nachherigen Kaiser Ferdinand II., erst im Jahre 1600 vollzogen werden konnte.

Die Prinzessin Magdalena, welche das jüngste Kind Wilhelms V. war, wurde mit dem Pfalzgrafen Wolfgang Wilhelm von Neuburg, zu München im Jahre 1613 vermählt. Dieser fromme Fürst war schon vor der Verehelichung mit der bayerischen Prinzessin von dem Wunsche beseelt, zur katholischen Kirche überzutreten. Als er wegen der Erbschaft der jülichischen Güter mit dem Kurfürsten von Brandenburg in Streit gerieth, trat er auf die Seite der katholischen Liga, was am münchener Hofe mit großer Freude vernommen wurde. Er warb um die Hand Magdalenae, wozu Herzog Wilhelm sogleich seine Einwilligung gab, nachdem er zum Katholicismus zurückgekehrt war. Dieser Schritt des Pfalzgrafen erfüllte den Brandenburger mit solchem Hasse, daß er mit einer Anzahl Verschworner den ruchlosen Plan entwarf, denselben bei seinem Besuche in Lüttich zu überfallen und gefangen zu nehmen; dieß wäre auch gelungen, wenn nicht wachsame Bürger die Verschwornen von der Stadtmauer hinab gestürzt hätten.

Der Thronfolger Maximilian verweilte zehn Tage am Hofe zu Nancy, wo er im Kreise der ihm so nahe verwandten Familie sehr vergnügt lebte. Als er wieder in München angekommen war, beschloß sein Vater, die nächsten Schritte zu seiner Verehelichung zu thun, welche schon im Jahre 1589 durch Maximilians Hofmeister Freiherrn von Laubenberg und die Schwester der Herzogin Renata, der verwittweten Herzogin von Braunschweig, eingeleitet worden war. Laubenberg berichtete dem Herzog den Rath seiner Schwägerin und fügte bei, daß sie ihm erklärte, die geeignetste Braut für Maximilian wäre die lothringische Prinzessin Elisabeth, welche mit den schönsten Tugenden des Geistes und Herzens geschmückt sei. Wilhelm, welcher von der guten und christlichen Erziehung der lothringischen Prinzessinen überzeugt war, nahm sogleich diesen Vorschlag an. Zu seiner künftigen Hofhaltung übergab ihm Wilhelm die

Grafschaft Mehring unweit des Lech in der Nähe Augsburgs; das Gotteshaus und die Schloßkapelle in Mehring war von Wilhelm gestiftet, das Schloß selbst, welches von den Schweden zerstört worden war, soll ein schönes Gebäude gewesen sein; mit demselben war ein weißes Brauhaus und große Getreidkästen für die Zehent- und Giltfrüchte der Urbarsunterthanen verbunden. Nachdem die erforderliche Dispensation wegen der Blutsverwandtschaft zweiten Grades vom Papste erlangt worden war, wurde in Nancy 1594 der Ehecontract unterzeichnet. Im nächsten Jahre reiste Maximilian selbst dahin, und am 6. Februar fand mit großer Pracht die Vermählungsfeier statt.

Ueberschauen wir nun die Regirungszeit Wilhelms V., so finden wir in ihm einen vortrefflichen Regenten, ausgezeichnet durch gründliche Kenntnisse im Regiren, Schärfe des Urtheils und tiefe politische Einsicht. Allein sein Geist war stets nach oben gerichtet; die Herrscherpflichten fielen ihm oft lästig, da sie ihn mit dem eitlen Treiben der veränderlichen Menschheit verwickelten, während sein der Andacht geweihtes Herz in Betrachtung himmlischer Dinge den höchsten Genuß fand. Daher sehnte er sich nach jener Stunde, wo sein Sohn das Scepter ergriff und er sich mit seiner geliebten Gemahlin in das erwünschte

Privatleben

zurückziehen konnte. Ein Hauptstreben seiner Regirungsthätigkeit war die Erhaltung des katholischen Glaubens in Bayern und Deutschland; wiewohl er hiezu sein ganzes Ansehen und Einfluß aufbot, so lebte doch in seinem frommen Herzen die Ueberzeugung, daß alle menschliche Mühe vergeblich sei, wenn sie nicht vom Segen des Himmels begleitet ist. Deßhalb unternahm er eine große Wallfahrt mit dem ganzen Cortege auf den heiligen Berg Andechs, wobei sich auch seine drei älteren Söhne betheiligten; er machte den zwölf Stunden langen Weg zu Fuß. Wilhelm verweilte einige Zeit in diesem berühmten Wallfahrtsorte und betete alle Tage zwei Stunden auf den Knien mit innigster Andacht zu Gott, daß er die katholische Religion beschützen möge. Wie sein Vater war auch Wilhelm ein besonderer Verehrer der heil. Jungfrau zu Loretto, und schickte viele werthvolle Geschenke dahin. Zu erwähnen sind besonders ein in Ebenholz gefaßtes Relief von Silber, die Flucht nach Egypten darstellend, und ein kostbarer silberner Kronleuchter von seltener Kunstarbeit, achtzig Pfund schwer mit vier und zwanzig Armen. Als er denselben der Kapelle votirte, fügte er noch die Stiftung hinzu, daß dieser Luster alle Jahre an vierzig Festtagen mit vier und zwanzig Wachskerzen beleuchtet werden soll. Derselbe hängt noch als das schönste Andenken des bayerischen Herzogs vor dem Bilde der seligsten Jungfrau. Im Jahre 1585 wallfahrte er selbst incognito nach Loretto nur mit vier Gefährten; er machte den Weg größtentheils zu Fuß, selten bediente er sich des Pferdes. Sein Absteigquartier nahm er in gewöhnlichen Hospitien und in den Jesuitenklöstern, wo er wie ein vertrautes Mitglied des Ordens bedient zu werden verlangte. Als man in Rom und Loretto erfuhr, daß der Herzog von Bayern eine Wallfahrt nach Italien mache, traf man sogleich Anstalten, ihn mit allen Ehren zu empfangen; mit demüthiger Bescheidenheit schlug er jede Ehrenbezeugung aus. In Loretto zog er sich ganz zurück und verweilte fast immer in der Kapelle zu U. L. Frau; mitten unter dem gemeinen Volk bewies er eine solche Andacht, daß ihn diejenigen, welche ihn in seinem Gebete sahen, für einen Heiligen hielten. Bei seiner Abreise hinterließ er der Kapelle zwei höchst werthvolle Geschenke: einen goldenen Christus, dargestellt in der Auferstehung; das Grabmal ist mit Diamanten und Rubinen besetzt. Das andere ist ein Buch von gediegenem Gold, welches in drei Theile geschieden ist, gleichsam aus vier Blättern besteht und doppelte Siegel und prachtvolle Bilder enthält. Der Einband ist ebenfalls von Gold, mit Perlen und kostbaren Edelsteinen kunstreich geziert; er ist durch drei goldene Ketten befestigt, welche von einem mit einem großen Saphir geschmückten Ringe von Gold auslaufen. Dieses Geschenk, welches damals auf acht tausend Dukaten geschätzt wurde, erregte stets die Bewunderung aller Pilger.

Nach seiner Abdication bezog Wilhelm V. die sogenannte Marburg, welche er schon 1579 neben dem Jesuitencollegium auf den Gründen der ehemaligen Schweige Konradshof erbauen ließ. Das Gebäude wurde wahrscheinlich von Wolfgang Müller, dem Baumeister der Jesuitenkirche, aufgeführt und damals der wilhelminische Palast jetzt die Marburg*) genannt; derselbe besteht aus mehreren Höfen, Salons, Kabineten und einer hübschen Kapelle, welche 1597 zu Ehren U. L. Frau eingeweiht wurde. Der Herzog war neun und vierzig Jahre alt, als er hier mit seiner gleich frommen Gemahlin Renata sein stilles und beschauliches Leben begann. Hierüber schreibt der schon oben erwähnte Leibarzt Maximilians, Thomas Fyens, an Justus Lipsius in Löwen: „Der alte Herzog Wilhelm, Vater des regirenden, erscheint nie öffentlich.

---

*) Die Residenz Wilhelms V. wird Marburg genannt, weil in einer Abtheilung derselben der Kurfürst Maximilian I. wohnte, bis die von ihm erbaute neuere Residenz vollendet war.

Er führt mit seiner heilig frommen Gemahlin Renata ein gleichsam klösterliches Leben bei den Jesuiten im Palaste, welchen er sich neben, ja man kann sagen, in ihrem Collegium hat erbauen lassen. Beide sind ganz schwarz gekleidet und ihr ganzer Hofstaat auf gleiche Art, so daß man Herrn und Diener kaum unterscheiden kann; alle gleichen den Chorherren und Nonnen. Als die Erzherzogin von Tirol eine Wallfahrt auf den heiligen Berg Andechs bei München machte, speiste sie einmal bei ihnen zu Mittag; man sah aber dabei weder Gold noch Silber, sondern alle Speisen wurden in irdenen Geschirren aufgesetzt. Dieses Fürstenpaar hat der Welt gänzlich entsagt." Wilhelm schloß mit seiner Gemahlin den Vertrag, bis zu ihrem Lebensende in ehelicher Enthaltsamkeit zu leben; Renata, deren ganzes Leben als Herzogin nur Tugend, Sittlichkeit und Frömmigkeit athmete, willigte sogleich ein, um desto mehr für Gott und den Himmel zu leben.

Renata hatte sich als regirende Herzogin an eine strenge Tagesordnung gewöhnt und die Zeit für die körperliche und geistige Beschäftigung sowie für nothwendige Erholung genau vertheilt. Die meisten Stunden des Tages widmete sie den göttlichen Dingen wenige für sich und die irdischen Geschäfte. Wenn sie am frühen Morgen ihre ersten Gedanken zu Gott richtete, betrachtete sie täglich nach einem innigen Gebete das Leben und Leiden des Erlösers, was sie immer mit so seligem Troste erfüllte, daß man jeden Morgen die himmlische Freude auf ihrer Stirne lesen konnte. Sie betete nicht blos jene Tageszeiten, wozu nur der Cleriker verbunden ist, sondern wohnte täglich drei und manchmal vier heiligen Messen bei, wo sie die Anliegen der ganzen Christenheit und verschiedener Stände der väterlichen Liebe Gottes empfahl. Die Gebete, welche bei der Betrachtung aus ihrem frommen Herzen flossen, schrieb sie eigenhändig in einem Buche nieder. Mittags und Abends jeden Tages that sie einen forschenden Blick in ihr Inneres, um von Gott über jeden Gedanken, Wort und Handlung Rechenschaft abzulegen. Alle Wochen legte sie dem Priester mit tiefster Reue das Sündenbekenntniß ab und ging in liebevoller Demuth zum Tische des Herrn. An diesem heiligen Tage war es für sie die höchste Freude, nur von Christus und seiner göttlichen Mutter zu hören und zu reden. Mit ihrer Händearbeit verband sie immer eine geistliche Lesung besonders in dem inhaltsreichen Büchlein über die Nachfolge Christi; dieß unterließ sie an keinem Tage, wenn sie nicht durch ein dringendes Geschäft oder durch Krankheit gehindert war. Durch dieses geregelte, christliche Leben wurde es ihr möglich, daß sie von Tugend zu

Tugend schritt, wiewohl sie von Vergnügungen jeglicher Art umgeben war. Dabei bewies sie ihrem Gemahl steten Gehorsam und vollzog mit liebenswürdiger Bescheidenheit jeden seiner Wünsche. Unter ihren Tugenden ragte besonders die Liebe zu den Armen hervor, denen sie von ihrer jährlichen Apanage einige tausend Gulden vertheilte. Täglich speiste sie zwölf Arme aus und bediente dieselben mit so aufmerksamer Liebe, daß jedem, der sie sah, die Thränen in die Augen traten. Sie besuchte gerne die Kranken in und außer der Residenz, unterstützte, tröstete und bediente sie wie eine sorgsame Mutter. Gegen arme Waisen war Renata die beste Pflegemutter, ließ sie christlich erziehen und in einem Handwerk oder Kunst ausbilden. In den Spitälern machte sie häufige Besuche und gründete aus ihrem eigenen Vermögen mit 20,000 Gulden ein Krankenhaus. Ebenso ausgezeichnet war sie in ihrer Geduld und Milde; ohne Klage ertrug sie jedes Mißgeschick und selbst in schwerer Krankheit verschwand ihre heitere Miene nicht; gegen ihre Untergebenen war sie stets eine sanfte Gebieterin und selbst gegen die fehlenden war sie eine warnende Mutter. Ihre Kleidung war so einfach und schlicht wie die einer Bürgersfrau, ihre Nahrung so gering, daß man sich über die Erhaltung ihres Lebens wunderte; ohne daß Jemand es bis zu ihrem Tode wußte, geißelte sie sich und trug einen Bußgürtel. Wie sie lebte, so starb sie, ruhig und sanft den 23. Mai 1602 umgeben vom ganzen Hof und vielen Jesuiten. Die Herzogin schien schon lange ihren Tod geahnt zu haben; denn als sie auf Anrathen der Aerzte zur Erholung ihrer Gesundheit beim herannahenden Frühling mit ihrem Gemahl eine Reise nach Ebersberg zu den Jesuiten machte, begab sie sich auch nach Altötting, „um, wie sie sagte, ihrer geliebten Mutter den letzten Gruß zu sagen und für immer hienieden von ihr Abschied zu nehmen." Sie ging sogleich in die Kapelle und empfahl mit innigster Andacht sich und alle die Ihrigen dem mütterlichen Schutze der heiligen Jungfrau. Während des Gebetes aber wurde sie plötzlich von einem Fieber ergriffen, an dem sie in München starb. Obgleich alle Aerzte behaupteten, daß die Krankheit nicht gefährlich sei, so drängte sie doch zur schnellen Abreise nach München, und als sie wieder in ihrem Palais angekommen war, traf sie sogleich Anstalt zu ihrem Tode. Ihr Leichnam wurde Nachts aus der Marburg in die Jesuitenkirche unter Begleitung des gesammten Clerus und der ganzen herzoglichen Familie gebracht; der Himmel war mit düsterm Schimmer zahlreicher Fackeln erhellt. Hier blieb derselbe einige Tage öffentlich ausgesetzt. Die Kirche war während dessen stets von Besuchern angefüllt, welche der guten und frommen Landesmutter den letzten Liebestribut zollen wollten; unzählige Arme, Wittwen und Waisen umstanden das Paradebett und weinten der mildherzigen Fürstin heiße Dankesthränen. Am 31. Mai wurde sie in der von ihrem Gemahl unter dem Hochaltar erbauten Gruft beigesetzt.

Der Tod Renatas war für Wilhelm, welcher seine durch schöne Tugenden hervorragende Gattin zärtlichst liebte, ein großer Verlust. Ihre Sanftmuth und Geduld diente ihm, wenn ihm die Regirungslast schwer fiel, zum Troste und Ermuthigung, und ihr frommes Gebet zog manchen Segen vom Himmel auf seine Handlungen herab. Das Gott liebende Leben seiner Gemahlin ward dem Herzog zum schönsten Vorbilde treuer Nachahmung, und er erreichte in seinem Streben nach Vollkommenheit einen so hohen Grad, daß er Renata weit übertraf. Von Jugend auf fromm bewahrte er stets in seiner schuldlosen Brust die Liebe zu Gott, dessen Allgegenwart er bei keiner Handlung vergaß. Die Zeit für seine täglichen Gebete und Gewissenserforschung theilte er nach den Regeln, welche die Jesuiten beobachteten. Er wohnte fast täglich drei hl. Messen bei. In jeder Woche an jedem Festtage ging er einmal und in der Advent- und Fastenzeit zweimal zum Abendmahl. Große Verehrung trug er gegen die hl. Jungfrau, deren Bildniß er oft aus Gold oder Silber fertigen ließ und an Freunde und Kirchen vertheilte. Jeden Marientag feierte er durch Beten des Officiums und Fasten. Er las, schrieb, sprach und hörte am liebsten vom Leben und Lobe der Gottesmutter, deren Vereine er auf jede Art zu fördern suchte und deren Wallfahrtsorte er im gewöhnlichen Pilgerkleide besuchte. Nach Altötting wallte er jeden Jahres und nahm immer eines seiner Kinder mit, welche er alle in die marianische Congregation aufnehmen ließ.

Die vierundzwanzig Jahre, welche der Herzog nach dem Tode seiner Gemahlin noch lebte, waren eine ununterbrochene Reihe von Wohlthätigkeit, Selbstverläugnung und Liebe. Da ihm die Religion als das höchste Gut des Menschen erschien, so war er nicht zufrieden, den katholischen Glauben in Deutschland nach Kräften befördert zu haben, sondern unterstützte auch die Missionen in China, Japan, Peru, Brasilien u. s. w. mit hohen Summen. Den Jesuiten, welche sich um die Erhaltung des katholischen Glaubens sehr verdient gemacht hatten, blieb er auch in seinem Privatleben stets gewogen. Er unterstützte ihre Collegien in der Schweiz, Steiermark, Lothringen und Italien mit beträchtlichen Geldmitteln. Die kranken Patres in München besuchte der Herzog oft; dem

P. Otto Eisenreich, welcher nach seiner Wallfahrt von Loretto erkrankte, leistete er treue Krankendienste. Dem P. Petrus Michael, welchem von Häretikern Gift beigebracht worden war und der schwer darniederlag, schickte er seine Leibärzte, und als ungeachtet der eifrigsten Behandlung derselben keine Besserung eintrat, ließ ihn Wilhelm in seiner eigenen Sänfte nach Mainz tragen, wohin ihn seine Obern schickten. Als zwischen den Jesuiten, an ihrer Spitze P. Molina zu Evora in Portugal, und den Dominicanern, unter Führung des P. Banez zu Salamanca, ein langwieriger Streit über die Wirkung der göttlichen Gnade und der menschlichen Freiheit (Congregatio de auxiliis divinae gratiae) entstanden war, nahm sich der Herzog eifrigst der Jesuiten an, welche in Rom einflußreiche und partheiische Gegner ihrer Lehrsätze hatten. Er verband sich mit dem spanischen Hofe und andern hohen Personen und verwendete sich bei Papst Clemens VIII. für die Schriften Molinas.

Wiewohl er zur Hebung seiner herzoglichen Würde und der seiner Kinder keine Geldmittel schonte, gegen die Gesandten des Papstes, Kaisers und anderer Fürsten hohen Aufwand liebte und gegen Freunde und Begünstigte sehr freigebig war, so schloß er doch keine Menschenklasse von seiner wohlthätigen Liebe aus. Bei den zahllosen Gaben und Almosen, womit er das harte Loos der Armen erleichterte und die Thränen der Unglücklichen trocknete, war er weit ferne von Ehrgeiz und Selbstsucht; Edelsinn und Religiosität leiteten die Hand des Gebers. Er erbaute zu München ein Kirchlein und Pilgrimhaus zum hl. Rochus, welches er sich zum Kampfplatz seiner bewunderungswürdigen Nächstenliebe gewählt hatte. So lange es seine Körperskräfte erlaubten, wusch und küßte er den Pilgern, welche aus den äußersten Grenzen Englands und dem höchsten Norden die Frömmigkeit und Religion nach München zog, ihre Füße und verband ihnen ihre Wunden, trug ihnen die Speisen auf, unterhielt sie während des Mahles mit erbauender Rede und nach dreitägiger Bewirthung beschenkte er sie so reichlich, daß sich die Ausgaben für die Pilger jährlich auf viele tausend Goldgulden beliefen. Ferner ließ er neben seinem Palais ein Lazareth für drei Kranke errichten, deren Verpflegung er allein übernahm. Diese besuchte er täglich zwei- bis dreimal, verweilte längere Zeit an ihrem Krankenlager, ermahnte sie zur Geduld und Liebe Gottes und bereitete sie zur Ewigkeit vor. Was bei verhärteten Herzen seine geistlichen Worte nicht erreichten, bewirkte er durch das eigene Beispiel der Liebe, indem er die schwachen Kranken in ihrem Bette aufrichtete und den Ekel erregenden die Speise mit eigener Hand reichte. Wenn er sich einen vergnügten Tag bereiten wollte, sammelte er auf den Straßen die verachtetsten Bettler und lud sie als Gäste zu seinem Mittagsmahl wöchentlich zwei- bis dreimal. Bei der Tafel nahm er links den untersten Platz ein, machte den Truchseß und Mundschenk, suchte die besseren Speisen für sie aus und behielt für sich die minder guten; am Ende der Mahlzeit legte er einem jeden ein Geldstück in den Bettelsack. Ferner gründete Wilhelm in München ein **Waisenhaus**, welches er dem Magistrat zur Verwaltung übergab und das „städtische" genannt wurde, weil er aus Frömmigkeit seinen Namen nicht genannt wissen wollte. Viermal im Jahre ließ er zwei und siebenzig arme Greise aus Verehrung gegen die zweiundsiebenzig Jünger des Herrn und ebenso viele alte Frauen kleiden, gab ihnen Almosen und machte ihnen zum neuen Jahre Geschenke, wie es Freunde gegenseitig zu thun pflegen. Täglich speisten bei ihm zwölf Arme, welche er selbst bediente und denen er aus Erbauungsbüchern während des Essens vorlas. Er trug denselben auf, alle Monate zu beichten und zu communiciren; am Communiontag ließ er ihnen eine festliche Tafel bereiten Am Feste des heil. Michael und anderen Feiertagen ging er mit seinen Armen zum Gottesdienst in die Jesuitenkirche. Das Spital zu St. Elisabeth und St. Paul besuchte der Herzog in jeder Woche und er ging an Niemanden vorüber, ohne ihm nicht liebevolle Worte des Trostes, heilsame Ermahnungen zur Geduld oder dem Dürftigen ein Almosen zu geben. Er unterhielt von seinem Einkommen vier Siechkranke dieser Spitäler und steuerte zur Vollendung der St. Elisabethskirche eine ansehnliche Summe bei. Sein menschenfreundliches Herz vergaß die Dienstleistungen seiner Untergebenen nicht; er ließ seinem treuen Kammerdiener Johann Hebenstreit und seinen beiden Leibärzten Thomas Meermann und Jakob Burkhardt Privathäuser bauen. Ferner räumte er einigen adeligen Fräuleins von Merseburg, welche er aus dem Kloster zu Halle nach München berufen hatte, um hier für sie ein neues Kloster zu bauen, eine sehr anständige Wohnung ein.

München schien dem von seltener Nächstenliebe beseelten Herzen Wilhelms zu enge gewesen zu sein; er wanderte daher in die Vorstädte und in die umliegenden Ortschaften. Diese Besuche nannte er sein Jagdvergnügen, und fand er nach langem Forschen einen schwer Erkrankten, so war ihm dieß seine liebste Beute und dankte Gott, daß er seine Schritte zu demselben geleitet hatte. Keine Hütte war ihm zu klein, keine Kammer zu schmutzig, kein Geruch zu übel. Selbst die Aussätzigen besuchte er in ihren verlassenen Häuschen; er wollte allen Unglücklichen ein Freund, ein Tröster und Vater sein. Jene Pilgrime, welche auf dem Wege erkrankten und dem Tode nahe waren, ließ er in sein Haus zu St. Rochus bringen, und pflegte sie wie seine Kinder. Er bereitete sie zum Sterben vor, hielt ihnen die Sterbkerze und segnete mit tiefster Andacht ihre Seele aus. War einer jener Armen oder Kranken gestorben, welche er kannte und unterstützte, so erwies ihm der Herzog den letzten Liebesdienst, schloß sich, der ganzen Stadt zum erhebenden Beispiel, dem Leichenzuge an, wohnte dem Trauergottesdienste bei und bat die Bekannten, Priester und Freunde für seine verstorbenen Armen zu beten. Es genügte Wilhelm nicht, persönlich den Leidenden und Unglücklichen als freundlich leuchtender Stern zu scheinen, sondern seine Speisekammer und Apotheke stand auch während seiner Abwesenheit jedem Armen offen. Den Waisen war er ein zweiter liebender Vater; er ernährte und unterrichtete jene Knaben und Mädchen, welche ihre herzlosen Eltern verstoßen oder aus großer Noth in die weite Welt hinausgeschickt hatten.

Bei diesen vielen Liebesdiensten vergaß der Herzog niemals sein eigenes Seelenheil. Sein freiwilliges Fasten war streng, so daß sein Körper abmagerte; er forderte auch von seinen Untergebenen, gegen welche er sonst sehr milde und freigebig war, die größte Mäßigkeit und tadelte sie sehr, wenn sie sich gegen diese Tugend verfehlt hatten. Nach der Lebensweise der Heiligen zog er sich in einen stillen Hain zurück, um abgesondert von dem Geräusche der Welt nur für Gott zu leben; dabei trug er ein härenes Gewand, einen rauhen Bußgürtel und geißelte sich.*) Die Zeit, welche ihm die Werke seiner Nächstenliebe übrig ließen, widmete er ganz dem Gebete, welches er mit solcher Andacht verrichtete, daß er Jedermann zur schönsten Nachahmung diente. Von seiner Demuth hat uns die Geschichte schöne Beispiele hinterlassen. Als er einst bei einem Jubiläumsfeste in der St. Michaelskirche, wo an diesen Tagen 80,000 Menschen das Abendmahl nahmen, dem Gottesdienste beiwohnte, näherte sich ihm Jemand mit den Worten: „Sehet, Fürstliche Durchlaucht, die schönen Früchte in dem prachtvollen Tempel Eurer frommen Munificenz! Diese große Religiosität, diese Andacht, dieser Seeleneifer nennt Euch als Urheber dieser heiligen Handlungen!" Der Herzog entgegnete:

---

*) Gewand, Gürtel und Geißel wurden in der St. Michaelskirche nach seinem Tode aufbewahrt. Kropf, Historia provinc. S. J. Monach. 1746.

„Das ist der Segen des Himmels und nicht meine That. Hütet euch, mir unverdient fremdes Lob zu spenden." Nichts war ihm lästiger, als wenn man mit ihm über seine Wohlthaten sprach; er erwiederte dann immer: „Ich habe nichts des Himmels würdiges gethan!" Wenn er in einem Jesuitenkloster speiste, so bat er sich immer vom Rector den untersten Platz aus. Als einst der Jesuit Petrus Canisius während der Fastenzeit in Landshut, wo damals der Herzog verweilte, predigte, so benützte er die Freizeit, sein Marianisches Werk fortzusetzen. Zum Schreiben bediente er sich eines Fraters, welcher der lateinischen Sprache kundig war. Diesen hatte Canisius eines Tages eines Geschäftes halber auf eine kurze Zeit fortgeschickt. Er setzte sich unterdessen an seinen Platz und verhüllte mit beiden Händen seine Augen, um nachzudenken, was er dem Frater dictiren wolle. Indessen trat Wilhelm in das Zimmer und betrachtete schweigsam den in seine Gedanken vertieften Pater. Canisius, in der Meinung, daß der Frater schon wieder zurückgekehrt sei, sagte, ohne sich umzuwenden: „Fürwahr, du bist in deinem Geschäfte schnell und emsig gewesen; ich lobe deinen Eifer; nun setze dich und schreibe!" Der Herzog setzte sich nieder und schrieb über eine Stunde. Als der Frater zurück kam, staunte er über seinen Stellvertreter und rief aus: „O Pater Petrus! was für einen Schreiber habt denn ihr? Da sehet einmal!" Canisius bat Wilhelm fußfällig um Vergebung; dieser aber antwortete: „Pater! ihr habt euch nicht getäuscht; mit aufmerksamen Eifer habe ich euere Worte niedergeschrieben und in Wahrheit! ich gratulire mir, zu einem so frommen Werk meine Hand geliehen zu haben." Im spätern Alter trug der Herzog ein langes, faltenreiches Gewand, fast nach Art eines Clerikers. Mit diesem Kleide wallfahrte er einst nach Mariä-Einsiedeln in der Schweiz. Als der Fürst dort ankam, begegnete ihm ein fremder Priester, welcher ihn nicht kannte. Dieser ersuchte ihn, er möchte ihm sein Reisebündel bewachen, bis er das heilige Opfer dargebracht habe. Der menschenfreundliche Herzog erfüllte sogleich die Bitte, nahm das Bündel zu sich in die Kirche und wohnte der heiligen Messe bei. Als sich nach Vollendung derselben der Irrthum aufdeckte, bat der erschrockene Geistliche Wilhelm um Verzeihung. Dieser gab ihm lächelnd zur Antwort: „Ich habe euer Gepäck nicht umsonst bewacht; denn ich war bei euerem Meßopfer zugegen und nahm an den Gnaden desselben Theil."

Einen schönen Beweis für die große Sanftmuth des Herzogs gibt uns ein Schreiben, welches er an Herrn v. Lerchenfeld wegen bös-

williger Klagen über die Anlagen seines neuerbauten Schlosses zu Neu-
deck in der Au richtete. Es war dieß ein stiller, einsamer Ort, von
Fichten und Tannen umgeben, wohin er sich oft zur Uebung seiner Ascese zurückzog. Er hatte an dem Garten einen Kanal gezogen, welcher
den Nachbarn und Müllern sehr erwünscht war. Um den Vorübergehenden vom Berg herab die Einsicht in seinen Garten zu verschließen, ließ
er eine Tille (Plankenzaun) errichten. Dadurch gerieth die Nachbarschaft in Giesing, welche darin einen Schaden für den Schaftrieb sah,
mit dem Herzog in einen Streit, obwohl ihm die Einplankung für seine
Lebenszeit zugestanden, und ihm dieser Platz schon früher von seinem
Bruder Ferdinand als Eigenthum übergeben worden war. Der Herzog
schrieb hierüber: „Meinen Gruß zuvor, lieber v. Lerchenfeld! Ich habe
verstanden, was sich die Nachbarschaft zu Giesing ihres Zuspruchs halber
wegen des Tills auf dem Berg vor meinem Garten wie auch herunten
wegen der Wasserleitung erkläret. Ob mir auch diese Wasserleitung
wohl bekäme wie auch meinem Nachbaren, dem v. Haslang, nicht weniger
den Mühlen und andern, da das Wasser gar gut ist gelegen, so frage
ich doch desselben respective so viel nicht nach als der beständigen Ruhe
und Stille sonderlich auch des mir Einsehens halber; wie dann kein so
schlechter Mann oder Person nicht ist, welcher solches nicht, wo er kann,
und Gelegenheit hat, aufs beständighste schenet. Denn dieser Gestalt
würde uns und unserer Nachkommen — sie seien wer sie wollen — alle
Tritt ja sogar alle Bissen, so wir in den Mund schieben, abgezählt werden, geschweige der Gefahr, so zu diesen unseligen Zeiten ein Fürst oder
die Seinigen wie auch andere, welche diesen Ort besuchen, zugewarten,
in Bedenken, daß böse Leute mit einander wären in diesen und dergleichen Orten und einem einen Hagel von ferne zuschicken, daß Niemand weiß, woher es gekommen, wie der Exempel viel. Diese schlechten
Leute denken nicht an dergleichen Accidentia, da sich dergleichen könnten
bald zutragen; aber es ist nicht gut mehr, viel davon zu sagen und den
Leuten darauf erst Nachdenken zu machen; sufficit sorie. Nun sagen
sie aber, sie wollen solches Till auf mein Leben lang zusehen, dadurch
ich dann mein contento hätte; was wollt ich aber von drei oder vier
Tagen wegen, welche ich vielleicht noch zu leben haben möchte, so viel
Unkosten aufwenden, wenn es kein Beständiges sein sollte, geschweige
daß es auch allerding unrühmliche Nachreden und Gespött, will nicht
sagen, Frohlocken geben würde, daß die Anstifter solcher Sachen ihr In-
tent erhalten hätten, und daß man also das Till müsse wieder weg-

brechen. So hab ich vom Marbeck ausdrücklich verstanden, daß sie selbst sagen und bekennen, wann man ihnen den Trieb mit den Schafen bewußter Maßen lasse, daß es ihnen ein Schaden oder Abgang nicht bringe, vielmehr versicherter seien, als wenn das Till soll wieder hinweggebrochen werden. Wie es denn auch zu vermuthen ist, es werden sonst Leute bei der Stadt sowohl als herauen sein, welches den Unterthanen solches einbilden, damit sie ein anderes darum erhalten, nämlich ihren Vorwitz mit dieß Orts spaziren zu gehen und den Leuten einzusehen, was sie machen, und den Benachbarten als sonderlich dem v. Haslang und unsern Nachkömmlichen selbst die Ruhe nicht zu vergönnen, wie es denn auch gedachtem v. Haslang, und wem nach uns unser Garten möchte zu Theil werden, nicht weniger fremd als empfindlich und zwar nicht thunlich fürkommen würde.... Ich begehr nun, und ist mir lieber, daß ich mich in meinem Leben und zwar jetzt alsbald in Wiederhandlung mit ihnen das gebe, was sie nach billigen Dingen von andern werden begehren; dieweil ich mich desselben anbiet und mir ein Dienst dadurch geschicht, so hoffe ich, sie sollen und werden solches nicht weigern, damit es nach meinem Tode in dem verbleib, was jetzt geschlossen wird. Was alsdann das Gründl bei der Fischerei und wie weit das Till geführt werden soll, wie auch anderes, so sie darneben anmerken, belanget, das soll von uns dieser Gestalt eingewilliget werden, wie die Copien bei dem Receß oder Brief gegeneinander werden zu erkennen geben. Wann sie aber über das auf ihrer Meinung sollen verharren, so will ich gleichsam des Tills gar entrathen, damit sie oder ihre Anweiser nicht sagen könnten, sie seien dazu gedrungen worden.... Habt ihr aber in einem oder dem andern ein Bedenken, was ich repplicirt, so laßt es mich zuvor wissen, und würdet ihr solches besser verstehen, so stell ich es euch anheim, und ob ihr ihnen dieses mein Schreiben oder was hieraus wolle fürlesen, und will also ehest Antwort erwarten." Durch Vermittlung des Bürgers Marbeck wurde ihm die Tille für immer zugestanden, als man die Glesinger versicherte, daß sie dadurch im Triebe ihrer Schafe nicht beeinträchtigt würden.

Diese Unannehmlichkeit mit dem neubeker Landhaus bewegte den Herzog, sich östlich von seiner Residenz in München eine künstliche Einsiedelei mit schattigen Fichten, felsigen Anhöhen, grünenden Grotten, sprudelnden Fontainen und duftenden Blumenbeeten anzulegen. Die Zellen und Gr.tten hatte er mit Bildern heiliger Einsiedler geschmückt. Hier verweilte er an den Festtagen des Herrn in Gebet und Betrachtung der

Legende der Heiligen. Besonders verehrte er seinen Namenspatron Wilhelm, den Herzog von Aquitanien und Eremiten zu Grosseto in Toskana († circ. 1155). Der Lieblingsort für seine geistlichen Exercitien war ihm **Schleißheim**; diese zum Hochstift Freising gehörige Schwaige kaufte der Herzog im Jahre 1599 von Konrad Hintermaier um 5000 Gulden. Hier erbaute er sich acht Klausen: U. L. Frau, St. Corbinian, St. Jacob, St. Renatus zur Erinnerung an seine Gemahlin auf dem sogenannten Klösterl, St. Ignatius in der Nähe des Calvarienberges, St. Franciscus und St. Margareth; bei St. Wilhelm, als dem Hauptorte, stand die Hofkapelle, bei welcher ein Hofkaplan angestellt war. Um ungestört seinen Andachtsübungen obliegen zu können, bewohnte er ein Schlößchen, welches er mit Hofmarktsfreiheiten versah und für welches er einen Verwalter und Schwaigschreiber anstellte. Bei St. Renatus wollte er ein kleines Kloster für vier Augustiner und einen Laienbruder errichten, gab aber dieses Vorhaben wieder auf und stiftete statt dessen 1608 jenes in Ingolstadt. Die verschiedenen Klausen räumte er solchen Leuten ein, welche gleich ihm ein Verlangen nach einem einsamen und stillen Leben hatten. Auf dem Pfade von einer Klause zur andern ließ Wilhelm Heiligenbilder aufstellen, damit die Vorübergehenden zu frommen Gedanken veranlaßt würden. Dieselbe Absicht hatte er, als er in der Vorstadt Au zu Ehren des hl. **Carl Borromäus** eine Kirche nebst einem kleinen Kloster für Mönche aus dem Orden des hl. Basilius erbauen ließ, damit die Leute, wie er sagte, nicht allzuweit in den Gottesdienst zu laufen hätten oder denselben gar versäumten. Als aber später das Gebäude für ein Kloster nicht geeignet schien, wurden die Basilianer entlassen und in der Au eine selbstständige Pfarrei errichtet. Da die Nicolauskapelle wegen des Baues der St. Michaelskirche niedergerissen werden mußte, ließ er eine neue Kapelle zu Ehren dieses Heiligen und ein anstoßendes Palais mit schönen Gärten für seine Schwester Maximiliana erbauen, welche so zurückgezogen und fromm wie eine Nonne lebte. Später bezogen die Carmeliten dieses Gebäude. In der alten Hofkapelle errichtete der Herzog eine italienische Kanzel und berief den Priester Hieronymus Facerellus aus Neapel nach München, um den zahlreichen, in der Residenzstadt wohnenden Italienern zu predigen. Zur Stiftung des Herzogsspitals bonirte er mit seiner Gemahlin das große Kapital von 34,000 Gulden. In vielen Kirchen Bayerns ließ er werthvolle Altäre bauen, damit die Leute um so lieber in die Kirche gingen. In dem Carthäuserkloster Prül bei Regensburg erbaute sich Wilhelm auf eigene Kosten eine Zelle, wohin er sich öfters der Ascese wegen begab; man hat daher nach seinem Tode behauptet, der Herzog sei ein Carthaüsermönch gewesen. Allein die gleichzeitigen Geschichtsschreiber sagen, daß er weder jemals diesen Ordenshabit getragen noch die Profeß abgelegt habe; „dagegen habe er frömmer und gottesfürchtiger gelebt als alle Mönche in Bayern."

So fromm das Leben Wilhelms V. war, ebenso sanft war sein Tod. Als er das Ende seiner Tage herannahen fühlte, ließ er seinen Beichtvater, P. Torrentin, zu sich rufen und verlangte von ihm, daß er ihn zum Wege in die Ewigkeit vorbereiten solle. Der Pater erklärte dem Herzog, es könnte dieß wohl am beßten geschehen, wenn er einen forschenden Blick in sein ganzes verflossenes Leben mache und in einer Generalbeicht alle begangenen Fehltritte in tiefster Demuth bereue. Der Herzog dankte dem Pater für diesen erwünschten Vorschlag und bat, daß er sogleich sein Sündenbekenntniß ablegen dürfe. Dieser entgegnete, die heilige Handlung könne füglich auch am morgigen Tage geschehen. Allein der greise Fürst, welcher das nahe Ende seines Lebens ahnte, verlangte innigst noch an demselben Tage die hl. Sterbsacramente zu empfangen, indem er sagte, daß er lieber durch zu frühes Handeln als durch Aufschub sündigen wolle; denn in jenem liege weniger Gefahr und mehr Vertrauen. Es wurde ihm daher auch sein Wunsch erfüllt, und er entschlief in Gegenwart seiner Kinder und unter dem Gebete der Jesuiten-Patres noch am nämlichen Tage Nachmittags 2 Uhr im Februar wenige Tage vor seinem Namensfeste 1626 sanft und ohne ein Zeichen des Schmerzes. Kurz vor seinem Tode bestimmte er, daß sein Begräbniß glanz- und prachtlos geschehen solle; er verbot sich, daß wie gewöhnlich Dichter und Redner am Sarge Trauerreden halten mit schmeichelhaften Lobeserhebungen über solche Tugenden und Eigenschaften, deren er sich selbst nicht bewußt wäre. Er sei zur Genüge überzeugt, daß die Fürsten ebenso sündige Menschen seien wie andere, und es ärgere ihn, wenn man aus den geringsten Attributen der Regenten Heldentugenden zu machen und sie bis zum Himmel zu erheben suche. Wenn man an seinem Grabe an das Volk etwas sprechen wolle, so könne man es über die Unsterblichkeit oder über die Ceremonien des Begräbnisses belehren. Der Tod biete hinreichenden Stoff zu einer Rede. In seinem Testamente bestimmte er, daß die Hälfte seines Vermögens sein Sohn Albrecht und die andere Hälfte die Armen erhalten sollten, um zu zeigen, daß er auch die Armen in die Zahl seiner Kinder gerechnet habe.

Seiner letzten Willensverfügung gemäß wurde sein Leichnam von sechs Jesuitenfratres in der Stille nur unter Begleitung des herzoglichen Hofes und des ganzen Jesuitencollegiums in die St. Michaelskirche gebracht, und auf dem Paradebett öffentlich ausgesetzt. Der Zudrang des Volkes aus allen Ständen war außerordentlich. Zahlreich standen verwaiste Kinder seufzend am Sarge ihres fürstlichen Pflegevaters; die armen Greise, gestützt auf ihrem Stabe, wankten herbei, um den letzten Dankeskuß auf jene milde Hand zu drücken, welche ihnen so reiches Almosen gespendet; die Kranken ließen sich aus den Spitälern in die Kirche tragen, um jenen Fürsten noch einmal zu sehen, der ihnen unvergeßliche Worte des Trostes gesprochen und in ihren Leiden ein liebender Bruder gewesen; alle Ordensleute eilten herbei, um ihrem größten Wohlthäter die letzte Verehrung zu bezeugen. Die verlassenen Armen knieten weinend um den Sarg ihres hohen Gönners; nach seinem Tode erkannten sie den großen Verlust ihres herzoglichen Vaters. Tausende der Hände, die einst das gute Herz Wilhelms beglückt, erhoben sich betend zum Himmel, der barmherzige Gott möge ihm die zahllosen Wohlthaten und Liebeswerke belohnen. Die ganze Stadt München war in tiefster Trauer; selbst das Landvolk, das sich dankbarst der Gaben und Liebeswerke des Herzogs erinnerte, strömte in die Jesuitenkirche. Es wurden für keinen bayerischen Fürsten soviele Dankes- und Liebesthränen geweint als für Wilhelm den Frommen. An den schwarzverhüllten Wänden der St. Michaelskirche standen die Worte: „Bayern! warum trauert ihr? Weil ihr den frommen Fürsten verloren? Ein Edelstein, im Kästchen verborgen, ist nicht verloren! Er ist zwar gestorben, allein er lebt noch. So lange es Bayern gibt, wird man ihn freudig in seinem Leben schauen!"*)

Nachdem die verschiedenen Requiem für die Seele des Herzogs abgehalten waren, wurde der Sarg am 28. Februar in der Fürstengruft neben dem der Herzogin Renata beigesetzt. Die Inschrift desselben, welche höchst einfach in lateinischer Sprache abgefaßt ist, lautet:

„Wilhelm V., Sohn Albrechts V., Pfalzgraf bei Rhein und Herzog von Ober- und Niederbayern, Stifter dieses Collegiums und Kirche, war

---

*) Kropf. Historia Provinc. S. J.
Adelzreiter, annal. boic. P. 14.
Mausoleum virtutis et honoris Guil. V. Monach. 1626.

geboren im Jahre 1548 den 29. September und regirte nach dem Tode seines Vaters das Land 17 Jahre. Er übertrug hierauf die Regirung seinem Sohne Maximilian und lebte in heiliger Zurückgezogenheit mit seiner Gemahlin Renata 7 Jahre. Er starb den 7. Februar 1626, nachdem er 77 Jahre, 4 Monate und acht Tage gelebt hatte. Es ist zweifelhaft, ob er in der Frömmigkeit oder im Glücke größer war. Denn er sah von seinen Söhnen den Philipp im römischen Purpur, Ferdinand und Maximilian im Kurfürstenmantel, den einen durch die Wahl, den andern durch kriegerische Tapferkeit. Er sah die Nachkommenschaft Albrechts und zwei Schwiegersöhne, den einen als Kaiser den andern als Fürsten, der zum großen Segen der Religion vom Lutherthum zur katholischen Kirche übertrat. Seine Seele möge ruhen im ewigen Frieden!"

Berichtigungen:

Statt	lies	Seite	Zeile von oben.
„sondern stellte"	sondern er stellte	68	5
„Gericht"	Gerücht	79	14
„Devenshire"	Devonshire	137	27
„seinen Regalien"	ihren Regalien	218	13
„Bayer"	Bayern	234	26

www.ingramcontent.com/pod-product-compliance
Lightning Source LLC
Chambersburg PA
CBHW031855220426
43663CB00006B/629